21世纪高等院校经济管理类规划教材

新编金融基础教程

（第2版）

New Financial Tutorial (Version 2)

南旭光　周孝华 ◎ 编著

人民邮电出版社

北京

图书在版编目（CIP）数据

新编金融基础教程 / 南旭光，周孝华编著. -- 2版
. -- 北京：人民邮电出版社，2011.9（2013.8 重印）
21世纪高等院校经济管理类规划教材
ISBN 978-7-115-25941-7

Ⅰ. ①新… Ⅱ. ①南… ②周… Ⅲ. ①金融学－高等
学校－教材 Ⅳ. ①F830

中国版本图书馆CIP数据核字(2011)第153019号

内 容 提 要

本书全面阐述了现代货币金融基础性理论及实务知识，根据易于读者接受的逻辑顺序，将主要内容设定为：现代金融总论：思考与透视；货币及其制度：历史与展望；金融市场：原生与衍生；金融资产管理：收益与风险；商业银行：发展与演进；非银行金融机构：生机与力量；中央银行：固本与培元；货币供求及均衡：生成与变动；货币政策体系：冲突与协调；开放的金融运行：风险与机遇；金融稳定与发展：抉择与愿景。

本书不仅适用于高校财经和管理类专业少学时课程的教材使用，同时适用于其他专业学生作为通识课教材选用，也适用于金融系统作为培训教材，还可供从事相关实际工作的人士作为参考用书。

21 世纪高等院校经济管理类规划教材

新编金融基础教程（第 2 版）

◆ 编　　著　南旭光　周孝华
　　责任编辑　桑　珊

◆ 人民邮电出版社出版发行　　北京市崇文区夕照寺街 14 号
　邮编　100061　电子邮件　315@ptpress.com.cn
　网址　http://www.ptpress.com.cn
　大厂聚鑫印刷有限责任公司印刷

◆ 开本：700×1000　1/16
　印张：18.75　　　　　　　2011 年 9 月第 2 版
　字数：418 千字　　　　　2013 年 8 月河北第 10 次印刷

ISBN 978-7-115-25941-7

定价：34.00 元

读者服务热线：(010)67170985　印装质量热线：(010)67129223
反盗版热线：(010)67171154

第 2 版前言

众所周知，金融是现代经济的核心，无论从历史上，还是逻辑上。诸君可见，每一次中国人民银行的利率调整都会让我们为之纠结，每一项货币政策的出台都会让我们重新思考金融资产的配置和管理，每一轮汇率的变动都会让我们重新核算去国外旅游或留学的开支……因此，学习并了解货币金融学是研究现代经济生活及相关问题的基础。

有着悠久历史的货币及金融学说，其载体的呈现形式——也就是货币金融学的书籍——数不胜数，但是一本紧扣时代、与时俱进、融理论和实务为一体的基础性书籍，仍然是财经类学生或者想略知金融知识的人士所渴求的。为此，我们便从需求特点出发，充分考虑实际经济运行，在现代货币金融学迅猛发展态势的基础上，计划撰写一本《新编金融基础教程》，并力争将其打造成一本风格体例新、内容逻辑新、理论阐释新、实践案例新的全新基础性教程。

本书以市场经济条件下的金融经济运行为依托，联系中国经济转型和金融改革与发展的实际以及全球金融发展、演进的历史和现实，力求比较系统、全面地反映金融基本理论、基本知识及其运动规律，客观介绍最新的研究成果和实务运作的机制，反映金融理论和实践在当代的新发展、出现的新问题和新情况。本书按照读者易于接受的逻辑顺序，以信用、货币理论为基础，以市场经济体系下金融的整体运行为主线，设计了 11 章内容，兼顾了金融学科知识更新、学科前沿进展和教学对象的接受能力，全面地涵盖了现代金融业务各领域的基础性知识。

本书的主要对象是那些财经类和管理类专业选学货币金融学课程的学生，其他专业选修有关金融学或金融基础此类通识课的学生，开展员工业务培训的金融机构也会发现本书是合适的教材。本书对于我们专业领域的同事、从事相关实务工作的人士以及需要了解货币金融学知识的非专业人士都是有所裨益的。最后，我们希望本书能够让关心金融市场的各类人员感到有趣并对他们有所帮助。

本书由南旭光、周孝华领衔编著。南旭光确定了全书的内容框架和提纲，负责了体例安排、风格设计、统稿总撰等一系列工作，并撰写了第 1 至第 4 章，以及全书 11 章所有的章首引言。周孝华撰写了第 10 至第 11 章，并负责全书定稿工作，检查重复脱节等问题，补充遗漏，并调整了部分章节的内容，对全书进行了仔细校对。

本书由向玲、刘波、唐俊任副主编，他们负责撰写本书部分章节的初稿。其中，唐俊撰写了第 5 章的初稿，向玲撰写了第 6 至第 7 章的初稿，刘波撰写了第 8 至第 9 章的初稿。在此基础上，南旭光全面负责对第 5 至第 9 章的初稿进行修改、重写和定稿。为了全书的统一协调和前后照应，对有的章节改动较大，近乎对初稿进行了重新撰写。

李佩玻、齐颂超、贾静、李建新、刘青、龚春霞等数位研究生为本书的写作做了诸如文献整理、资料收集、初稿校对等大量的工作。黄成节、艾向军、李宁、曹小春、付攀等金融实务界的专业人士在本书编写过程中给予了宝贵的启发。另外，本书受到重庆市高等教育教学改革研究重点项目"应用型人才培养的创新型教材开发研究——以远程开方教育为例（1202102）"研究资助，项目组对创新型教材的编写理念在本书中得到了体现。

感谢严太华教授、郑辉昌教授、吴海东教授等专家学者们，他们在百忙之中审阅了全书，并提出了许多宝贵的建议和意见。感谢重庆广播电视大学周志钢副校长，他对本书的出版给予了热情指导和大力支持。

由于现代金融学的理论及实践发展迅速，加上编者的学术水平有限，完稿之际，深感本书可能会存在诸多缺憾，不当之处希望各位读者和同行不吝批评指正。

南旭光　周孝华
2011 年 5 月 20 日于重庆

目　录

第 1 章　现代金融总论：思考与透视

第 2 章　货币及其制度：历史与展望

第 3 章　金融市场：原生与衍生

第 4 章　金融资产管理：收益与风险

第 5 章　商业银行：发展与演进

第 8 章 货币供求及均衡：生成与变动

第 9 章 货币政策体系：冲突与协调

第 10 章　开放的金融运行：风险与机遇

第 11 章　金融稳定与发展：抉择与愿景

NEW
FUNDAMENTALS
OF FINANCE

第1章

现代金融总论：思考与透视

　　金融这一抽象的名词其实并不抽象，因为它就在人们的生活之中，无论何时，无论何处，它都与每个人紧密相连。本章通过对现代金融的解析，介绍了现代金融体系的功能及构成、金融中介及融资模式，并分析了信用的演化及其与现代经济的关系，使读者能够对现代金融有一个完整且与时俱进的认识，更加清晰地了解金融基础知识涵盖的内容。

> 国民生活同其他所有生活一样是一个整体，它的各种不同现象之间存在着紧密的联系。因此，为了科学地理解国民生活中的一个方面，就必须知道其所有的方面……就像如果不理解人的脑部构造，生理学家就无法理解人体的行动一样，如果我们对国家这个最大的经济实体、这个持续不断地无法拒绝地作用于经济的所有其他方面的经济实体不加考虑，我们就无法理解国民经济这个有机整体。
>
> ——威廉·罗舍尔（Wilhelm Roscher）

※章首引语

2002年6月至12月间，我在清华大学经济管理学院访问，期间上一门"金融经济学"的课程。课程内容基本跟我从1991年到2001年间在威斯康星大学、俄亥俄州立大学以及耶鲁大学所授博士班课程相同，那就是，先假定各类金融市场已很发达，已给定了，我们唯一要做的是如何为金融资产定价、如何在资本市场上运作、如何利用证券产品把投资和风险配置得更好，等等。讲课的重点是推导金融数学模型、市场经济模型。之后，我在北京大学光华管理学院也讲过类似的课程与内容。

几次讲下来，我意识到，对于周围金融市场还正处于发展之中的国内同学来说，这些理论不仅很超前，而且的确难以把这些理论跟他们的生活以及未来就业联系起来，因此，他们对于课程的反应一般，应属情理之中。

但是，那些教学经历和观察也引发了我的思考，如果说今天的中国人还不能像金融理论模型中的消费者那样，能够在众多信贷、保险、投资、养老、理财金融产品中去挑选并找到最理想的投资理财组合的话，那么，在更传统的古代、近代社会中，人们又是如何生活、如何规避一辈子中方方面面的风险，做好养老、病残时期的生活安排呢？金融经济理论是不是对于没有外部金融市场的传统社会的人就不适用呢？

有一点是肯定的，不管是古代，还是现代，单个人生存下去的能力是很低的，天灾人祸、身老病残时你都需要其他人的帮助……因此，人之间的金融交易是任何社会都必须进行的，只是实现人际金融交易的形式、方式很不一样，今天我们熟悉的外部市场提供的金融证券只是其中之一。[1]

---

[1] 资料来源：陈志武. 金融的逻辑[M]. 北京：国际文化出版公司，2009。

说起金融，人们就会想起华尔街的金融大亨，会想起掀起轩然大波的全球金融危机，也会想起那些让世界为之不安的金融阴谋，更会想起那些在繁华大街两边林立的银行、证券公司、保险公司等，这些离人们的生活是那么远，又是那么近。在这一远一近之中，金融仿佛模糊了人们的视线。

其实，金融这一抽象的名词并不抽象，因为它就在人们的生活之中，在消费购物时，在刷卡付款时，在转账汇款时，在按揭购房时……无论何时，无论何处，它都与每个人紧密相连。

正如陈志武教授所言，从什么角度理解金融，理解社会变迁，是看待金融必须要考虑的逻辑。为了清晰地展现现代金融的概况，本章将通过对现代金融的解析，介绍现代金融体系的功能及其构成，阐述金融中介及融资模式，并分析信用的演化及其与现代经济的关系，使读者既能够对现代金融有一个完整且与时俱进的认识，也能更加清晰地了解金融基础知识涵盖的内容。

1.1 现代金融解析

□ 对金融的解释

纵观世间各类学问，一门学科的最高理论成就往往就凝结在对于本学科的核心范畴如何界定、定义之中。然而，直到今天，尽管存在从不同视角对"金融"进行的规范性的论述，但尚无普遍被接受的统一的理论界定。

界定"金融"的概念，最重要但也最容易被忽视的问题，就是由汉字"金"和"融"组成的复合词"金融"与英语中"Finance"这一单词的语义区别与选择。

在英语中，根据维基百科（Wikipedia）的解释，金融被认为是"一门资金管理的学科"，是一种管理，包括货币、债务、信贷和投资的商业性或政府性行为。金融的一般领域包括企业财务、个人理财，以及公共财政，主要研究涉及时间、货币资金和风险以及它们相互之间的关联问题。

在古代汉语中，"金"和"融"本身分别是一个独立的词，单独使用的情况比比皆是，充盈于历代的典籍。但是，作为名词属性的"金"和作为动词属性的"融"复合在一起使用的历史却非常短。基本可以判断"金融"一词在我国的使用逐步定型于 19 世纪后半期，那时正是现代西方文化和传统东方文化交融汇合之际。对于把"Finance"翻译成"金融"如何得来，我们不加以考证，但是从汉语构成的角度看，使用"融金"显然比"金融"更合适。

据此解释，金融也就是融金，顾名思义，就是指融通资金，使资金融洽通达，是指在经济生活中，银行、证券或保险业者从市场主体（如储户、证券投资者或者保险投资者等）募集资金，并借贷给其他市场主体的经济活动。研究与此有关的学科就可以称为金融学。也正是这样，目前被普遍接受的、出现在各类教科书上的概念往往都是——金融学是从经济学分化出来的、研究资金融通的学科。传统的金融学研究领域大致有两个方向——宏观层面的金融市场运行理论和微观层面的公司投资理论。

从广义上说，政府、个人、组织等市场主体通过募集、配置和使用资金而产生的所有资本流动都可称为金融。因此，不仅是金融业者，有关政府的财政、行业企业的行为，以及个人的理财都是金融的一部分。金融也可以看做资金的募集、配置，以及投资和融资三类经济行为。

□ 对金融的理论界定

进一步考察近几年学术研究中已有的"金融"定义，虽然重点各不相同，尚无一致认识，但可以从理论上归纳为如下类别。

专栏 1-1　　中国古代的金融活动

中国原来没有"金融"一词，该词是从日本引进的。1901 年，浙江吴兴（今湖州）人，时任湖北留日学生监督的钱恂在日本根据留日学生所述，编成《财政四纲》（租税、货币、银行、国债）一书，同年在国内出版。《银行》卷说："今世界金融之中央市场，固无不推重英国"，"英国为世界金融之中心"。书中称"金融危机"为"金融逼迫"，并说："金融逼迫时，通常贸易无不减色，物价无不下落，一般商人之蒙损失者不少，银行其显然者也。"《财政四纲》可能是中国人最早提到"金融"的著作。

金融简单地说就是资金的融通。资金融通古已有之，因此虽然中国古代没有"金融"之说，但中国古代的金融活动则早已存在。金融的基础是货币，货币的借贷是信用。中国不仅货币产生得早，信用也同样产生得早。相传周武王灭商后，"分财弃责（债），以振（赈）穷困"（《吕氏春秋·慎大》）。"弃债"即取消债务，说明商末已有很多负债的人。西汉吴楚七国之乱时，准备出征的列侯封君向长安的子钱家（放债者）借钱，多数子钱家因胜败未决，不肯出借，只有无盐氏借出千金。三个月后，七国之乱平定，无盐氏坐收厚息，因此富甲关中。该记载说明，西汉的长安已经存在一个金融市场了。

融通资金

金融，作为动词，时下最为业界所接受的就是其融通资金的含义。基于此，金融就是货币资金的融通，指通过货币流通和信用渠道以融通资金的经济活动。1915 年版的《辞源》就这么解释：今谓金钱之融通曰金融，旧称银根。1920 年北洋政府"整理金融公债"中的"金融"专指通过信用中介的货币资金融通。1979 年版《辞海》则将金融明确为：货币资金的融通，一般指与货币流通和银行信用有关的一切活动。这一内涵阐释虽然比较准确地概括了金融的活动过程，却把金融的本质属性隐藏在背后，细琢磨起来，似乎存在金融就是金融的同义反复之嫌。

金融资源

经济学是研究人类稀缺资源优化配置的学科，而金融作为其中一个重要的应用分支，自然也研究资源的配置，只不过这类资源被明确为金融资源。金融是一种资源，是有限的或稀缺的资源，是社会战略性资源。金融是人类社会财富的索取权，是货币化的社会资财；是以货币形态表现的，具有"存量"形态的，既联系现在与过去，也联系现在与未来的金融存量投入、消耗过程及相应的体制转变。该内涵阐释为金融资源的配置奠定了理论基础，但却只注意到了金融的静态意义，忽视了金融的动态过程和功能。

金融产业

按照一般的产业分类方法，金融往往被归入第三产业，也就是服务业的范围。之所以如此，是因为金融通过自身部门的运作（投入金融资源以产出资本），构建出了完整、独特的价值运动系统，凝聚成了具有统一属性的产业集合。所以，金融是资金融通的行为及机制的总称，是与国民经济其他产业部门平等的产业。金融产业是指以经营金融商品和服务为手段，以追求利润为目标，以市场运作作为基础的金融组织体系及运行机制的总称。从产业形态上阐释金融，更多地涉及了金融在市场经济条件下的运行机制和内在属性，强调了金融是经济系统的一个平等的组成部分，但它主要侧重于从产业角度进行论证，其作用机制只是隐含在产业的概念之中。

金融工具

金融在人们的日常生活中，往往被赋予了特定的含义，泛指发挥资金融通功能过程中的媒介体，也就是金融工具。在计划经济体制下，金融被作为经济计划的工具，而在市场经济中，金融则被作为宏观调控的手段，这强调了金融的功能，然而也忽视了其作用的主动性和先导性。工具或媒介视角的金融概念把金融当做是媒介经济运行的虚拟系统，忽视了金融自身的独立性。这些定义均没有意识到金融实际上是"财产的借贷或财产的跨时交易活动"。换句话说，金融就是信用转让。但仅依此形式化的阐释却难以把握现代金融的理论内涵。

信用交易

从社会经济制度的发展来看，金融是分工和交换的产物，不同产权主体的存在是金融产生和发展的必要条件。不同产权主体的抗风险能力和经营能力，以及资金的所有和所需，在时间和空间上的不对称分布则是金融产生和发展的充分条件。在促进经济发展的过程中，应不断使经济金融化，进而使信用成为经济发展的基础，金融成为现代经济的核心。不论是融通资金的视角，还是资源配置和产业分工的视角，抑或是工具媒介的阐释，金融在制度层面上始终是一种"权利义务的契约"，其本质都是信用交易制度化的产物，是由不同的产权主体，在信任和约束的基础上，通过信用工具将分散的资金集中有偿使用，以实现"规模经济"的信用交易活动以及组织这些活动的制度所构成的经济系统及其运动形式的总称。当然，经济系统自然可以从金融经济和实体经济两个相互融合的系统加以观察和研究，也因此产生了不同的金融分类，也就比较容易理解了。本书基于这个视角来研究货币金融，阐述其中涉及的各类要素。相关内容将在本章 1.3 节和 1.4 节中进行阐述。

□ 本书涵盖的范畴

金融学发端于经济学，但如今已经从经济学中相对独立出来，有了比较系统的研究方法和研究内容。从研究属性上看，金融有微观层面的金融（如金融市场、金融工具、金融中介等），有宏观层面的金融（如货币均衡、货币政策、金融危机等）。从研究的方法上看，有理论金融（如利息理论、汇率理论、金融中介理论等），有实证金融（如计量金融、金融工程、金融分析等）。时至今日，这些分类已经逐渐模糊，在这种逐渐综合的"你中有我、我中有你"的趋势中，只是让人们看到，金融学有以下——还在不断发展变化中的——主要学科分类或主要研究分支：货币银行学（Money and Banking）；投资学（Investment）；金融市场学（Financial Market）；国际金融学（International Finance）；财政学（Public Finance）；

保险学（Insurance）；公司金融学（Corporate Finance）；金融工程学（Financial Engineering）；金融经济学（Financial Economics）；数理金融学（Mathematical Finance）；金融计量经济学（Financial Econometrics）等。

　　以上分支虽然不能预见性地反映金融学科的未来发展变化，但是能从中看到，伴随着货币与信用的相互渗透，逐步形成了一个崭新的大金融范畴，同时覆盖了货币、投资、保险、信托等任何与金融活动有联系的领域。

　　现在，国内的教科书基本上都是依据多年来形成的习惯而将同内容的教材称为"货币银行学"。本书将该教程题目界定为"货币金融"，一方面着眼于传统的"货币银行学"的范畴，另一方面兼顾了金融领域的新近研究进展。在国际上，研究同类或相似内容的课程，大多以"货币经济学"、"金融市场经济学"等命名，如米什金（Frederic S. Mishkin）的 *The Economics of Money, Banking and Financial Markets*（货币、银行、金融市场经济学"），切凯蒂（Stephen G. Cecchetti）的 *Money, Banking and Financial Markets*（货币、银行、金融市场）"，拜利（Roy E. Bailey）的 *The Economics of Financial Markets*（金融市场经济学）"等。

　　本书力争简略地反映以上几个方面的内容，以市场经济条件下的经济运行和金融运行为依托，联系中国经济转型和金融改革与发展的实际以及全球金融发展、变化的历史和现实，力求比较系统、全面地反映金融基本理论、基本知识及其运动规律，客观介绍最新研究成果和实务运作的机制，反映金融理论和实践在当代的新发展、出现的新问题和新情况。我们将金融的具体运行逻辑结构总结为图 1-1 所示。

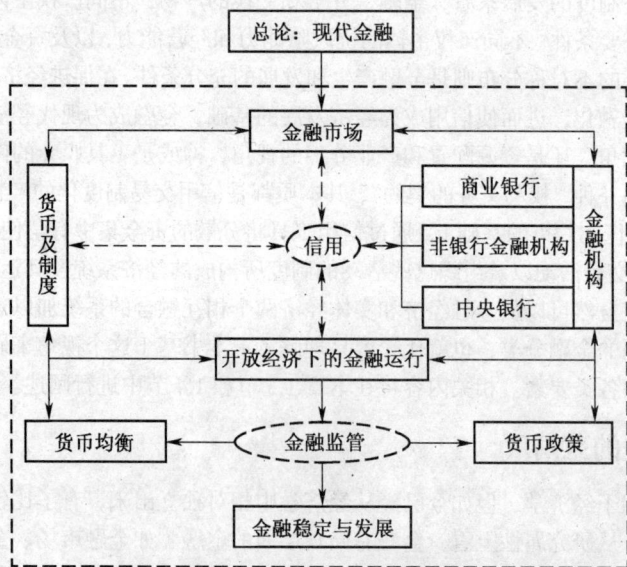

图 1-1　现代金融运行逻辑结构图

　　这个框架突出了两点，即信用和监管。突出信用是因为我们把金融活动界定为信用活动，把金融交易界定为信用交易，把金融的运行自然也就界定为信用的运行。突出监管是因为全球化时代的金融活动是收益与风险同在的，创新与危机并存的，需要良好的金融监管模式和思想。

　　结合该逻辑结构，本书的主要内容设置如下。

　　现代金融总论：思考与透视（第 1 章）、货币及其制度：历史与展望（第 2 章）、金融市场：原生与衍生（第 3 章）、金融资产管理：收益与风险（第 4 章）、商业银行：发展与演进（第 5 章）、非银行金融机构：生机与力量（第 6 章）、中央银行：固本与培元（第 7 章）、货币供求及均衡：生成与变动（第 8 章）、货币政策体系：冲突与协调（第 9 章）、开放的金融运行：风险与机遇（第 10 章）、金融稳定与发展：抉择与愿景（第 11 章）。

🏛 1.2　现代金融体系概览

　　在日常生活中，我们对于银行、保险公司等金融中介机构都十分熟悉。这些机构以其自己的方式，提供一些我们日常生活所需要的金融服务。例如，银行接受我们的存款，我们也可以用这些存款形式的金融工具，直接或间接行使支付的用途。另外，银行也提供贷款，满足我们消费性或购买住宅的资金需要。保险公司则提供我们人身或财务的保单，据以对抗伤害或死亡之后的财务风险，以及对抗来自盗窃、火灾意外的损失等。我们大多数人对金融市场也有所了解，比如我们知道证券交易所是提供股票买卖的集中交易场所，也通过各类媒体知道外汇市场是从事外汇买卖、调剂外汇供求的交易场所。但是说到金融体系，我们似乎不能对其加以完整的描述。本节将展示现代金融体系的基本概况。

□ 金融体系概述

金融体系及其要素

　　金融是现代市场经济的核心，一个经济体的正常运转离不开一个健全的金融体系。可是到底何谓金融体系呢？通常，一个金融体系包括以下几个相互关联的组成部分。

　　第一，金融部门。任何经济活动的存在，都是源自于由活动的提供方和活动的接收方的交互，金融市场中必须存在各种金融机构或部门，它们为经济中的非金融部门提供金融服务，也就构成了现代金融体系的基本活动。

　　第二，金融模式。随着社会经济的发展，交易活动已经突破了物物直接交换的单一方式，多元化的交易和多角度的交易层出不穷。金融模式主要涉及居民、企业、政府等金融活动参与者的融资行为以及所使用的基本融资工具。

　　第三，金融制度。这是各种金融制度构成要素的有机综合体，是有关金融交易、组织安排、监督管理及其创新的一系列在社会上通行的或被社会采纳的习惯、道德、法律、法规等构成的规则集合。

　　但是，一个健康的金融体系并不是以上这些部分的简单相加，而是相互适应与协调。而且，不同金融体系之间的区别，不仅仅是其构成部分之间的差别，更主要的是它们之间的相互协调关系的不同。一个合理的金融体系要具有以下几个特征：多元化的金融机构体系；多样化与多层化的金融市场体系；种类丰富的金融工具体系。从现实来看，不同国家的金融制度差异较大，也就存在不同的金融体系。一是以英美为代表的市场主导型金融体系，二是以法德日为代表的银行主导型金融体系。

　　从一般意义上看，现代金融体系是一个经济体中资金流动的基本框架，它是资金流动的工具（金融资产）、市场参与者（中介机构）和交易方式（市场）等各金融要素构成的综合体。同时，由于金融活动具有很强的外部性，在一定程度上可以是准公共产品，因此，政府的管制框架也是金融体系中一个密不可分的组成部分。

功能视角的金融体系

在经济全球化的大背景下，现代金融体系已成为现代市场经济的核心，是经济社会发展的基础，它一般由现代金融市场体系、调控体系、监管体系以及环境体系四个方面构成。

金融市场体系。这由金融市场、直接参与者以及相应的市场规则构成。金融市场是体现不同金融资产交易方式的各类资本市场，金融市场直接参与者则包含金融产品与服务的提供企业（信托公司、证券公司等）、金融产品与服务的消费者以及金融中介服务组织等。细分之下，金融市场体系也可以分为金融组织体系和金融工具体系。

金融调控体系。这是国家宏观调控体系的重要组成部分，是分散金融风险、保障经济社会稳定发展的必要条件，包括统计监测和货币、财政、外贸及汇率等方面政策配合调控等职能。

金融监管体系。这是促进金融体系良性运转，控制金融风险的重要环节，一般由国家或国际合作组织的相关机构和社会各界依法共同行使监管职责，包括金融风险监控、预警和处置等方面的职能。

金融环境体系。这是现代金融得以发挥有效作用的外部条件，包括现代产权制度、政府经济管理职能以及公民和金融从业人员的素质等因素。

地域视角的金融体系

从地域范畴上看，金融体系可以分为国际金融体系、国家（或地区）金融体系和区域金融体系。

国际金融体系，是指国际间的货币安排，以及由此而形成的一系列规则、惯例以及相关组织机构的总称。主要包括国际汇率制度、国际收支调节体系、国际流动性的创造和分配、国际资本流动的管理、国际货币金融政策的合作框架，以及国际金融机构在促进全球金融稳定方面的各种机制。

国家（或地区）金融体系，指一个国家（或地区）中金融资产流动的基本框架，由专门的体制、机制、制度和规范共同构成。它以金融市场为基础，具有支付清算、资源配置、信息传递、控制风险与管理财富的功能。结构合理、功能完善和安全高效是现代金融体系的总要求。金融体系的成熟度和完备性可通过经营能力、资源配置能力、政策传导能力、资产流动能力、资产定价能力以及发展创新能力等来反映。

区域金融体系，是区域内金融机构、金融工具、金融市场和金融制度的总和。是在一定行政区域范围内设立的，具有区域社会经济产业发展特色的执行金融服务功能的，应由区域金融组织、区域金融市场、区域金融调控和区域金融监管等子体系构成动态的有机整体。区域金融在外延上表现为具有不同形态、不同层次和金融活动相对集中的若干金融区域，这些区域的金融结构差异、差异互补和相互关联构成一国的区域金融体系。

□ 金融体系的功能

清算和支付功能

在经济货币化日益加深的情况下，建立一个有效的、适应性强的交易和支付系统是基本需要。可靠的交易和支付系统应是金融系统的基础设施，缺乏这一系统，高昂的交易成本必然与经济低效率相伴。一个有效的支付系统对于社会交易是一种必要的条件。交换系统的发达，可以降低社会交易成本，可以促进社会专业化的发展，这是社会化大生产发展的必要条件，可以大大提高生产效率和技术进步。所以说，现代支付系统与现代经济增长是相伴而生的。

融资功能

金融体系的资金融通功能包含动员储蓄和提供流动性手段。金融中介可以有效地动员全社会的储蓄资源或改进金融资源的配置。在促进更有效地利用投资机会的同时，金融中介也可以向社会储蓄者提供相对高的回报。金融中介动员储蓄的最主要的优势在于：一是它可以分散个别投资项目的风险；二是可以为投资者提供相对较高的回报（相对于耐用消费品等实物资产）。金融系统动员储蓄可以为分散的社会资源提供一种聚集功能，从而发挥资源的规模效应。金融系统提供的流动性服务，有效地解决了长期投资的资本来源问题，为长期项目投资和企业股权融资提供了可能，同时为技术进步和风险投资创造了资金供给的渠道。

股权细化功能

将无法分割的大型投资项目划分为小额股份，以便中小投资者能参与这些大型项目的投资。通过股权细化功能，金融体系实现了对经理的监视和对公司的控制。在现代市场经济中，公司组织发生了深刻的变化，即股权高度分散化和公司经营职业化。这样的组织安排最大的困难在于非对称信息的存在，使投资者难以对资本运用进行有效的监督。金融系统的功能在于提供一种新的机制，即通过外部放款人的作用对公司进行严格的监督，从而使内部投资人的利益得以保护。

资源配置功能

为投资筹集充足的资源是经济起飞的必要条件，但投资效率即资源配置效率对增长同样重要。对投资的配置有其自身的困难，即生产率风险，项目回报的信息不完全，对经营者实际能力的不可知等。这些内在的困难要求建立一个金融中介机构。在现代不确定的社会，单个的投资者是很难对公司、对经理、对市场条件进行评估的。金融系统的优势在于为投资者提供中介服务，并且提供一种与投资者共担风险的机制，使社会资本的投资配置更有效率。中介性金融机构提供的投资服务可以表现在：①分散风险；②流动性风险管理；③进行项目评估。

风险管理功能

金融体系的风险管理功能要求金融体系为中长期资本投资的不确定性即风险进行交易和定价，形成风险共担的机制。由于存在信息不对称和交易成本，金融系统和金融机构的作用就是对风险进行交易、分散和转移。如果社会风险不能找到一种交易、转移和抵补的机制，社会经济的运行不可能顺利进行。

激励功能

经济运行中的激励问题之所以存在，不仅是因为相互交往的经济个体的目标或利益不一致，而且是因为各经济个体的目标或利益的实现受到其他个体行为或其所掌握信息的影响，即影响某经济个体利益的因素并不全部在该主体的控制之下。解决激励问题的方法很多，具体要受到经济体制和经济环境的影响。金融体系所提供的方法是股票或者股票期权。通过让企业的管理者以及员工持有股票或股票期权，企业的效益也会影响管理者及员工的利益，从而使管理者和员工尽力提高企业绩效，他们的行为不再与所有者利益相悖，这就解决了委托代理问题。

信息提供功能

金融体系的信息提供功能意味着在金融市场上，不仅投资者可以获取各种投资品种的价格以及影响这些价格的因素的信息，而且筹资者也能获取不同的融资方式的成本的信息。管理部门能够获取金融交易是否在正常进行、各种规则是否得到遵守的信息，从而使金融体系的不同参与者都能做出各自的决策。

□ 现代金融机构体系

金融中介体系在现代金融体系的资金流动和分配过程中扮演着极其重要的角色。一般来说，西方发达国家都建立起了规模庞大、职能齐全、适应各国国情的金融机构体系，主要有存款性金融机构、非存款性金融机构、金融监管机构等。

中央银行

中央银行（Central Bank）是一国最高的货币金融管理机构，在各国金融体系中居于主导地位。中央银行的职能是宏观调控、保障金融安全与稳定、金融服务，是一个由政府组建的机构，负责控制国家货币供给、信贷条件，监管金融体系，特别是商业银行和其他储蓄机构。在我国，中央银行就是中国人民银行（People's Bank of China）。具体职责见专栏 1-2。本书将在第 7 章详细介绍中央银行及其业务。

专栏 1-2　　中国人民银行的主要职责

（一）起草有关法律和行政法规；完善有关金融机构运行规则；发布与履行职责有关的命令和规章。

（二）依法制定和执行货币政策。

（三）监督管理银行间同业拆借市场和银行间债券市场、外汇市场、黄金市场。

（四）防范和化解系统性金融风险，维护国家金融稳定。

（五）确定人民币汇率政策；维护合理的人民币汇率水平；实施外汇管理；持有、管理和经营国家外汇储备和黄金储备。

（六）发行人民币，管理人民币流通。

（七）经理国库。

（八）会同有关部门制定支付结算规则，维护支付、清算系统的正常运行。

（九）制定和组织实施金融业综合统计制度，负责数据汇总和宏观经济分析与预测。

（十）组织协调国家反洗钱工作，指导、部署金融业反洗钱工作，承担反洗钱的资金监测职责。

（十一）管理信贷征信业，推动建立社会信用体系。

（十二）作为国家的中央银行，从事有关国际金融活动。

（十三）按照有关规定从事金融业务活动。

（十四）承办国务院交办的其他事项。

金融监督管理机构

金融监管机构是根据法律规定对一国的金融体系进行监督管理的机构。其职责包括：按照规定监督管理金融市场；发布有关金融监督管理和业务的命令和规章；监督管理金融机构的合法合规运作等。我国目前的金融监管机构包括中国银行业监督管理委员会（China

Banking Regulatory Commission，CBRC）、中国证券监督管理委员会（China Securities Regulatory Commission，CSRC）和中国保险监督管理委员会（China Insurance Regulatory Commission，CIRC）。

中国银行业监督管理委员会（银监会）根据授权，统一监督管理银行、金融资产管理公司、信托投资公司以及其他存款类金融机构，维护银行业的合法、稳健运行。中国银行业监督管理委员会自 2003 年 4 月 28 日起正式履行职责，其具体职责见专栏 1-3。中国证券监督管理委员会（证监会）成立于 1992 年 10 月，是全国证券期货市场的主管部门，按照国务院授权履行行政管理职能，依照法律、法规对全国证券、期货业进行集中统一监管，维护证券市场秩序，保障其合法运行。中国保险监督管理委员会（保监会）成立于 1998 年 11 月 18 日，是全国商业保险的主管部门，为国务院直属正部级事业单位，根据国务院授权履行行政管理职能，依照法律、法规统一监督管理全国保险市场。

专栏 1-3　　**中国银监会的主要职责**

依照法律、行政法规制定并发布对银行业金融机构及其业务活动监督管理的规章、规则；

依照法律、行政法规规定的条件和程序，审查批准银行业金融机构的设立、变更、终止以及业务范围；

对银行业金融机构的董事和高级管理人员实行任职资格管理；

依照法律、行政法规制定银行业金融机构的审慎经营规则；

对银行业金融机构的业务活动及其风险状况进行非现场监管，建立银行业金融机构监督管理信息系统，分析、评价银行业金融机构的风险状况；

对银行业金融机构的业务活动及其风险状况进行现场检查，制定现场检查程序，规范现场检查行为；

对银行业金融机构实行监督管理；

会同有关部门建立银行业突发事件处置制度，制定银行业突发事件处置预案，明确处置机构和人员及其职责、处置措施和处置程序，及时、有效地处置银行业突发事件；

负责统一编制全国银行业金融机构的统计数据、报表，并按照国家有关规定予以公布；对银行业自律组织的活动进行指导和监督；

开展与银行业监督管理有关的国际交流、合作活动；

对已经或者可能发生信用危机，严重影响存款人和其他客户合法权益的银行业金融机构实行接管或者促成机构重组；

对有违法经营、经营管理不善等情形银行业金融机构予以撤销；

对涉嫌金融违法的银行业金融机构及其工作人员以及关联行为人的账户予以查询；对涉嫌转移或者隐匿违法资金的申请司法机关予以冻结；

对擅自设立银行业金融机构或非法从事银行业金融机构业务活动予以取缔；

负责国有重点银行业金融机构监事会的日常管理工作；

承办国务院交办的其他事项。

政策性金融机构

政策性金融机构（Policy Financial Institution）是指那些由政府或政府机构发起、出资创立、参股或保证的，不以利润最大化为经营目的，在特定的业务领域内从事政策性融资活动，以贯彻和配合政府的社会经济政策或意图的金融机构。我国政策性银行的金融业务受中国人民银行的指导和监督。1994 年，我国组建了三家政策性银行，即国家开发银行（China Development Bank，CDB）、中国进出口银行（The Export-Import Bank of China）、中国农业发展银行（Agricultural Development Bank of China，ADBC），均直属国务院领导。

其中，国家开发银行于 1994 年 3 月成立。2008 年 12 月 16 日国家开发银行正式改制为股份有限公司，即国家开发银行股份有限公司（简称国开行），成为一家国有独资的商业银行，注册资本为 3 000 亿元人民币，是直属于国务院的国家政策性金融机构。国开行的改制标志着中国政策性银行的改革取得了进展。鉴于其业务属性，我们仍将其归为政策性银行。如今，其他两家政策性银行的商业化改革也已经提上了日程。

商业银行

商业银行是典型的存款性金融机构，是以经营商业性存、放款为主要业务，并以获取利润为目的的货币经营企业。它们以金融资产和金融负债为经营对象，经营的是特殊商品——货币和货币资本，经营内容包括货币收付、借贷以及各种与货币运动有关的或者与之相联系的金融服务。商业银行是一国拥有资产最大、机构数最多、业务范围最广、提供的服务最全面的金融机构。本书将在第 5 章详细介绍这类金融机构。在我国，由于金融经济的飞速发展，国家金融改革的快速推进，商业银行已经步入群雄并起的时代，呈现出国有商业银行（6 家）、全国性股份制商业银行（13 家）、具有跨区域经营权的股份制商业银行和地方性股份制商业银行，以及外资、合资商业银行等货币经营企业并存的局面。

据银监会数据显示，截至 2010 年 12 月，我国银行业金融机构境内本外币资产总额为95.3 万亿元，比上年同期增长 19.9%；负债总额 89.5 万亿元，比上年同期增长 19.2%。参见图 1-2 所示的我国银行业金融机构本外币资产占比。

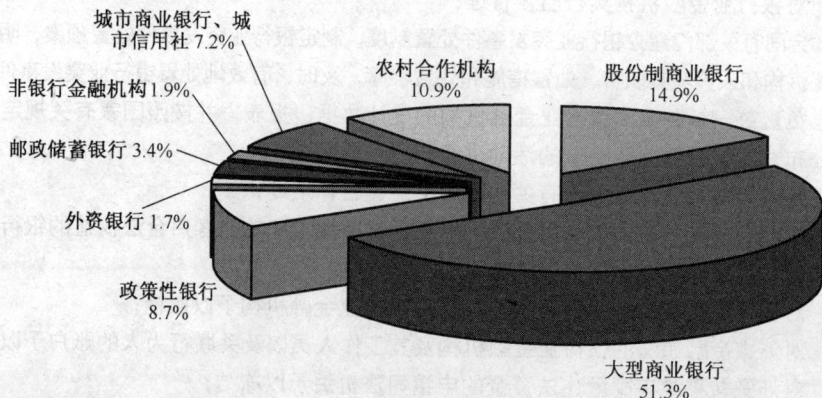

图 1-2　我国银行业金融机构本外币资产占比

非存款性金融机构

除了上述商业银行这样的存款性金融机构之外，金融市场上大量存在的是非存款性金融机构，它们是以接受资金所有者根据契约规定缴纳的非存款性资金为主要来源的金融机构。非存款性金融机构的资金来源和存款性金融机构吸收公众存款不一样，主要是通过发行证券或以契约性的方式聚集社会闲散资金。非存款性金融机构一般包括：投资银行、证券公司、投资基金、保险公司、信用合作社、养老基金、财务公司等。

投资银行。投资银行（Investment Banking）是最典型的投资性金融机构，一般认为，投资银行是在资本市场上为企业发行债券、股票，筹集长期资金提供中介服务的金融机构，主要从事证券承销、公司购并与资产重组、公司理财、基金管理等业务。其基本特征是综合经营资本市场业务。投资银行在各国的称谓不尽相同。在美国被称为投资银行，在英国被称为商人银行，在日本被称证券公司，在法国被称为实业银行。投资银行并不属于我们平时概念上从事存贷业务的商业银行，商业银行不能从事投资银行业务，投资银行也不从事个人/企业的存贷业务。准确地讲，投资银行并非银行。

证券公司。证券公司（Securities Company）是指依照公司法的规定，经国家证券监督管理机构审查批准，从事证券经营业务的有限责任公司或者股份有限公司。它是非银行金融机构的一种，是从事证券经营业务的法定组织形式，是专门从事有价证券买卖的法人企业。分为证券经营公司和证券登记公司。它具有证券交易所的会员资格，可以承销发行、自营买卖或自营兼代理买卖证券。普通投资人的证券投资都要通过证券商来进行。

投资基金。投资基金，又称为共同基金（Mutual Fund）。各国家和地区对其称谓有所不同，形式也有所不同，如美国称为"共同基金"；英国及中国香港地区称为"单位信托"；中国台湾地区则一般翻译为"互助基金"；日本称为"证券投资信托"等。尽管称谓不一，形式不同，其实质都是一样的。所谓共同基金，就是指由许多小额投资者提供资金，以集体投资方式，委托专业投资机构代为管理，并投资于股票、债券等有价证券，然后由投资者按受益凭证（或入股凭证）共同分享利润或分担损失的一种投资方式。

保险公司。保险公司（Insurance Company）是采用公司组织形式的经营商业保险业务的金融机构，是专门从事经营商业保险业务的企业。保险公司的业务按保障范围可分为四大类，即财产保险、责任保险、保证保险和人身保险。在我国，保险公司的业务范围由保险监督管理机构依法核定。保险公司只能在被核定的业务范围内从事保险经营活动。同一保险人不得同时兼营财产保险业务和人身保险业务；但是，经营财产保险业务的保险公司经保险监督管理机构核定，可以经营短期健康保险业务和意外伤害保险业务。

信用合作社。信用合作社（Credit Cooperatives）是指由一些具有共同利益的人们组织起来的、具有互助性质的合作金融组织。信用合作社基本的经营目标是以简便的手续和较低的利率，向社员提供信贷服务，帮助经济力量薄弱的个人解决资金困难。信用合作社为金融体系起到了拾遗补阙的作用，在经济生活中广泛动员了社会资金，弥补了现代金融服务难以覆盖的地区，促进了社会闲散资金的聚集和利用。随着金融的不断发展，信用合作社的业务不断拓展，资金来源与运用从以前的以会员为主逐渐向多元化发展，并且在金融市场上发挥着越来越大的作用。按照地域不同，可分为农村信用合作社（Rural Credit Cooperatives）和城市信用合作社（Urban Credit Cooperative）。

值得注意的是，现在各地启动了信用合作社改制的方案，不少信用合作社逐步改制为农村商业银行，如重庆市于2008年6月，在原重庆市农村信用社、农村合作银行基础上组建了一个新的股份制商业银行——重庆农村商业银行股份有限公司（简称重庆农村商业银行），如此一来，改制后的信用合作社就转变为属于存款性金融机构的商业银行。

养老基金。养老基金（Pensions Review）的全称为养老保险基金，是一种用于支付退休收入的基金，是社会保障基金的一部分，也称养老保险制度。养老基金通过发行基金股份或受益凭证，募集社会上的养老保险资金，委托专业基金管理机构用于产业投资、证券投资或其他项目的投资，以实现保值增值的目的。

金融资产管理公司。金融资产管理公司（Financial Asset Management Company）是经国务院决定设立的收购国有独资商业银行不良贷款，管理和处置因收购国有独资商业银行不良贷款形成的资产的国有独资非银行金融机构。金融资产管理公司以最大限度保全资产、减少损失为主要经营目标，依法独立承担民事责任。目前，中国有 4 家资产管理公司，即中国华融资产管理公司、中国长城资产管理公司、中国东方资产管理公司、中国信达资产管理公司，分别接收从中国工商银行、中国农业银行、中国银行、中国建设银行剥离出来的不良资产。中国信达资产管理公司于 1999 年 4 月成立，其他三家于 1999 年 10 月分别成立。

金融租赁公司。金融租赁公司（Financial Leasing Company）是专门经营租赁业务的公司，是租赁设备的物主，通过提供租赁设备而定期向承租人收取租金。租赁公司根据企业的要求，筹措资金，提供以"融物"代替"融资"的设备租赁；在租期内，作为承租人的企业只有使用租赁物件的权利，没有所有权，并要按租赁合同规定，定期向租赁公司交付租金。租期届满时，承租人向租赁公司交付少量的租赁物件的名义贷价（即象征性的租赁物件残值），双方即可办理租赁物件的产权转移手续。金融租赁在发达国家已经成为设备投资中仅次于银行信贷的第二大融资方式，从长远看，金融租赁公司在中国同样有着广阔前景。

金融控股公司。金融控股公司（Financial Holding Company）指在同一控制权下，所属的受监管实体至少明显地在从事两种以上的银行、证券和保险业务，同时每类业务的资本要求不同。金融控股公司作为企业，特别是金融企业实现业务多元化战略的一种有效的组织结构形式，在经济全球化浪潮中已成为金融业发展的一种主流趋势。根据母公司是否从事具体的业务活动，可以将金融控股公司分为两种：一种是事业型金融控股公司，在这种模式下，母公司拥有自己的金融业务领域，一般以银行、证券、保险中的一种为主营业务，母子公司之间的业务联系较紧密，母公司除了从事具体的金融业务外，还要负责整个控股集团的战略管理；另一种是纯粹型的金融控股公司，母公司本身没有专门的经营业务，主要负责控股公司整体的战略规划、资本运作、风险管理等，控股公司的具体业务由各个子公司来承担，母公司在整个控股公司中的地位比较突出。

信托投资公司。信托是指委托人基于对受托人的信任，将其合法持有的财产或财产权利委托给受托人，由受托人根据委托人意愿，以受托人自己的名义管理和处置该财产或财产权利，从而为委托人和受益人获得利益。信托投资公司（Trust and Investment Corporation）就是主要经营信托业务的金融机构。我国信托投资公司主要经营资金和财产委托、代理资产保管、金融租赁、经济咨询、证券发行以及投资等。

随着金融创新的不断深化，金融机构也在发生变化，以金融业务、金融工具创新为牵引的创新型的金融机构也越来越多，我们无法一一将其罗列。

如今，我国已经形成了以中国人民银行为领导，国有商业银行为主体，多种金融机构并存，分工协作的金融机构体系。具体参见图 1-3。

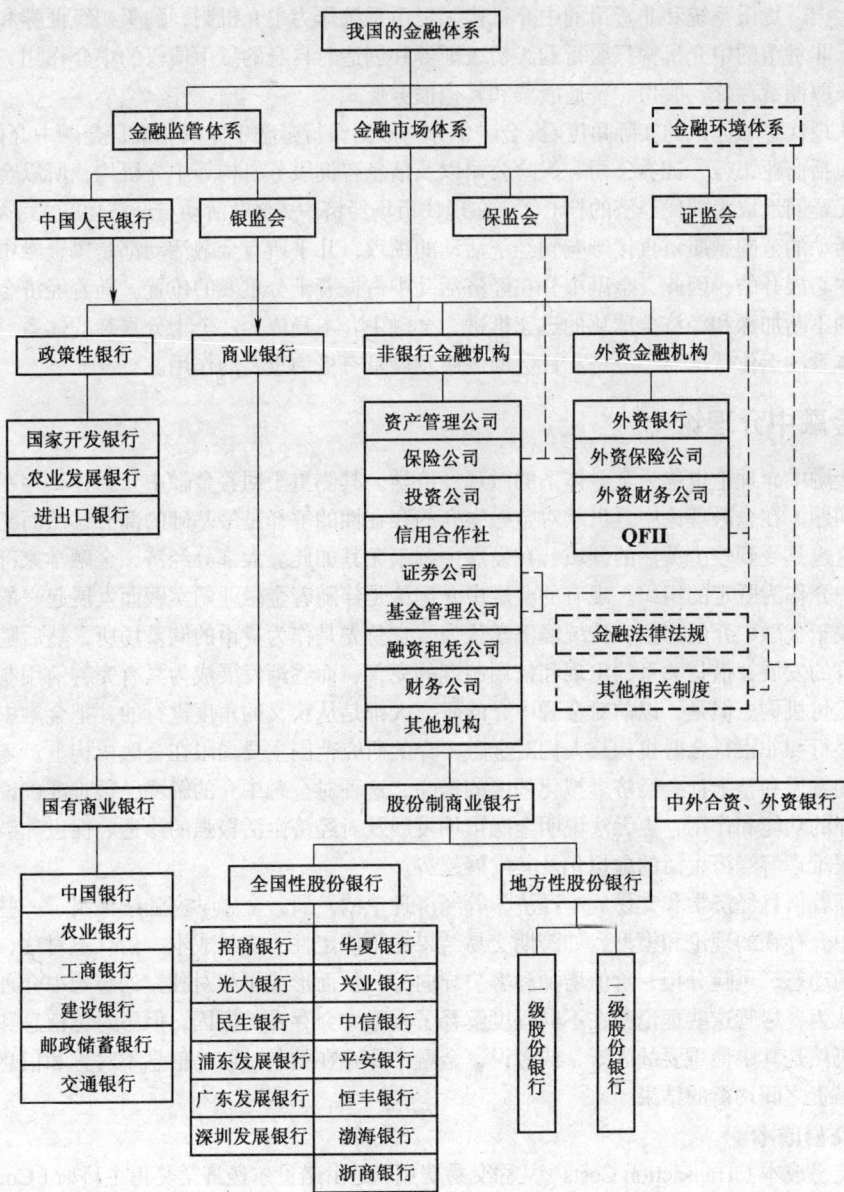

图 1-3 我国当前金融体系构成图

1.3 金融中介及融资模式

金融中介

金融中介（Financial Intermediation）是指在金融市场上资金融通过程中，在资金供求者之间起媒介或桥梁作用的人或机构。约翰·G·格利和爱德华·S·肖把金融中介机构分为两大类，货币系统和非货币的中介机构。货币系统作为中介机制，购买初级证券和创造货币；非货币的中介机构只履行购买初级证券和创造对自身的货币债权的中介作用，这种债权采取储蓄存款、股份、普通股票和其他债券形式。

从现代金融体系的实际角度看，金融中介一般由银行金融中介及非银行金融中介构成，具体包括商业银行、证券公司、保险公司以及信息咨询服务机构等中介机构，所以金融也就毫无疑问地成为现代经济的核心了。在现代市场经济中，金融活动与经济运行关系密切，金融活动的范围、质量直接影响到经济活动的绩效，几乎所有金融活动都是以金融中介机构为中心展开的，因此，金融中介在经济活动中占据着十分重要的位置。随着经济金融化程度的不断加深和经济全球化的迅速推进，金融中介本身成为一个十分复杂的体系，并且这个体系的运作状况对于经济和社会的健康发展具有极为重要的作用。

□ 金融中介理论

金融中介理论也称为金融体系的微观经济学，其侧重于回答金融中介为什么存在这一基本问题。在金融理论中，虽然对金融中介的存在性的解释是最基础的部分，然而相对来说，这也是受到较少关注的领域，在发展中国家尤其如此。大部分经济、金融学家都是把金融中介作为既定的组织。现有的金融中介理论是伴随着金融业的实践而发展起来的。

关于金融中介的产生，传统经济学认为，它首先是作为货币的储蓄场所，然后随着商品经济的发展，借贷关系的出现和信用制度的完善，而逐渐发展成为具有完善信用制度的借贷支付机构。但是，以前对金融中介的研究大都是从狭义的角度进行的，把金融中介定义为银行和非银行金融机构，人们对金融中介的研究范围主要局限在金融机构上。随着金融业的发展和整个社会经济虚拟化程度的提高，这种对金融中介的解释已很难准确说明金融中介的功能和作用，更无法说明金融市场发展及对经济生活极强的渗透、促进和破坏作用，很难理解经济生活的虚拟化及其发展趋势。

随着信息经济学和交易成本经济学等经济理论的发展，金融学家陆续提出了一些关于金融中介存在的理论和模型，如跨期交易结果的不确定性、交易成本、信息不对称、金融功能的动态、风险分担、价值增加和客户导向等，从而形成了相对独立的金融中介理论。本书认为，尽管这些理论都在不同程度解释了金融中介存在的原因，但不对称信息和交易成本仍然是其中最重要的因素，或者说，金融中介存在的条件就是信息不对称和信息处理成本昂贵之间均衡的结果。

交易成本

交易成本（Transaction Costs）又称交易费用，是由诺贝尔经济学奖得主科斯（Coase R. H.）于 1937 年提出的。他在《企业的性质》一文中认为，交易成本是"通过价格机制组织生产的，最明显的成本，就是所有发现相对价格的成本"、"市场上发生的每一笔交易的谈判和签约的费用"及利用价格机制存在的其他方面的成本。其后，另一名诺贝尔经济学奖得主威廉姆森（Oliver Williamson）遵循肯尼思·约瑟夫·阿罗的交易费用定义，认为交易费用即"利用经济制度的成本"，并认为"交易费用不仅包括事前发生的为达成一项契约而发生的费用，还包括事后发生的监督贯彻该契约而发生的费用；它们区别于生产费用，即为执行契约本身而发生的费用"。

班斯顿和史密斯（1976）首次用交易费用理论来证明金融中介存在的必要性，开创了现代金融中介理论的先河。他们认为在没有任何交易成本、信息成本和不可分割性等摩擦的市场上，也就不会有金融中介存在。在完美的市场上，资金供求双方能够得到多种选择和最优的风险配置。但是现实中，市场交易过程中摩擦不可避免。如果没有金融中介的存在，金融交易可能会因为交易成本太高而无法完成。银行等金融中介可以将众多存款人的资金集中起来发放贷款，通过规模经济降低交易成本，通过分散投资降低风险。班斯顿和史密斯从金融中介的功能出发来论证金融中介降低金融交易费用的作用，并以此证明金融中介机构存在的原因，从而开辟了现代金融中介理论的新天地。

在金融活动中，交易成本指金融交易中所花费的时间和金钱，是影响金融体系功能效率的主要因素。对个人来说，发放贷款的交易成本是非常高的，为了保护自己的资金，在发放贷款前需要调查项目、调查借款人的信用水平，聘请专门的法律人员设计完备的借款合同等。高额交易成本的存在成为资金在借、贷双方流动的阻碍。银行等金融中介机构在解决这个问题上存在较大的优势。它们具有规模经济效应，因此可以节约交易成本。金融中介从个人和企业聚集资金再将其贷放出去。由于形成了规模经济，金融中介可以减少交易成本。

信息不对称

运用信息不对称（Asymmetric Information）来解释金融中介的存在，是 20 世纪 70 年代金融中介理论的热点。信息不对称理论是由三位美国经济学家——乔治·阿克尔洛夫、迈克尔·斯彭斯和约瑟夫·斯蒂格利茨提出的。该理论是指在市场经济活动中，各类人员对有关信息的了解是有差异的，掌握信息比较充分的人员，往往处于比较有利的地位，而信息贫乏的人员，则处于比较不利的地位。三位经济学家分别从商品市场、劳动力市场和金融市场三个不同领域研究了这个课题，最后殊途同归。

该理论认为：市场中卖方比买方更了解有关商品的各种信息；掌握更多信息的一方可以通过向信息贫乏的一方传递可靠信息而在市场中获益；买卖双方中拥有信息较少的一方会努力从另一方获取信息。它为市场经济提供了一个新的视角。现在看来，信息不对称现象简直无处不在。例如，对于贷款项目的潜在收益和风险，借款者通常比贷款者了解得更多一些。

一般来说，这种信息非对称性主要引发两种后果，即逆向选择和道德风险问题，两者都会导致金融市场失灵。

逆向选择（Adverse Selection），它是签约或者成交之前的信息不对称所引致的逆向选择。一般来说，市场机制总是使好的东西被选择出来，优质的客户由于其项目好总是可以通过支付较低的利率取得贷款。在信息对称时，通过对质量好的商品给予更高的价格，那么它的生产就会受到激励。如果你分不清而支付一个折中价格，那么实际上是对差的商品的激励增强，而对好的商品激励减弱，这就使市场机制失效，市场的这种功能可能适得其反，差的商品总是将好的商品驱逐出市场。

道德风险（Moral Hazard），是指在交易之后参与合同的一方所面临的对方可能改变行为而损害到本方利益的风险。道德风险的存在降低了还款的可能性，使贷款者的预期收益降低，从而降低了他们提供贷款的愿望。股东和经理人之间也存在这个问题。股东期望公司实现利润的最大化，从而增加其所有者权益。而实际上，经理人的目标常常与股东的目标有所偏差。由于公司的股东人数众多且比较分散，无法对经理人进行有效的监控，经理人掌握私人信息，股东无法避免经理人隐藏信息，实施对自己有利而对股东不利的行为。

金融中介存在的优势

金融中介在解决信息不对称带来的道德风险和逆向选择时，显示出了自身的优势。由于其在生产公司信息方面是专家，因此在某种程度上可以分辨信贷风险的高低。银行等金融中介从存款者那里获得资金，再将其贷给好的公司，这就保证了银行的收益。贷款发放以后，银行代表存款者对项目进行监督。一旦银行与企业签订长期贷款合同，那么其对企业的监控成本要比直接去企业监督的成本低。金融中介机构的作用是"代理监督"。可以在一定程度上解决债务人和债权人之间的委托—代理问题。当然，银行并不能完全解决信息不对称所带来的问题。银行掌握信息的优势是相对于存款者来说的，而借款者拥有的有关自身情况、项目性质等的信息是最多的。因此，银行也常常面临道德风险和逆向选择问题，银行的不良资产就说明了这一点。

证券市场，特别是股票市场的相关制度安排与机制会降低代理成本，部分克服了存在于资本分配中的道德风险和逆向选择。而且，股票市场的发展也有利于对公司的控制。所有者会将公司在股票市场上的表现与经理人员的报酬结合起来，从而有效地将经理人员与所有者的利益联系起来。同时，流动性使金融资产的交易成本和不确定性都会下降。一些高回报的项目要求长期资本投资，但储蓄者不可能将其储蓄押在长期投资上，因此，如果金融体系不能增加长期投资的流动性，长期项目的投资就会不足。

由此可见，利用银行融资和利用资本市场融资的主要差别集中在解决交易成本以及信息不对称所带来的道德风险、逆向选择问题上。银行在降低交易成本方面比证券市场更有优势；在信息不对称的条件下，银行解决委托—代理问题的能力也强于证券市场。这也正好可以解释为什么人们一度认为银行导向型金融体系比市场导向型金融体系更为有利于经济的发展。然而，此次次贷危机前的近 20 年，市场导向型金融体系国家，特别是美国出现了持续的经济高涨，而银行导向型金融体系国家相对而言竞争力明显减弱。不仅如此，银行导向型金融体系国家还在大力发展市场机制，出现了向市场导向型金融体系融合的趋势。这其中技术进步所起的作用是不容忽视的。

▢ 金融中介的功能

在解决信息不对称和交易成本问题上，金融中介的主要功能就是在不确定性的环境中，便利资源在时间和空间上的配置。分解来看，主要包括以下基本功能。

信用创造功能

在传统的金融结构中，银行通过吸收存款、发放贷款实现其信用创造的功能，银行的特殊性在于其货币创造，即银行仅仅依靠增加其负债就能够达到创造多倍存款货币的目的。银行不仅仅是资金从储蓄者向使用者转移的中介，而且是"货币的生产者"，是高杠杆性的融资机构。而非银行金融中介不接受活期存款，因而不具有创造货币的能力，它们的职能只是进行储蓄的转移，不影响货币的供给。然而，金融创新和金融业务综合化的发展，非银行金融中介侵蚀了银行的传统业务，其活动对社会信用产生了重要影响。

约翰·G·格利和爱德华·S·肖认为，当存在多样化的金融资产时，实际的货币需求与替代效应具有很大的相关性。货币的需求量不仅仅取决于货币的流动性，还取决于比较价格不变的货币以及处于各自价格上的其他资产的相对吸引力。在忽略资本货物的实际租金率和初级债务占资本货物的比率这两项因素以外，支出单位的实际货币需求决定于其持有的金融资产数量与质量、实际收入水平、利率等因素。假设支出单位持有的非货币间接资产是货币的近似替代品，名义货币供应量和价格水平保持不变。那么，非货币间接金融资产的增长，导致的支出单位对货币需求的减少量多于中介机构所增加的货币需求，初级证券的利率水平就会下降；在现有的商品价格水平下，这就提高了支出单位当期产出的实际需求；当期需求的增加又反过来提高商品的价格，使利率回到初始水平。经过这一过程，非货币的金融中介机构产生了超额的货币量，使实际投资超过了事先储蓄，增加了社会信贷资金的流量。

因此，尽管非银行金融中介机构不能像银行金融中介机构那样创造货币，但其创造的高流动性的、可以作为货币近似替代品的间接金融资产，能够影响货币信贷资金的总量。

支付清算功能

支付清算功能是金融中介机构最基本的功能。在市场经济条件下，需要一个体系为全社会的交易活动提供支付清算的服务，进而提高整个社会的经济运行效率。金融中介机构通过其网络为商品、劳务和资产的交易，以及资本的转移提供各种清算支付手段。但在金融体系内部由哪个部门来承担这个功能，随着金融体系的演变，或许存在差异——在传统的金融结构下，主要由商业银行来承担全社会的支付清算活动。因此，清算支付功能是商业银行最基本的功能。

随着金融结构的趋势性转变，支付清算功能已经开始从银行金融机构向非银行金融机构转移。非银行金融机构的发展使交易支付更加方便快捷。例如，许多共同基金提供的交易账户和个人的工资账户、支票账户、货币市场账户一体化，该账户既具有代理工资发放业务，能够使个人的薪水自动转化为储蓄存款的功能，又具有通过支票和电话支付日常开支、交易以及自动取款的功能。

信用卡是各国最主要的支付清算工具，20年前银行金融机构几乎占据了信用卡市场的全部市场份额。然而，由于非银行金融机构的工具创新和高质量的金融服务，使信用卡市场发生了逆转，即银行金融机构失去了大部分的市场份额，而非银行金融中介机构的市场份额大幅度上升。

资源配置功能

资源配置功能是指金融中介机构提供储蓄—投资转化机制，降低交易成本，实现稀缺储蓄的有效配置。资源配置功能是金融中介的主要功能。在传统的金融结构下，银行是实现储蓄向投资转化的主要渠道。金融中介结构的趋势性转变，使储蓄向投资转化的渠道增加，由单纯的银行金融中介转变为银行和非银行中介并存，并且非银行金融中介已经成为储蓄向投资转化的主要渠道。

信息提供功能

贷款者和借款者之间存在着信息的不对称性，借款者比贷款者具有信息优势，而且借款者为了自身的利益有可能制造假信息。在这种信息不对称的情况下，市场机制会受到严重损害。贷款者由于缺乏全面的信息，只能根据借款者过去平均的信息来设定贷款条件，那就会对其他高于平均条件的优良的借款者不利，后者就会退出借贷市场。这一过程的不断重复，借贷市场上借款者整体素质就会下降，市场机制就不能正常发挥作用，这就是通常所说的"逆向选择"问题。而信息由于具有准公共产品的性质，存在着定价等多种困难，收集、整理后的信息产品不容易买卖。但是，金融中介机构可以买卖基于信息而制造的金融资产。换言之，金融中介机构在代替贷款者生产信息的同时，通过间接证券购买借款者所发行的本源证券。

能够获得和利用信息，有效地配置资源是金融中介机构的重要功能之一。在金融市场中，要求较高的信息暴露与透明，非银行金融机构，如共同基金、养老基金以及其他非银行金融中介机构是金融市场中的主要机构投资者，它们专门设有信息部门，有专业的信息收集人员从事信息的收集、处理和分析工作，能够为投资者提供更加准确有效的信息。而另一方面，在银行金融中介机构中，对公司的财务状况等信息的公开程度要求较低，相对来讲，从银行中介机构那里获得有关公司的公共信息是有限的。因此，在市场型金融体制的国家，如美国等，非银行金融机构是信息的主要提供者。

监督及风险管理职能

风险管理职能主要表现在两个方面。首先，与银行金融机构相比，非银行金融中介机构不仅种类繁多，而且是金融创新的主体，因此能够提供多样性和高流动性的金融资产，例如，美国的共同基金有几十个品种，上百种投资组合，投资者以多样化的投资分散风险。其次，非银行金融机构是政府参与社会风险管理的主要渠道。在现代社会中，家庭部门不仅面临持有股票、债券或其他金融资产的风险，而且面临着越来越多的社会风险如失业风险、疾病、婚姻、意外等，为了减少这些风险，保持社会稳定，政府不得不进行干预，分担风险。各国普遍的做法就是建立一系列专门的金融机构进行风险管理，如公共养老保险基金、各种保险基金、社会保障基金等，这些金融机构通过金融创新，为家庭部门提供大量规避社会风险的金融工具，成为社会风险管理的主要渠道。

金融功能是以金融制度所提供的金融服务，如经济资源转移方式等为基础，从长期来看，金融体系的功能基本上是稳定的，但金融中介机构的构成和形式却是不断发展变化的。随着金融机构不断地成立、倒闭、兼并或变动，金融功能得以发挥的方式或载体也不断地发生变化。在市场经济发展的早期，交易结算、资金提供是非金融部门的主要需求，而这一功能主要由银行来承担；现代市场经济条件下，特别是经济全球化、金融自由化、经济金融化的发展，非经济部门对金融服务的需求多样化、专门化，促进了非银行金融中介机构的迅速发展，进而使各国金融结构发生了转变，出现了金融服务专门化、多样化的发展趋势。

□ 融资模式

我们根据资金从盈余单位到短缺单位流动的融通过程中有无金融中介介入，可以将金融分为间接金融和直接金融，因此也就将融资过程分为间接融资和直接融资，如图1-4所示。

间接融资

间接融资（Indirect Financing）是指拥有暂时闲置货币资金的单位通过存款的形式，或者购买银行、信托、保险等金融机构发行的有价证券，将其暂时闲置的资金先行提供给这些金融中介机构，然后再由这些金融中介机构以贷款、贴现等形式，或通过购买需要资金的单位发行的有价证券，把资金提供给这些单位使用，从而实现资金融通的过程。

间接融资主要有两大类：①银行信用，是银行以及其他金融机构以货币形式向客户提供的信用，它是以银行作为金融中介机构所进行的资金融通形式。②消费信用，主要指的是银行向消费者个人提供用于购买住房或者耐用消费品的贷款。

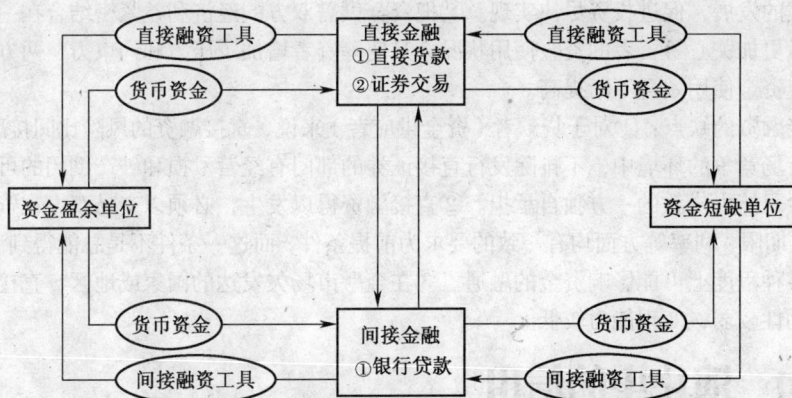

图 1-4　资金融通过程

间接融资之所以历史悠久，是因为具有很多优点：①灵活方便。银行等金融机构作为借贷双方的中介，可以提供数量不同的资金和不同的融通方式，以及多样化的金融工具来满足供需双方融资选择要求。②安全性高。在直接金融中，资金融通的风险主要由债权人独自承担，而在间接金融中，由于金融中介机构的资产与负债是多样化的，某一项融资活动的风险便可由多样化的资产和负债结构分散承担。③流动性强。由于银行等金融机构的信誉高，所发行的间接金融工具，大都具有"准货币"性质，易被人们接受。即使在金融市场欠发达的国家或地区，银行的间接金融工具一般也容易变现或转手。④具有规模经济。作为间接金融活动主体的金融中介机构，一般都有相当大的规模，其资力也十分雄厚。因此，它们可以雇用各种专业人员对融资活动进行分析，也有能力利用现代化的工具从事金融活动，还有可能在地区、国家，甚至世界范围内调动资金。据此，间接融资提高了金融的规模经济。

但是，由于在资金供给者和资金需求者之间加入了银行等金融机构作为中介，间接融资的缺点也是显而易见的。因为资金的供需双方的直接联系被割断，在一定程度上会减少投资者对企业生产的关注和筹资者对使用资金的压力和约束力。同时，由于中介机构提供服务要收取一定的费用，增加了筹资的成本。

直接融资

直接融资（Direct Financing）是"间接融资"的对称。这是没有金融机构作为中介的融通资金的方式。需要融入资金的单位与融出资金的单位双方通过直接协议后进行货币资金的转移。直接融资的形式有：买卖有价证券、预付定金和赊销商品、不通过银行等金融机构的货币借贷等。

直接融资是以股票、债券、直接借贷凭证为主要金融工具的一种融资机制。这种资金供给者与资金需求者通过股票、债券等金融工具直接融通资金的场所，即为直接融资市场，也称证券市场。直接融资能最大可能地吸收社会游资，直接投资于企业生产经营之中，从而弥补了间接融资的不足。

直接融资之所以发展迅猛，成为金融市场越来越重要的融资方式，就在于它所具有的优点很明显：①能够把资金供需双方紧密结合起来，有利于资金的快速融通，有利于多种信用形式的发展，促进投资尽快实现。②把资金供需双方的经济利益紧密结合在一起，既使投资者更加关心筹资者的资金使用状况，又使筹资者增加了压力和约束力，两方面的合力，促使资金使用效益不断提高。

直接融资的缺点：①对于贷款者（资金供应者）来说，直接融资的风险比间接融资大。因为在市场竞争的环境中，不排除发行直接证券的部门有经营亏损和破产倒闭的可能，而这种风险只能由贷款的一方独自承担。②直接融资得以发生，必须以交易双方在资金借贷的数量、期限、利率等方面均有一致的要求为前提条件，而这一条件不是总能得到满足的，所以在某种程度上可能影响资金的融通。③在金融市场欠发达的国家或地区，直接金融证券的流动性较弱，变现能力较低。

🏛 1.4 演化中的信用

> 货币实际上就是信用问题。
>
> ——琼·罗宾逊夫人

□ 信用的解析

我们先来看一个关于信用的例子。

1596年，荷兰的一个船长带着17名水手被冰封的海面困在北极圈的一个地方。8个月漫长的冬季，8个人死去了。但荷兰商人却做了一件令人难以想象的事情，他们丝毫未动别人委托给他们运输的货物，这些货物中就有可以挽救他们生命的衣物和药品。冰冻时节结束了，幸存的商人终于把货物几乎完好无损地带回荷兰，送到委托人手中。荷兰人有充分的理由权变，他们可以先打开托运箱，把能吃的东西吃了，等到了目的地，可以加倍偿还托运者。任何人都会同意这种人道的做法。但是，荷兰人没有这样做。他们把商业信用看得比自己的生命更重要。他们用生命作代价，守住信用，创造了传之后世的经商法则。在当时，荷兰本来只是个拥有100多万人口的小国，却因为商誉卓著，而成为海运贸易的强国，福荫世世代代的荷兰人。

这个例子表明，荷兰人在商业活动中加进去了伦理道德层面的法则，这里的信用，主要是指参与社会和经济活动的当事人之间所建立起来的、以诚实守信为道德基础的"践约"行为。

在《新帕尔格雷夫经济大辞典》中，对信用的解释是："提供信贷（Credit）意味着把对某物（如一笔钱）的财产权给以让渡，以交换在将来的某一特定时刻对另外的物品（如另外一部分钱）的所有权。"《牛津法律大辞典》的解释是："信用，指在得到或提供货物或服务后并不立即而是允诺在将来付给报酬的做法。"根据这里的解释，信用就是指在商品交换或者其他经济活动中授信人在充分信任受信人能够实现其承诺的基础上，用契约关系向受信人放贷，并保障自己的本金能够回流和增值的价值运动。

站在经济和金融学的角度，信用这个范畴是指借贷行为。这种经济行为的特点是以收回为条件的付出，或以归还为义务的取得；而且贷者之所以贷出，是因为有权取得利息，后者之所以可能借入，是因为承担了支付利息的义务。

□ 信用的产生及其特征

信用的产生与发展

私有制出现以后，社会分工不断发展，大量剩余产品不断出现。私有制和社会分工使得劳动者各自占有不同的劳动产品，剩余产品的出现则使交换行为成为可能。随着商品生产和交换的发展，商品流通出现了矛盾，"一手交钱、一手交货"的方式由于受到客观条件的限制经常发生困难。例如，一些商品生产者出售商品时，购买者却可能因自己的商品尚未卖出而无钱购买。于是，赊销即延期支付的方式应运而生。赊销意味着卖方对买方未来付款承诺的信任，意味着商品的让渡和价值实现发生时间上的分离。这样，买卖双方除了商品交换关系之外，又形成了一种债权债务关系，即信用关系。当赊销到期、支付货款时，货币不再发挥其流通手段的职能而只充当支付手段。这种支付是价值的单方面转移。正是由于货币作为支付手段的职能，使得商品能够在早已让渡之后独立地完成价值的实现，从而确保了信用的兑现。整个过程实质上就是一种区别于实物交易和现金交易的交易形式，即信用交易。后来，信用交易超出了商品买卖的范围，作为支付手段的货币本身也加入了交易过程，出现了借贷活动。

从此，货币的运动和信用关系联结在一起，并由此形成了新的范畴——金融。现代金融业正是信用关系发展的产物。在市场经济发展初期，市场行为的主体大多以延期付款的形式相互提供信用，即商业信用；在市场经济较发达时期，随着现代银行的出现和发展，银行信用逐步取代了商业信用，成为现代经济活动中最重要的信用形式。总之，信用交易和信用制度是随着商品货币经济的不断发展而建立起来的；进而，信用交易的产生和信用制度的建立促进了商品交换和金融工具的发展；最终，现代市场经济发展成为建立在错综复杂的信用关系之上的信用经济。

所以，站在世界经济一体化的今天，我们会发现：信用就是货币，货币就是信用；信用创造货币；信用形成资本；信用带来经济发展，经济发展推动信用演化。

信用的基本特征

经济范畴中的信用有其特定的含义，它是指一种借贷行为，表示的是债权人和债务人之间发生的债权债务关系。这种借贷行为是指以偿还为条件的付出，且这种付出只是使用权的转移，所有权并没有转移，偿还性和支付利息是它的基本特征。根据一般经济活动过程，信用的提供是这样的：

（1）一方以对方偿还为条件，向对方先行移转商品（包括货币）的所有权，或者部分权能。

（2）一方对商品所有权或其权能的先行移转与另一方的相对偿还之间，存在一定的时间差。

（3）先行交付的一方需要承担一定的信用风险，信用交易的发生是基于给予对方信任。

由此可见，信用是以偿还为条件的价值单方面让渡，它不同于商品买卖。在商品买卖中，价值进行对等转移和运动，一手交钱，一手交货。卖者售出商品，获得等值的货币；买者付出货币，得到商品。但是在信用即借贷活动中，贷者把一部分货币或商品给予借者，借者并没有同时对贷者进行任何形式的价值补偿，这本身就包含了信用风险。

□ 信用发展的演化阶段

信用的道德化阶段

信用的道德化阶段是最早形成的。我国古代有丰富的信用道德的文化思想资源，例如，儒家文化有许多对君子的行为规范，如"言必信，行必果"，还有"君子一言，驷马难追"。要成为"君子"，就必须成为一个有信用的人；而"小人"，则看重利益，不讲信用，不要信誉。

在我国民间，也有借钱或借物时要守信用的习惯，例如"好借好还，再借不难"，这句俗语话虽简单，但是意义深刻。即使在现代民间小额金钱借贷中，依然适用这些习惯。一旦某人借钱不还，特别是有钱也不还时，他在商业社会中的信用度便极大降低了。最后，他会被人们视为"赖账"的人，被人们淘汰出商业社会。现在，我国民间仍然处于信用的道德化阶段，民间的小额借款有时不用写借据，全凭借款者的个人信用。这就是信用的道德化阶段的表现。

政府在市场上也享有非常高的道德性信用。在很多情况下，老百姓对政府的信用深信不疑，是信用无价，信用至上的。

信用的商业化阶段

信用的商业化发展阶段，是将信用记录当做一种"信息商品"进入市场，像所有信息商品那样可以买卖。在发达国家的市场上有专门经营"信用记录"的公司，这些公司从各种金融机构有偿收集客户们的信用记录资料，将这些信用记录的原始资料整理后，输入计算机数据库。现在信用信息公司已经发展到将数据库用光纤同各个金融机相连接，随时提供在线服务。当银行和信用卡公司需要了解或调查某个客户信用记录时，可随时从信用记录公司买这些记录资料。

由于有了信用记录资料商业化，在金融市场上就形成了"市场信用的纪律和制度约束"。信用的约束方式表现在商业银行和信用卡公司对于信用记录不好的客户，就不会发放贷款或提供信用卡。这是对客户个人的信用记录商业化。

而且，在现代社会里，金融机构的信用也被商业化了。国际上有几家著名的金融机构信用评级公司，如美国的标准普尔公司、穆迪公司等，专门对金融机构进行信用评级。这就是这些公司的生意，它们每天经营的是对金融机构的信用评级。

金融机构如果在国际市场上发行债券，发行价格和发行成本与该金融机构的信用级别有相当大的关系。金融机构的信用级别越高时，发行债券的成本越低；反之，金融机构的信用级别越低，发行债券的成本就越高。所以，这些信用评级公司的评级方法与技术，也成为商业市场的知识产品。

信用的证券化阶段

信用发展到证券化阶段，是指原来由一个或两个担保人来承担的贷款信用，采用由大众来担保。保险经营就是信用契约化的典型。保险公司单独是没有能力承担担保风险的，但是保险公司通过了一个风险分散的特殊经营，由大众买保险后来分担风险，保险公司就可以承担较大的风险了。

同样的道理也适用于贷款的担保经营方面。当担保人采用发行债券的方式，将担保的风险分散给大众时，担保人的风险也同样可以减少。这种做法就是信用的证券化。通过证券的方法，以支付一定利息为条件，向大众出售担保证券、债券或契约，以及商业票据，可以筹集到大众担保的资金。到了信用证券化的阶段，有关信用的法律就更加容易执行了。

信用好的大型金融机构可以以较低的成本发行债券，再将低成本获得的资金转给融资成本较高的小型公司，这通常是大型国际银行总行对海外分行提供资金的主要方法，这也相当于总行对分行的信用担保的一种证券化。

信用的证券化是采用市场的方法，将信用担保的履行变成了依靠市场来保障，而不是基于个别金融机构或个别人的道德水平。

□ 现代经济是信用经济

理解现代经济是信用经济

从现代经济运作的特点来看。现代经济是一种具有扩张性质的经济，需要借助于负债去扩大生产规模、更新设备，需要借助于各种信用形式去筹措资金，改进工艺、推销产品。其次，现代经济中债权债务关系是最基本、最普遍的经济关系。经济活动中的每一个部门、每一个环节都渗透着债权债务关系。经济越发展，债权债务关系越紧密，越成为经济正常运转的必要条件。另外，现代经济中信用货币是最基本的货币形式。各种经济活动形成各种各样的货币收支，而这些货币收支最终都是银行的资产和负债，都体现了银行与其他经济部门之间的信用关系。所以信用就成为一个无所不在的最普遍的经济关系。

从信用关系中的各部门来看。信用关系中的个人、企业、政府、金融机构、国际收支这些部门的任何经济活动都离不开信用关系。主要表现在：个人通过在银行储蓄或取得消费贷款与银行形成了信用关系；个人购买国债、企业债券与政府、企业形成了债权债务关系；企业在信用关系中既是货币资金的主要供给者，又是货币资金的主要需求者；政府通过举债、放贷形成与居民、企业、金融机构或其他机构之间的信用关系；金融机构作为信用中介从社会各方面吸收和积聚资金，同时通过贷款等活动将其运用出去；国际收支的顺差、逆差的调节也离不开信用。这说明信用关系已成为现代经济中最基本、最普遍的经济关系。

从信用对现代经济的作用来看。信用对现代经济发展的推动作用主要表现在：信用保证现代化大生产的顺利进行，即信用活动从资金上为现代化大生产提供条件；在利润率引导下，信用使资本在不同部门之间自由转移，导致各部门利润率趋向相同水平，从而自然调节各部门的发展比例；在信用制度基础上产生的信用流通工具代替金属货币流通，节约流通费用，加速资本周转；信用为股份公司的建立和发展创造了条件，同时，信用聚集资本，扩大投资规模的作用通过股份公司的形式也得到了充分发挥。

信用在现代经济中的作用

正如硬币有两面一样，信用在现代经济中的作用既有积极的一面，也有消极的一面。

信用对经济的积极作用主要表现在以下三方面：（1）现代信用可以促进社会资金的合理利用。通过借贷，资金可以流向投资收益更高的项目，可以使投资项目得到必要的资金，资金盈余单位又可以获得一定的收益。（2）现代信用可以优化社会资源配置。通过信用调剂，让资源及时转移到需要这些资源的地方，就可以使资源得到最大限度的运用。（3）现代信用可以推动经济的增长。一方面通过信用动员闲置资金，将消费资金转化为生产资金，直接投入生产领域，扩大社会投资规模，增加社会就业机会，增加社会产出，促进经济增长；另一方面，信用可以创造和扩大消费，通过消费的增长刺激生产扩大和产出增加，也能起到促进经济增长的作用。

　　信用对经济的消极作用主要表现在信用风险和经济泡沫的出现。信用风险是指债务人无法按照承诺偿还债权人本息的风险。在现代社会，信用关系已经成为最普遍、最基本的经济关系，社会各个主体之间债权债务交错，形成了错综复杂的债权债务链条，这个链条上有一个环节断裂，就会引发连锁反应，对整个社会的信用联系造成很大的危害。经济泡沫是指某种资产或商品的价格大大地偏离其基本价值，经济泡沫的开始是资产或商品的价格暴涨，价格暴涨是供求不均衡的结果，即这些资产或商品的需求急剧膨胀，极大地超出了供给，而信用对膨胀的需求给予了现实的购买和支付能力的支撑，使经济泡沫的出现成为可能。

NEW
FUNDAMENTALS
OF FINANCE

第 ② 章

货币及其制度：历史与展望

作为一种人们能够共同接受的支付工具，货币是再熟悉不过的一种交易媒介了。然而，货币貌似简单，实际上却极其复杂。本章从货币的本质和内涵入手，在分析货币职能的基础上，通过对历史上出现的货币形式的演进进行回顾，对货币层次的划分与衡量作相应介绍，在此基础上分析国家和国际货币制度的发展历程，阐述货币合作的探索和实践，使读者可以掌握货币及其制度演进的历史全貌。

> 没有葡萄园的国家，需从外国取得葡萄酒；同样，没有矿山的国家也无疑地必须从外国取得金银。然而，政府似乎不必更多注意某一物品而更少注意另一物品。一个有资力购买葡萄酒的国家，总会获得它所需要的葡萄酒；一个有资力购买金银的国家，绝不会缺少那些金属。金银像一切其他商品一样，必须以一定的价格购买；而且，正因为它们是其他一切商品的价格，所以其他一切商品也都是那些金属的价格。
>
> ——亚当·斯密（Adam Smith）

※章首引语

所谓物极必反，亢龙有悔，黄金亦逃不出这个客观规律。在 1980 年 1 月，国际黄金价格上冲到 850 美元，比 1971 年前上涨了 23 倍后，黄金迎来了越来越阴冷与黑暗的 20 世纪八九十年代。与此同时，美元对全球金融和经济的统治达到了最高峰。

1968 年春季以后，欧美主要国家中央银行的惨败充分暴露了中央银行的软肋，从此黄金多头开始咄咄逼人。随着黄金价格对美元的大幅上涨，其在过去 30 年被压制的内在真实价值得以充分释放，借助中东战争和伊朗人质事件，1980 年 1 月 18 日，黄金冲上了每盎司 850 美元的历史巅峰。

不过，美元和纸币的反击已经悄悄地准备好了。1975 年 1 月 1 日，为了向世人展现黄金不过是一种普通金属，增加人们对纯信用纸币美元的信心，美国政府决定解除对美国人民实行了长达 40 年的黄金持有禁令。其他国家则对黄金课以重税以减少世人对黄金的需求，有的甚至征收高达 50% 的黄金增值税。

在黄金消失了 40 年后，美国人已经对黄金非常生疏了，再加上购买的烦琐与不便，黄金解禁并没有产生预想的紧张局面，国际银行家们终于长长地舒了一口气。

更重要的是，这一次，国际银行家们祭出了最新创造的新型武器——纸黄金。这些高明的设计集中针对黄金最大的软肋——在美元霸权之下失去了货币交易功能……国际银行家们由此找到了分化瓦解黄金多头阵营的巧妙策略，你持有纸黄金，而不是持有实物黄金，你同样可以通过纸黄金的上涨而赚钱，由于纸黄金有乘数倍的杠杆放大效应，它极大地刺激了黄金投机者的贪婪欲望，同时，纸黄金的"双向对赌"规则，让黄金投机者也可以通过黄金下跌而获得暴利。[1]

---

[1] 资料来源：张庭宾. 黄金保卫中国[M]. 北京：机械工业出版社，2009。

在以上张庭宾先生关于纸黄金和衍生品的描述中，我们似乎亲眼看到了这些针对黄金和货币的纷乱战争，这些无短兵相接的战争绝不亚于冷兵器时代的血腥和热兵器时代的残忍，它上演了一幕幕贪婪和投机的疯狂，也造就了黄金在金融上的地位，促使了纸币的诞生和扩张。正因为如此，我们知道了货币这个特殊的东西，在金融历史中扮演了多么重要的角色。

作为一种人们能够共同接受的支付工具，货币是再熟悉不过的一种交易媒介了。然而，货币貌似简单，实际上却极其复杂。因为货币问题不单单是货币自身的问题，一国的货币问题也绝不仅仅是该国自己的事。这里面有一套严密的、无形的手一样的机制在发挥着作用。货币到底是什么？维持其运转的机制到底是什么？未来的货币又是什么样呢？

基于此，本章从货币的本质和内涵入手，在分析货币职能的基础上，通过对历史上所现货币形式的演进进行回顾，从而对货币层次的划分与衡量作相应介绍，在此基础上分析国家和国际货币制度的发展历程，阐述货币合作的探索和实践，使读者可以掌握货币及其制度演进的历史全貌。

🏛 2.1 货币及其职能

货币概述

我们几乎每天都接触到货币，它伴随着我们的日常生活，但是当真正被问起什么是货币时，你是否能够给出一个清晰的答案呢？关于这个问题，其实自古以来，很多先哲也和我们一样，他们也很苦恼，到底何谓货币也正是他们思考的问题之一。

古希腊哲学家亚里士多德认为，货币必须具有实质价值，其价值由其金属价值决定，货币的实体必须以贵金属构成。这种观点后来演化成了"货币金属观"。特别是在资本主义原始积累阶段，重商主义者更是认为，货币天然就是贵金属，天然是财富。所以他们认为，一个人货币多了，财富便多了；一个国家货币多了，国家便富庶了。但是，我们现在都知道，财富应该是满足人类需要的各种物质，货币是财富的一般体现，是物质财富的代表或者抽象化了的财富，但不是财富本身，更不可能是唯一的财富。而且，当我们把黄金等贵金属当作消费品来购买消费的时候，比如我们买的金戒指、银手镯等，它成了你拥有的财富，但是它显然已经不再是货币了。

此后，还有很多人提出了很多观点，比如有人认为货币仅仅是一种符号，它不一定需要用贵金属来铸造，只要有君王的印鉴即可。这样一来，货币的价值就是由国家的权威规定的了，任何金属甚至非金属都可以充当货币。就连美国新生代著名经济学家米什金都将货币定义为："货币是任何在商品或劳务的支付或在偿还债务时被普遍接受的东西。"其实这些观点都不是很科学，也没有抓住货币的本质。

回到前面，正是由于我们在日常生活中时刻接触货币，所以对货币有了多种通俗的定义。其中之一就是把货币等同于现金，把货币仅仅定义为现金，对于经济分析而言是过于狭窄了。因为可开列支票的存款在流通领域中与现金一样，都可用以支付所购买的商品与劳务。如果我们把货币定义为现金，那么我们就难以把货币与人们所进行的全部购买活动联系起来。事实上，正是因为货币与购买相关联，才使货币问题引起人们极大的兴趣。因此，在现代经济学中必须把可开列支票的存款与现金一起包括在货币的定义之中。

在我们周围，还有不少人认为货币就是财产，从而把货币与股票、债券、不动产等相混同，那么在经济分析中就无法界定货币的基本特性。也或许会把货币等同于收入，但收入是一定期限内的流量，而货币是某一时点上的存量，若把货币定义为收入，那么货币量将无法计量。所以，著名经济学家萨缪尔森（Paul A. Samuelson）曾引用了金·哈伯特的一句名言："在一万人中只有一人懂得通货问题，而我们每天都碰到它。"由此看来，货币貌似简单，实际上却极其复杂。

马克思在分析了货币的起源和本质以后，指出：货币是一个能够充当一般等价物的特殊商品。也就是说，货币的本质就是一般等价物。他给出了三个理由来解释：首先，货币是一种商品，这是商品世界经过千百年进化选择的结果，与其他商品在形式上具有一致性，也就是具有价值和使用价值；其次，货币具有以自身的使用价值形态表现商品价值的能力，也就是一般等价物；再者，货币在商品交换领域之所以能被接受，也正是因为货币是一种特殊的商品。

□ 货币职能

货币的职能也就是货币在人们经济生活中所起的作用。货币的本质是通过货币的职能而充分地表现出来的。在发达的商品经济条件下，货币一般具有以下五种职能。

价值尺度

货币作为商品的价值尺度，用来衡量和表现其他一切商品的价值。货币之所以能充当价值尺度，是因为它本身也是商品，也具有价值。生产商品的社会必要劳动时间是商品价值量的内在尺度，货币则是衡量商品价值量的外在尺度。马克思说："货币作为价值尺度，是商品内在的价值尺度即劳动时间的必然表现形式。"执行价值职能的货币，只是观念上的货币，而不需要现实的货币。商品价值的货币表现就是商品的价格，货币执行价值尺度的职能，是通过价格标准来实现的。价格标准就是包含一定重量贵金属的货币单位及其等分。

价值尺度和价格标准既有联系又有区别。货币作为价值尺度用来衡量各种商品的价值，使它们表现为价格；作为价格标准，货币仅仅用来衡量货币金属本身的数量。

流通手段

货币作为商品交换的媒介，就是流通手段的职能，作为流通手段的货币不能是观念上的货币，而必须是实实在在的货币。以货币为媒介的商品流通是商品（W）—货币（G）—商品（W）的运动过程。在货币出现前是直接的物物交换，买与卖简单明了，是统一的。而在以货币为媒介的商品流通中，买与卖分离，于是就包含危机的可能性。货币作为流通手段，最初是以贵金属块块的形式出现的，以后逐渐出现了由国家发行的铸币，后来又发展成为纯粹价值符号的纸币。纸币是由国家发行并以国家的法令强制使用的。但纸币仅仅是金属币的符号，它不管发行多少，都只能代表商品流通中需要的金属货币量。

贮藏手段

当货币退出流通领域，而当作社会财富的一般代表被保存起来时，货币就在执行贮藏手段的职能。作为贮藏手段的货币，既不能是观念上的货币，也不能是纸币，而必须是足值的金属货币或金银条块。货币贮藏手段对货币流通量起着自发的调节作用。在流通领域所需货币量减少时，多余的货币就会退出流通领域而贮藏起来，在流通领域需要的货币增多时，贮藏货币又会重新进入流通领域。"货币贮藏的蓄水池，对于流通中的货币来说，既是排水渠，又是引水渠；因此，货币永远不会溢出它的流通的渠道"。

支付手段

随着商品经济的日益发展，便出现了商品买卖的赊欠关系，货币便充当清偿欠款的职能，这就是货币的支付手段职能。货币的支付手段产生以后，流通中需要的货币量就会因有些债务的互相抵消而减少。同时，货币支付手段的出现，发展了商品经济的内在矛盾，因此赊欠交易出现后，会出现一连串的债权与债务链，一旦有人不能按期偿还债务，就可能造成连锁反应。所以，货币支付手段的出现，使危机出现的可能性进一步加强。

世界货币

当货币在世界市场上起一般等价物的作用时，就执行世界货币的职能。货币执行世界货币的职能，必须以贵金属的自然形式出现。

作为世界货币的金银，除执行价值尺度的职能外，还有另外三种职能：一是充当国际购买手段，一国从另一国单方面购买商品；二是作为国际支付手段，平衡国际贸易差额；三是作为社会财富的代表，从一国转移到另一国。其中作为平衡国际贸易差额的支付手段职能，是世界货币最重要的职能。

货币的五种职能是逐步发展、相互联系的，它们从不同方面和角度反映了货币作为一般等价物的本质。其中，价值尺度和流通手段是货币的基本职能，其他三种职能则是随着商品经济的发展而逐渐出现的。

专栏 2-1   现代流行的关于货币职能的论述

1. 西方货币银行学在分析货币的职能时，是从现实的使用角度来进行的。西方经济学认为货币有四个功能：

（1）货币作为交换媒介，以解决物物交换的困难，这是货币的首要功能；

（2）记账单位或计算单位，即货币是一种衡量不同物品的相对价值的手段；

（3）价值贮藏，人们将想出售的物品换成货币，以备将来用于购买商品和劳务；

（4）延期支付的标准。

2. 关于货币职能的比较

西方货币银行学关于货币职能的分析，在形式上与马克思的货币理论有相似之处，如除了"世界货币"之外，西方货币理论对马克思所分析的其他货币职能也都进行了分析。但有着一定的分歧。分歧如下：

（1）从方法论的角度看，马克思的货币理论是建立在劳动价值论的基础上的，而西方货币理论是建立在效用论的基础上的。

（2）具体地讲，①西方货币银行学用记账单位代替价值尺度职能，这就是名目主义的货币观。在这里，西方货币理论实际上把货币仅仅看做是一个筹码，一个符号，至于它是否有真实价值都无关宏旨。马克思认为货币之所以能衡量其他商品的价值是因为它自身有价值。②西方货币理论把交换手段放在第一位，也是错误的，因为货币如果不能衡量商品的价值，就不可能成为流通工具，因此，流通手段只能是第二位的。③西方货币理论分析货币的贮藏手段时是从财富和资产的角度入手的，而不是从货币流通的角度进行的。当然，西方货币银行学在这个问题上，意见并不能统一，甚至是相互矛盾的，如：既然不承认货币有价值尺度职能，即不承认货币是特殊商品，那么，为什么他们又把货币作为一种可贮藏的资产呢？

2.2　货币形式及层次划分

□ 货币形式的演化

货币作为一种人们能够共同接受的支付工具，在不同的时期有不同的表现形式。在漫长的演进过程中，充当货币的材料很多，货币的形式也就因此发生了很多次的变化。抛开个别国家的特殊情况，从世界货币发展的一般进程看，货币经过了从实物货币到金属货币，再从金属货币到代用货币，最后从代用货币到不兑换的信用货币。

实体货币

说起实体货币，从字面上理解，就是有实物形体存在的货币，其特点是作为商品的价值与作为货币的价值是等同的，正因为如此，它又被称为足值货币或商品货币。实体货币的发展经历过如下三个阶段。

实物货币，这是货币的最早形态，也可以说是货币的原始形态。在人类社会商品交换的长期发展过程中，人们使用以物易物的方式，交换自己所需要的物资，比如一只羊换一把石斧。但是有时候受用于交换的物资种类的限制，人们不得不寻找一种能够为交换双方都接受的物品，某些特殊商品便逐渐地被用来充当商品间接交换的一般价值形态。比如牲畜、龟背、农具等实物货币在新石器时代晚期开始充当货币，及至夏商周时期，货币被固定在某些如布帛、天然贝等特定种类的商品上。纵览人类历史，珍稀鸟类羽毛、宝石、沙金、石头等不容易大量获取的物品都曾经作为货币使用过，这些都是实物货币。

铸币，又称金属货币。为了适应交换发展的需要，在贝币和骨币的基础上，人们逐渐将金块、银块按照一定的重量，铸造成具有一定成色、花纹和形状的金片和银片，这就形成了铸币。铸币的特点与上面实物货币的特点一致，所不同的是，前者是天然的，而后者是加工的。

劣质铸币。尽管铸币最初的实际金属含量与名义金属含量是相等的，但是铸币进入流通过程会受到磨损，它的实际金属含量与名义金属含量会发生分离。这种不足值的铸币依然能够按照原来的面值进行流通，这样，铸币就或多或少地成为其法定金属含量的象征。最后形成了一种劣质铸币，这是实体货币的衰败，因为其价值大大低于规定的价值。

通过以上实体货币的形式，我们可以看到，货币应该附载在一定的物质实体之上，但是什么样材质的物质适合做货币呢？从历史的演化角度来看，作为货币的理想材料应该具有这样一些特性：第一，它应该具有普遍接受性，也就是说用它来作为货币，能够标准化，能被公众普遍接受作为一种交易中介，可以避免用绵羊（你可以换成其他的实物商品）作为货币而产生的肥瘦不均、体重不等、质量不稳等差异。第二，它应该具有价值稳定性，也就是说这种货币的物理特性要稳定，不易变质和损坏，因而其价值也能被稳定的保持。第三，它应该便于携带，这样才能如那些体积小、价值大的贵金属一样在人们的日常生活中因便于随身安放并参与流通受到普遍的欢迎和认同。第四，它应该便于分割，这样在其质地均匀的情况下，人们才能在买碗粥的时候和买套房子的时候很方便地支付数额不等的钱。除此以外，对于实体货币而言，它还应该具有一定的稀缺性，不至于让人们随处都可以获得，否则的话，其价值也就没有什么意义了。

在货币世界的漫长演进过程中，人们通过不断的比较，逐步发现了金银等贵金属才具备以上四大特征，也就将它们作为充当货币的最佳材料了。现在我们回过头去思考东西方的历史，在文明几乎隔绝的条件下，东西方同时都不约而同地用金银作为货币，足以可见贵金属的特性使金银自然成为货币。所以，马克思指出："金银天然不是货币，但货币天然是金银。"

代用货币

随着商品经济的发展，不管金银的特性是多么适合作为货币，但是它们在携带、运输、分割、生产等方面还有诸多不便。为此，一些用来代表贵金属，但是价值却远远低于贵金属的代用货币产生了。比如，一些钱庄、票号甚至金银匠为顾客保管金银货币，他们所开出的收据，可以在流通领域进行流通；在顾客需要时，这些收据随时可以被兑换成金银货币。

所以，代用货币就是指实体货币的代用物，一般是纸制的凭以换取实物的金属货币或金属条块的凭据。其本身价值就是所替代货币的价值。严格地讲，代用货币就是指对铸币的代用。其特点是，作为货币的价值远远大于其造币材料的价值，比较典型的形态是可兑换银行券。这种纸币之所以能够在市场上流通，以从形式上发挥交换媒介的作用，是因为它有充足的贵金属做准备。

信用货币

随着人类社会商品生产和流通的进一步扩大，贵金属币材的数量远远不能满足货币供应对其的需求，为了解除这种束缚，政府就以其信用作为保证，通过一定的信用程序发行和创造纸质货币，并依靠国家权力强制流通。这样一来，所有居民都必须在商品交易中接受这种货币形式，并且不能兑换成贵金属。这种不可兑换的法定的政府货币就是信用货币。

信用货币或债务货币是代用货币进一步发展的形态，现在世界上绝大多数国家都采用了信用货币形式。20世纪的两次世界大战和30年代的大危机，使各国纷纷放弃金本位制，而采取不兑换的纸币制度，代用货币转变为信用货币。信用货币的造币材料本身价值远远低于其票面价值，甚至造币材料的价值微不足道，当然也有一些例外的情况，如有些硬辅币的造币材料由于某种原因可能涨价，使硬辅币的商品价值高于面值，不过这种情况并不带有普遍意义。

既然老百姓愿意接受信用货币，是因为他们相信法币，也就是对发行法币的政府的信任。然而，正是由于法币的不可兑换性，如果过量发行信用货币，就会造成通货膨胀，而如果过少发行信用货币，又会带来通货紧缩。那么，如何维持信用货币的购买力或面值稳定，就成为困扰各国货币当局的重要问题。当然，现代信用货币的运行机制也为政府从发行过程中获利提供了某种机会，而中央银行制度的形成和发展，亦为垄断信用货币发行权、控制货币供应量提供了一定的制度保证。我们会在后面章节向大家作详细介绍，在此不再赘述。

电子货币

伴随着现代科技的飞速发展，一种让信用货币与电子计算机及现代通信技术相结合的最新货币形态诞生了，这就是电子货币。这种货币通过电子计算机运用电磁信号对信用货币实施储存、转账、购买和支付，明显比纸币和支票更快速、方便、安全、节约。由于在当代经济中，尤其是信用制度发达的国家，信用货币的构成比例发生了显著的变化，具体表现为现钞货币所占的比例越来越小，而存款货币在全部货币供应量中所占的比例越来越大。这就为银行通过电子计算机划拨系统来记录与转移存款货币提供了极大的空间与可能。

与传统货币相比，电子货币是一种"无形"的货币，它从根本上改变了传统的支付方式，改变了人们头脑中对货币的概念。货币成为一串串以字节形式存在的数据流，成为一个符号，而资金的转移只是一些符号的传送，只是电子账户上的一个数额变动。现在，人们生活中几乎离不开的信用卡也是一种电子货币，在商品、劳务的货币收付中，信用卡替代现金、支票充当流通手段和支付手段的范围正日益扩大。毫无疑问，电子货币的出现，必将大大方便商品交易双方，节约商品流通费用，加速资金的周转。

□ 信用货币的特点与形式

信用货币的特点

前面分析了信用货币的产生，从中可以知道：①信用货币在法律上割断了与金属货币的联系，只是由政府或中央银行通过法定的信贷程序发行与投入到流通环节的本位货币。②信用货币本身并不具有十足的内在价值，这也就促使它成为一种债务凭证，是国家或中央银行对大众的负债，其基本保证则是政府或中央银行的信誉。③信用货币是国家法定的本位货币，因而具有强制性，国家政府可以通过法律手段确定其在境内的统一性和法定流通性。④国家可以通过银行来控制和管理信用货币流通，把货币政策作为实现国家宏观经济目标的重要手段。

信用货币的形式

现代社会流通的信用货币包括但不止于以下几种形式。

现金货币。现金货币是指流通中的现钞通货，一般用于日用消费品、零星商品及劳务交易，是流转于银行体系之外的承担人们日常生活用品的购买手段。这些现金货币包括主币和辅币、纸币和硬币。现金形式的货币能立即形成购买力，用于支付清算，流通性极强，因此，对市场的冲击力也很大。现金形式的货币本身没有收益性，还会因物价上涨而贬值，所以，经济主体对持有现金的数量、时间、运用都十分慎重。

存款货币。存款货币是信用货币的另一种主要形式，它体现为各单位、个人在银行账户上的存款。存款货币中的活期存款可以直接用于转账结算，发挥货币流通手段和支付手段的职能，因此，活期存款和现金一样，都是社会经济中的现实购买力，其流动性略次于现金。存款货币中的定期存款是一种潜在购买力，流动性小于活期存款。除流动性外，存款货币不同于现金货币的另一个特点是存款货币具有收益性，可依据数量、时间的不同获得不同的利息收入。

商业票据。商业票据是商业信用的工具，是企业之间在商品交易基础上发生债权债务关系的书面凭证。商业票据经过背书可以转让流通。经过背书的票据可以充当流通手段和支付手段，用来购买商品、劳务或偿还债务，发挥货币的作用。但其流通范围有限，通常只在彼此有经常往来、而且相互了解信任的企业之间流通。随着商品经济日益社会化、复杂化，商业票据直接流通的情况比较少了，大多数商业票据的持有人用未到期的票据向银行办理贴现，将其作为获取短期放款的工具。

支票。支票是银行的活期存款客户向银行签发的，要求从其账户无无条件支付确定的金额给收款人或者持票人的一种票据。当它被存款人用来从银行提取现金时，它只是作为一种普通的信用凭证发挥作用；但当它被存款人用来向第三方履行支付义务（支付货款、偿还债务等）时，其性质便发生了变化，从一般的信用凭证变成了信用流通工具，以代替货币发挥流通手段和支付手段职能。当然，支票本身只是一种票据，活期存款才是真正的交换媒介或支付手段，所以，这种可签发支票的存款通常又叫做支票货币。

□ 货币层次

为何要划分货币层次

现代国家多实行市场经济体制，各国政府为了更好地调节经济，防止经济周期的巨大波动，都普遍使用金融间接手段来调控经济。这就需要把握流通中各类货币的特定性质、运动规律以及它们在整个货币体系中的地位，以便中央银行拟定有效的货币政策。所以需要对流通中的货币进行科学的分类、划分层次，以便控制，实现货币供应与货币需求的均衡。因此，货币的层次划分与计量就成为至关重要的问题。

我们都有这样的体验，一种资产能否及时地变为现实的购买力对货币的需求具有很大的影响。这种某种资产具有可以及时变为现实的购买力的性质，就称为流动性。流动性不同，所形成的购买力也不一样，从而对社会商品流通的影响程度也就不同。所以，按照货币的流动性来划分货币层次的方法基本符合研究目的，从而为各国中央银行所采用。目前，国际上比较公认和流行的货币统计语言就是根据国际货币基金组织对成员国的要求按流动性进行分类统计。

货币层次的划分

所谓货币层次，就是指各国中央银行根据不同的货币定义和货币供给的统计口径，并根据自身政策目的的特点和需要，按照各种信用工具与货币资产的不同流动性程度而对货币所做的层次分析。按国际货币基金组织的划分标准，一般情况下，可以将货币层次做如下划分。

M_0（现钞）：指流通于银行体系以外的现钞，即居民手中的现钞和企业单位的备用金，不包括商业银行的库存现金。由于这部分货币可随时作为流通手段和支付手段，因而具有最强的购买力。

M_1（狭义货币）：由 M_0 加上商业银行活期存款构成。由于活期存款随时可以签发支票而成为直接的支付手段，所以它是同现金一样最具有流动性的货币。各种统计口径中的"货币"，通常是指 M_1。由于 M_1 是现实的购买力，对社会经济生活有着最广泛而直接的影响，因此，许多国家都把控制货币供应量的主要措施放在这一层，使之成为政策调控的主要对象。

M_2（广义货币）：由 M_1 加准货币构成。所谓准货币，一般是由银行的定期存款、储蓄存款、外币存款，以及各种短期信用工具，如银行承兑汇票、短期国库券等构成。准货币本身虽非真正的货币，但由于它们在经过一定的手续后，能比较容易地转化为现实的货币，加大流通中的货币供应量，故又称为亚货币或近似货币。显而易见，广义货币相对于狭义货币来说，范围扩大了，它包括了一切可能成为现实购买力的货币形式。M_2 层次的确立，对研究货币流通整体状况具有重要意义，特别是对金融体系发达国家的货币供应的计量以及对货币流通未来趋势的预测均有独特的作用。近年来，许多经济和金融发达国家，就出现了把货币供应量调控的重点从 M_1 向 M_2 转移的趋势。

不同的国家，不仅对货币层次的划分各不相同，而且同一层次中的具体内容也存在差异。比如美国联邦储备公报公布 M_1、M_2、M_3、L、$Debt$ 几个层次的货币供给口径，其中 M_1 就与日本银行公布的 M_1、$M_2 + CD$、$M_3 + CD$、广义流动性等口径中 M_1 的内容不同。

我国的货币层次

我国对货币层次的研究始于 20 世纪 90 年代中期，目前中国人民银行公布的我国货币的划分口径为：

M_0：流通中现金；

M_1：M_0+活期存款+个人信用卡存款；

M_2：M_1+准货币（定期存款+居民储蓄存款+其他存款）。

表 2-1 给出了我国 1993 年以来货币供应量变化情况，从中我们可以看到我国各层次货币的供应量变化趋势和规模。

表 2-1　　　中国各层次货币供应量统计表（1993～2010）　　　单位：亿元人民币

年份	货币和准货币（M_2）	M_2增长率（%）	货币（M_1）	M_1增长率（%）	流通中的现金（M_0）	M_0增长率（%）
1993	34879.5	—	16280.4	—	5864.7	—
1994	46923.5	34.53	20540.7	26.17	7288.6	24.28
1995	60750.5	29.47	23987.1	16.78	7855.3	7.78
1996	76094.9	25.26	28514.8	18.88	8802	12.05
1997	90995.3	19.58	34826.3	22.13	10177.6	15.63
1998	104498.5	14.84	38953.7	11.85	11204.2	10.09
1999	119897.9	14.74	45837.3	17.67	13456.5	20.10
2000	134610.4	12.27	53147.2	15.95	14652.7	8.89
2001	158301.9	17.60	59871.6	12.65	15688.8	7.07
2002	185007	16.87	70881.8	18.39	17278	10.13
2003	221222.8	19.58	84118.6	18.67	19746	14.28
2004	253207.7	14.46	95970.82	14.09	21468.3	8.72
2005	298755.48	17.99	107278.57	11.78	24031.67	11.94
2006	345577.91	15.67	126028.05	17.48	27072.62	12.65
2007	403401.3	16.73	152519.17	21.02	30334.32	12.05

续表

年份	货币和准货币（M_2）	M_2增长率（%）	货币（M_1）	M_1增长率（%）	流通中的现金（M_0）	M_0增长率（%）
2008	475166.6	17.79	166217.13	8.98	34218.96	12.81
2009	610224.52	28.42	221445.81	33.23	38246.97	11.77
2010	725851.79	18.95	266621.54	20.40	44628.17	16.68

注：根据中国人民银行历年货币统计概览整理而成。

🏛 2.3　货币制度及其演变

▢ 货币制度概述

货币制度（Monetary System），简称币制，是国家法律规定的货币流通的规则、结构和组织机构体系的总称。它主要包括货币金属，货币单位，货币的铸造、发行和流通程序，以及准备制度等。换句话说，货币制度就是国家对货币的有关要素、货币流通的组织与管理等加以规定所形成的制度。完善的货币制度能够保证货币和货币流通的稳定，保障货币正常发挥各项职能。依据货币制度作用的范围不同，货币制度分为国家货币制度、国际货币制度和区域性货币制度；根据货币的不同特性，货币制度分为金属货币制度和不兑现的信用货币制度。

货币制度是随着商品经济的发展而逐步产生和发展的，到近代形成比较规范的制度，其基本构成要素包括以下四个方面。

货币金属

就是法律规定用哪种金属作本位货币，是货币制度最基本的内容，确定了不同的金属作货币材料，就构成了不同的货币本位。也就是说，确定以白银作币材，就是银本位制；确定以黄金作币材，就是金本位制。从历史上看，曾经历了从银本位制、金银复本位制到金本位制，再到不兑现本位制的过程。这种规定实际上是商品经济发展的客观要求，是由生产力水平与发展程度决定的，所以一国政府不能随心所欲地任意指定某种金属为货币材料。

货币单位

一个国家的通货，通常分为本位币和辅币。本位币，又称主币，是一国的基本通货，是一国计价、结算的唯一合法的货币。辅币，即辅助货币，是主币以下小面额的通货，用于日常找零及供零星交易。一方面，政府要用法律规定货币的名称与含金量，货币名称通常是以习惯形成的，例如，英国的货币名称是"英镑"，越南的货币名称是"盾"等；另一方面，政府应该明确货币的单位及其划分，例如，英国的本位币单位为"镑"，"镑"以下为"便士"、"先令"等。

货币发行与流通

在金属货币流通的条件下，本位币就是用货币金属按照国家规定的货币单位所铸成的铸币，而且这种金属本位币具有无限法偿能力。所谓无限法偿，就是在货币收付中无论每次支付的金额如何巨大，只要用本位币支付时，任何人都不得拒绝接受的一种无限的法定支付能力。在现代信用货币制度条件下，由于纸币本身没有价值，是依靠国家强制力量发行与流通的，所以会出现通货膨胀、货币贬值现象。

货币储备

为了保证货币的稳定，国家规定中央银行或国库要储备一定的贵金属、外汇。20世纪30年代以后，各国逐渐取消了金本位制。第二次世界大战后，资本主义国家普遍实行以美元为主要储备货币的金汇兑本位制。目前，世界各国都实行的是不兑现的信用货币制度，所发行的信用货币虽然不能再兑换黄金，但仍然保留着发行准备制度。

□ 货币制度的演进

历史上至今出现过的货币制度基本可以分为两类，即金属本位制与纸币本位制。金属本位制包括银本位制、金银复本位制、金本位制、信用货币制度，具体演化过程如图 2-1 所示。

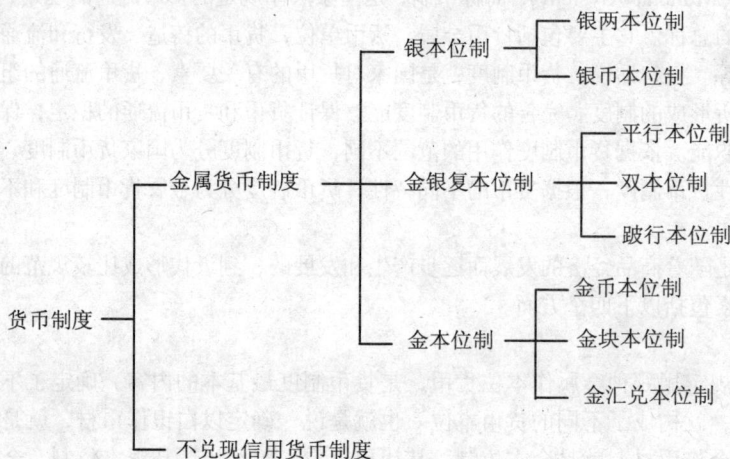

图 2-1　货币制度的演进

银本位制

银本位制是指以白银为本位货币的一种货币制度，主要有银两本位与银币本位。在货币制度的演变过程中，银比金更早地充当本位货币，早在中世纪有些国家就以白银作主币。银两本位是以白银重量"两"为价格标准实行银块流通。银币本位则是国家规定白银为货币金属，并要求铸成一定形状、重量和成色的银币；银币可以自由铸造成和自由熔化；银行券可以自由兑换银币或白银；银币和白银可自由输出或输入，以保证外汇市场的稳定。银币具有无限法偿能力，其名义价值与实际含有的白银价值一致。

金银复本位制

金银复本位制是指一国同时规定金和银为本位币。在复本位制下金与银都如在银本位制或金本位制下一样，可以自由买卖，自由铸造与熔化，自由输出输入。

金银复本位制又包含平行本位制、双本位制、跛行本位制三种形态。

平行本位制。这是指金、银两种货币各按自己的实际价值流通的本位制度。在这种制度下，商品具有金币和银币表示的双重价格，而且价格比例随金、银市场价格的波动而经常变动，不利于商品交换和经济发展。

跛行本位制。这是指国家法律承认金、银两种货币都是本位币，同时承认两种货币都具有无限法偿能力，但规定金币能自由铸造，而银币不能自由铸造，并限制每次支付银币的最高额度，金币和银币按法定比例相互交换。这是一种不完整的金银复本位制度，所以被形象地称为"跛行本位制"。

双本位制。这是指金、银两种货币按国家法定比价流通的本位制度。在这种制度下，金和银的价值关系被法律所规定，但是二者的市场价值却在不断的变化中，当金银两种金属的市场价值高于官方确定比价而不断被人们收藏时，金银两者中的"贵"金属最终会退出流通，使复本位制无法实现，这一现象被称为"格雷欣法则"，也俗称为"劣币驱逐良币"的现象。

金银复本位制从表面上看能够使本位货币金属有更充足的来源，使货币数量更好地满足商品生产与交换不断扩大的需要，但实际上却是一种具有内在不稳定性的货币制度，因为它与货币作为一般等价物而具有的排他性、独占性的本质特性相冲突。

金本位制

金本位制是指以黄金作为本位货币的货币制度。其主要形式有金币本位制、金块本位制和金汇兑本位制。

金币本位制。金币本位制是以黄金为货币金属的一种典型的金本位制。其主要特点有：金币可以自由铸造、自由熔化；流通中的辅币和价值符号（如银行券）可以自由兑换金币；黄金可以自由输出输入。在实行金本位制的国家之间，根据两国货币的黄金含量计算汇率，称为金平价。

金块本位制。金块本位制是指由中央银行发行、以金块为准备的纸币流通的货币制度。它与金币本位制的区别在于：其一，金块本位制以纸币或银行券作为流通货币，不再铸造、流通金币，但规定纸币或银行券的含金量，纸币或银行券可以兑换为黄金；其二，规定政府集中黄金储备，允许居民当持有本位币的含金量达到一定数额后兑换金块。

金汇兑本位制。金汇兑本位制是指以银行券为流通货币，通过外汇间接兑换黄金的货币制度。金汇兑本位制与金块本位制的相同之处在于规定货币单位的含金量，国内流通银行券，没有铸币流通。但规定银行券可以换取外汇，不能兑换黄金。本国中央银行将黄金与外汇存于另一个实行金本位制的国家，允许以外汇间接兑换黄金，并规定本国货币与该国货币的法定比率，从而稳定本币币值。

纸币本位制

纸币本位制，也被称为"自由本位制"，是以国家发行的纸币作为本位货币的一种货币制度，是 20 世纪 30 年代以来，世界各国普遍实行的一种货币制度。其基本特点有以下几个：①纸币本位制又称作信用本位制，一般是由国家授权中央银行发行的，并依靠国家法律强制流通的无限法偿货币。②纸币本位不与任何金属保持等价关系，也不能兑换黄金，货币发行一般不以金银为发行准备，也不受金银数量的限制。③纸币本位制是一种管理货币制度，给政府通过调节货币数量影响经济活动创造了条件，国家通过调节和控制货币量，来保持货币流通稳定。④纸币本位制下在流通中执行货币职能的是现金和存款货币，而且随着银行转账结算制度的发展，存款货币的数量越来越大，现金流通数量越来越少。

不兑现的信用货币制度也具有两面性：一方面，它克服了金本位制使货币数量严格受到黄金数量限制的缺陷，从而使货币供给具有较大弹性，可以让中央银行或政府根据经济发展的实际需要调整货币供应量；另一方面，当纸币的发行量超过流通对货币需要的数量时，就会导致物价上涨、纸币贬值，从而出现通货膨胀，而且有愈演愈烈的境况，这就又为国家干预经济，控制纸币的发行量，以保持货币流通的正常稳定提出了新的要求。

专栏2-2　　中国大陆现行货币制度的主要内容

由于我国目前实行"一国两制"的方针，分别于1997年和1999年回归祖国的香港和澳门，继续维持原有的货币金融体制，加上中国台湾地区，从而形成了"一国四币"的特殊货币制度。四种货币各为不同地区的法定货币：人民币是祖国内地的法定货币；港元则是香港特别行政区的法定货币；澳门元是澳门特别行政区的法定货币；新台币是我国台湾地区的法定货币。四种货币各限于本地区流通，人民币与港元、澳门元之间按以市场供求为基础决定的汇价进行兑换，澳门元与港元直接挂钩。

人民币由国家授权中国人民银行统一发行与管理，最早的发行始于1948年12月1日，也是新中国货币制度的开端。

1. 人民币为我国社会主义的法偿货币。人民币的单位为"元"，"元"是主币，辅币的名称为"角"和"分"。一元为十角，一角为十分。人民币的票币、铸币种类由国务院决定。人民币以"￥"为符号，取"元"的汉语拼音"yuan"的第一个字母加两横而成。人民币"元"是我国经济生活中法定计价、结算的货币单位，具有无限法偿能力。

2. 人民币是一种纸币，是一种货币符号。目前我国货币制度规定，人民币是不兑现的信用货币，不规定含金量。作为信用货币，在流通中起一般等价物的作用。尽管它没有规定含金量，但仍然是黄金的价值符号。即黄金是它的价值基础，它的币值稳定是以投入市场的大量商品作保证的。

人民币以现金和存款货币两种形式存在，现金由中国人民银行统一发行，存款货币由银行体系通过业务活动进入流通，中国人民银行依法实施货币政策，对人民币的总量和结构进行管理和调控。

3. 人民币为我国唯一的合法通货。国家规定，金银不准计价流通，不准买卖，但准许人民持有，国家按牌价收购，不准外币计价流通和私自买卖，国家按牌价兑换人民币，外币持有者可在国家银行办理外币存款。严禁伪造人民币和发行各种变相货币，违者予以法律制裁。一切企业、事业单位和机关团体印刷和使用内部核算的凭证，必须报经上级机关批准，并且一律不准模仿人民币的样式。

4. 人民币的发行原则。（1）坚持货币发行高度集中统一的原则，货币发行实行高度集中统一原则，就是要保证货币发行权集中于中央，防止分散发行货币。①国家授权中国人民银行垄断货币发行权，由中国人民银行总行集中统一管理发行库和发行基金。没有经过批准，任何地区、部门、个人无权动用国家货币发行基金，擅自对市场增加货币发行。②任何地区、任何部门不经过批准，不能随意突破国家批准的信贷计划和货币发行计划。必须严格信贷管理，坚持信贷收支平衡。（2）坚持经济发行的原则。货币发行有两种情况：一种是为了适应生产发展和商品流通规模扩大的需要而发行的货币，称为经济发行。就是按照市场需要，有计划地通过信贷收支活动发行货币，使货币流通适应商品流通，稳定币值，稳定物价，保证国民经济顺利发展。另一种是为了弥补财政赤字而增加的发行，称为财政发行。这种发行一般是财政通过向银行透支或借款而引起的货币发行。由于财政发行不适合国民经济的发展，容易导致通货膨胀，因此，应避免财政发行。

5. 人民币是独立自主的货币。国家规定，人民币只准在境内流通，禁止人民币出入国境，未经允许，国内团体、个人不能用人民币私自兑换外币，也禁止外币在国内自由流通。人民币是独立自主、统一的货币。

□ 国际货币制度

国际货币制度也称国际货币体系，是支配各国货币关系的规则以及国际间进行各种交易支付所依据的一套安排和惯例。国际货币制度通常是由参与的各国政府磋商而定，一旦商定，各参与国都应自觉遵守。国际货币制度一般包括以下三个方面的内容。

国际储备资产的确定，即使用何种货币作为国际间的支付货币；哪些资产可用做国际间清算国际收支逆差和维持汇率，并被国际间普遍接受的国际储备资产；一国政府应持有何种国际储备资产用以维持和调节国际收支的需要。

汇率制度的安排，又称汇率制度或汇率安排，是指一国货币当局对本国汇率变动的基本方式所作的一系列安排或规定，也就是一国采用固定汇率制、浮动汇率制还是其他汇率制度，是否确定汇率波动的目标区，以哪些货币为自由兑换货币，等等。

国际收支的调节方式，即出现国际收支不平衡时，各国政府应采取什么方式进行弥补，各国之间的政策措施如何协调。理想的国际货币制度应该能够促进国际贸易和国际经济活动的发展，这主要体现在国际货币秩序的稳定、能够提供足够的国际清偿能力并保持国际储备资产的信心、保证国际收支的失衡能够得到有效而稳定的调节。

迄今为止，国际货币制度经历了从国际金本位制—布雷顿森林体系—牙买加体系的演变过程。

国际金本位制

随着金本位制在各国的广泛实施，当这些国家的金铸币按其含金量而可以相互兑换流通时，就形成了国际金本位制。显然这是以黄金作为国际本位货币的制度，其特点是各国货币之间的汇率由各自的含金量比例决定，黄金可以在各国间自由输出输入，国际收支具有自动调节机制。国际金本位盛行于19世纪70年代至1914年第一次世界大战爆发期间，是历史上第一个国际货币制度。

国际金本位制度具有以下特征：①两国之间的货币汇率的法定平价取决于它们之间的铸币平价，由于黄金可以自由进出口，就能够保持本币汇率的稳定，所以一般认为，金本位制是一种稳定的货币制度。②各国货币可以自由兑换，实行多边自由结算，黄金作为唯一的储备资产，是最后的国际结算手段。③国际收支通过价格—铸币流动机制可以实现自动调节。

在金本位制下，各国货币供给自动与货币需求保持一致。金本位制限制了中央银行的扩张性货币政策，从而使一国货币的真实价值保持稳定和可预测。稳定的价格水平和货币比价，以及较为平稳的世界经济环境，极大地促进了世界各国的经济增长和贸易发展。但是，国际间的清算和支付完全依赖于黄金的输出输入，货币数量的增长也主要依赖黄金的增长，这便为国际金本位制带来了一些缺陷。第一次世界大战爆发以后，不少参战国家的军费开支猛烈增加，纷纷停止金币铸造和价值符号的兑换，禁止黄金输出，从根本上破坏了国际金本位制赖以存在的基础，导致了该制度的彻底崩溃。

布雷顿森林体系

（1）布雷顿森林体系的建立。两次世界大战之间的20年中，国际货币体系分裂成几个相互竞争的货币集团，各国货币竞相贬值，动荡不定，以牺牲他人利益为代价，解决自身的国际收支和就业问题、呈现出无政府状态。特别是在20世纪30年代世界经济危机和第二次世界大战以后，世界各国的经济政治实力发生了重大变化：一方面是作为战败国的德、意、日三国的国民经济破坏殆尽；另一方面是英国经济在战争中遭到重创，实力大为削弱。而与之相对应的却是美国经济实力急剧增长，并成为世界最大的债权国。正因如此，美元的国际地位就因其国际黄金储备的巨大实力而空前稳固。

在这一背景下，1944年7月，在美国新罕布什尔州的布雷顿森林召开了由44个国家参加的联合国与联盟国家国际货币金融会议，通过了以"怀特计划"[2]为基础的《联合国家货币金融会议的最后决议书》以及《国际货币基金组织协定》和《国际复兴开发银行协定》两个附件，总称为"布雷顿森林协定"。

所以，布雷顿森林体系（Bretton Woods System）就是指第二次世界大战后以美元为中心的国际货币体系协定，是对各国对货币的兑换、国际收支的调节、国际储备资产的构成等问题共同作出的安排所确定的规则、采取的措施及相应的组织机构形式的总和。

（2）布雷顿森林体系的内容。

① 美元与黄金挂钩的本位制度。参会各国确认了1944年1月美国规定的35美元一盎司的黄金官价，即每一美元的含金量为0.888 671克黄金。各国政府或中央银行可按该官价用美元向美国兑换黄金，并为使黄金官价不受自由市场金价冲击，各国政府需协同美国政府在国际金融市场上维持这一黄金官价。

② 其他成员国货币与美元挂钩。协定明确把美元的含金量作为各国规定货币平价的标准，其他国家政府可规定各自货币的含金量，通过含金量的比例确定同美元的汇率，也就是法定汇率，这就意味着各国货币与美元保持稳定汇率的汇率制度。美元因此取得了等同于黄金的国际储备资产地位的储备制度。

③ 实行可调整的固定汇率制。《国际货币基金组织协定》规定，各国货币对美元的汇率，一般只能在法定汇率上下各1%的幅度内波动。若市场汇率超过法定汇率1%的波动幅

---

②1943年，美国财政部官员怀特设计的战后国际货币金融体系，即"怀特计划"，主张取消外汇管制和各国对国际资金转移的限制，设立一个国际稳定基金组织发行一种国际货币——"尤尼它"，使各国货币与之保持固定比价，也就是基金货币与美元和黄金挂钩。

度，各国政府有义务在外汇市场上进行干预，以维持汇率的稳定。若会员国法定汇率的变动超过10%，就必须得到国际货币基金组织的批准。

④ 取消经常账户交易的外汇管制。协定规定，成员国对于国际收支经常项目的外汇交易不得加以限制，不得施行歧视性的货币措施或多种货币汇率制度的国际收支调整制度。

⑤ 建立国际货币基金组织和世界银行。"布雷顿森林体系"建立了两大国际金融机构，即国际货币基金组织（IMF）和世界银行（World Bank）。前者负责向成员国提供短期资金借贷，目的为保障国际货币体系的稳定；后者提供中长期信贷来促进成员国的经济复苏。

（3）布雷顿森林体系的作用和局限性。布雷顿森林体系建立了以美元和黄金挂钩的固定汇率制度，结束了混乱的国际金融秩序，维持了"战后"世界货币体系的正常运转，为国际贸易的扩大和世界经济的增长创造了有利的外部条件，对世界经济的恢复和发展起了积极的作用。同时，美元作为储备货币和国际清偿手段，弥补了黄金的不足，提高了全球的购买力，促进了国际贸易和跨国投资。

布雷顿森林体系的有效运转必须具备两个基本前提：一是美国国际收支能保持平衡；二是美国拥有绝对的黄金储备优势。但是进入20世纪60年代后，随着资本主义体系危机的加深和政治经济发展不平衡的加剧，各国经济实力对比发生了变化，美国经济实力相对减弱。特别是1950年以后，除个别年度略有顺差外，其余各年度都是逆差，并且有逐年增加的趋势。由于布雷顿森林体系有效运转所需前提的消失，也就暴露了其致命弱点，所以该体系有着难以克服的内在缺陷——"特里芬难题[③]"。

为了防止国内逆差的进一步恶化，美国于1971年宣布实行"新经济政策"，停止各国政府用美元向美国兑换黄金，这就使西方货币市场更加混乱。1973年美元危机中，美国再次宣布美元贬值，导致各国相继实行浮动汇率制代替固定汇率制。美元停止兑换黄金和固定汇率制的垮台，标志着"战后"以美元为中心的布雷顿森林体系的瓦解。

牙买加体系

（1）牙买加体系的建立。当布雷顿森林体系面临崩溃以后，国际金融秩序又复动荡，能否建立一种新的国际金融体系成为世界关注的焦点。国际货币基金组织于1972年7月成立了一个专门委员会，具体研究国际货币制度的改革问题。委员会于1974年6月提出一份"国际货币体系改革纲要"，对黄金、汇率、储备资产、国际收支调节等问题提出了一些原则性的建议，为以后的货币改革奠定了基础。直至1976年1月，国际货币基金组织理事会"国际货币制度临时委员会"在牙买加首都金斯敦举行会议，讨论国际货币基金协定的条款，经过激烈的争论，签订达成了"牙买加协议"。1976年4月，国际货币基金组织理事会又通过了《IMF协定第二修正案》，从而形成了新的国际货币体系，也即牙买加体系。

---

③1960年，美国经济学家罗伯特·特里芬在其《黄金与美元危机——自由兑换的未来》一书中提出："由于美元与黄金挂钩，而其他国家的货币与美元挂钩，美元虽然取得了国际核心货币的地位，但是各国为了发展国际贸易，必须用美元作为结算与储备货币，这样就会导致流出美国的货币在海外不断沉淀，对美国来说就会发生长期贸易逆差；而美元作为国际货币核心的前提是必须保持美元币值稳定与坚挺，这又要求美国必须是一个长期贸易顺差国。这两个要求互相矛盾，因此是一个悖论。"这一内在的矛盾称为"特里芬难题（Triffin Dilemma）"。

（2）《牙买加协定》的主要内容。

① 实行浮动汇率制度改革。牙买加协议正式确认了浮动汇率制的合法化，承认固定汇率制与浮动汇率制并存的局面，成员国可自由选择汇率制度。但成员国必须同时接受国际货币基金组织的监督，由其协调成员国的经济政策，促进金融稳定，缩小汇率波动范围。

② 推行黄金非货币化。成员国可以按市价在市场上买卖黄金，取消成员国之间、成员国与国际货币基金组织之间以黄金清偿债权债务的义务，降低黄金的货币作用，使黄金逐步退出国际货币的地位。

③ 增强特别提款权的作用。该协定确定了以国际货币基金组织的特别提款权为主要的储备资产，事实上将美元本位制改为了特别提款权本位制。

④ 扩大对发展中国家的资金融通。国际货币基金组织用出售黄金所得收益建立信托基金，以优惠条件向最贫穷的发展中国家提供贷款。

（3）《牙买加协定》后国际货币制度的运行特征。在牙买加体系下，整齐划一的国际货币制度消失了，代替它的是多样化、灵活的国际货币体系。正是由于这一点，每个国家自我约束、自主管理的责任也日趋重要了。换句话说，在新的国际货币制度下，成员国要好自为之，否则要承受痛苦的经济调整。

① 国际储备走向多元化。尽管牙买加协议提出了用特别提款权代替美元的方案，但是由于特别提款权只是一个计账单位，现实中需要有实在的货币作为国际经济交往的工具，因而客观上形成了国际储备多元化的结构。

② 汇率制度多元化。各国的具体情况不同，所选择的汇率制度也不同。牙买加协议的精神在于避免成员国竞争性货币贬值的出现，因此只要各国的汇率制度是相对稳定或合理的，它就可以合法存在。这是牙买加协议能够获得广泛认可的重要原因之一。

③ 国际收支调节多样化。在允许汇率调整的情况下，各国国际收支调节的政策选择余地加大了。各国既可动用本国储备，又可借入国外资金或货币基金组织的贷款，也可以通过调整汇率调节国际收支，所以在新的国际货币制度下，成员国具有较大的灵活性。

（4）牙买加体系的作用及缺陷。牙买加体系的建立，其积极作用十分明显：①用多元化的储备结构摆脱了布雷顿森林体系下各国货币间的僵硬关系，为国际经济提供了多种清偿货币，在较大程度上解决了储备货币供不应求的矛盾；②多样化的汇率安排也适应了多样化的、不同发展水平的各国经济，为各国维持经济发展与稳定提供了灵活性与独立性，同时有助于保持国内经济政策的连续性与稳定性；③多种调节渠道并行，使国际收支的调节更为有效、及时。

正如硬币的两面，在牙买加体系积极作用的背后也存在着一些必然的体制缺陷：①在多元化国际储备格局下，储备货币发行国仍享有"铸币税"等多种好处，同时，在多元化国际储备下，缺乏统一的稳定的货币标准，这本身就可能造成国际金融的不稳定。②汇率大起大落，变动不定，汇率体系极不稳定。其消极影响之一是增大了外汇风险，从而在一定程度上抑制了国际贸易与国际投资活动，对发展中国家而言，这种负面影响尤为突出。③国际收支调节机制并不健全，各种现有的渠道都有各自的局限，牙买加体系并没有消除全球性的国际收支失衡问题。

　　由于储备货币多样化和汇率安排多样化，货币危机和国际金融危机的来源点也多样化。20 世纪 90 年代开始，国际市场上金融危机四起，牙买加体系的缺陷也就日益凸显。从某种意义上讲，如果说在布雷顿森林体系下，国际金融危机是偶然的、局部的，那么，在牙买加体系下，国际金融危机就成为经常的、全面和影响深远的，所以改革现行国际货币体系的呼声也就此不断高涨。

🏛 2.4　货币合作与战略

☐ 货币一体化

　　伴随着布雷顿森林体系在 20 世纪 70 年代初的崩溃，区域货币一体化便成为一股方兴未艾的潮流。究其个中原因，大概有两种解释：一方面，随着区域性经济一体化不断的货币一体化深化，客观上要求各成员国加强货币金融领域的合作与协商以巩固已取得的成果，并借此增强国际市场上的竞争力；另一方面，在目前浮动汇率制度盛行的情况下，主要货币之间的汇率波动剧烈，影响了国际金融体系的稳定。为稳定汇率，抵御美元等主要货币危机的冲击，开展区域性的货币金融合作与协作便成为各种区域性经济组织的适应性选择。于是，在国际金融领域涌现了各种各样的区域性货币组织，比如欧洲货币体系、西非货币联盟、中非货币联盟、阿拉伯货币基金组织、安第斯储备基金组织等。

　　所谓货币一体化，就是各成员方联合起来，结成固定的汇率，执行共同的货币政策。该理论是国际政策协调理论的组成之一，主要内容是最适度通货区理论。货币一体化作为一种区域成员经济体（国家或地区）之间固定汇率与对区域外的货币统一实行浮动汇率相结合的一种国际货币汇率制度安排，是各成员方政府（特别是货币当局）共同努力试图不可撤销地使相互之间的货币汇率固定并执行共同的货币政策，是区域国家（或地区）与国际市场之间"法律—经济"联系在货币制度层面上的联结。这种货币制度安排可以是正式的或非正式的，可以是长期的或短期的。它的最高级表现形式是共同货币（货币联盟），目标是为区域成员方提供一种与世界范围内其他货币主体竞争的可以增强市场势力的方式，增进或改善成员方的社会福利水平。

　　从其内涵来讲，货币一体化是一种具有短期性和可变性的货币现象的体现，包括货币制度、货币政策、利率、汇率、黄金外汇储备等。从其外延来讲，货币一体化是国际货币制度（包括货币本位、货币发行、货币供应、货币准备以及利率、公开市场操作等方面的制度）和货币汇率安排制度（有关一国货币汇率的制度安排，包括固定汇率制度和浮动汇率制度及两者的一些变种）的"法律—经济"联系机制。从货币一体化进程的行为主体，即各成员方政府特别是各国（或地区）货币当局的目标来看，组建或加入共同货币区（或货币联盟）旨在提高或改善其社会福利水平。

☐ 欧洲货币一体化

　　1969 年 12 月，当时的欧共体成员国在荷兰海牙召开首脑会议，商讨成立欧洲经货联盟。之后，时任卢森堡首相魏尔纳主持发表了一份声明，正式提出建立欧洲货币联盟设想。这次会议标志着欧洲货币统一改革的开始。

所谓欧洲货币一体化，是指欧洲经济共同体各成员国在货币金融领域进行合作，协调货币金融关系，最终建立一个统一的货币体系，其实质是这些国家集团为了货币金融领域的多方面合作而组成的货币联盟。欧洲国家之所以积极开展货币一体化，是为了把欧盟变成一个真正的统一市场，以提高欧洲在世界货币体系中的地位，从而寻求货币政策的一致性和汇率的更大稳定性。

欧洲货币一体化的进程

从取得实质性进展的角度而言，欧洲货币一体化经历了以下几个演变阶段。

（1）第一阶段：魏尔纳计划。1970 年 10 月，以卢森堡首相兼财政大臣魏尔纳（Werner）为首的一个委员会，向欧共体理事会提交了专门报告，即魏尔纳计划。该计划建议从 1971 年到 1980 年分三个阶段实现欧洲货币一体化。1972 年开始，欧共体实行成员国货币汇率的联合浮动，同时各成员国相互之间确定其货币的外汇平价，形成一种平价网，使外汇平价相互牵制，以维持汇率的稳定，即所谓的"蛇行浮动"。然而，20 世纪 70 年代动荡的金融形势以及欧共体国家发展程度的巨大差异，使得魏尔纳计划几乎完全落空。这期间一体化取得的唯一的重大成果是创设了欧洲计算单位（European Unit of Account，EUA）。

（2）第二阶段：欧洲货币体系。1979 年 3 月，在德国总理和法国总统的倡议下，欧洲经济共同体的 8 个成员国（法国、德国、意大利、比利时、丹麦、爱尔兰、卢森堡和荷兰）决定建立欧洲货币体系（European Monetary System，EMS），将各国货币的汇率与对方固定，共同对美元浮动。在欧洲货币体系成立后的 10 年内，它的内部固定汇率不断在调整，使它的汇率体制得以生存。1989 年 6 月，西班牙宣布加入欧洲货币体系，1990 年 10 月，英国也宣布加入，使欧洲货币体系的成员国扩大到 10 个。欧洲货币体系实质上是一个固定的可调整的汇率制度。它包括三方面内容：欧洲货币单位，建立稳定汇率的机制，建立欧洲货币基金。

（3）第三阶段：德洛尔报告与《马约》。根据欧洲内部统一大市场白皮书的要求，建立一个资本能够完全自由流动的欧洲金融共同市场，是其成员国间货币合作的进一步要求。1989 年 6 月，欧共体 12 国在马德里召开首脑会议，通过了曾任法国经济和财政部长的雅克·德洛尔提交的《关于实现欧洲经济和货币联盟的报告》（即"德洛尔报告"），明确提出自 1990 年 7 月 1 日起，用 20 年时间，分三阶段实施经济货币联盟的目标。

鉴于各成员国对"德洛尔报告"的反应各不相同，为实现欧洲经济和货币联盟，推进欧洲的统一，欧共体于 1991 年 12 月在荷兰马斯特里赫特峰会上签署《关于欧洲经济货币联盟的马斯特里赫特条约》（简称《马约》），目标是最迟在 1999 年 1 月 1 日前建立"经济货币同盟"（Economic and Monetary Unit，EMU）。届时将在同盟内实现统一的货币、统一的中央银行、统一的汇率政策。为实现上述目标，《马约》规定了一个分三阶段实现货币一体化的计划。经过不懈的努力，欧共体各成员国议会于 1993 年 10 月底通过了《马约》，1993 年 11 月 1 日，欧共体更名为欧盟。1995 年芬兰、奥地利、瑞典加入欧盟，欧盟成员国增至 15 个。同年的《马德里决议》将单一货币的名称正式定为欧元（EURO）。欧洲货币一体化自此开始进入了稳定的发展阶段。

（4）《马约》签订后及欧元的产生。1996 年底，欧洲货币联盟的发展取得了重大的突破。经过各国财长的反复磋商，终于打破僵局，欧元国与非欧元国之间就建立新汇率机制、欧元使用的法律框架、货币稳定与经济增长的原则及主要内容等达成妥协，并原则同意了欧洲货币局提供的欧元纸币的"样币"。至此，都柏林首脑会议获得成功，欧洲单一货币机制框架基本形成。

1998 年 5 月 2 日，欧盟 15 国确认比利时、德国、西班牙、法国、爱尔兰、意大利、卢森堡、荷兰、奥地利、葡萄牙和芬兰等符合《马约》条件的 11 个国家为欧元创始国，首批加入欧洲单一货币体系。同时决定在原有的欧洲货币局基础上成立欧洲中央银行。欧盟的其余 4 个国家，即英国、丹麦、瑞典和希腊，因暂时不愿加入欧元体系或未能达标，没有成为首批欧元国家。

1999 年 1 月 1 日，欧元准时启动。欧洲货币单位以 1:1 的比例转换为欧元，欧元与成员国货币的兑换率锁定，欧洲中央银行投入运作并实施统一的货币政策，欧元可以支票、信用卡等非现金交易的方式流通，各成员国货币亦可同时流通，人们有权选择是否使用或接受欧元。从 2002 年 1 月 1 日起，欧元纸币和硬币开始全境流通，届时人们必须接受欧元。至 2002 年 7 月 1 日，各成员国货币完全退出流通，欧盟货币一体化计划完成，欧元正式启动。

欧洲货币一体化的完成与欧元的产生，是世界经济史上一个具有里程碑意义的事件，它不仅对欧盟内部成员的经济活动，而且对世界其他国家的经济往来以及国际金融市场、国际货币体系的运作与发展等方面，均将产生重大而深远的影响。

欧元的特点

欧元自 1999 年 1 月 1 日起正式启动，并于 2002 年 6 月 30 日之后成为欧洲货币联盟范围内唯一合法的通货，其特点可以概括为以下两点：

跨主权国家创造的信用本位货币。其信用将来自于人们对欧洲货币联盟内高效率的协调能力、其经济实力和经济增长潜力所赋予的信心。

货币政策与财政政策的分离造成欧元的缺陷。一国范围内的货币政策与财政政策是有矛盾情形的，该矛盾对于具有第一个特点的欧元来讲显得更加突出，因为其统一的欧洲中央银行与分离的各国主权政府之间，并不能保证在必要时能够完全协调一致。因此分离的财政政策和货币政策也可能从内部动摇欧元的生命所在——币值稳定。

欧元的产生对国际货币体系的影响

欧元所代表的经济实力决定了欧元在国际货币体系中的地位，这种地位使欧元与美元构成了国际货币的两强格局，从而对国际货币体系产生巨大的影响。欧元对国际货币体系的影响主要体现为权力效应、协调效应和示范效应。

欧元的权力效应。这是指欧元改变美元在国际货币体系中的权力地位。在货币问题上以一个声音说话的欧洲，将会代替原发达国家内部美、日、德三极上德国的位置，并将大大增强这一极的力量，造成国际货币体系的两极格局，美元在此前所发挥的显著作用将逐渐削弱。

欧元的协调效应。这是指欧元的出现对国际货币基金组织在协调西方发达国家内部立场的问题上难度加大。欧元的产生与运作，在一定时期内有望在国际储备体系中挤占美元所占的一部分份额，并可能在中长期内动摇美元作为国际储备货币的主导地位，从而使国际货币基金组织在协调西方发达国家内部立场的问题上难度更大。

欧元的示范效应。这是世界其他地区为了加强国家货币的安全地位有可能模仿欧元的成功而尝试进行地区性的货币合作。示范效应的另一个机制是货币合作能够降低经济交往的成本，从而对参与各方的经济增长都会带来好处。不过在现阶段，货币安全的需要是欧元示范效应发挥作用的主要机制。

□ 东亚货币合作展望

欧元正式发行流通之后，作为世界经济格局的重要组成部分，东亚地区的货币合作日益成为理论界和实务界关注的对象。1997年东南亚金融危机爆发后，许多亚洲国家认识到，加强地区金融合作，强化区域金融合作机制，是亚洲国家保持金融市场稳定、防止金融危机再度发生的有效途径。

在东亚各国政府的不懈努力下，东盟与中日韩自由贸易区、亚洲债券基金平稳发展，目前东亚金融合作的步伐正在加快。2000年5月"清迈倡议"的签订、亚洲货币基金的发行和相关合作监督机制的建立，都标志着东亚货币合作已经取得了初步成果。在此过程中，伴随着中国在东亚地区经济地位的提升，人民币区域化乃至国际化的问题也引起了高度的关注。

"亚元"初探

2001年，诺贝尔经济学奖得主、被誉为"欧元之父"的罗伯特·蒙代尔（Robert A. Mundell）发表了自己对未来世界货币格局变化的看法。他预言："未来10年，世界将出现三大货币区，即欧元区、美元区和亚洲货币区（亚元区）。在全球性货币缺少的情况下，亚洲或者亚太地区建立一个统一货币是大势所趋。" 他的这一论断在当时为亚元区的建立带来了生机勃勃的希望，但是时至今日，十年过去了，我们看到，亚元还仍然是我们茶余饭后的一个谈资而已。在这里，我们只向读者介绍一下关于"亚元"的基本问题。

（1）共建ABG组织。近年来，亚洲经济体之间贸易比重不断增加，但贸易结算货币仍然主要使用美元，外汇储备货币也主要是美元。特别是美元的持续贬值，导致亚洲各国货币出现大幅升值。在此情况下，如何稳定外汇市场，避免汇率波动对亚洲经济造成冲击，成为亚洲各国政府亟待解决的一大课题。2005年2月22日，中国、日本、韩国以及东南亚国家联盟的10个成员国（"10＋3"）签署协议，并宣布建立ABG组织（Asian Bellagio Group），探讨如何应对来自欧美国家的亚洲货币升值压力，同时希望形成合力以消除美元下跌对东亚地区经济发展的负面影响。ABG组织的成立，最大的意义是东亚地区在推进货币一体化的道路上迈进了一大步。

（2）亚洲货币单位的提出。在"10＋3"框架内，创建统一货币的愿望已经讨论了多年。亚洲开发银行曾宣布于2006年3月发布亚洲货币单位（Asia Currency Unit，ACU），后延期至2007年中旬，但直至今天仍未能实现，原因主要在于技术难题和政治难题：技术难题指各国货币在货币单位中的比重尚未确定，用国内生产总值还是用对外贸易额作为计量标准仍存在争议；政治难题指东亚各国在如何确定主导货币，如何协调各国间经济发展和产业结构上的差异，是否将台币、港币列入其中等问题上意见尚未统一。按照设想，亚洲货币单位有三大目的：衡量亚洲在全球经济中的竞争力、亚洲各国货币的相对关系、发行以亚洲货币单位计价的亚洲债券做准备。这就意味着亚洲货币单位不仅是一个指标体系，还将会具有结算等部分货币功能。

（3）"亚元"的前景。亚洲货币单位距离真正意义上的"亚元"还有一定的差距。欧元的诞生经历了50年风雨历程，相比欧洲，东亚各国无论是在经济发展、历史背景、文化价值等方面来看，差异更大，冲突更多，统一货币之路步履维艰。我们应该看到，尽管东南亚各国都有建立亚元区的良好愿望，但建立一个货币共同体是非常复杂和艰难的，亚元区的设想能否成为现实，取决于各个方面及诸多因素。"亚元"的构想应该是亚洲经济合作发展到一定阶段的必然产物，符合当今世界货币体系格局变化的潮流。亚洲货币单位或者其他货币单位是否能够最终形成"亚元"，命运执掌于亚洲各国手中。

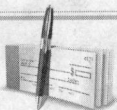

专栏 2-3　　　　　"亚元"翘首以待

从区域经济现实来看，亚洲货币一体化远远滞后于贸易和投资合作，落后于其他经济区的货币体系改革。如果亚洲各国依然一盘散沙，那么在激烈的国际经济竞争中非吃亏不可。亚洲应该反思自己的经验和教训，"亚元"也许就是一个突破。

1. 亚洲金融风暴的主要教训是缺乏区域内的经济货币紧密合作

在亚洲金融风暴的剧烈冲击之下，亚洲各国普遍认识到通过货币整合来增强金融市场稳定性的重要意义。在 1997 年亚洲金融风暴中，由于亚洲各国，除了日本之外，经济规模都不是很大，缺乏相互协调的机制，结果被国际金融投机集团各个击破。一个国家出现的金融危机很快就通过外溢效应蔓延到邻国，从泰国、马来西亚、印度尼西亚、中国的台湾和香港，直到东北亚的韩国和日本。在金融风暴中，各国、各地区都竭尽全力应付，也曾经相互磋商，希望能够协调一致，集合地区内更大的力量来制止风暴的蔓延。但是，由于缺乏协调机制，甚至出现了以邻为壑的做法，结果一个又一个国家和地区在金融风暴中倒了下去。整个亚洲经济遭遇到难以估量的损失。实践证明，在金融风暴的冲击之下，一个孤立的经济体很难独善其身。只有联合起来，建立某种形式的经济货币联盟才能增加地区的金融稳定性。在亚洲金融风暴之后，泰国外长素林提出要在"互不干涉内政"的基础上增加"灵活干预"这一原则，希望能够在某种程度上达成金融货币联动体系。

2. 以日元为核心成立"亚元"充满不确定性

一般来说，遭遇金融危机之后是金融改革的最佳时机。可是，"亚元"问世仍然路途坎坷，难以突破。问题的关键就是日本。依照经济实力，日本总以为自己应当成为"亚元"的整合中心。但是，因为日本至今尚未就第二次世界大战中的侵略行为认真反省，无法取得亚洲各国的信任。日本政府在 1997 年 9 月建议以 ASEAN+3（东盟 10 国加上中国、韩国和日本）方式筹集 1 000 亿美元，成立亚洲货币基金，作为稳定亚洲金融的基金。尽管韩国和有些东盟国家表示赞同，但是日本的建议并没有得到更多国家的响应。

有些日本学者认为应当以日元为核心，建立盯住区域中心货币的名义驻锚体系。可是，日本在 20 世纪末陷入长达 10 年的经济衰退，银行系统危机迭起，不良贷款数量惊人，遭遇金融危机的风险越来越大。拿日元作为亚洲货币整合的核心充满了不确定性。因此，日本不具备在亚洲金融整合过程中扮演领头羊的能力。

3. 中国版图内的货币整合可促进"亚元"的诞生

中国版图内经济内在联系和密切合作是货币整合的基础。长期以来，中国香港、中国澳门经济一直以中国内地为后盾。建立"中元"体制是走向"亚元"的一个可行的步骤。中国内地、台湾和香港分别处在经济发展的不同阶段，在纵向分工上已经形成了互补性很强的产业结构，建立了各种经贸合作的渠道。中国内地的东南沿海地区和台湾、香港的差距正在迅速缩小。金融业已经出现全面合作的趋势。随着两岸先后加入世界贸易组织，两岸不对称贸易的局面将逐步改变。目前，台湾的银行、证券、保险等金融业已经纷纷登陆大陆。香港作为国际金融中心在金融市场上更将担负极为重要的作用。创建新的货币体制有着非常现实的基础。

4. 在"中元"的基础上逐步推进亚洲的货币整合

亚洲各国对于实现"亚元"的呼声在持续增强。创建"中元"将为亚洲金融整合提供一个突破口。为了亚洲各国的金融安全，东南亚各国会很认真地考虑和"中元"的整合。历史给中国人一个契机，中国人应当为亚洲和世界金融整合做出自己的贡献。如果建立"中元"，人民币、新台币、港币、澳门元四个货币区必须同时放弃独立的货币政策，放弃"铸币权"。欧元是欧洲12个国家讨价还价、最终达成的利益均衡。"中元"所要求的只不过是在中国版图内的四个货币区之间的谈判。建立"中元"，符合"一个中国"的原则。对香港来说，创建"中元"正中下怀，求之不得。香港的金融业非常发达，创建"中元"区之后，将为香港的金融业提供更为广阔的市场。对澳门来说，实现"中元"之后，方便了来澳门的游客，博彩业生意一定更好。创建"中元"对于台湾也是非常有利的。台湾经济在1997年以后几次面临金融风险，在亚洲金融风暴之后马上就遭遇本土性的金融危机。在实现了"中元"之后，货币市场规模扩大，有利于抵抗外来的金融冲击，从而提高台湾金融的稳定性。"中元"的出现对台湾的金融稳定至关紧要。台湾的金融业发展程度高于中国内地，实现"中元"以后，台湾的金融专业人才能取得更大的发展空间。

欧洲货币一体化的难度，应该说不亚于亚洲的难度。欧洲语言繁杂，宗教信仰、社会结构、文化传统差别都很大。金融整合与政治整合不一样，对金融危机的恐惧是金融整合的一个非常强大的推动力。10年内出现的46次金融危机，加速了欧元的诞生。现在欧洲已经很长时间没有遭遇金融危机了，可是在欧洲之外的地区，金融危机爆发的频率却在加快。具有金融危机感的志士们，无疑会不遗余力地加速推动"中元"和"亚元"的建立。

□ 超主权货币

2008年金融危机的爆发与蔓延使世界人民再次面对一个古老、悬而未决的问题，那就是什么样的国际储备货币才能保持全球金融稳定、促进世界经济的发展。历史上的银本位、金本位、金汇兑本位、布雷顿森林体系都是解决该问题的不同制度安排，这也是国际货币基金组织成立的宗旨之一。但此次金融危机表明，这一问题不仅远未解决，由于现行国际货币体系的内在缺陷反而愈演愈烈。因此要求必须创造一种与主权国家脱钩、并能保持币值长期稳定的国际储备货币，以解决金融危机暴露出的现行国际货币体系的一系列问题。这种货币就是"超主权货币"。

现实的争论

针对 2008 年全球金融危机的成因及治理方案，国际上的主要经济大国明显分成了三派意见：美、日、英三国主张通过大规模的资金注入——也就是所谓"救市"——稳住岌岌可危的金融市场；以法、德两国为代表的欧洲则对救市的效果持怀疑态度，认为必须尽早改革现行的不合理的国际金融和货币体系；以中、印、俄、巴等"金砖四国"[④]为代表的新兴经济大国则既不否认救市的必要性，同时又强调改革的重要性，只是其改革呼吁更多地着眼于发展中国家在国际金融机构中的代表权。

为此，中国人民银行行长周小川连续发表了题为《关于改革国际货币体系的思考》《应创造可保币值稳定的超主权储备货币》等文章，指出了当前的全球金融危机反映出国际货币体系的内在缺陷和系统性风险，认为要解决这个问题就得创造一种与主权国家脱钩、并能保持币值长期稳定的国际储备货币，并据此提出，在国际货币基金组织特别提款权的基础上，建立超主权的储备货币，以克服现行货币体系的内在缺陷，调节全球的流动性。

1999 年欧元的问世成为国际货币领域的里程碑事件。它首先使现代意义上的"超主权货币"成为现实。同时又使超主权货币的发展方向既不依赖于黄金，又不依赖于单一国家，成为世界货币发展的典范。欧洲货币单位是一个货币篮，是由成员国的各国货币的一部分组成的组合货币，在货币篮中各成员国货币的比重，按各国在共同体内部的贸易份额和国民生产总值所占份额加权计算确定。货币篮的权数构成，每隔 5 年调整一次，如果货币篮中任何一种货币的比重变化超过 25% 时，货币篮的构成随时调整。从这个意义上说，欧洲货币体系是一种在成员国范围内固定的可调整的汇率制度。

超主权货币的另一个代表性观点是由货币联盟逐渐过渡到世界货币。蒙代尔认为，未来货币体系可能以货币联盟的方式向新的固定汇率制复归，而"金融稳定性三岛"则是其基本架构，即欧洲、美洲和亚洲各自形成货币联盟，然后，三方再形成一个联盟。他认为，只要三方能形成一致的通货膨胀率和分配铸币税的机制，就可以实现三方联盟。三方货币联盟是向世界货币过渡的方式。

未来的猜想

"超主权货币"似乎离我们很遥远。其实就"超主权货币"本身而言，第二次世界大战以前，黄金就发挥着类似的作用。第一次世界大战前，英镑作为重要的主权货币进入国际货币储备体系，但是黄金在国际储备货币中仍然占据 80% 以上的份额。第一次世界大战后，美元作为国际储备货币就已经超过英镑（1929 年），但黄金仍然占国际储备的重要份额，有些年份甚至达到 90% 以上。真正使情况发生改变的是在第二次世界大战以后，布雷顿森林体系的建立确立了美元—黄金为中心的国际货币体系，美元逐渐取代黄金成为主要国际储备货币，在国际外汇储备中的份额逐渐稳定在 60% 以上。虽然 1976 年的牙买加协议宣布黄金非货币化，但黄金实际上仍然发挥着重要作用，目前黄金储备占全世界外汇储备的比重达到 10.5%。

2010 年 11 月 7 日，世界银行行长佐利克（Robert Zoellick）在英国《金融时报》上发

[④] 2003 年 10 月 1 日，高盛集团公司发表了一份题为"与 BRICs 一起梦想"的全球经济报告，提出"金砖四国"（BRICs）这一名词。"BRICs"是由巴西（Brazil）、俄罗斯（Russia）、印度（India）和中国（China）四国的英文名称首字母缩写而成，由于"BRICs"发音与砖块（bricks）相似，故称为"金砖四国"。

表文章，提出一揽子措施来为国际合作建言献策。他的解决方案的其中一点是，建立一个合作的货币体系以反映新兴经济体的情况。"这个新体系可能需要包括美元、欧元、日元、英镑以及走向国际化、继而开放资本账户的人民币……该体系还应考虑把黄金作为通胀、通缩和未来货币价值之市场预期的全球参考点。尽管教科书可能认为黄金是旧钱，市场今天仍然把黄金作为货币的替代资产。"

在世界范围内建立起统一的货币体系，实行统一的货币政策，并建立统一的货币发行银行是国际货币制度设计者的终极理想。蒙代尔认为，在形成货币联盟的基础上，可以美元、欧元、日元、英镑、人民币五个主要经济体的货币为基础，构建一个世界货币，并将国际货币基金组织改造为可以发行货币的世界中央银行。最终将灵活的国际货币体系、全球记账的单位、全球统一的国际基准价位、各个货币区域统一在整个全球货币体系范围之内。

由此可见，创造性地改革和完善现行国际货币体系，推动国际储备货币向着币值稳定、供应有序、总量可调的方向完善，从根本上维护全球经济金融稳定，这是必需的。但是，从现实来看，不仅建立这样一种超主权的国际储备货币要通过不是一件容易的事情，而且即使可以通过政治协商能够建立起这种国际储备货币，同样要面临一个什么样的机构来管理运作这种货币的问题。

总之，对超主权货币这个问题，站在今天往前看，正是前途漫漫未可知。

NEW
FUNDAMENTALS OF FINANCE

第❸章

金融市场：原生与衍生

金融市场在现代市场经济的运行过程中发挥着至关重要的作用，不管是微观还是宏观层面，它既是实现社会资源配置的工具，也是促进国家战略转型的利器，在经济发展和社会总福利水平提高的过程中扮演了非常重要的角色。在本章，通过对金融市场的构成、功能等角度的概述，向读者展现货币市场、资本市场、衍生金融市场的基本模式和交易工具，使读者能够从总体上对金融市场有整体性的认识。

> 东西既然已经在那里，人类，不论单个地说还是集体地说，对于它就可以随意摆布。他们可以喜欢在某种条件下交给谁处理，就交给谁处理。即使某个人，不靠任何人的帮助，凭他个人的辛苦，生产了一件东西，除非获得社会的认可，他也不能据为己有。如果社会没有为了防止他的财产受到干扰而出钱雇人专司其事，那么，不仅社会可以把它拿走，而且个人也会（也可以）把它拿走。因此，财富的分配所依赖的是社会的法律和风俗。决定条例内容的是，社会中的统治者部分的意见和感情，这些条例是随着时代和国家的不同而大不相同的，如果人们喜欢这种现象的话，其不同的程度可能还会大。
>
> ——约翰·穆勒（John S. Mill）

※章首引语

20世纪20年代，美国经济蒸蒸日上，亨利·福特开创了汽车时代，美国财政部部长梅隆推行的低所得税政策使得居民收入大大增加，电力的运用使得生产率大大提高，并购浪潮风起云涌，此时刚刚出现的信用支付手段使得中产阶级一夜之间拥有了前所未有的购买力。

华尔街再次伴随着经济的繁荣起飞了。在此前的繁荣期，华尔街股市的涨幅和美国经济的增长基本同步，但这一次，华尔街的步伐明显快于美国经济本身，在这一时期，美国国内生产总值增长了不到50%，可是道琼斯指数上涨了3倍。当时的投资者只需支付10%的保证金就可以购买股票，余额由经纪人支付。

纽约联邦储备银行从美联储贴现窗口以5%的利率借出资金，然后倒手以12%的利率借给经纪人，而经纪人又转手以20%的利率借给投资者，而在这个不断飙升的股市中，人们已经忘记了什么叫风险，银行、经纪人和投资者对于如此高的利率背后所隐藏的风险置若罔闻。20世纪20年代轰轰烈烈的牛市就像"泰坦尼克"号一样，正在走上一条不归之路。

人类社会有一条铁律：在没有外来压力时，任何组织的发展都会朝着有利于该组织精英的方向演进。这条规律既适用于津贴丰厚的公司管理层，也适用于被领袖人物控制的工会，既适用于美国国会，也适用于好莱坞。但是，在昭示这一规律的各种社团中，20世纪20年代的纽约证券交易所无疑是最佳范例之一。

……到了20世纪20年代，美国股市已经开始逐步摸索出一整套保证市场有序稳定发展的制度和程序。随着交易所在华尔街建立起独一无二的地位并将这些规则付诸实施，投资者们不必再担心会受到欺骗，而能放心地寻找投资机会；而经纪商们，至少是那些有商业头脑的经纪商，从长远来看就有赚钱的希望。[1]

---

[1] 资料来源：[美] 约翰·S. 戈登. 伟大的博弈[M]. 北京：中信出版社，2005。

在戈登先生的这本书中，他用大量的历史事实和经济数据，以华尔街为主线向我们展示了美国资本市场发展的全过程，展现了以华尔街为代表的美国资本市场在美国经济发展和腾飞过程中的巨大作用。惯看华尔街的风云，我们不能不想到中国的股市，想到中国的金融市场，也自然想起那些日益丰富的金融交易工具。

在金融媒体对我们大肆轰炸的今天，股票、债券、基金、存单等等让我们不再陌生，一级市场、二级市场、资产管理和风险投资等金融业务也逐渐走入我们的生活，而我们个人也不知不觉地融入金融市场的交易之中。当资本市场的投资操作娴熟地呈现在我们的鼠标之下时，你是否想到你对金融市场到底真正了解多少？它到底是一个什么样的市场呢？

金融市场在现代市场经济的运行过程中发挥着至关重要的作用，不管是微观还是宏观层面，它既是实现社会资源配置的工具，也是促进国家战略转型的利器，在经济发展和社会总福利水平提高的过程中扮演了非常重要的角色。本章通过对金融市场的构成、功能等角度的介绍，向读者展现了货币市场、资本市场、衍生金融市场的基本模式和交易工具，使读者能够从总体上对金融市场拥有整体性的认识。

3.1 金融市场概述

□ 金融市场解析

金融市场的概念

金融市场又称资金市场，是指资金供应者和资金需求者双方通过信用工具进行交易而融通资金的市场，广而言之，是实现货币借贷和资金融通、办理各种票据和有价证券交易活动的市场。比较完善的金融市场定义是：金融市场是交易金融资产并确定金融资产价格的一种机制。

金融市场的构成十分复杂，它是由许多不同的市场组成的一个庞大体系。但是，一般根据金融市场上交易工具的期限，把金融市场分为货币市场和资本市场两大类。货币市场是融通短期资金的市场，资本市场是融通长期资金的市场。货币市场和资本市场又可以进一步分为若干不同的子市场，包括金融同业拆借市场、回购协议市场、票据贴现市场、可转让大额定期存单市场等。资本市场包括中长期信贷市场和证券市场。中长期信贷市场是金融机构与工商企业之间的贷款市场；证券市场是通过证券的发行与交易进行融资的市场，包括债券市场、股票市场、基金市场、保险市场、融资租赁市场等。金融市场对经济活动的各个方面都有着直接的深刻影响，如个人财富、企业的经营、经济运行的效率，都直接取决于金融市场的活动。

金融市场与商品市场

金融市场是在商品市场基础上产生的，二者必然具有天然的联系：一是金融市场为商品市场提供了交易媒介，使商品交换得以顺利进行；二是金融市场可以有力地推动商品市场的发展，在外延的广度上促进商品市场的发展；三是通过金融市场的带动和调节，使商品市场进行流动和组合，从而引起对资源的重新配置。

但二者也有一定的区别，主要表现在以下方面。一是交易场所的区别。一般商品交易有其固定的场所，以有形市场为主；而金融市场既有有形市场，在更大的范围内也有通过电话、电报、电传、电脑等通信工具进行交易的无形市场，这种公开广泛的市场体系，可以将供求双方最大限度地结合起来。二是交易对象的特殊性。一般商品的交易是普通商品或劳务，其本身含有一定的价值和使用价值，一经交易就进入消费。金融市场的交易对象是金融商品，其价值和使用价值有着不同的决定方式：使用价值，为其所有者带来收益的功能；价值，具有多重的决定方式。三是交易方式的特殊性。一般商品的交易遵循等价交换的原则，通过议价、成交付款、交货而使交易结束，双方不再发生任何关系；金融市场的交易是信用、投资关系的建立和转移过程，交易完成之后，信用双方、投融资双方的关系并未结束，还存在本息的偿付和收益分配等行为。可见，金融市场上的交易，作为金融商品的买卖关系虽然已经结束，但作为信用或者投资关系却没有结束。四是交易动机的不同。一般商品交易的卖者为实现价值取得货币，买者则为取得使用价值满足消费的需求；金融市场上交易的目的则不同，卖者为取得筹资运用的权利，买者则取得投融资利息、控股等权利，此外，还派生出保值、投机等种种动机。

□ 金融市场的构成要素

从发展程度看，世界各国的金融市场的成熟程度存在着巨大的差异。不过，从金融市场本身的构成要素来看，所有的金融市场都可以看做是由金融市场主体、金融市场客体、金融市场媒体以及金融市场价格等几个方面组成。

金融市场主体

金融市场主体指的是参与金融市场的交易者。这些交易者可以是资金的供给方，也可以是资金的需求方（不排除某些交易者拥有资金供给和需求的双重身份）。从动机看，金融市场的主体主要有投资者（投机者）、筹资者、套期保值者、套利者、调控和监管者五大类。金融市场的投资者与实际部门的投资者是不同的，它是指为了赚取差价收入或者股息、利息收入而购买各种金融工具的主体，它是金融市场的资金供应者。按交易动机、时间长短等划分，广义的投资者又可以分为投资者和投机者两大类。筹资者则是金融市场上的资金需求者。套期保值者是指利用金融市场转嫁自己所承担风险的主体。套利者则是利用市场定价的低效率来赚取无风险利润的主体。调控和监管者是指对金融市场实施宏观调控和监管的中央银行和其他金融监管机构。这五类主体是由如下各类参与者构成的。

政府部门。在各国的金融市场上，通常该国的中央政府与地方政府都是资金的需求者，它们主要通过发行财政部债券或地方政府债券来筹集资金，用于基础设施建设，弥补财政预算赤字等。政府部门在一定的时间也可能是资金的供应者，如税款集中收进还没有支出时。另外，不少国家政府也是国际金融市场上的积极参加者，如中东的主要石油出口国家就是金融市场上资金供应的大户，一些发展中国家则是金融市场上的主要资金需求者。不论是发展中国家还是发达国家，政府部门都是金融市场上的经济行为主体之一。

工商企业。在不少国家，国有或私营的工商企业是仅次于政府部门的资金需求者，它们既通过市场筹集短期资金从事经营，以提高企业财务杠杆比例和增加盈利，又通过发行股票或中长期债券等方式筹措资金用于扩大再生产和经营规模。另外，工商企业也是金融市场上的资金供应者之一。它们在生产经营过程中暂时闲置的资金，为了使其保值或获得盈利，它们也会将其暂时让渡出去，以使资金的运用发挥更大效益。此外，工商企业还是套期保值的主体。

居民个人。个人一般是金融市场上的主要资金供应者。个人为了存集资金购买大件商品如住房、汽车等，或是留存资金以备急需、养老等，都有将手中资金投资以使其保值增值的要求。因此，个人通过在金融市场上合理购买各种有价证券来进行组合投资，既满足日常的流动性需求，又能获得资金的增值。个人的投资可以是直接购买债券或股票，也可以是通过金融中介机构进行间接投资，如购买共同基金份额、投入保险等，最终都是向金融市场提供资金。个人有时也有资金需求，但数量一般较小，常常是用于耐用消费品的购买及住房消费等。

存款性金融机构。存款性金融机构是指通过吸收各种存款而获得可利用资金，并将之贷给需要资金的各经济主体及投资于证券等以获取收益的金融机构。它们是金融市场的重要中介，也是套期保值和套利的重要主体。存款性金融机构一般包括商业银行、储蓄机构、信用合作社。

非存款性金融机构。金融市场上另一类重要的金融机构参与者就是非存款性金融机构。它们的资金来源和存款性金融机构吸收公众存款不一样，主要是通过发行证券或以契约性的方式聚集社会闲散资金。主要有保险公司、养老基金、投资银行、投资基金等。

中央银行。中央银行在金融市场上处于一种特殊的地位，它既是金融市场的行为主体，又大多是金融市场上的监管者。从中央银行参与金融市场的角度来看，首先，作为银行的银行，它充当最后贷款人的角色，从而成为金融市场资金的提供者。其次，中央银行为了执行货币政策，调节货币供应量，通常采取在金融市场上买卖证券的做法，进行公开市场操作。中央银行的公开市场操作不以盈利为目的，但会影响到金融市场上资金的供求及其他经济主体的行为。此外，一些国家的中央银行还接受政府委托，代理政府债券的还本付息；接受外国中央银行的委托，在金融市场上通过买卖证券参与金融市场的活动。

金融市场客体

所谓金融市场客体，指的是金融市场的交易对象或交易的标的物，即交易工具。它是资金供求双方进行交易的书面载体，是在信用活动中产生的，用以证明金融交易金额、期限和价格的具有法律约束力的凭证。市场上各种投融资活动及资金的流转都是通过金融工具的买卖来实现的。金融市场上的融资活动，通常可以根据资金供求双方是否直接发生经济联系、形成债权或股权关系，划分为直接融资和间接融资，从而形成直接融资工具和间接融资工具。投资者通过购买股票、债券、票据等金融工具向资金需求方提供资金，双方形成直接的所有权或债权关系，这种融资被称为直接融资。股票、债券等就是直接金融工具；投资者通过银行存款的方式供应资金，银行作为中介再将资金贷给资金需求者。这种资金融通活动就是间接融资，存款者与借款者之间不发生直接的经济联系，由此而产生的金融工具如存款单、贷款合同等就是间接金融工具。

金融市场媒体

金融市场媒体是指那些在金融市场上充当交易媒介，从事交易或促使交易完成的组织、机构或个人。金融市场媒体同金融市场主体一样，都是金融市场的参与者，因而在金融市场上的某些作用是相同的。

金融市场媒体与金融市场主体之间有着重要区别。首先，金融市场媒体（包括中介机构与经纪人）不是真正意义上的货币资金供给者或需求者，而是要通过发挥金融市场中介的作用赚取佣金。其次，就原始动机而言，金融市场媒体在市场上是以投机者而非投资者的身份进行金融交易。当然，投资与投机之间有时是很难截然区分的，事先构想的投资可能事实上成为投机，而原来投机的也可能转变为投资。显然，金融市场主体与金融市场媒体在界定上存在着明显的分别。

金融市场媒体又可分为两类：一类是金融市场商人，如货币经纪人、证券经纪人、证券承销人、外汇经纪人等；另一类是机构媒体或组织媒体，如证券公司、其他金融机构等。两类金融市场媒体在开业条件、权利与义务、活动范围、客观作用等方面有诸多不同。

金融市场价格

金融市场价格是金融市场的基本构成要素之一。由于金融市场的交易活动也要受金融市场价格的支配，因此利息率便成为金融商品的价格。有些金融工具自身有利率，如国库券、企业债券、贴现票据等都有自身的利率；有些金融工具没有固定的收益率，如普通股票。利率通过市场会把各种金融工具的价格比较公平地反映出来。金融工具的价格是投资者参与金融交易的主要依据。利率的波动反映着市场资金供求的变化状况，是引导市场资金流向的信号。

构成金融市场的四个要素之间是紧密联系、互相促进、相互影响的。其中金融市场主体与金融市场客体是最基本的要素，只要有这两个要素存在，金融市场便会形成；而金融市场媒体与金融市场价格则是自然产生的或是必然伴随的，它们的存在能使金融市场变得更发达、更高级、更完善。

□ 金融市场的功能

金融市场作为金融资产交易的场所,在现代经济体系的运行中发挥着非常重要的作用。这种重要性可以通过对金融市场功能的描述来加以说明。金融市场的功能可以从不同的方面进行描述。下面我们分别就金融市场所起的几个主要作用分别予以介绍。

聚敛功能

金融市场的聚敛功能是指金融市场引导众多分散的小额资金汇聚成为可以投入社会再生产的资金集合功能。金融市场之所以具有资金的聚敛功能，一是由于金融市场创造了金融资产的流动性。现代金融市场正发展成为功能齐全、法规完善的资金融通场所，资金需求者可以很方便地通过直接或间接的融资方式获取资金，而资金供应者也可通过金融市场为资金找到满意的投资渠道。另一个原因是金融市场上多样化的融资工具为资金供应者的资金寻求合适的投资手段找到了出路。金融市场根据不同的期限、收益和风险要求，提供了多种多样的供投资者选择的金融工具，资金供应者可以依据自己的收益风险偏好和流动性要求选择其满意的投资工具，实现资金效益的最大化。

配置功能

金融市场的配置功能表现在三个方面：一是资源的配置。在金融市场中，投资者可以通过证券交易中所公开的信息及证券价格波动所反映出的信息来判断整体经济运行情况以及相关企业、行业的发展前景，从而决定其资金和资源的投向。一般来说，资金总是流向最有发展潜力，能够为投资者带来最大利益的部门和企业。这样有限的资源就能够得到合理的利用。二是财富的再分配。政府、企业及个人通过持有金融资产的方式来持有财富，在金融资产价格发生波动时，其财富的持有数量也会发生变化。这样，社会财富就通过金融市场价格的波动实现了财富的再分配。三是风险的再分配。在现代经济活动中，风险无时不在、无处不在，而不同的主体对风险的厌恶程度是不同的。利用各种金融工具，风险厌恶程度较高的人可以把风险转嫁给风险厌恶程度较低的人，从而实现风险的再分配。

调节功能

调节功能是指金融市场对宏观经济的调节作用。金融市场一边连着储蓄者，另一边连着投资者，金融市场的运行机制通过对储蓄者和投资者的影响而发挥作用。金融市场具有直接调节作用。金融市场通过其特有的引导资本形成及合理配置的机制首先对微观经济部门产生影响，进而影响到宏观经济活动的一种有效的自发调节机制。金融市场的存在及发展，为政府实施对宏观经济活动的间接调控创造了条件。

反映功能

金融市场历来被称为国民经济的"晴雨表"和"气象台"，是公认的国民经济信号系统。这实际上就是金融市场反映功能的写照。金融市场的反映功能表现在如下几个方面。

（1）由于证券买卖大部分都在证券交易所进行，人们可以随时通过这个有形的市场了解到各种上市证券的交易行情，并据以判断投资机会。证券价格的涨跌在一个有效的市场中实际上是反映着其背后企业的经营管理情况及发展前景。此外，一个有组织的市场，一般也要求上市证券的公司定期或不定期地公布其经营信息和财务报表，这也有助于人们了解及推断上市公司及相关企业、行业的发展前景。所以，金融市场首先是反映微观经济运行状况的指示器。

（2）金融市场交易直接和间接地反映国家货币供应量的变动。货币的紧缩和放松均是通过金融市场进行的，货币政策实施时，金融市场会出现波动表示出紧缩和放松的程度。因此，金融市场所反馈的宏观经济运行方面的信息，有利于政府部门及时制定和调整宏观经济政策。

（3）由于证券交易的需要，金融市场有大量专门人员长期从事商情研究和分析，并且他们每日与各类工商企业直接接触，能了解企业的发展动态。

（4）金融市场有着广泛而及时的收集和传播信息的通信网络，整个世界金融市场已连成一体，四通八达，从而使人们可以及时了解世界经济发展变化情况。

🏛 3.2　货币市场

▢ 货币市场及其功能

货币市场概述

所谓货币市场，就是短期资金市场，是指融资期限在一年以下的金融市场，是金融市场的重要组成部分。由于该市场所容纳的金融工具，主要是政府、银行及工商企业发行的短期信用工具，具有期限短、流动性强和风险小的特点，在货币供应量层次划分上被置于现金货币和存款货币之后，称为"准货币"，所以将该市场称为"货币市场"。

一个有效率的货币市场应该是一个具有广度、深度和弹性的市场，其市场容量大，信息流动迅速，交易成本低，交易活跃且持续，能吸引众多的投资者和投机者参与。货币市场由同业拆借市场、票据贴现市场、大额可转让定期存单市场和短期证券市场四个子市场构成。

货币市场工具

所谓货币市场工具，是指期限小于或等于一年的债务工具，它们具有很高的流动性，属于固定收入证券的一部分。由于这些证券的交易在许多情况下是大宗交易，个人投资者难以参与这些证券的买卖，他们是通过货币市场基金来间接参与这些证券的投资的。货币市场工具具有都是债务契约、期限在一年以内、一般表现出本金的高度安全性等特征。主要的货币市场工具有同业拆借、大额可转让存单、商业票据、银行承兑汇票、回购协议和其他货币市场工具等。

货币市场的功能

货币市场产生和发展的初始动力是为了保持资金的流动性，它借助于各种短期资金融通工具将资金需求者和资金供应者联系起来，既满足了资金需求者的短期资金需要，又为资金有余者的暂时闲置资金提供了获取盈利的机会。但货币市场的功能远不止此，它既从微观上为银行、企业提供灵活的管理手段，使他们在对资金的安全性、流动性、盈利性相统一的管理上更方便灵活，又为中央银行实施货币政策以调控宏观经济提供手段，为保证金融市场的发展发挥巨大作用。

融通短期货币资金。市场经济条件下的各种经济行为主体客观上有资金盈余方和资金不足方之分，相对于资本市场为中长期资金的供需提供服务，货币市场则为季节性、临时性资金的融通提供了可行路径。相对于长期投资性资金需求来说，短期性、临时性资金需求是微观经济行为主体最基本的、也是最经常的资金需求，因为短期的临时性、季节性资金不足是由于日常经济行为的频繁性所造成的，是必然的、经常的，这种资金缺口如果不能得到弥补，就连社会的简单再生产也不能维系，或者只能使商品经济处于初级水平，短期资金融通功能是货币市场的一个基本功能。

促进经营资金管理。货币市场的管理功能主要是指通过其业务活动的开展，促使微观经济行为主体加强自身管理，提高经营水平和盈利能力。一方面，充分发达的同业拆借市场和回购市场可以适时有度地调节商业银行准备金的盈余和亏缺，使商业银行无需为了应付提取或兑现而保有大量的超额准备金，从而将各种可以用于高收益的资产得以充分运用，可谓一举两得。另一方面，只有信誉优良、经营业绩良好的主体才有资格签发票据并在发行、承兑、贴现各环节得到社会的认可和接受，所以票据市场有利于以盈利为目的的企业加强经营管理，提高自身信用水平。

实现货币政策传导。在后面的章节中，我们会介绍市场经济国家的中央银行实施货币政策如何通过再贴现政策、法定存款准备金政策、公开市场业务等的运用来影响市场利率和调节货币供应量以实现宏观经济调控目标的，在这个过程中货币市场发挥了基础性作用。第一，同业拆借利率是市场利率体系中对中央银行的货币政策反应最为敏感和直接的利率之一，同业拆借市场是传导中央银行货币政策的重要渠道。第二，票据市场为中央银行提供了宏观调控的载体和渠道，中央银行通过买卖票据灵活地调节货币供应量，以实现货币政策的最终目标。第三，国库券等短期债券是中央银行进行公开市场业务操作的主要工具。

推动资本市场发展。货币市场是资本市场规范运作和发展的物质基础，货币市场推动了资本市场的健康发展。首先，发达的货币市场为资本市场提供了稳定充裕的资金来源。从资金供给角度看，货币市场在资金供给者和资本市场之间搭建了一个"资金池"，资本市场的参加者必不可少的短期资金可以从货币市场得到满足，而从资本市场退出的资金也能在货币市场找到出路。因此，货币市场和资本市场就如一对孪生兄弟，不可偏废于任何一方。其次，货币市场的良性发展减少了由于资金供求变化对社会造成的冲击。从长期市场退下来的资金有了出路，短期游资对市场的冲击力大减，投机活动达到了最大可能的抑制。

□ 同业拆借

银行的日常业务活动会影响其在中央银行的准备金账户的余额，该余额不可能总与法定准备金的余额相同。由于各银行资金余缺情况不同，通过相互借贷在中央银行存款账户上的准备金余额，可以调剂准备金头寸。同业拆借指金融机构（除中央银行外）同业之间为弥补短期资金的不足、票据清算的差额以及解决临时性的资金不足而进行的短期资金借贷。同业拆借市场交易量大，能敏锐地反映资金供求关系和货币政策意图，影响货币市场利率，是货币市场的重要交易工具。

同业拆借的种类

同业拆借分头寸拆借和同业借贷，头寸拆借是金融同业之间为了轧平头寸、补足存款准备金或减少超额准备金而进行的短期资金融通。一般为"日拆"或称"隔夜放款"，最长不超过 7 天。同业借贷是金融机构之间因为临时性或季节性的资金余缺而相互融通调剂资金，借贷资金的数额较大，期限也长。

专栏 3-1　伦敦和上海银行间同业拆放利率

伦敦同业拆借利率 LIBOR，即 London InterBank Offered Rate 的缩写。是英国银行家协会（British Banker's Association）根据其选定的银行在伦敦市场报出的银行同业拆借利率，进行取样并平均计算成为指标利率，该指标利率在每个营业日（一般是伦敦时间上午 11:00）都会对外公布。目前全球最大量使用的是 3 个月和 6 个月的 LIBOR。目前中国的银行对外的筹资成本即是在 LIBOR 利率的基础上加一定百分点。

上海银行间同业拆放利率（Shanghai Interbank Offered Rate, Shibor），以位于上海的全国银行间同业拆借中心为技术平台计算、发布并命名，是由信用等级较高的银行组成报价团自主报出的人民币同业拆出利率计算确定的算术平均利率，是单利、无担保、批发性利率。目前，对社会公布的 Shibor 品种包括隔夜、1 周、2 周、1 个月、3 个月、6 个月、9 个月及 1 年。

Shibor 报价银行团现由 16 家商业银行组成。报价银行是公开市场一级交易商或外汇市场做市商，在中国货币市场上人民币交易相对活跃、信息披露比较充分的银行。各银行间同业拆借中心受权 Shibor 的报价计算和信息发布。每个交易日根据各报价行的报价，剔除最高、最低各 2 家报价，对其余报价进行算术平均计算后，得出每一期限品种的 Shibor，并于 11:30 对外发布。

同业拆借的主要参与者

商业银行。它既是主要的资金供应者，又是主要的资金需求者。由于同业拆借期限较短，风险较小，许多银行尤其是市场份额有限、风险承受力脆弱的中小银行，都利用同业拆借以及时调整资产负债结构，提高资产质量，降低经营风险，增加利息收入。

非银行金融机构。如证券商等参与同业拆借市场的资金拆借，大多以贷款人身份出现在该市场上，但也有需要资金的时候，如证券商的短期拆入。

市场中介人。市场中介人指为资金拆入者和资金拆出者之间媒介交易以赚取手续费的经纪商。同业拆借市场的中介人可以分为两类：一是专门从事市场中介业务的专业经纪商；另一类是既充当经纪商，本身也参与该市场交易的兼营经纪商，大多由商业银行承担。

同业拆借遵循的原则

自主性原则。同业拆借是一种信用行为，在进行拆借资金交易时，必须承认和尊重市场主体（交易双方）的权利和义务，严格遵循自愿协商、平等互利、自主成交的原则，维护市场经营者的合法权益，形成平等竞争的有序环境，保证资金的合理流动。

偿还性原则。对拆出方来说，由于拆出的是本行暂时闲置不用的资金，有一定期限限制，因此必须按期收回。对拆入方来说，拆入资金只是拥有一定期限内的资金使用权，并不拥有长期使用的权利，也不改变资金的所有权，因而必须到期如数偿还。

短期性原则。同业拆借的典型特征之一是期限短，属一种短期融资。从拆出方看，拆出的资金是银行暂时闲置的资金，从数量和期限上都具有不确定性，因而其资金运用必须是短期的。就拆入方而言，向同业拆入资金主要是解决临时性储备不足的资金需要，如因清算联行汇差而出现的临时性头寸不足和头寸调度方面的突发性资金需求等。因此拆入方也应坚持拆入资金的短期性原则，一旦贷款收回或存款增加，就应立即归还这种借款。

□ 大额可转让定期存单

大额可转让定期存单概述

大额可转让定期存单亦称大额可转让存款证，是银行印发的一种定期存款凭证，凭证上印有一定的票面金额、存入和到期日以及利率，到期后可按票面金额和规定利率提取全部本利，逾期存款不计息，大额可转让定期存单可流通转让，自由买卖。

20世纪60年代，可转让存单主要以固定利率方式发行。20世纪60年代后期开始，金融市场利率波动加剧并趋于上升，在这种情况下，投资者都希望投资于短期的信用工具，可转让存单的期限大大缩短。20世纪60年代存单的期限为三个月左右，1974年以后缩短为2个月左右。一般来说，存单的收益取决于三个因素：发行银行的信用评级、存单的期限及存单的供求量。

我国大额可转让定期存单首次出现是1986年，由交通银行和中国银行发行。1989年其他银行开始办理此项业务，发行者仅限于各类银行，非金融机构不得发行。由银行直接发售，不经过中介机构。投资者主要是个人，企业很少。我国大额可转让定期存单对个人发行的是面额为500元及其整数倍；对企业发行的是5万元及其整数倍。我国大额可转让定期存单的期限为1、3、6、9、12个月。

大额可转让定期存单的特点

大额可转让定期存单的发行人通常是实力雄厚的大银行，因这些机构信誉较高，可以相对降低筹资成本，且发行规模大，容易在二级市场流通；发行面额标准化且数额较大；不记名，不能提前支取，但可在二级市场流通转让；可转让定期存单利率比同期限的定期存款利率高，既有固定的，也有浮动的；偿还期限短，最短的期限为14天，最长期限大多数都在一年以内，一般偿还期限为3～6个月。

大额可转让定期存单具有一些明显的优点：①对许多投资者来说，既有定期存款的较高利息收入特征，又同时有活期存款的可随时获得兑现的优点，是追求稳定收益的投资者的一种较好选择。②对银行来说，发行存单可以增加资金来源，而且，由于这部分资金可视为定期存款，他们能用于中期放款。③发行存单的意义不仅在于增加银行存款，更主要的是发行存单会使银行在调整资产的流动性及实施资产负债管理上具有了更灵活的手段。

对投资者来说，可转让存单的风险有两种：信用风险，指发行存单的银行在存单期满时无法偿付本息的风险；市场风险，指存单持有者急需资金时，存单不能在二级市场上立即出售变现或不能以较合理的价格出售的风险。此外，收益和风险的高低也紧密相连。可转让存单的收益要高于同期的国库券收益，主要原因是国库券的信用风险低并且具有免税优惠。

大额可转让定期存单的种类

国内存单，是商业银行在本国货币市场发行的以本币为面值的存单。需提取存款准备金。美国通常以 100 万美元为单位面值，存单上注明存款的金额、到期日、利率及利息期限。期限由银行和客户协商确定，一般为 30 天到 12 个月。初级市场上利率一般由市场供求决定，也有由发行者和存款者协商决定的。利息通常按距到期日的实际天数计算，一年按 360 天计。在固定利率条件下，期限在一年以内的到期时偿还本息；期限超过一年的，每半年支付一次利息。如果是浮动利率，则利率每一个月或每三个月调整一次，主要参照同期二级市场利率水平。国内存单以记名方式或无记名方式发行，大多数以无记名方式发行。

欧洲美元存单，是由美国境外银行（外国银行和美国银行在外的分支机构）发行以美元为面值的一种可转让定期存单。欧洲美元存单市场的中心在伦敦，但不限于欧洲。欧洲美元存单最早出现于 1966 年，它的兴起归因于美国银行条例对国内货币市场筹资的限制。不需要缴纳存款准备金，发行成本低。美国大银行过去曾是欧洲存单的主要发行者，1982年以来，日本银行逐渐成为欧洲存单的主要发行者。

扬基存单，是外国银行在美国的分支机构发行的一种可转让的定期存单。其发行者主要是西欧和日本等地的著名的国际性银行在美分支机构。扬基存单期限一般较短，大多在三个月以内。外国银行发行扬基存单之所以能在美国立足的原因主要是：这些银行持有美国执照，增加了投资者对扬基存单的安全感；扬基存单不受联储条例的限制，无法定准备金要求，使其同国内存单在竞争上具有成本优势。

储蓄机构存单，是由一些非银行金融机构（储蓄贷款协会、互助储蓄银行、信用合作社）发行的一种可转让定期存单。其中，储蓄贷款协会是主要的发行者。储蓄机构存单或因法律上的规定，或因实际操作困难而不能流通转让，因此其二级市场规模很小。

□ 其他货币市场工具

商业票据

商业票据是指出票人以贴现方式发行的承诺在指定日期按票面金额向持票人付现的一种无抵押担保的票据。由于商业票据没有担保，仅以信用作保证，因此能够发行商业票据的一般都是规模巨大、信誉卓著的大公司。

（1）商业票据的特点。商业票据是具有付款请求权、追索权的凭证。商业票据的权利与义务是不存在任何原因的，只要持票人拿到票据后，就已经取得票据所赋予的全部权利。各国的票据法都要求对票据的形式和内容保持标准化和规范化。商业票据是可流通的证券。除了票据本身的限制外，票据是可以凭背书和交付而转让的。

（2）商业票据的主要参与者。

　　发行者。包括金融性公司和非金融性公司。金融性公司主要有三种，即附属性公司、与银行有关的公司和独立的金融公司。第一种公司一般是附属于某些大的制造公司，如通用汽车承兑公司，第二种是银行持股公司的下属子公司，其他则为独立的金融公司。非金融性公司发行商业票据的频次较金融公司少，发行所得主要解决企业的短期资金需求及季节性开支，如应付工资及交纳税款等。

　　投资者。在美国，商业票据的投资者包括中央银行、非金融性企业、投资公司、政府部门、私人抚恤金、基金组织及个人。另外，储蓄贷款协会及互助储蓄银行也获准以其资金的 20% 投资于商业票据。投资者可以从三个方面购买商业票据：从交易商手中购买、从发行者那里购买以及购买投资商业票据的基金份额。

　　（3）商业票据的交易方式。商业票据的销售，一是发行者通过自己的销售力量直接出售；二是通过商业票据交易商间接销售。我国改革开放后，银行信用一统天下的局面被打破，商业信用得以恢复。经过 30 多年的发展，我国票据的融资功能得到了很大增强，票据贴现市场的融资规模稳步扩大。但与西方发达国家相比，我国的票据贴现市场尚处于发展的初级阶段，在运行中还存在很多问题，例如，票据种类少，绝大部分是银行承兑汇票；票据信用度不高，很多票据到期不能偿付；贴现市场的规模较小，办理贴现业务的金融机构只有商业银行；不能发行融通票据，等等。随着金融改革的逐步深化和信用制度的不断健全，我国的票据市场将会日臻完善。

银行承兑汇票

　　银行承兑汇票是由在承兑银行开立存款账户的存款人出票，向开户银行申请并经银行审查同意承兑的，保证在指定日期无条件支付确定的金额给收款人或持票人的票据。对出票人签发的商业汇票进行承兑是银行基于对出票人资信的认可而给予的信用支持。我国的银行承兑汇票每张票面金额最高为 1 000 万元（含）。银行承兑汇票按票面金额向承兑申请人收取万分之五的手续费，不足 10 元的按 10 元计。银行承兑汇票的违约风险小，但有利率风险。

　　银行承兑汇票的参与者主要是创造承兑汇票的承兑银行、市场交易商及投资者。银行承兑汇票可以由银行利用自己的渠道直接销售给投资者，也可以利用货币市场交易商销售给投资者。

　　银行承兑汇票的优点可以这么描述：①有利于借款者筹资。一些规模小、信誉低的企业没有能力通过发行商业票据筹资，但可以运用银行承兑汇票来解决资金上的困难。②增加银行经营效益。银行通过创造银行承兑汇票，不必动用自己的资金，即可赚取手续费。当然，有时银行也用自己的资金贴现承兑汇票。由于银行承兑汇票拥有巨大的二级市场，很容易变现，因此银行承兑汇票不仅不影响其流动性，而且提供了传统的银行贷款所无法提供的多样化的投资组合。在银行资金短缺时期，可以通过大量出售银行承兑汇票，引导资金从非银行部门流向银行部门。③投资价值大。投资于银行承兑汇票的收益同投资于其他货币市场的信用工具相比相差不大。银行承兑汇票的承兑银行对汇票持有者承担不可撤销的第一责任，使得投资于银行承兑汇票的安全性非常高。又由于银行承兑汇票具有公开的贴现市场，可以随时转售，因而具有高度的流动性。

回购协议

　　回购是指证券持有人在卖出证券的同时，即与买方签订协议，约定在一定期限后按照事先商定的价格再购回所卖证券的一种交易行为。实际上，资金需求者通过出售证券获得资金可以看做是以证券为抵押品从短期交易市场上借入一笔资金，资金借出者获得了一笔短期内有权支配的证券，但这笔证券到时要按约定的价格如数交回。回购协议的期限从 1 天至数月不等，通常只有几个营业日。若贷款或证券回购的时间为 1 天，则称隔夜回购；如果时间长于 1 天，则称为期限回购。证券以政府证券和政府代理机构证券为主，证券收益归原持有人所有。

（1）回购协议的特点。

第一，回购协议将资金的收益与流动性融为一体，增大了投资者的兴趣。投资者完全可以根据自己的资金安排，与借款者签订"隔日"或"连续合同"的回购协议，在保证资金可以随时收回移作他用的前提下，增加资金的收益。第二，增强了长期债券的变现性，避免了证券持有者因出售长期资产以变现而可能带来的损失。第三，具有较强的安全性。回购协议一般期限较短，并且又有 100%的债务作抵押，所以投资者可以根据资金市场行情变化，及时抽回资金，避免长期投资的风险。第四，较长期的回购协议可以用来套利。如银行以较低的利率用回购协议的方式取得资金，再以较高利率贷出，可以获得利差。

（2）主要参与者。

一是大银行和政府证券交易商。它们是回购协议市场上的主要资金需求者，是回购协议的主要出售者。银行利用回购协议市场作为其资金来源之一。它持有大量的政府证券和政府代理机构证券，这些都是回购协议下的正宗抵押品。同时，银行利用回购协议所取得的资金不属于存款负债，不用交纳存款准备金。政府证券交易商也利用回购协议市场为其持有的政府证券或其他证券筹措资金。二是非银行金融机构、地方政府、存款机构、外国银行及外国政府。它们资金雄厚，是资金供给方，其中资金实力较强的非银行金融机构和地方政府占统治地位。三是中央银行。它既是需求方也是供给方，通过回购交易可以实施公开市场操作，是执行货币政策的重要手段。

（3）交易方式。

回购协议的交易以电讯方式进行，大多数交易在资金供给方和资金获得者之间直接进行，但也有少数交易通过市场专营商进行。这些专营商大多为政府证券交易商，他们同获得资金的一方签订回购协议，并同供给资金的另一方签订逆回购协议。逆回购协议是从资金供给者的角度出发相对于回购协议而言的。回购协议中，卖出证券取得资金的一方统一按约定期限以约定价格购回所卖出证券。在逆回购协议中，买入证券的一方统一按约定期限以约定价格出售其所买入证券。回购协议中证券的交付一般不采用实物交付的形式，特别是在期限较短的回购协议中。但为了防范资金需求者在回购协议期间将证券卖出或与第三方做回购所带来的风险，一般要求资金需求方将抵押证券交到贷款人的清算银行的保管账户中，或者借款人专用的证券保管账户中以备随时查询，当然也有不做这样规定的。

3.3　资本市场

资本市场概述

资本市场概念
资本市场又称长期金融市场，是进行长期资金融通的市场，资金借贷期为一年以上。

资本市场交易的金融工具的期限短则数年，长则数十年。资本市场与社会化大生产关系非常密切，可以较高程度地满足政府和企业对长期资本的大量需求。资本市场的主要金融工具为长期债权和股票，其显著的特点为融通资金期限长、风险较大。

全面地看，资本市场包括两部分：一部分是银行中长期存贷款市场；另一部分是有价证券市场。但是，一般可将资本市场视同或侧重于证券市场，原因是：在世界各主要国家长期资本市场的两大部分中，证券市场最为重要；从世界金融市场发展的趋向看，融资证券化特别是长期融资证券化已成为一种潮流，构成了当今融资活动的主要特征。所谓证券市场是指按照市场法则从事法律认可的有价证券的发行、转让活动所形成的市场。它是债券市场和股票市场的总称。

资本市场的特点

资本市场上的金融工具主要是种类繁多的债券和股票，由于发行者信用、金融工具期限、发行条件等方面的差别，资本市场工具不像货币市场工具那样在收益、风险、流动性方面较为一致，而是在不同种类的金融工具之间具有很大差异。一般而言，它们与货币市场工具相比在以下方面有不同的特点。

期限长。在资本市场上使用的工具，如股票，一般来说是长期的、永久的或不归还的，债券则从一年到几十年期限不等，在安全性、流动性方面不如货币市场工具。这与它们融通资金的性质和特征有关，资本市场融通中长期资金，用以添置设备，扩建厂房，增强资本实力，垫付这些领域的资金在再生产过程中周转时间长，速度慢。

流动性较差、风险性较大。在资本市场上筹集到的资金多用于解决中长期融资需求，故流动性和变现性相对较弱。而且由于融资期限较长，发生重大变故的可能性也大，市场价格容易波动，投资者需承受较大风险。同时，作为对风险的报酬，其收益也较高。

销售数量大，市场分散。资本市场工具融通资金以扩充资本实力，通常都是数量很大的，多是机构投资者承购，居民个人承购量小而且分散。资本市场工具的发行和流通可集中在某些投资性金融机构、证券交易所，也可分散在某些金融机构进行柜台交易。

有形市场与无形市场相结合。资本市场工具的交易市场往往采用有形与无形相结合的方式，既有大量证券在证券交易所中进行，也有规模巨大的场外无形市场。

资本市场的功能

资本市场是筹集资金的重要渠道。由于资本市场上的金融工具收益较高，能吸引众多的投资者，他们在踊跃购买证券的同时，向市场提供了源源不断的巨额长期资金来源。

资本市场有利于资源合理配置。在资本市场中企业产权的商品化、货币化、证券化，在很大程度上削弱了生产要素部门间转移的障碍。实物资产的凝固和封闭状态被打破，资产具有了最大的流动性。一些效益好、有发展前途的企业可根据社会需要，通过控股、参股方式实行兼并和重组，发展资产一体化企业集团，开辟新的经营领域。另外，在资本市场上，通过发行债券和股票广泛吸收社会资金，其资金来源不受个别资本数额的限制。这就打破了个别资本有限且难以进入一些产业部门的障碍，有条件也有可能筹措到进入某一产业部门最低限度的资金数额，从而有助于生产要素在部门间的转移和重组，实现资源的有效配置。

资本市场有利于企业重组。企业可以通过发行股票组建股份公司，也可以通过股份转让实现公司的重组，以调整公司的经营结构和治理结构。现代企业的兼并重组离不开资本市场。由于各投资主体直接代表了各方的利益，市场主体的相互约束能形成一个有机统一的制衡整体，有助于提高公司的经营效率和发展能力。

资本市场有利于产业结构升级。资本市场是一个竞争性的市场，筹资者之间存在着直接或间接的竞争关系，只有那些有发展前途且经营状况良好的企业才能在资本市场上立足。这样，资本市场就能筛选出效率较高的企业，同时也能激励所有的上市公司更加有效地改善经营管理。正是通过这种机制的作用，促成了资源的有效配置和有效利用，从而使产业结构得以优化。另外，在产业、行业周期性的发展、更迭过程中，高成长性的企业和行业通过资本市场上的外部直接融资，进行存量与增量的扩张与重组，得到充分而迅速的发展，率先实现并推动其他产业的升级换代。

□ 股票市场

股票的概念

股票是股份有限公司在筹集资本时向出资人发行的股份凭证。代表着其持有者（即股东）对股份公司的所有权。这种所有权是一种综合权利，如参加股东大会、投票表决、参与公司的重大决策、收取股息或分享红利等。同一类别的每一份股票所代表的公司所有权是相等的。每个股东所拥有的公司所有权份额的大小，取决于其持有的股票数量占公司总股本的比重。股票一般可以通过买卖方式有偿转让，股东能通过股票转让收回其投资，但不能要求公司返还其出资。股东与公司之间的关系不是债权债务关系。股东是公司的所有者，以其出资额为限对公司负有限责任，承担风险，分享收益。

股票的特点

不可偿还性。股票是一种无偿还期限的有价证券，投资者认购了股票后，就不能再要求退股，只能到二级市场上卖给第三者。股票的转让只意味着公司股东的改变，并不减少公司资本。从期限上看，只要公司存在，它所发行的股票就存在，股票的期限等于公司存续的期限。

参与性。股东有权出席股东大会，选举公司董事会，参与公司重大决策。股票持有者的投资意志和享有的经济利益，通常是通过行使股东参与权来实现的。股东参与公司决策的权利大小，取决于其所持有股份的多少。从实践中看，只要股东持有的股票数量达到左右决策结果所需的实际多数时，就能掌握公司的决策控制权。

收益性。股东凭其持有的股票，有权从公司领取股息或红利，获取投资的收益。股息或红利的大小，主要取决于公司的盈利水平和公司的盈利分配政策。股票的收益性，还表现在股票投资者可以获得价差收入或实现资产保值增值。通过低价买入和高价卖出股票，投资者可以赚取价差利润。在通货膨胀时，股票价格会随着公司原有资产重置价格上升而上涨，从而避免了资产贬值。股票通常被视为在高通货膨胀期间可优先选择的投资对象。

流通性。流通性是指股票在不同投资者之间的可交易性。可流通股数越多，成交量越大，价格对成交量越不敏感，股票的流通性就越好，反之就越差。股票的流通，使投资者可以在市场上卖出所持有的股票，取得现金。通过股票的流通和股价的变动，可以看出人们对于相关行业和上市公司的发展前景和盈利潜力的判断。那些在流通市场上吸引大量投资者、股价不断上涨的行业和公司，可以通过增发股票，不断吸收大量资本进入生产经营活动，收到了优化资源配置的效果。

风险性。股票在交易市场上作为交易对象，同商品一样，有自己的市场行情和市场价格。由于股票价格受到诸如公司经营状况、供求关系、银行利率、大众心理等多种因素的影响，其波动有很大的不确定性。正是这种不确定性，有可能使股票投资者遭受损失。价格波动的不确定性越大，投资风险也越大。因此，股票是一种高风险的金融产品。

股票的种类

股票的种类很多，分类方法也有所不同。常见的股票类型有以下几种。

（1）普通股股票和优先股股票。

普通股股票，是指在公司的经营管理、盈利及财产分配上享有普通权利的股份，代表满足所有债权偿付要求及优先股股东的收益权与求偿权要求后对企业盈利和剩余财产的索取权，它构成公司资本的基础，是股票的一种基本形式，也是发行量最大、最为重要的股票。目前在我国上海和深圳证券交易所二级市场流通和交易的股票，都是普通股。

普通股股票持有者按其所持有股份比例享有以下基本权利：①公司决策参与权。普通股股东有权参与股东大会，并有建议权、表决权和选举权，也可以委托他人代表其行使股东权利。②利润分配权。普通股股东有权从公司利润分配中得到股息。普通股股息是不固定的，由公司盈利状况及其分配政策所决定。普通股股东必须在优先股股东取得固定股息之后才有权享受股息分配权。③优先认股权。如果公司需要扩张而增发普通股股票时，现有普通股股东有权按其持股比例，以低于市价的某一特定价格优先购买一定数量的新发行股票，从而保持其对企业所有权的原有比例。④剩余资产分配权。当公司破产或清算时，若公司的资产在偿还欠债后还有剩余，其剩余部分按先优先股股东、后普通股股东的顺序进行分配。

优先股股票，是公司在筹集资金时，给予投资者某些优先权的股票，但其股东的权益要受一定的限制。优先股股票一般是股份公司出于某种特定目的和需要而发行的。优先股股东的特别权利就是可优先于普通股股东以固定的股息分取公司收益并在公司破产清算时优先分取剩余资产，但一般不能参与公司的经营活动，其具体的优先条件必须由公司章程加以明确。

一般来说，优先股的优先权有以下四点：①在分配公司利润时可先于普通股以约定的比率进行分配；②当股份有限公司因解散、破产等原因进行清算时，优先股股东可先于普通股股东分取公司的剩余资产；③优先股股东一般不享有公司经营参与权，无权过问公司的经营管理，但在涉及优先股股票所保障的股东权益时，优先股股东可发表意见并享有相应的表决权；④优先股股票可由公司赎回。由于股份有限公司需向优先股股东支付固定的股息，优先股股票实际上是股份有限公司的一种举债集资的形式，但优先股股票又不同于公司债券和银行贷款，这是因为优先股股东分取收益和公司资产的权利只能在公司满足了债权人的要求之后才能行使。优先股股东不能要求退股，却可以依照优先股股票上所附的赎回条款，由股份有限公司予以赎回。大多数优先股股票都附有赎回条款。

（2）国有股、法人股、社会公众股和外资股。

国有股是指有权代表国家投资的部门或机构以国有资产向公司投资所形成的股份，包括以公司现有国有资产折算成的股份。

法人股是指企业法人或具有法人资格的事业单位和社会团体以其依法可支配的资产投入公司而形成的非上市流通的股份。

社会公众股是指我国境内个人和机构，以其合法财产向公司可上市流通股权部分投资所形成的股份。

外资股是指股份公司向外国和我国香港、澳门和台湾地区投资者发行的股票。这是我国股份公司吸引外资的一种方式。外资股按上市的地域可以分为境内上市外资股和境外上市外资股。境内上市外资股是指股份有限公司在我国境内上市的股份，它是以人民币标明面值，以外币认购和买卖，在境内证券交易所上市交易的普通股股票。境外上市外资股是指股份有限公司向境外投资者募集并在境外上市的股份。它以人民币标明面值，以外币认购。

（3）A股、B股和境外上市股。

A股股票，是指已在或获准在上海证券交易所、深圳证券交易所流通的且以人民币为计价币种的股票，这种股票按规定只能由我国居民或法人购买，所以我国股民通常所言的股票一般都是指A股股票。

B股股票，是以人民币为股票面值、以外币为认购和交易币种的股票，它是境外投资者向我国的股份有限公司投资而形成的股份，在上海和深圳两个证券交易所上市流通。

境外上市股，是指我国的股份有限公司在境外发行并上市的股票，目前主要有在我国香港证券交易所流通的H股，在美国证券交易系统流通的N股，在新加坡证券交易系统流通的S股。

（4）绩优股和垃圾股。

绩优股，是业绩优良的公司股票，主要指的是业绩优良且比较稳定的大公司股票。这些大公司经过长时间的努力，在行业内达到了较高的市场占有率，形成了经营规模优势，利润稳步增长，市场知名度很高。绩优股具有较高的投资回报和投资价值。其公司拥有资金、市场、信誉等方面的优势，对各种市场变化具有较强的承受和适应能力。绩优股的走势相对稳定，长期保持上升趋势。因此，绩优股一般会受到投资者，尤其是从事长期投资的稳健型投资者的青睐。

垃圾股，是与绩优股相对应的概念，指的是业绩较差的公司股票。这类上市公司或者由于行业前景不好，或者由于经营不善等，有的甚至进入亏损行列。其股票在市场上的表现委靡不振，股价走低，交易不活跃，年终分红也差。投资者在考虑选择这些股票时，要有比较高的风险意识，切忌盲目跟风投机。

股票市场的分类

（1）根据市场功能，股票市场可分为发行市场和流通市场。

发行市场是通过发行股票进行筹资活动的市场，一方面为资本的需求者提供筹集资金的渠道，另一方面为资本的供应者提供投资场所。发行市场是实现资本职能转化的场所，通过发行股票，把社会闲散资金转化为生产资本。由于发行活动是股市一切活动的源头和起始点，故又称发行市场为"一级市场"。

流通市场是已发行股票进行转让的市场，又称"二级市场"。流通市场一方面为股票持有者提供随时变现的机会，另一方面又为新的投资者提供投资机会。与发行市场的一次性行为不同，在流通市场上股票可以不断地进行交易。

发行市场是流通市场的基础和前提，流通市场又是发行市场得以存在和发展的条件。发行市场的规模决定了流通市场的规模，影响着流通市场的交易价格。没有发行市场，流通市场就成为无源之水、无本之木。在一定时期内，发行市场规模过小，容易使流通市场供需脱节，造成过度投机，股价飙升；发行节奏过快，股票供过于求，对流通市场形成压力，股价低落，市场低迷，反过来影响发行市场的筹资。所以，发行市场和流通市场是相互依存、互为补充的整体。

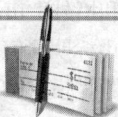

专栏3-2　　　股票如何撮合成交？

　　证券经营机构受理投资者的买卖委托后，应即刻将信息按时间先后顺序传送到交易所主机，公开申报竞价。股票申报竞价时，可依有关规定采用集合竞价或连续竞价方式进行，交易所的撮合主机将按"价格优先，时间优先"的原则自动撮合成交。

　　目前，沪、深两家交易所均存在集合竞价和连续竞价方式。上午9:15~9:25为集合竞价时间，其余交易时间均为连续竞价时间。在集合竞价期间内，交易所的自动撮合系统只储存而不撮合，当申报竞价时间一结束，撮合系统将根据集合竞价原则，产生该股票的当日开盘价。沪、深新股挂牌交易的第一天不受涨跌幅10%的限制，但深市新股上市当日集合竞价时，其委托竞价不能超过新股发行价的上下15元，否则，该竞价在集合竞价中作无效处理，只可参与随后的连续竞价。

　　集合竞价结束后，就进入连续竞价时间，即9:30~11:30和13:00~15:00。投资者的买卖指令进入交易所主机后，撮合系统将按"价格优先，时间优先"的原则进行自动撮合，同一价位时，以时间先后顺序依次撮合。在撮合成交时，股票成交价格的决定原则为：①成交价格的范围必须在前一日收盘价的上下10%以内；②最高买入申报与最高卖出申报相同的价位；③如买（卖）方的申报价格高（低）于卖（买）方的申报价格时，采用双方申报价格的平均价位。交易所主机撮合成交的，主机将成交信息即刻回报到券商处，供投资者查询。未成交的或部分成交的，投资者有权撤销自己的委托或继续等待成交，一般委托有效期为一天。

　　（2）根据市场组织形式，股票市场可分为场内交易市场和场外交易市场。股票场内交易市场是股票集中交易的场所，即股票交易所。交易所市场是股票流通市场的最重要的组成部分，也是交易所会员、证券自营商或证券经纪人在证券市场内集中买卖上市股票的场所，是二级市场的主体。具体来说，它具有固定的交易所和固定的交易时间。接受和办理符合有关法律规定的股票上市买卖，使原股票持有人和投资者有机会在市场上通过经纪人进行自由买卖、成交、结算和交割。证券公司也是二级市场上重要的金融中介机构之一，其最重要的职能是为投资者买卖股票等证券，并提供为客户保存证券、为客户融资融券、提供证券投资信息等业务服务。

　　场外交易市场又称店头市场或柜台市场，与交易所共同构成一个完整的证券交易市场体系。场外交易市场实际上是由千万家证券商行组成的抽象的证券买卖市场。在场外交易市场内，每个证券商行大都同时具有经纪人和自营商双重身份，随时与买卖证券的投资者通过直接接触或电话、电报等方式迅速达成交易。作为自营商，证券商具有创造市场的功能。证券商往往根据自身的特点，选择几个交易对象。作为经纪证券商，证券商替顾客与某证券的交易商行进行交易。在这里，证券商只是顾客的代理人，他不承担任何风险，只收少量的手续费作为补偿。随着通信技术的发展，一些国家出现了有组织的、并通过现代化通信与电脑网络进行交易的场外交易市场，如美国的全美证券商协会自动报价系统（NASDAQ）。

□ 债券市场

债券的定义及特征

债券是政府、金融机构、工商企业等直接向社会借债筹措资金时，向投资者发行，承诺按一定利率支付利息并按约定条件偿还本金的债权债务凭证。债券的本质是债的证明书，是一种有价证券。债券购买者与发行者之间是一种债权债务关系，债券发行人即债务人，投资者（债券持有人）即债权人。

债券作为一种重要的融资手段和金融工具，它具有如下特征：

偿还性。债券一般都规定有偿还期限，发行人必须按约定条件偿还本金并支付利息。

流通性。债券一般都可以在流通市场上自由转让。

安全性。与股票相比，债券通常规定有固定的利率，与企业绩效没有直接联系，收益比较稳定，风险较小。此外，在企业破产时，债券持有者享有优先于股票持有者对企业剩余资产的索取权。

收益性。债券的收益性主要有两方面，一是投资债券可以给投资者定期或不定期地带来利息收入；二是投资者可以利用债券价格的变动，买卖债券赚取差额。

债券的分类

债券的种类很多，各种债券共同构成了一个完整的债券体系。按照不同的标准，债券的种类大致有以下几种。

（1）政府债券、金融债券和企业债券。

按照发行主体的不同，债券可以分为政府债券、金融债券和企业债券。

政府债券，又可分为中央政府债券和地方政府债券。前者是指由中央政府直接发行的债券，又称国债；后者是指由地方政府及其代理机构或授权机构发行的债券，又称市政债券。

金融债券是指由银行或非银行金融机构发行的债券。在欧美国家，金融机构发行的债券归类于企业债券。在我国及日本等国家，金融机构发行的债券则单独称为金融债券。

企业债券通常又称公司债券，是企业依照法定程序发行，约定在一定期限内还本付息的债券。

（2）附息债券、一次还本付息债券和贴现债券。

按照利息支付方式，债券可以分为附息债券、一次还本付息债券和贴现债券。

附息债券是指券面上附有各项息票的中长期债券。息票上表明利息额、支付利息的期限和债券号码等内容。通常息票以 6 个月为一期。息票到期时将其剪下来凭以领取本期利息。息票也是一种可转让的有价证券，中长期国债及公司债券大多为附息债券。

一次还本付息债券是指不设息票，不分期付息，只在到期时将本金和多期利息一并支付给投资者的债券。如我国发行的债券大多为一次还本付息债券。

贴现债券又称贴息债券，是指券面上不附息票，发行时按规定的折扣率以低于债券面值的价格发行，到期时按债券面值兑付而不另付利息的一种债券。该种债券的利息即为面值与发行价的差额。如短期国债的发行常常采用贴现发行方式。

（3）可转换债券和不可转换债券。

按是否可以转换为公司股票划分，债券可以分为可转换债券和不可转换债券。

可转换债券是指在特定时期内可以按某一固定的比例转换成普通股的债券，具有债务与权益双重属性，属于一种混合性筹资方式。因可转换债券赋予债券持有人将来成为公司股东的权利，其利率通常低于不可转换债券。若将来转换成功，发行企业可于转换前达到低成本筹资的目的，转换后又可节省股票发行成本。根据法律规定，发行可转换债券的公司应同时具备发行公司债券和发行股票的条件。

不可转换债券是指不能转换为普通股的债券，又称为普通债券。由于其没有赋予债券持有人将来成为公司股东的权利，所以其利率一般高于可转换债券。

（4）公募债券和私募债券。

按债券的发行方式，债券可分为公募债券和私募债券两种形式。

公募债券是指按法定程序，经证券主管机关批准在市场上公开发行的债券。这种债券的最大特点是向社会发行，集资对象广泛。发行公募债券有一系列严格的程序和制度，大多数债券发行都采用这种形式。

私募债券是指债券只向少数与发行者有特定关系的投资者发行，如企业内部面向职工募集资金的债券。由于发行范围少，因此一般不实行向主管部门和社会公开呈报制度，转让时也受到种种限制。

（5）国内债券和国际债券。债券根据其发行地点，可以划分为国内债券和国际债券两种形式。

在国内债券市场上发行的债券，其发行者和发行地点同属一个国家，而国际债券，其发行者和投资者则属于不同的国家，所筹集的资金来源于国外金融市场。依发行债券所用货币与发行地点的不同，国际债券又可分为外国债券和欧洲债券。

外国债券是一国政府、金融机构、工商企业或国际组织在另一国发行的以当地国货币计值的债券。比如，中国国际信托投资公司在日本发行 100 亿日元债券，就属于外国债券。在美国债券市场上发行的外国债券，被称为扬基债券；在日本债券市场上发行的外国债券，被称为武士债券。

欧洲债券是一国政府、金融机构、工商企业或国际组织在国外债券市场上以第三国货币为面值发行的债券。例如，法国一家机构在英国债券市场上发行的以美元为面值的债券即是欧洲债券。所以，欧洲债券的发行人、发行地以及面值货币分别属于三个不同的国家。

除了以上几种分类方法外，债券还可以根据偿还期限的不同，分为长期债券、短期债券和中期债券；也可以根据债券的利率决定方式，分为固定利率债券和浮动率债券；还可以按照券面上是否记名，分为记名债券和无记名债券；还按照有无实际担保，分为信用债券和担保债券；等等。

债券市场的分类

（1）根据债券运行过程，债券市场可分为发行市场和流通市场。

债券发行市场，又称一级市场，是发行单位初次出售新债券的市场。债券发行市场的作用是将政府、金融机构以及工商企业等为筹集资金向社会发行的债券，分散发行到投资者手中。

债券流通市场，又称二级市场，指已发行债券买卖转让的市场。债券一经认购，即确立了一定期限的债权债务关系，但通过债券流通市场，投资者可以转让债权。债券发行市场和流通市场相辅相成，是互相依存的整体。发行市场是整个债券市场的源头，是债券流通市场的前提和基础。发达的流通市场是发行市场的重要支撑，流通市场的发达是发行市场扩大的必要条件。

（2）根据市场组织形式，可分为场内交易市场和场外交易市场。

场内交易市场，就是在证券交易所内买卖债券所形成的市场，如我国的上海证券交易所和深圳证券交易所。这种市场组织形式是债券流通市场的较为规范的形式，交易所作为债券交易的组织者，本身不参加债券的买卖和价格的决定。只是为债券买卖双方创造条件，提供服务并进行监管。

场外交易市场，是在证券交易所以外进行证券交易的市场。柜台市场为场外交易市场的主体。许多证券经营机构都设有专门的证券柜台，通过柜台进行债券买卖。在柜台交易市场中，证券经营机构既是交易的组织者，又是交易的参与者，此外，场外交易市场还包括银行间交易市场，以及一些机构投资者通过电话、电脑等通信手段形成的市场等。目前，我国债券流通市场由三部分组成，即沪深证券交易所市场、银行间交易市场和证券经营机构柜台交易市场。

债券市场的功能

纵观世界各个成熟的金融市场，无不有一个发达的债券市场。债券市场在社会经济中占有如此重要的地位，是因为它具有以下几项重要功能。

资金融通功能。债券市场作为金融市场的一个重要组成部分，具有使资金从资金剩余者流向资金需求者，为资金不足者筹集资金的功能。我国政府和企业先后发行多批债券，为弥补国家财政赤字和国家的许多重点建设项目筹集了大量资金。我国重点支持的诸如三峡工程、京九铁路、吉林化工等能源、交通、重要原材料等重点建设项目等能够顺利推进都得益于发行债券所筹集的建设资金。

资源配置功能。在证券投资市场上，效益好的企业发行的债券通常较受投资者欢迎，因而发行时利率低，筹资成本小；相反，效益差的企业发行的债券风险相对较大，受投资者欢迎的程度较低，筹资成本较大。因此，通过债券市场，资金得以向优势企业集中，从而有利于资源的优化配置。

宏观调控功能。一国中央银行作为国家货币政策的制定与实施部门，主要依靠存款准备金、公开市场业务、再贴现和利率等政策工具进行宏观经济调控。其中，公开市场业务就是中央银行通过在证券市场上买卖国债等有价证券而调节货币供应量，实现宏观调控的重要手段。在经济过热、需要减少货币供应时，中央银行卖出债券，收回金融机构或公众持有的一部分货币从而抑制经济过热；当经济萧条、需要增加货币供应量时，中央银行便买入债券，增加货币的投放。

🏛 3.4　衍生金融市场

☐ 衍生金融市场概述

衍生金融工具

衍生金融市场是基础性（或原生性）金融市场派生出来的，是以衍生工具为交易对象的市场。所谓衍生金融工具，是在货币、债券、股票等传统金融工具的基础上衍化和派生的，以公开或信用交易为特征的金融工具。作为金融衍生工具基础的变量则包括利率、各类价格指数甚至天气（温度）指数。

衍生金融工具有两层含义：一方面，它是一种特定的交易方式；另一方面，它又指由这种交易方式所形成的一系列合约。当今的衍生金融工具在形式上均表现为合约，合约载明交易品种、价格、数量、交割时间及地点等。经济活动日趋复杂是衍生金融工具发展的最终动力，而金融创新却是衍生金融工具种类增加和复杂程度加深的直接推动力。

衍生金融工具的种类

衍生金融工具大致可以根据基础工具种类、交易方法、交易场所这三个标准来划分。

（1）根据基础工具种类的不同，衍生金融工具可以分为三大类：①股权式衍生工具，指以股票或股票指数为基础工具的金融衍生工具，主要包括股票期货、股票期权、股票指数期货、股票指数期权以及上述合约的混合交易合约；②货币衍生工具，指以各种货币作为基础工具的金融衍生工具，主要包括远期外汇合约、货币期货、货币期权、货币互换以及上述合约的混合交易合约；③利率衍生工具，指以利率或利率的载体为基础工具的金融衍生工具，主要包括远期利率协议、利率期货、利率期权、利率互换以及上述合约的混合交易合约。

（2）根据交易方法的不同，衍生金融工具可以分为远期、期货、期权和互换四大类。按照巴塞尔银行监管委员会 1997 年 7 月发布的定义，衍生工具是一种金融合约，包括远期合约、互换合约、期货合约和期权合约，其价值取决于作为基础标的物的资产或指数。

（3）根据交易场所，衍生金融工具可分为场内交易衍生工具和场外交易衍生工具。场内交易又称交易所交易，指所有的供求方集中在交易所进行竞价交易的交易方式。期货交易和部分标准化期权合同交易都属于这种交易方式。场外交易又称柜台交易，指交易双方直接成为交易对手的交易方式。这种交易方式有许多形态，可以根据每个使用者的不同需求设计出不同内容的产品。掉期交易和远期交易是具有代表性的柜台交易的衍生产品。

衍生金融市场的功能

衍生金融市场是市场经济和金融市场发展到相当程度的产物，集中体现了当代金融创新的理念和方法。无论是什么样的金融衍生产品，一诞生就很容易获得很强的生命力，促进金融市场更有效率。综合分析衍生金融市场的功能，可以从以下几个方面入手。

金融产品定价。在金融衍生工具交易中，市场主体根据市场信号和对金融资产的价格走势进行预期，反复进行金融衍生产品的交易，形成供求平衡，较为准确地揭示了作为衍生产品基础的金融资产的价格。

风险管理。套期保值是衍生金融市场上的主流交易方式。交易主体通过衍生工具的交易实现对已持有资产头寸的风险对冲，将风险转移给愿意且有能力承担风险的投资者。

获利手段。对于投机者和套利者而言，金融衍生工具的出现提供了更多的赢利机会。他们可以利用衍生产品交易的杠杆作用实现巨额投资回报，当然，这是建立在承担巨大风险的基础之上的。对于经纪人而言，复杂的产品、技术性很强的合约，使他们逐渐具备衍生金融市场的专业优势，经纪人可凭借这一点为一般投资者提供咨询、经纪服务，获取手续费和佣金收入。

资源配置。金融衍生工具市场扩大了金融市场的广度和深度，从而扩大了金融服务的范围和基础金融市场的资源配置作用。一方面，金融衍生工具市场以基础金融资产为标的物，达到了为金融资产避险增值的目的；另一方面，金融衍生工具市场是从基础金融市场派生而来的，衍生工具的价格在很大程度上取决于对基础金融资产价格的预期。这一功能客观上有利于基础金融工具市场价格的稳定，有利于增强基础金融资产市场的流动性。

当然，金融衍生工具的发展及其广泛运用在带来正面效应的同时，也不可避免地产生了负面影响。首先，金融衍生工具的全球应用加大了国际金融体系的系统风险；其次，金融衍生工具虽然增加了风险管理的手段，但同时又加大了金融业的风险；最后，金融衍生工具的应用加大了金融监管的难度。

□ 期货

期货（Futures）是现在进行买卖，但是在将来进行交收或交割的标的物。买卖期货的合同或者协议叫做期货合约，买卖期货的场所叫做期货市场（Futures Market）。期货合约，是由期货交易所统一制定的、规定在将来某一特定的时间和地点交割一定数量标的物的标准化合约。这个标的物，又叫基础资产，是期货合约所对应的现货，这种现货可以是某种商品，如铜或原油，也可以是某个金融工具，如外汇、债券，还可以是某个金融指标，如三个月同业拆借利率或股票指数。

商品期货

商品期货是指标的物为实物商品的期货合约。商品期货历史悠久，种类繁多，主要包括农副产品、金属产品、能源产品等几大类。目前，经中国证监会批准，我国可以上市交易的期货商品有以下种类。①上海期货交易所：铜、铝、锌、天然橡胶、燃油、黄金、钢材期货。②大连商品交易所：大豆、豆粕、豆油、塑料、棕榈油、玉米、PVC（聚氯乙烯）期货。③郑州商品交易所：小麦、棉花、白糖、PTA（精对苯二甲酸）、菜籽油、稻谷期货。

各国交易的商品期货的品种也不完全相同，这与各国的市场情况直接相关。例如，美国市场进行火鸡的期货交易；日本市场则开发厂茧丝、生丝、干茧等品种。除了美国、日本等主要发达国家以外，欧洲、美洲、亚洲的一些国家也先后设立了商品期货交易所。这些国家的期货商品，主要是本国生产并在世界市场上占重要地位的商品。例如，新加坡和马来西亚主要交易橡胶期货；菲律宾主要交易椰干期货；巴基斯坦、印度交易棉花期货；加拿大主要交易大麦、玉米期货；澳大利亚主要交易生牛、羊毛期货；巴西主要交易咖啡、可可、棉花期货。

金融期货

金融期货是以金融工具为标的物的期货合约，目前的品种主要有以下五大类：

利率期货，指以利率为标的物的期货合约，主要包括以长期国债为标的物的长期利率期货和以两个月短期存款利率为标的物的短期利率期货。

货币期货，指以汇率为标的物的期货合约，是适应各国从事对外贸易和金融业务的需要而产生的，目的是借此规避汇率风险。

股票指数期货，指以股票指数为标的物的期货合约，不涉及股票本身的交割，其价格根据股票指数计算，合约以现金清算形式进行交割。

外汇期货，指以汇率为标的物的期货合约，交易双方约定在未来某一时间，依据现在约定的比例，以一种货币交换另一种货币的标准化合约的交易，用来规避汇率风险。

国债期货，指通过有组织的交易场所预先确定买卖价格并在未来特定时间内进行钱券交割的国债派生交易方式，为满足投资者规避利率风险的需求而产生的。

成立于 2006 年 9 月 8 日的中国金融期货交易所，其首个上市交易的品种为沪深 300 股指期货，该指数期货是指以沪深 300 指数作为标的物的金融期货合约。沪深 300 股票价格指数于 2005 年 4 月 8 日正式发布，由沪深两市 A 股中规模大、流动性好、最具代表性的 300 只股票组成，以综合反映沪深 A 股市场的整体表现。

金融期货与商品期货的区别

金融期货和商品期货在交易机制、合约特征、机构安排方面基本一致，但二者也有不同的地方：①有些金融期货没有真实的标的资产（如股指期货等），而商品期货交易的对象是具有实物形态的商品，例如，农产品等。②金融期货合约到期日都是标准化的，一般有到期日在三月、六月、九月、十二月几种。商品期货合约的到期日根据商品特性的不同而不同。③股价指数期货在交割日以现金清算，利率期货可以通过证券的转让清算，商品期货则可以通过实物所有权的转让进行清算。④金融期货适用的到期日比商品期货要长，美国政府长期国库券的期货合约有效期限可长达数年。⑤期货合约持有到期满日所需的成本费用即持有成本，包括三项：贮存成本、运输成本、融资成本，而金融期货合约的标的物所需的贮存费用较低，有些如股指则甚至不需要贮存费用。⑥由于金融期货市场对外部因素的反应比商品期货更敏感，期货价格的波动更频繁、更大，因而比商品期货具有更强的投机性。

□ 金融期权

期权（Option），是一种选择权，是在期货的基础上产生的一种金融工具，是一种能在未来某特定时间以特定价格买入或卖出一定数量的某种特定标的资产的权利。19 世纪后期，被喻为"现代期权交易之父"的拉舍尔·赛奇（Russell Sage）在柜台交易市场组织了一个期权交易系统，但由于多种制约，这一市场的发展非常缓慢。1973 年 4 月 26 日，芝加哥期权交易所（CBOE）成立，开始了买权交易，这标志着期权合约标准化、期权交易规范化。

金融期权及其特征

金融期权（Financial Option），是指以金融商品或金融期货合约为标的物的期权交易，是买卖权利的交易。期权合约规定了在某一特定时间以某一特定价格买卖某一特定种类、数量、质量资产的权利，也可以放弃行使这一权利。为了取得这样的一种权利，期权合约的买方必须向卖方支付一定数额的费用，即期权费。

与金融期货相比，金融期权的主要特征在于它仅仅是买卖双方权利的交换。期权的买方在支付了期权费后，就获得了期权合约所赋予的权利，即在期权合约规定的时间内，以事先确定的价格向期权的卖方买进或卖出某种金融工具的权利，但并没有必须履行该期权合约的义务。期权的买方可以选择行使他所拥有的权利；期权的卖方在收取期权费后就承担着在规定时间内履行该期权合约的义务。即当期权的买方选择行使权利时，卖方必须无条件地履行合约规定的义务，而没有选择的权利。

金融期权的分类

按期权权利性质划分，期权可分为看涨期权和看跌期权。看涨期权（Call Options）是指赋予期权的买方在预先规定的时间以执行价格从期权卖方手中买入一定数量的金融工具权利的合同。为取得这种买的权利，期权购买者需要在购买期权时支付给期权出售者一定的期权费。看跌期权（Put Options）是指期权购买者拥有一种权利，在预先规定的时间以敲定价格向期权出售者卖出规定的金融工具。为取得这种卖的权利，期权购买者需要在购买期权时支付给期权出售者一定的期权费。

按期权到期日划分，期权可分为欧式期权和美式期权。欧式期权是指期权的持有者只有在期权到期日才能执行期权；美式期权则允许期权持有者在期权到期日前的任何时间执行期权。

按敲定价格与标的资产市场价格的关系不同，期权可分为价内期权、平价期权和价外期权。价内期权是指如果期权立即执行，买方具有正的现金流（这里不考虑期权费因素），该期权具有内在价值；平价期权是指如果期权立即执行，买方的现金流为零；价外期权是指如果期权立即执行，买方具有负的现金流。

按交易场所划分，期权可分为交易所交易期权和场外交易期权。交易所交易期权是指标准化的期权合约，它有固定的数量，在交易所以正规的方式进行交易；场外交易期权也叫柜台式期权，是指期权的出卖者为满足某一购买者特定的需求而产生的，它在买卖双方之间直接以电话等方式达成交易。

按基础资产的性质划分，期权可以分为现货期权和期货期权。现货期权是指以各种金融工具本身作为期权合约之标的物的期权；期货期权是指以各种金融期货合约作为期权合约之标的物的期权。

金融期权与金融期货的区别

金融期权与金融期货的不同表现在如下几个方面：①标的物不同。一般而言，凡可作期货交易的金融商品都可作期权交易。然而，可作期权交易的金融商品却未必可作期货交易。②权利义务对称性不同。金融期货交易的双方权利与义务对称，即对任一方而言，都既有要求对方履约的权利，又有自己对对方履约的义务。而金融期权交易双方的权利与义务存在着明显的不对称性，期权的买方只有权利而没有义务，而期权的卖方只有义务却没有权利。③履约保证不同。金融期货交易双方均需开立保证金账户，并按规定缴纳履约保证金。而在金融期权交易中，只有期权出售者才需开立保证金账户，并按规定缴纳保证金，以保证其履约的义务。④现金流转不同。由于实行逐日结算制度，金融期货交易双方都必须保有一定的流动性较高的资产，以备不时之需。而在金融期权交易中，成交时向期权出售者支付一定的期权费，但成交后，除了到期履约外，交易双方不发生任何现金流转。⑤盈亏特点不同。期货交易中，随期货价格的变化，买卖双方都面临无限的盈与亏。期权交易中，买方潜在盈利是不确定的，但亏损却是有限的，最大风险是确定的；相反，卖方的收益是有限的，潜在的亏损却是不确定的。⑥合约的差异。期货交易中，期货合约只有交割月份的差异，数量固定而有限。期权交易中，期权合约不但有月份的差异，还有执行价格、看涨期权与看跌期权的差异。

□ 远期及互换

远期交易

（1）远期及其特点。远期（Forwards）是最早出现的一种衍生金融工具，是指交易双方签订的、在未来确定的时间按确定的价格购买或出售某项金融资产的合约。

金融远期合约的特点为：①未规范化、标准化，一般通过现代化通信方式在场外交易，不易流动；②买卖双方易发生违约问题，从合约签订到交割期间不能直接看出履约情况，风险较大；③不需要缴纳保证金，在合约到期之前并无现金流；④合约到期必须交割，不可实行反向对冲操作来平仓。

（2）远期合约的种类。按基础资产的性质划分，金融远期合约主要有远期利率协议、远期外汇合约和远期股票合约。

远期利率协议，是买卖双方同意在未来一定时间（清算日），以商定的名义本金和期限为基础，由一方将协定利率与参照利率之间差额的贴现额度付给另一方的协议。

远期外汇合约，是指双方约定在将来某一时间按约定的远期汇率买卖一定金额的某种外汇的合约。

远期股票合约，是指在将来某一特定日期按特定价格交付一定数量单只股票或股票组合的协议。

（3）远期市场与期货市场的区别。①远期交易市场大多是通过银行及经纪人进行，一般无固定的交易场所和交易时间，是一种无形的市场，主要通过现代的通信设施网络进行交易。而金融期货市场是有组织的市场，一般是在交易所进行的，是一种有形的市场。②远期市场交易缺乏一套正式、严密的规章，远期合约是按照交易双方的需要制定的，并且是参加者直接达成的协议，买者有可能要求提前进行交割。金融期货市场是一种有严密规章和程序的市场，金融期货交易是在期货交易所制定的规则下，以一种标准化的合约进行，有严格的保证金制度。交易实际上是在交易所的"清算中心"进行。③和金融远期相比，金融期货市场交易的金融商品是标准化的，其价格、收益率和数量都具有均质性、不变性和标准性；交易单位是规范化的；交割期限是规格化的；买卖价格的形成是公开化的，是在交易所内采取公开拍卖的方式决定成交价格。

金融互换

（1）互换的概念。互换（Swaps）是指两个或两个以上的当事人按共同商定的条件，在约定的时间内，交换一定现金流的金融合约。比如说，一家法国公司向一家美国公司贷出一笔为期5年的欧元贷款，利率10%，而这家美国公司反过来又向这家法国公司贷出一笔等值的同样为期5年的美元贷款，利率8%，通过这一过程，这两家公司就交换了本金和利息支付，这就等于法国公司按固定汇率以一定量的欧元换取一定量的美元。

（2）互换的功能。互换是利用交易双方在筹资成本上的比较优势而进行的，其基本经济功能有：①拓宽了融资渠道，利用金融互换，筹资者可以在各自熟悉的市场上筹措资金，通过互换来达到各自的目的，而无需到自己不熟悉的市场去寻求筹资机会；②增加了套利手段，互换交易可以在全球金融市场间套利，既可以降低筹资者的融资成本或提高投资者的资产收益，又可以促进全球金融市场的一体化；③提高了风险管理效率，筹资者或投资者可以利用互换交易具有的较强的灵活性，对利率与汇率进行正确预测而规避风险；④完善了价格发现机制，金融互换所形成的价格反映了所有可获得的信息和不同交易者的预期，使未来的资产价格得以发现。

（3）互换的种类。金融互换虽然历史较短，但品种创新却日新月异。除了传统的利率互换和货币互换外，一大批新的金融互换品种不断涌现，如商品互换、股权互换、信用互换、期货互换等。

利率互换，是指交易双方以一定的名义本金为基础，将该本金产生的以一种利率计算的利息收入（支出）流与对方的以另一种利率计算的利息收入（支出）流相互换。交换的只是不同特征的利息，没有实质本金的互换。利率互换可以有多种形式，最常见的利率互换是在固定利率与浮动利率之前进行转换。

货币互换，又称货币掉期，是指两笔金额相同、期限相同、计算利率方法相同，但货币不同的债务资金之间的调换，同时也进行不同利息额的货币调换。也就是说，利率互换是相同货币债务间的调换，而货币互换则是不同货币债务间的调换。

商品互换，是指交易的一方为一定数量的某种商品按照每单位的固定价格定期向交易的另一方支付款项，另一方也为特定数量的某种商品按照每单位的浮动价格定期向交易的对方支付款项。它包括固定价格及浮动价格的商品价格互换和商品价格与利率的互换。

专栏 3-3　　　**中航油新加坡公司因期权交易不慎巨亏**

　　2001 年年底在新加坡证券交易所挂牌上市的中航油曾被国内誉为继中石油、中石化和中海油之后的"第四大石油公司"，自陈久霖 1997 年担任公司董事总经理后，公司经历了多次转型，从一家陷于亏损的船运经纪公司发展成为工贸结合型、实业与贸易互补型的实体企业，建立了以石油实业投资为龙头、国际石油贸易为增长点和进口航油采购为后盾的"三足鼎立"的发展战略。净资产由 1997 年的 16.8 万美元猛增至 2003 年的 1.28 亿美元，市值超过 65 亿元人民币，并以其突出业绩被列为新加坡国立大学 MBA 课程教学案例；获颁新加坡上市公司"最具透明度"企业；被美国应用贸易系统（ATS）机构评选为亚太地区最具独特性、成长最快和最有效率的石油公司。但就是这样一家公司，于 2004 年 12 月 1 日向新加坡高等法院申请破产保护。究竟是什么原因导致中航油巨亏破产的呢？

　　最初，经中航油集团公司授权，中航油新加坡公司开始进行油品的套期保值业务。2002 年 3 月，时任总裁陈久霖擅自扩大业务范围，从事石油衍生品期权交易，最初只从事背对背期权交易，即只扮演代理商的角色为买家卖家服务，从中赚取佣金，没有太大风险。自 2003 年始，中航油开始进行风险更大的投机性的期权交易，而此业务仅限于由公司的两位外籍交易员进行。在 2003 年第三季度前，由于中航油新加坡公司对国际石油市场价格判断与走势一致，中航油尝到了甜头，于是一场更大的冒险也掀开了序幕。

　　2003 年第四季度，中航油预估油价将有所下降，于是公司调整了期权交易策略，卖出了买权并买入了卖权。中航油对未来油价走势的这一判断为整个巨亏事件埋下了根源，且没有意识到仅仅一次判断失误将引来一连串不利的连锁反应。第四季度，油价并未向中航油预计的走势发展，而呈现持续攀升的局面。结果导致中航油期权交易在 2003 年第四季度出现 120 万美元的账面亏损（以市值计价）。在没经过任何商业评估的情况下，中航油于 2004 年 1 月进行了第一次挪盘，即买回期权以关闭原先盘位，同时出售期限更长、交易量更大的新期权。2004 年第一季度，期权盘位到期，公司开始面临实质性的损失。随着油价持续升高，2004 年第二季度，公司的账面亏损额增加到 3000 万美元左右。公司因而决定进行第二次挪盘，新期权期限延后到 2005 年和 2006 年才交割；交易量再次增加。

　　2004 年 12 月 1 日，在亏损 5.5 亿美元后，中航油宣布向法庭申请破产保护令。这个消息如同一个重磅炸弹，一时舆论哗然，将此事件称为"中国的巴林银行事件"。

NEW
FUNDAMENTALS
OF FINANCE

第4章

金融资产管理：收益与风险

掌握金融投资组合及风险控制策略可以让我们在证券市场中找到一个水晶球。本章的目的在于帮助你了解如何投资从而达到收益的最大化，在于帮助你了解如何管理金融资产从而规避投资的风险。所以，本章介绍了一些分析和考虑投资问题的基本理论和基本方法，更为重要的是，介绍了如何评估现有的投资以及未来的投资机遇以建立一个满足自己风险—收益目标的投资组合。本章内容主要包括利率及其结构、货币的时间价值、收益与风险、金融资产的选择等。

　　某些投资者的事前收益对市场风险的承受程度的微小变化并不十分敏感。我们在现实中也经常能见到这种情况。当我们将部分未来可能选择的有效投资策略（或组合）的回报结果用现值表示，有些投资者认为从中选择一个合适的策略太困难，他们无法确定自己在追求较高的投资回报的过程中能承担多少风险。当然，投资者在不同的交易过程中通常会选择不同的有效组合，尽管通过这些交易获取的事前收益可能相差无几，但是事后结果可能大相径庭。

——威廉·F·夏普（Willianm F. Sharpe）

※章首引语

　　每个身处股市的人都渴望拥有一个水晶球，让它告诉自己何时该入市、何时该离场。但在现实中，这样的水晶球是不存在的，所以对于股民来说，最好的办法就是不再担忧市场何时会发生反转，不再去关注影响散户决策的因素。企图预测市场的极端点位，是非常愚蠢的行为。

　　对于投资者来说，懂得投资的纪律非常重要。这意味着投资者应该设定自己想要达到的盈利目标，以及最大可承受的亏损比例。比如，如果一个投资者认为10%～20%的收益是令人满意的，那么他必须在达到这一收益比例时卖出股票，从而获得自己满意的收益，然后随着时间的推移，按照这个指标反复操作。盈亏目标必须按照投资者的收益预期和风险承受能力来设定，但并没有一个固定的模式。当然，按照市场综合表现的趋势来设定目标，是个不错的方法。比如，在20世纪90年代的大牛市中，收益目标可以设定得更有野心一些。在这10年中，每年股价平均涨幅为18%，而且在1994～2000年期间，股价年平均涨幅甚至高达50%；而2008年金融危机，则将其之前10年的股票平均年收益率拉低至2%以下。

　　在快速上涨的市场中，严格设定目标并坚持遵守显得尤为重要，因为在这样的形势下，这些损益指标的起伏不定，会使投资者因为奢求那些炫目的收益而延迟卖出股票。这意味着投资者更有可能在暴跌来临的时候被套牢。

　　在牛市中，明智的投资者会不断变换投资组合，先变现赢利，然后再投资于股票或者其他资产。不可思议的是，在熊市中，获得小规模赢利变得很困难，而在股价大幅暴跌的时候，获得高额盈利却似乎更加容易了。①

---

①资料来源：[美] 史蒂芬·韦恩斯. 恐慌与机会：如何把握股市动荡中的风险与机遇[M]. 北京：机械工业出版社，2010。

　　我想，不管你是从事金融行业还是与金融差了十万八千里，不管你正在炒股还是对股票毫无兴趣，不管你对这个行业毫无感觉，还是正踌躇是否选择这个领域，韦恩斯先生说的那个水晶球，我们大家都想得到。因为我总是希望自己的投资能够稳赚不赔，或者希望自己的投资赚得更多。但是现实中，我们恰恰找不着这么一个水晶球，所以我们的投资会被风险包围着。这让我们经常很无助，特别是在一些市场波动很大的情况下。

　　其实呢，我们可以找到另外一只水晶球，那就是学习并掌握金融投资组合管理及风险控制策略。这样，我们一只手里是金融资产的投资，另一只手里是金融资产的风险管理，两只手的左右捭阖可以让我们对自己的投资游刃有余。该怎么得到这只水晶球呢？来阅读本章吧。

　　本章的目的在于帮助你了解如何投资从而达到收益的最大化，在于帮助你了解如何管理金融资产从而规避投资的风险。所以，本章介绍了一些分析和考虑投资问题的基本理论和基本方法，更为重要的是，介绍了如何评估现有的投资以及未来的投资机遇以建立一个满足自己风险—收益目标的投资组合。本章内容主要包括利率及其结构、货币的时间价值、风险与收益、金融资产的选择等。

🏛 4.1　利率及其结构

▢ 利息概述

利息及利息率

　　在第 1 章，我们谈到，金融领域的"信用"有其特定的含义，是指一种借贷行为，表示的是债权人和债务人之间发生的债权债务关系。这种借贷行为是指以偿还为条件的付出，且这种付出只是使用权的转移，所有权并没有转移，偿还性和支付利息是它的基本特征。

　　如果你的朋友向你借了一笔钱，说好了三个月以后还给你，那么你是不是为了他而放弃了这三个月之中对它进行支配的权利呢？或者说，你是不是为了他而节制了这三个月内用它来消费的欲望呢？要是考虑到这一点，你的这位朋友是不是应该为此给予你一些补偿呢？这笔补偿就是利息（Interest）。利息，从其形态上看，是货币所有者因为贷出货币资金而从借款者手中获得的报酬；从另一方面看，它是借贷者使用货币资金必须支付的代价。利息实质上是利润的一部分，是利润的特殊转化形式。

　　而他支付给你的利息与你借给他的钱的比值就是利息率（Interest Rate）了，是将借贷期间所形成的利息额与本金相比得到的比率，这是借贷资本的价格，通常简称利率。当然，我们通常以一年来计算所谓的年利率。利息率的高低，决定着一定数量的借贷资本在一定时期内获得利息的多少。

利率的类型

　　利率种类繁多，根据不同的目的，可以从不同角度进行分类。

　　按计算利息的时间单位分，利率可分为年利率、月利率和日利率。一般，按照习惯，年利率按本金的百分之几表示，月利率按千分之几表示，日利率按万分之几表示。三者之间的关系为：年利率＝月利率×12＝日利率×360。

　　按借贷资金的增值程度，利率可分为名义利率和实际利率。名义利率是用货币的利息所得与本金之比来表示的比率，它是未剔除通货膨胀等因素的利率，即某一时刻金融市场上实际通行的利率。实际利率是扣除货币币值变动影响后的利率，它才是存款收益的真实表现。实际利率 = 名义利率-通货膨胀率。全国居民消费价格总水平指数（CPI）通常是被用作衡量通货膨胀率的核心指标。

按借贷期内是否调整，可分为固定利率和浮动利率。固定利率是指名义利率在整个借贷期间不随借贷资金供求关系和物价水平的变动而变动的利率，适用于短期借贷活动或者在市场利率变化不大的情况下使用。浮动利率又称可变利率，是指名义利率在借贷期限内随市场资金供求关系和物价水平的变化而定期调整的利率。调整期限和调整时间作为基础市场利率的选择，由借贷双方在借贷时议定。在通货膨胀日趋普遍化的情况下，实行固定利率会给债权人带来损失，因此，越来越多的借贷活动采用浮动利率。

按利率的决定方式，可分为市场利率和官定利率。市场利率是在借贷资金市场上由货币资金供求关系决定的利息率。它既包括借贷双方在借贷市场上直接融通资金时形成的利率，也包括在证券市场上买卖各种有价证券时的利息率。市场利率最接近货币价值变动的界限，能比较客观真实地反映货币资金的供求状况。官定利率是指一国政府金融管理部门或中央银行确定的，要求强制执行的各种名义利率。官定利率是中央银行按照货币政策的要求直接确定的，是中央银行进行宏观调控的重要工具。

按利率的制定，可分为基准利率、普通利率与优惠利率。基准利率是指在整个金融市场上和整个利率体系中处于关键地位、起决定性作用的利率。当它变动时，其他利率也相应发生变动。对于金融市场上的投资者和参与者来说，只要注意观察基准利率的变化，就可预测整个金融市场利率的变化趋势。普通利率是指商业银行等金融机构在经营存贷款业务过程中，对一般客户所采用的利息率。其水平的高低由决定利率水平的一般因素决定，不附加特殊条件。因此，它是使用最为广泛的利率。优惠利率通常是指银行等金融机构发放贷款时对某些客户所采用的比一般贷款利率低的利率。

按期限长短，可分为短期利率和长期利率。短期利率一般指融资期限在一年以内的利率，包括期限在一年以内的存贷款利率和各种短期有价证券利率。短期利率变动风险小，利率水平相对较低。长期利率一般指融资期限在一年以上的利率，包括期限在一年以上的存贷款利率和各种长期有价证券利率。长期利率变动风险较大，利率水平较高。长期利率与短期利率在反映资金市场供求的灵敏度及对资金供求影响方面是有所不同的，因此，中央银行往往以长期利率作为货币政策中介目标，而以短期利率作为货币政策的操作目标或工具。

按金融资产的不同，可分为存贷款利率和证券利率。存款利率是银行等金融机构吸收存款所付给存款人的利息与存款额的比率，其高低直接决定了存款者的利息收益和银行等金融机构的融资成本。贷款利率是指银行等金融机构对客户发放贷款所收取的利息与贷款本金的比率，其高低直接决定着企业利润在银行和企业之间的分配比例，因此影响着借贷双方的经济利益。证券利率指各种有价证券的名义收益率，主要是指有价证券票面载明的收益率，如国库券、企业债券、金融债券的利息率等。存贷款利率和证券利率之间有着密切的内在联系。

利率的影响因素

一个国家利率水平的高低要受特定的社会经济条件制约，一般而言，决定和影响利率的主要因素有以下几个。

利润率的平均水平。 利息作为社会平均利润的一部分，自然也是由平均利润率所决定的。根据一国经济发展现状与实践，这种制约作用可以概括为：利率的总水平要适应大多数企业的负担能力。也就是说，利率总水平不能太高，太高了大多数企业承受不了；相反，利率总水平也不能太低，太低了不能发挥利率的杠杆作用。

资金的供求状况。在平均利润率既定时，利息率的变动则取决于平均利润分割为利息与企业利润的比例。而这个比例是由借贷资本的供求双方通过竞争确定的。一般地，当借贷资本供不应求时，借贷双方的竞争结果将促进利率上升；相反，当借贷资本供过于求时，竞争的结果必然导致利率下降。在市场经济条件下，由于作为金融市场上的商品的"价格"——利率，与其他商品的价格一样受供求规律的制约，因而资金的供求状况对利率水平的高低仍然有决定性作用。

物价变动的幅度。由于价格具有刚性，变动的趋势一般是上涨，因而怎样使自己持有的货币不贬值，或遭受贬值后如何取得补偿，是人们普遍关心的问题。这种关心使得从事经营货币资金的银行必须使吸收存款的名义利率适应物价上涨的幅度，否则难以吸收存款；同时也必须使贷款的名义利率适应物价上涨的幅度，否则难以获得投资收益。所以，名义利率水平与物价水平具有同步发展的趋势，物价变动的幅度制约着名义利率水平的高低。

国际经济的环境。在世界经济日趋一体化的今天，一国与其他国家的经济联系日益密切。在这种情况下，利率也不可避免地受国际经济因素的影响，表现在以下几个方面：①国际间资金的流动，通过改变一国的资金供给量影响该国的利率水平；②一国的利率水平还要受国际间商品竞争的影响；③一国的利率水平，还受国家的外汇储备量的多少和利用外资政策的影响。

政策性因素。这是各国具有独特作用的因素。以我国为例，自1949年新中国成立以来，我国的利率基本上属于管制利率类型，利率由中国人民银行统一管理，在利率水平的制定与执行中，要受到政策性因素的影响。例如，新中国成立后我国长期实行低利率政策，以稳定物价、稳定市场。1978年以后，对一些部门、企业实行差别利率，体现出政策性的引导或政策性的限制。可见，我国的利率不是完全随着信贷资金的供求状况自由波动，它还取决于国家调节经济的需要，并受国家的控制和调节。

在讨论利率的决定与影响因素时，应当注意，我们不能简单地套用哪一种理论，而应该充分考虑该国所处的综合社会经济环境，从实际出发来研究问题，从而正确地把握利率的决定与影响因素。

值得注意的是，作为一个重要的金融变量，几乎所有的金融现象、金融资产均与利率有着或多或少的联系。当前，世界各国频繁地运用利率杠杆实施宏观调控，利率政策已成为各国中央银行调控货币供求，进而调控经济的主要手段，利率政策在中央银行货币政策中的地位越来越重要。

专栏4-1　　中国央行清明"如约"加息

中国央行2011年4月5日决定，自6日起，上调金融机构一年期存贷款基准利率0.25个百分点，其他各档次存贷款基准利率相应调整。此为央行年内第二次上调基准利率，也是自去年10月以来央行第四次上调利率。调整后，一年期存款利率达到3.25%，一年期贷款利率达到6.31%，其他各档次存贷款基准利率及个人住房公积金贷款利率相应调整。

　　央行此次加息时间点完全符合市场预期。专家表示，在市场普遍预期 3 月 CPI 增速将继续走高的情况下，央行再度加息符合预期，同时表明央行收紧货币政策的姿态并未改变。《国际金融报》记者曾在 3 月 30 日预计，最近的加息点在清明前后。

　　上海财经大学现代金融研究中心奚君羊教授在接受《国际金融报》记者采访时表示："央行在这一时点宣布加息，主要迫于当前物价上涨的巨大压力，以及对市场流动性充裕的判断。"汇丰中国首席经济学家屈宏斌表示："9% 的 GDP 增速相较于 10% 的增速更有利于中国经济的发展，控制通胀仍是当前中国经济宏观调控的首要任务。而只有在未来 3～4 个月持续现有的紧缩力度，才有可能使得通胀率在下半年下降。"

　　面对 CPI 继续高企，中金公司判断控制通胀仍然是目前宏观政策的首要任务，再行加息一次是大概率事件。也有分析称，虽然加息有一些弊端，但整体上看利大于弊。尤其是考虑到我国的存款准备金率已经达到很高水平，再往上提的话会削弱银行融通资金的功能，加息就更有必要。

　　就在 2011 年 3 月底召开的央行货币政策委员会 2011 年第一季度例会上，央行强调稳定价格总水平的宏观调控任务，并要综合运用多种货币政策工具，有效管理流动性，保持合理的社会融资规模和货币总量。而利率政策无疑是重点需要使用的一项货币政策工具。

□ 利率的结构

　　利率结构是指利率体系中各种利率的组合情况，包括风险结构和期限结构。

利率风险结构

　　利率风险结构是指相同期限的金融工具不同利率水平之间的关系，它反映了这种金融工具所承担的信用风险的大小对其收益率的影响。一般而言，利率和风险成正比例关系，也即风险越大，利率越高。这一定义中的风险是指违约风险、流动性风险和税收风险。

　　违约风险，是指由于债券发行者的收入会随经营状况而改变，因此债券本息的偿付能力不同，这就给债券本息能否及时偿还带来了不确定性。违约风险低的债券利率也低，违约风险高的债券利率也高。如政府债券的违约风险低，因而利率也低。

　　流动性风险，是指因资产变现速度慢而可能遭受的损失。金融资产的流动性越强，变现越容易，利率越低。反之，金融资产的流动性越弱，利率越高。

　　税收风险。在西方国家，地方政府债券的违约风险高于中央政府债券，流动性也比较差，但由于地方政府债券的利息收入是免税的，使得地方政府债券的预期收益率相对较高。正是由于投资于地方政府债券规避了税收风险，所以长期以来，地方政府债券的利率低于中央政府债券的利率。

利率期限结构

　　利率期限结构是指在某一时点上，不同期限资金的收益率与到期期限之间的关系。利率的期限结构反映了不同期限的资金供求关系，揭示了市场利率的总体水平和变化方向。严格地说，利率期限结构是指某个时点不同期限的即期利率与到期期限的关系及变化规律。表示这种关系的曲线通常称为收益曲线。

　　一般而言，随着利率水平的上升，长期收益与短期收益之差将减少或变成负的。也就是说，当平均利率水平较高时，收益曲线为水平的（有时甚至是向下倾斜的），当利率较低时，收益曲线通常较陡。在说明为什么长短期利率一致或不一致的问题上，形成了各种不同理论，主要有以下几种。

纯预期理论。该理论把当前对未来利率的预期作为决定当前利率期限结构的关键因素。该理论认为，市场因素使任何期限的长期债券的收益率等于当前短期债券收益率与当前预期的超过到期的长期债券收益率的未来短期债券收益率的几何平均。如果买卖债券的交易成本为零，而且上述假设成立，那么投资者购买长期债券并持有到期进行长期投资时，获得的收益与同样时期内购买短期债券并滚动操作获得的收益相同。

流动性报酬理论。该理论认为，因为长期债券比短期债券担负着更大的市场风险——价格波动风险，所以长期收益应当包括相应这种风险而产生的对投资者的补偿。由于这种增加的市场风险而产生的对长期债券收益的报酬被称为期限报酬。根据流动性报酬理论，长期利率应当是当前和预期的未来利率的平均值再加上对投资者持有长期债券而承担较大市场风险的补偿——期限报酬。

分隔市场理论。该理论认为，不同期限债券间的替代性极差，可贷资金供给方（贷款人）和需求方（借款人）对特定期限有极强的偏好。这种低替代性，使任何期限的收益率仅由该期限债券的供求因素决定，很少受到其他期限债券的影响。资金从一种期限的债券向另一种具有较高利率期限的债券的流动几乎不可能。根据该理论，公司及财政部的债券管理决策对收益曲线形状有重要影响。如果当前的企业和政府主要发行长期债券，那么收益曲线要相对陡些；如果当前主要发行短期债券，那么短期收益率将高于长期收益率。

期限偏好理论。该理论假设借款人和贷款人对特定期限都有很强的偏好。但是，如果不符合机构偏好的期限赚取的预期额外回报变大时，实际上它们将修正原来的偏好的期限。期限偏好理论是以实际收益为基础的，即经济主体和机构为预期的额外收益而承担额外风险。在接受分隔市场理论和纯预期理论部分主张的同时，也剔除两者的极端观点，较近似地解释真实世界的现象。

🏛 4.2　货币的时间价值

▢ 概念解析

日常生活中，我们经常会遇到这类问题，是花 30 万元买一幢现房还是花 27 万元买一年以后才能住进的期房？若想买一辆汽车，是花 20 万元现金一次性购买值呢，还是每月支付6000 元，共付 4 年更合算呢？你觉得问题复杂的话，那么来个简单的问题：假设你现在有10 万元人民币，10 年后这笔钱能值多少呢？要回答这个问题，你得针对不同的情况来分析。

如果你将这笔钱压在床板下，此后的 10 年间，平均每年的通货膨胀率为 5%，相对于目前的购买力水平，你在 10 年后只能购买到相当于目前价值 60 000 元的物品，相当于平白损失了 40 000 元。

如果你将这笔钱放在银行，假定每年的利率为 3.25%，则 10 年后总值为 132 500 元；如果存 5 年定期，年利率为 5.25%，5 年后本利再存 5 年，年利率不变，则总值为 159 390元。如果这笔钱投资某类基金，如股票类价值成长型基金，年平均回报率为 8%（在过去

20 年，美国基金的年平均回报率为 12%，以中国 GDP 最近几年增长一般在 10%左右计，该类基金年平均回报率有望达到 10% ），则 10 年后你的 10 万元总价值达 259 374 元。

这是怎么回事呢？同样的 10 万元人民币，10 年后怎么还不一样了呢？这就是货币的时间价值，也就是说当前所持有的一定量货币，比未来获得的等量货币具有更高的价值。这也是我们进行金融投资的基础。

货币时间价值是指货币经历一定时间的投资和再投资所增加的价值，它反映的是由于时间因素的作用而使现在的一笔资金高于将来某个时期的同等数量的资金的差额或者资金随时间推延所具有的增值能力。资金的循环和周转以及因此实现的货币增值，需要或多或少的时间，每完成一次循环，货币就增加一定数额，周转的次数越多，增值额也越大。因此，随着时间的延续，货币总量在循环和周转中按几何级数增加，使得货币具有时间价值。

□ 单利终值与现值

利率的计算有两种基本方法：单利法和复利法。**单利法**就是指在计算利息额时，只按照本金计算利息，而不将利息额加入本金进行重复计算的方法。**复利法**则是将按本金计算出的利息额再计入本金，重新计算利息的方法。

单利终值

单利终值，指按单利计算出来的资金未来的价值，也就是按单利计算出来的本金与未来利息之和。其计算公式如表 4-1 所示。

单利终值=本金×（1+利率×期数）

前面我们说的，你手上的 10 万元人民币，在今年初存入银行，年利率为单利 3.25%，那么从今年开始的以后各年末的终值计算如下：

表 4-1　　　　　　　　　单利终值计算过程数据简表

年　份	期初本金	年利率	当期利息	期末终值
1	100 000	3.25%	3 250	103 250
2	100 000	3.25%	3 250	106 500
3	100 000	3.25%	3 250	109 750
4	100 000	3.25%	3 250	113 000
5	100 000	3.25%	3 250	116 250
6	100 000	3.25%	3 250	119 500
7	100 000	3.25%	3 250	122 750
8	100 000	3.25%	3 250	126 000
9	100 000	3.25%	3 250	129 250
10	100 000	3.25%	3 250	132 500

所以，你以一年期利率存入银行的 10 万元人民币在 10 年后就变为了 132 500 元，10 年的累积利息为 32 500 元。

单利现值

单利现值，指按单利计算出来的资金终值的现在价值，也就是按单利计算出来的为取得未来一定本利之和现在所需要的本金。其计算公式如下：

单利现值=终值÷（1+利率×期数）

我们回到前面的那个例子，假如我们知道银行存款利率为单利 3.25%，要想在三年后可以到银行取出来 109 750 元现金，你现在应存入银行多少钱呢？根据公式，我们知道：109 750÷（1+3.25%×2）= 100 000（元）。

□ 复利终值与现值

复利终值

复利终值，是指一定数量的本金，在一定的利率下按照复利的方法计算出的若干年以后的本金和利息，也就是按照复利计算出的本金和利息的未来价值。其计算公式如下：

复利终值=现值×（1+利率）^{期数}

前面说了，如果你决定将这笔钱投资于某股票类价值成长型基金，预计年收益率为10%，这当然是按照复利来计算了，你这样做的目的就是希望能"利滚利"，否则你也不愿意干不是吗？那么从今年开始的以后各年末的终值计算如表 4-2 所示。

表 4-2　　　　　　　　　复利终值计算过程数据简表

年　份	期初本金	年收益率	当期利息	期末终值
1	100 000	10%	10 000	110 000
2	110 000	10%	11 000	121000
3	121 000	10%	12 100	133 100
4	133 100	10%	13 310	146 410
5	146 410	10%	14 641	161 051
6	161 051	10%	16 105	177 156
7	177 156	10%	17 712	194 872
8	194 872	10%	19 487	214 359
9	214 359	10%	21 436	235 795
10	235 795	10%	23 579	259 374

所以，你以 10%的预期收益率投资 10 万元人民币购买的金融资产，在 10 年后可以增值为 259 374 元。如果你把这些钱既不存入银行也不是购买这么高收益率的金融资产，而是买了和银行一年期存款利率一致的 3.25%的预期收益率的稳健型金融资产，那么你可以计算一下，这笔钱 10 年后是多少呢？按照复利终值计算公式有：100 000×（1+3.25%）^{10}=137689 元。显然，这也比以上按照单利计算的多出来 5189 元。

复利现值

复利现值，是指未来一定时间的特定资金按复利计算的现在的价值，也就是按复利计算，为取得未来一定本利之和现在需要的本金。其计算公式如下：

复利现值 = 复利终值÷（1+利率）^{期数}

假如你想在 10 年后准备 200 000 元人民币作为房贷首付，某人民币集合理财产品以复利计息，年息为 5%，你现在需要投入多少元人民币购买这一理财产品呢？根据公式，我们知道：200 000÷（1+5%）^{10} =200 000÷1.6289=12 2782（元）。现在投资 122 782 元于该金融理财产品，10 年后就可以筹得 20 万元的房款首付了，如果没有更好的投资机会，你还等什么呢?

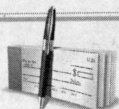

专栏 4-2　　　**金融投资中的"72 法则"**

金融学上有一个著名的"72 法则"，用作估计将投资倍增或减半所需的时间，反映出的是复利的结果。也就是说，一笔钱以 1% 的利率复利计息，经过 72 年以后，本金会变成原来的一倍。

假设你最初投资金额为 10 000 元，按复利计息，年利率 9%，利用"72 法则"，将 72 除以 9 (收益增长率)，得到的数字为 8，也就是说大概需要 8 年时间，在该年利率下，你的这笔投资就可以翻一番了，投资金额将滚存至 20 000 元。

现在你可以利用我们介绍的复利计算方法，即复利终值 = 现值 × (1+利率)^{期数}，可以

知道: 2 = (1+9%)^{期数}，那么可以利用数学的方法很简单地计算出准确时间为 8.0432 年。你一定会吃惊吧，这何其相似啊!

这个公式好用的地方在于它能以一推十。例如: 利用年报酬率为 5% 的投资工具，经过 14.4 年(72÷5)本金就变成一倍; 利用 12% 的投资工具，则要 6 年左右(72÷12)，才能让一块钱变成二块钱。因此，如果你今天手中有 100 万元，投资了报酬率 15% 的金融资产，你可以很快知道，经过约 4.8 年，你的 100 万元就会变成 200 万元。尽管利用 72 法则不像查表计算的那么精确，但也已经十分接近了，因此，记住简单的 72 法则，或许能够帮你不少的忙。72 法则同样还可以用来算贬值，例如现在通货膨胀率是 3%，那么 72÷3=24，24 年后你现在的一元钱就只能买五毛钱的东西了。

当然，你还可以利用"72 法则"来计算你的预期投资收益以方便地选择投资工具。假设，你现在拥有 50 万元人民币，希望投资 30 年之后拥有 200 万元。我们先计算你 30 年后本金翻倍所需的投资收益率，即 72÷收益率=30，其收益率为 2.4%。而从 50 万元到 200 万元是翻了两番，则 2.4%×2=4.8%，即投资者只需要选择收益率达到 4.8% 的投资方式就能实现预期理财目标。

相信，通过"72 法则"可以比较清楚地对自己未来的财富状况做好安排，帮助年轻人梳理思路，树立目标。

□ 年金终值与现值

年金终值

年金 (Annuity)，是定期或不定期的时间内一系列的现金流入或流出，如分期付款赊购、分期偿还贷款、发放养老金、支付租金、提取折旧等。需注意的是，这里的年金，不代表就是每一年的款项，而是每一期的，通常称为年金而已。年金可以分为普通年金和即付年金。**普通年金**是在现期的期末才开始一系列均等的现金流; **即付年金**是从即刻开始就发生的一系列等额的现金流。为了简化起见，本书在这里以普通年金为例逐一介绍有关问题。

年金终值，是指一定时期内每期期末等额收付款项的复利终值之和。这类年金有零存整取的银行存款、住房按揭的分期还款、消费信贷的分期付款等。年金终值的计算公式如下:

$$年金终值 = 年金 \times \frac{(1+利率)^{期数}-1}{利率}$$

假如你家庭条件比较宽裕，为了整个家庭考虑，你购买了某种分红型保险理财产品，在与保险公司签订的保险合同上写明：你每年交付 40 000 元，缴费期限 20 年，最低承诺的投资收益率为 6.6%。那么，在不考虑其他因素的情况下，20 年后你所购买的这项保险理财产品的最低价值总额应该达到多少呢？

根据公式，我们可以知道，你所购买的这笔分红型保险理财产品的期末价值最低总额应该为：40 000 × [（1+6.6%）^{20}−1]/6.6%=1 569 946 元。

年金现值

年金现值，是指一定时期内每期期末收付款项的复利现值之和，也就是为在每期期末取得相等金额的款项，现在需要投入的金额。其计算公式如下：

$$年金终值 = 年金 \times \frac{1-(1+利率)^{-期数}}{利率}$$

在上例中，为了购买该项分红型保险理财产品，你每年都要投入 40 000 元，但是你知道你将要为此连续投入 20 年的产品现在能值多少钱？这就需要上面这个公式了。按照条件代入该公式可以得到：40 000 × [1−（1+6.6%）$^{-20}$]/6.6%=437 260 元。这里，你就可以看出来，你 20 年中每年投入的 40 000 元，在今天这一时刻的总值 437 260 元和 20 年期末时刻的总值 1 569 946 元相去甚远，这就充分说明了货币的时间价值。

住房按揭贷款

我们和银行发生业务联系时，商业银行所收取的利率中最令人糊涂的就是住房按揭贷款的利率，因为对于此类比较复杂的业务，银行方面却对其计算方法很少给予详细的解释。我们还是先来看看按揭贷款的月供是如何计算出来的吧。

在上面分析的"年金现值"的计算中，我们可以知道，如果知道了年金现值，就可以根据该公式推算出未来若干年的年金是多少，即：

$$年金 = 年金终值 \div \frac{1-(1+利率)^{-期数}}{利率}$$

这就是我们在等额分期付款中经常用到的公式。

假定你选中了一套新房，价值 100 万元人民币，而你目前只能筹到购房款的 30%，也就是 30 万元人民币。经过一番努力，你成功地从银行处申请到了 70 万元的住房抵押贷款，期限 30 年，并采取等额本息还款的方式。所谓等额本息还款的方式，是指在还款期内，每月偿还同等数额的贷款（包括本金和利息）。

如果我们假定现在贷款利率为 6.6%。那么，你的月供是多少呢？银行要求你在每个月末去支付该笔月供，这就是一种普通年金。

由于是每月还款，因此，我们必须将年利率换算成月利率，月利率为 0.55%（6.6%÷12）。由于偿还期为 30 年，所以共有 360 个月的还款期。那么，月供为

$$月供额 = 700\ 000 \div \frac{1-(1+0.55\%)^{-360}}{0.55\%} = 4\ 470.61（元）$$

也就是说，如果我们知道了抵押贷款的年利率和抵押代扣款的期限，就可以根据年金现值计算出月供额。当然，现在互联网上有很多贷款计算器，只要输入你的贷款金额、贷

款利率和期数就可以自动计算出每一期的月供金额。

　　另外，许多购房者都听说过这样的情况：在按揭贷款的归还期限内，早期每月的分期还款几乎都是在还贷款的利息支付，只有后期的分期还款才是用于归还住房按揭贷款的本金。这种情况是否真实呢？我们不能不说，这种情况是真实的。在此专门解释一下。

　　照前所述，你的房贷年利率为6.6%，则每月的贷款利率为0.55%，按等额本息还款方式你每个月需要还4 470.61元。你第一个月的支付可以划分为两部分：① 3850元（月利率0.55%×700 000=3850元）作为利息支付；② 620.61元（4 470.61-3850=620.61元）作为贷款的本金支付。为了简化起见，我们假设除了3850元的利息支付之外剩下的620.61元都是用于700 000元贷款本金的偿还。这意味着你下个月的贷款总额只是699 379.39元（700 000-620.61=699379.39元）。当你下个月支付3850元时，利息的支付就是3846.59元（月利率0.55%×699379.39=3 846.59元）了，而剩下的624.02元（4 470.61-3846.59=624.02元）自然是贷款的本金偿还了。那么，每月的利息支付就会逐渐地减少而剩下作为贷款本金偿还的数额就逐渐增大了。几年之后，随着按揭贷款到期日的逼近，每个月的支付主要都是用于偿还贷款本金了。我们可以用图4-1更加直观地表现这个问题。

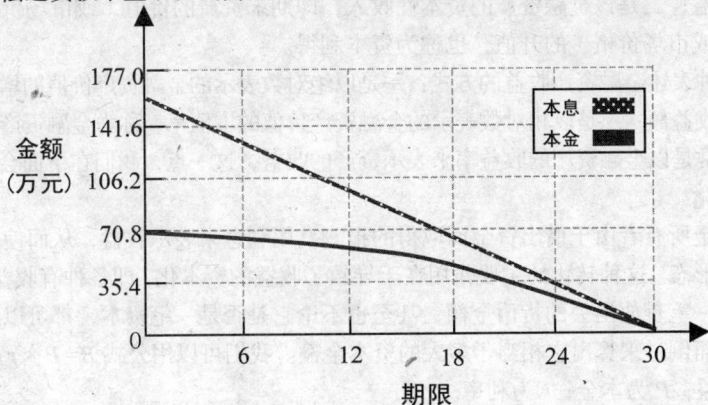

图4-1　等额本息还款的住房按揭贷款年度曲线图

永续年金

　　假如我们有一项投资，约定好了利率，此后的每一年年末都会获得一笔固定的利息收入，那么这样一种投资的现值应该是多少呢？

　　很显然，这是一种无限期等额收付的特种年金，我们把它称为永续年金。这是普通年金的特殊形式，即期限趋于无穷的普通年金。在金融工具中，股票就类似于永续年金，而正因为它没有期限，所以永续年金没有终值，只有现值。根据期限趋向于无穷大的等比数列的计算方式，可以得到永续年金现值的计算公式：

永续年金现值=年金÷利率

　　我们举个例子，假如某人在某著名大学里成立一个优秀学生奖励基金，本金固定不动，买入年息5%的长期国债，每年年底的利息10万元用作学生们的奖学金。那么在该基金设立时，此人需要存入的本金是多少呢？

　　这就是一个永续年金的现值问题了。根据以上公式，这笔奖励基金在设立时应该投入的金额为200万元（10万/5%=200万）。

🏛 4.3 收益与风险

☐ 收益阐释

收益的概念

何为收益？亚当·斯密在《国富论》中把收益看作是财富的增加。后来，大多数经济学家都继承并发展了这一观点，我们在此不作过多的描述。我想，你肯定会认为我们前面谈的利息就是一种收益。你是没错的，因为经济学家林德赫尔便将收益解释为资本在不同时期的增值，视收益为利息。按照林德赫尔的说法，在特定时期的利息和预期消费之间的差额就是储蓄（该期间内的资本增长额），而收益则是既定时期内消费与储蓄之和。为了突出主题，我们还是将收益限定于金融投资上来研究。

所谓**投资收益**，就是投资者通过投资所获得的财富增加。资产的收益额通常来源于两部分：一是该金融资产的资产性收入，即一定期限内金融资产的现金净收入，主要是利息、红利或股息收益；二是该金融资产的资本性收入，即期末资产的价值（或市场价格）相对于期初价值（或市场价格）的升值，也称为资本利得。

我们有两种表述金融资产收益的方式：一是以绝对数表示的金融资产价值的增值量，称为金融资产的收益额；二是以相对数表示的金融资产价值的增值率，称为金融资产的收益率或报酬率。通常是以金融资产的收益率来表示资产的收益，这一点，我们在下面会做介绍。

收益资本化

利息是资金所有者由于借出资金而取得的报酬，用利息来表示收益，从而使利息转化为收益的一般形态。这种转化的主要作用在于导致了收益的资本化，即各种有收益的事物，不论它是否是一笔贷放出去的货币金额，甚至也不论它是否是一笔资本，都可以通过收益与利率的对比而倒过来算出它相当于多大的资本金额。我们可以用公式 $B= P \times r$ 来表示，其中，B 为收益；P 为本金；r 为利率。

正是按照这种规律性的关系，有些本身并不存在一种内在规律可以决定其相当于多大的资产，也可以取得一定的资本价格。如土地本身并不是劳动产品，从而不具备决定其价格的内在根据，但土地可以有收益，于是就可以取得价格；有些本来不是资本的东西也因收益的资本化而视为资本，以人力为例，若某人的年工资为5万元，当年利率为5%时，他的人力资本额可达100万元。收益资本化发挥作用最突出的领域还是有价证券价格的形成。也是本章接下来要重点谈的问题。

收益资本化是商品经济中的规律，只要利息成为收益的一般形态，这个规律就起作用。在我国市场经济的发展过程中，这一规律日益显示出它的作用。如在土地的买卖和长期租用、相对工资体系的调整，以及有价证券的买卖活动中，价格形成都受这一规律的影响。随着市场经济的进一步发展，"收益资本化"规律的作用还会不断扩大与深化。

☐ 风险阐释

风险的概念

"风险"一词的由来，最为普遍的一种说法是，在远古时期，以打鱼捕捞为生的渔民们，每次出海前都要祈祷，祈求神灵保佑自己能够平安归来，其中主要的祈祷内容就是让神灵保佑自己在出海时能够风平浪静、满载而归；他们在长期的捕捞实践中，深深地体会到"风"给他们带来的无法预测、无法确定的危险，他们认识到，在出海捕捞打鱼的生活中，"风"即意味着"险"，因此有了"风险"一词的由来。

现代意义上的风险（Risk）一词，已经大大超越了"遇到危险"的狭义含义，风险一般是指在特定条件和特定时期内可能发生的各种结果的变化程度，也就是损失的不确定性。金融资产的风险是由于未来的不确定性而产生的预期收益损失的可能，具体表现为实际收益率和预期收益率之间的离差。

金融投资是一种风险性投资。一般而言，风险是指对投资者预期收益的背离，或者说是收益的不确定性。金融投资的风险是指金融资产预期收益变动的可能性及变动幅度。在金融投资活动中，投资者投入一定数量的本金，目的是希望能得到预期的若干收益。从时间上看，投入本金是当前的行为，其数额是确定的，而取得收益是在未来的时间。在持有金融资产的这段时间内，有很多因素可能使预期收益减少甚至使本金遭受损失。因此，金融投资的风险是普遍存在的。与金融投资相关的所有风险称为总风险，总风险可分为系统风险和非系统风险两大类。

系统风险

系统风险是指由于某种全局性的共同因素引起的投资收益的可能变动，这种因素以同样的方式对所有金融资产的收益产生影响。在现实生活中，所有企业都受全局性因素的影响，这些因素包括社会、政治、经济等各个方面。由于这些因素来自企业外部，是单一金融资产无法抗拒和回避的，因此又叫不可回避风险。这些共同的因素会对所有企业产生不同程度的影响，不能通过多样化投资而分散，因此又称为不可分散风险。系统风险包括政策风险、利率风险、购买力风险和市场风险等。

政策风险。政府的经济政策和管理措施可能会造成金融资产收益的损失，这在新兴金融市场上表现得尤为突出。经济、产业政策的变化，税率的改变，可以影响到公司利润、债券收益的变化；证券交易政策的变化，可以直接影响到证券的价格。因此，每一项经济政策、法规出台或调整，对金融市场都会有一定的影响，从而引起市场整体的波动。

利率风险。一方面，金融市场上的上市公司经营运作的资金也有利率成本，利率变化意味着成本的变化，加息则代表着企业利润的削减，相关金融资产的价值反映内在价值，必然会伴随着下跌；另一方面，流入金融市场的资金，在收益率方面往往有一定的标准和预期，一般而言，资金是有成本的，同期利率往往是参照标，当利率提升时，在金融市场中寻求回报的资金要求获得高过利率的收益率水平，如果难以达到，资金将会流出市场转向收益率高的领域，这种反向变动的趋势在债券市场上尤为突出。

购买力风险。在现实生活中，由于物价的上涨，同样金额的资金未必能买到过去同样的商品。这种物价的变化导致了资金实际购买力的不确定性，称为购买力风险，或通货膨胀风险。同样在金融市场上，由于投资金融资产的回报是以货币的形式来支付的，在通货膨胀时期，货币的购买力下降，也就是金融投资的实际收益下降，将给投资者带来损失的可能。

市场风险。市场风险是金融资产投资活动中最普遍、最常见的风险，当整个金融市场连续过度地上涨，金融资产的价格已远离合理价值区域之后，资产价格上涨主要依靠资金简单流入堆砌，即所谓的"投机搏傻"，趋势投机代替了价值投资，但泡沫总有破灭的一天，当后继投资者不再认同没有价值支撑的股价，市场由高位回落便成为自然，这种转折趋势一旦形成，往往形成单边没有承接力的连续下跌，这在过去世界各国的金融危机特别是股灾中已被证明，这也是市场参与者无法回避和必须接受的风险。

非系统风险

非系统风险是指只对某个行业或个别公司的资金融通工具产生影响的风险，它通常由某一特殊因素引起，与整个金融市场的价格不存在系统、全面的联系，只对个别或少数金融资产的收益产生影响。

信用风险，又称违约风险，指金融工具发行人在金融资产到期时无法还本付息而使投资者遭受损失的风险。股票虽然没有还本要求，普通股股息也不固定，但仍有信用风险，不仅优先股股息有缓付、少付甚至不付的可能，而且如公司不能按期偿还债务，立即会影响证券的市场价格，更不用说当公司破产时，公司股票价格会接近于零，无信用可言。在债券和优先股发行时，要进行信用评级，投资者回避信用风险的最好办法是参考证券信用评级的结果。信用级别高的金融资产信用风险小；信用级别越低，违约的可能性就越大。

经营风险，是指公司的决策人员与管理人员在经营管理过程中出现失误而导致公司赢利水平变化，从而使投资者预期收益下降的可能。公司的经营状况最终表现为赢利水平的变化和资产价值的变化，经营风险主要通过赢利变化产生影响，对不同金融资产的影响程度也有所不同。经营风险是普通股票的主要风险，公司赢利的变化既会影响股息收入，又会影响股票价格。当公司赢利增加时，股息增加，证券价格上涨；当公司赢利减少时，股息减少，股价下降。经营风险对优先股的影响要小些，因为优先股的股息率是固定的，赢利水平的变化对价格的影响有限。

财务风险，是指公司财务结构不合理、融资不当而导致投资者预期收益下降的风险。负债经营是现代企业应有的经营策略，通过负债经营可以弥补自有资本的不足，还可以用借贷资金来实现赢利。股份公司在营运中所需要的资金一般都来自发行证券和债务两个方面，其中债务的利息负担是一定的。如果公司资金总量中债务比重过大，或是公司的资金利润率低于利息率，就会使股东的可分配赢利减少，股息下降，使金融投资的财务风险增大。实际上，公司融资产生的财务杠杆作用犹如一把双刃剑，当融资产生的利润率大于利息率，给股东带来的是收益增长的效应；反之，就是收益减少的财务风险。对金融投资者来讲，财务风险中最大的风险当属公司亏损风险。因为在公司亏损时，证券的价格必然下跌；更有甚者，如果公司亏损严重以致资不抵债，投资者可能血本无归，证券将成为一张废纸。

投资者的主观因素所造成的风险。投资者的主观因素主要包括盲目跟风、不必要的恐慌、贪得无厌、错误估计形势、错过买卖时机、赌徒心理等。其中，盲目跟风和贪得无厌是多数投资者都会面临的两种常见风险。

□ 收益与风险的测度

对金融资产的投资者而言，人人都希望有高回报。获得高报酬最简单的方法，就是将资产投资于高报酬的工具，如股票、房地产。但是高报酬的投资都具有高风险，例如股价、房价时涨时跌，有的投资会赚钱，有的投资会赔钱，因此投资人若想获取高报酬，就必须承担其所伴随的风险。

专栏 4-3　　投资奇才彼得·林奇的投资策略

彼得·林奇是杰出的职业股票投资人、华尔街股票市场的聚财巨头。彼得·林奇在他自 1977 年接管并扩展麦哲伦共同基金（Magellan Mutual Fund）到 1991 年选择退出的 13 年时间内，股票生意做得极为出色，让麦哲伦成为有史以来最庞大的共同基金，使其资产由 2000 万美元增长到 140 亿美元，基金投资人超过 100 万人，成为当时全球资产管理金额最大的基金。13 年的年平均复利报酬率达 29%，由于资产规模巨大，林奇 13 年间买过 15000 多只股票，赢得了"不管什么股票都喜欢"的名声。美国最有名的《时代》周刊称他是第一理财家，《幸福》杂志则称誉他是股票领域一位超级投资巨星。

林奇的选股原则是"分门别类，与众不同"。林奇在分析股票时，总是首先确定这个公司股票所属的不同类型，然后相应确定不同的投资预期目标，再进一步分析这家公司的具体情况，分别采取不同的投资策略。因此，林奇认为："将股票分类是进行股票投资分析的第一步。"

林奇自己认为他的选股策略与众不同之处主要在于以下几个方面：①不选热门股，只选冷门股。那些业务让人感到乏味、厌烦，甚至郁闷的公司股票，一般是少人问津的冷门股，却最终会成为股价不断上涨的大牛股。②避开高增长易变行业，关注低增长稳定行业。高增长行业吸引了大批想进入该行业分享奶酪的聪明人和强势企业，而众多竞争对手的进入使该竞争变得非常激烈，公司很难持续保持利润率，股价相应地会下跌。而低增长行业同时是低竞争行业，公司容易持续保持利润率，股价相应地会随着利润的上升而上升。③远离高技术公司，关注低技术公司。从来不会买入那些自己不了解其业务情况的、变化很快的、未来发展不稳定的公司股票。④别选多样化公司，关注专业化公司。林奇厌恶公司通过收购实现多元化，"利润不错的公司通常不是把钱用来回购股票或者增加股息，而是更喜欢把钱浪费在收购其他公司这件蠢事上"。⑤不选竞争对手多的公司，只选竞争对手少的公司。林奇对拥有市场领地的优势企业情有独钟："我总在寻找这种拥有'领地'的公司，理想的公司都有一个'领地'。"这种领地使公司获得了能够在所在市场领地形成的一种排他性独家经营权。⑥别听内幕消息，只看公司及其内部员工买入行动。林奇认为，没有什么样的内幕消息能比公司的职员正在购买本公司的股票更能证明一只股票的价值。原因只有一个"他们认为股票的价格被低估了，并且最终会上涨"。

高报酬与高风险同在是必然的，反过来高风险却不一定有高报酬。一般人之所以认为高风险也会伴随高报酬，是对于"报酬"的定义有所误解。高风险的确可能有高报酬，但这只是概率很小的最高可能报酬，然而"高报酬、高风险"中，所指的报酬是期望报酬（长期平均报酬），而非最高可能报酬。的确，赌博的最高可能报酬非常惊人，但是它的平均期望报酬却是负值，冒这种风险，不但无法获利，反而有害。

我们该如何正确地衡量金融投资活动的收益和风险呢？

风险的衡量

前面我们说了，大体上看，一般金融资产的投资收益有两个来源：投资的资产收入（这是投资活动产生的利息性质的收入）；投资的资本收入（这是资本市价涨跌所带来的收入，当然也可能是损失）。比如在一定期间进行股票投资的收益率，等于现金股利加上价格的变化，再除以初始价格。因此金融投资单期的收益率可定义为

$$R = \frac{D_t + (P_t - P_{t-1})}{P_{t-1}}$$

其中：R 是投资收益率，t 指特定的时间段，D_t 是第 t 期的现金股利（或利息收入），P_t 是第 t 期的证券价格，P_{t-1} 是第 $t-1$ 期的金融资产价格。在上式的分子中，括号里的部分（$P_t - P_{t-1}$）代表该期间的资本收入或资本损失。

由于风险性金融资产的收益不能事先获知，投资者只能估计各种可能发生的结果（事件）及每一种结果发生的可能性（概率），因而风险金融资产的收益率通常用统计学中的期望值来表示：

$$E(R) = \sum_{i=1}^{n} R_i p_i$$

其中：$E(R)$ 为预期收益率，R_i 是第 i 种可能的收益率，p_i 是收益率 R_i 发生的概率，n 是可能性的数目。

预期收益率描述了以概率为权数的平均收益率。实际发生的收益率与预期收益率的偏差越大，投资于该证券的风险也就越大，因此对单个证券的风险通常用统计学中的方差或标准差来表示，方差 σ^2 可用公式表示为

$$\sigma^2 = \sum_{i=1}^{n} [R_i - E(R)]^2 p_i$$

资产组合的收益和风险衡量

在投资学中，组合通常是指投资者同时拥有的股票、债券及其资产。选择多种证券作为投资对象，以达到在保证预定收益的前提下使投资风险最小或在控制风险的前提下使投资收益最大化的目标，避免投资过程的随意性。证券组合是指投资者对各种证券资产的选择而形成的投资组合。

任何一种证券投资的收益都是不确定的，收益的不确定性存在于一切证券投资之中。那么你如有 N 种证券组合的话，该组合的预期收益可以在上述单个证券投资的基础上得出：

$$E(R_p) = \sum_{i=1}^{N} \omega_i E(R_i)$$

其中：$E(R_p)$ 为证券投资组合的预期收益率，ω_i 为投资于证券 i 的期初市场价值在组合中所占的比重，$E(R_i)$ 为证券 i 的预期收益率，N 为证券组合的数目。

该组合的方差为

$$\sigma_p^2 = \sum_{i=1}^{N} \omega_i^2 \sigma_i^2 + \sum_{i=1}^{N} \sum_{j \neq i}^{N} \omega_i \omega_j \rho_{ij} \sigma_i \sigma_j$$

其中：σ_i^2 为证券 i 的收益率方差，ρ_{ij} 为证券 i 和证券 j 的相关系数。上式的推导过程比较复杂，我们在此从略，只告诉大家一个结果，如果有兴趣可以参阅有关概率统计的教科书。

资产组合的风险分散化

如果我们将资产平均分配于各种证券资产，即每项金融资产占比为 $1/N$，则上式可以变为

$$\sigma_p^2 = \sum_{i=1}^{N} \frac{1}{N^2} \sigma_{i.}^2 + \sum_{i=1}^{N} \sum_{j \neq i}^{N} \frac{1}{N^2} \rho_{ij} \sigma_i \sigma_j$$

$$= \frac{1}{N^2} \sum_{i=1}^{N} \sigma_i^2 + \frac{1}{N^2} \sum_{i=1}^{N} \sum_{j \neq 1}^{N} \rho_{ij} \sigma_i \sigma_j$$

$$= \frac{1}{N^2} (N\overline{\sigma^2}) + \frac{1}{N^2} (N^2 - N) \overline{\rho_{ij} \sigma_i \sigma_j}$$

$$= \frac{1}{N^2} \overline{\sigma^2} + \overline{\rho_{ij} \sigma_i \sigma_j} - \frac{1}{N} \overline{\rho_{ij} \sigma_i \sigma_j}$$

当 N 趋向于无穷大时，上式的第一项和第三项趋于零，只有第二项保留下来。由此可见，当金融投资组合中资产数目较大时，资产间的相互作用和相互影响是资产组合的主要风险来源。在前面，随着资产数目的增加。各资产本身风险状况对组合风险的影响逐渐减少，以至最终消失，这就是所谓的非系统性风险。但是那些共同运动产生的风险并不能随着资产数目的增加而消失，它是始终存在的，这就是系统性风险。所以，资产组合可以有效地减小风险和分散风险，但是不能完全消除风险。风险分散效应如图 4-2 所示。

正是基于此，大多数投资业内人士都会告诉你"不要把鸡蛋放在一个篮子里"，要通过广泛投资，将资产分配在不同类型的投资工具上来分散风险。但你不应因循守旧，哪怕这样会让你在开始感到有点不舒服。照搬股票市场上人人都认可的理论可能使你感到安全，但不会使你获得最多收益。你的目标不仅仅是要对市场有正确的看法，而是要在你正确的时候能够赚到大钱。最好的做法是把你的鸡蛋放在较少的篮子里，然后，对它们进行小心的照看。

过度分散投资会让你难以透彻了解和专注于你的投资。如果有人认为你应当将45%的资金放在股票上，30%的资金放在债券上，10%的资金放在外国股票上，10%的资金放在货币市场基金上，5%的资金放在黄金上，这对我来说就不算正确地分配资金。也许这样更安全，但这样降低了整体的收益率。你也许根本无需投资于任何债券、外国股票或黄金，在萧条的时候，投资于债券的资金往往遭到损失，任何债券在通货膨胀保值方面都表现很差。

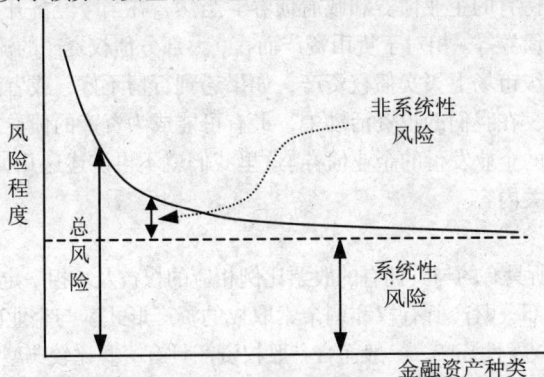

图 4-2　金融资产组合的数目和风险程度的关系

　　所以，你要记住的是：在投资于金融资产时，不要一味地追求风险分散效应，一定要合理构造合适于你的金融资产组合，以便能在收益一定时可以将风险控制在最小，而在风险一定时则力争将收益做到最大。怎样才能做到这一点呢？下面一节的内容会告诉你有关答案。

🏛 4.4　金融资产的选择

☐ 金融资产

　　所谓**金融资产**（Financial Assets），就是指单位或个人所拥有的以价值形态存在的资产。这就表明，金融资产是与实物资产相对应的概念，是一切可以在有组织的金融市场上进行交易、具有现实价格和未来估价的金融工具的总称。金融资产的最大特征是能够在市场交易中为其所有者提供即期或远期的货币收入流量。据此，可以将金融资产细分为货币资产、债权资产和股权资产。

货币资产

　　货币资产，一般指持有的现金及在银行的存款。如果你有 3 万元现金，还有 25 万元的银行存款，那么，你就因此拥有了 28 万元的货币资产。相对于其他资产而言，货币资产的收益比较稳定，可以预测，一般不会受到资本损失，而且流动性较高。你可以就此回想一下我们在第 2 章中提到的货币层次的划分。虽然货币资产的流动性很高，但是你持有过多的现金，就得不到利息收入。当然，对我们大多数人而言，现金货币只是相当于货币资产的一部分，大部分还是以存款的形式出现的。存款货币相对于现金而言，流动性就稍差一些。虽然你在一些大的商场购物可以刷卡消费，但是如果在一般的街头小店，就必须使用现金支付了。与现金资产不同，存款货币资产可以为你带来一定的利息收入。如果不是急需用现金，持有一部分存款货币资产自然就是划算的。当然，你在银行的存款也是你对银行的债权，存款货币资产同时也可以看成是特殊的债权性资产。

债权资产

　　债权资产是指在法律性质上具有资产属性的各种债权；是各种经济法律主体在货币财产和其他财产的融通过程中形成的，享有增值性收益债权的财产。我们这里的债权是较为狭义的概念，只包括你持有的企业债券和政府债券。当然，在当今经济开放的背景下，你还可以购买外国企业的债券等。相对于货币资产而言，大部分债权资产的流动性要差很多，你只能在债券市场的二级市场上买卖债权资产，如果遇到行情不好，或者判断失误，还可能遭受部分的资本损失。在我们的投资活动中，最有可能成为资产的债券主要有我国政府发行的国债和符合条件的企业发行的企业债券。这里我们就不再讲述这几类债券的概念了，请大家参见第 3 章的相关内容。

股权资产

　　股权即股票持有者所具有的与其拥有的股票比例相应的权益及承担一定责任的权力。股权资产就是代表对公司部分财产所有权和剩余索取权的资产形式。与企业的融资方式相对应，股权资产也可称为权益性资产。一般而言，股权资产具有一些比较典型的特点：①期限上的永久性。你拥有某公司的股权资产，比如股票，你就不能要求公司退还给你，但是你可以分得该公司相应比例的利润。②利润分配上的剩余性。也许你购买股票的这家公司赚了 3 亿元的利润，但是它必须要在支付了其他债务及利息、其他税金等之后，才能给你分配相应的利润。③清偿上的附属性。假如不幸的是，该公司出现了 3 亿元的巨额亏损，就要破产了，那么只有当该公司所欠的全部债务都清偿完了以后，如果还有剩余的话，你才能按照所持股份的比例，得到相应的剩余资产。④权利责任上的有限性。如果该公司实现了很高的利润，而你的股权资产只占其总资本的万分之一，那么你也只能获得万分之一的可分配利润；如果出现了巨额亏损，你也只需要承担购买股票时支出限额内的损失。

□ 金融资产的决定因素

我们对金融资产的选择，就是选择适当的资产来持有我们的财富问题，或者说是将财富合理地分配到各类金融资产形式上去。一般来说，市场经济越发达，资产的形式就越多、越复杂，人们安排自己财富的选择也就越多。而面对如此之多的选择，我们该如何决策呢？换句话说，我们对金融资产的需求主要是受哪些因素影响或者决定呢？以下四个因素至关重要。

财富总量

人们对某种金融资产的需求受到其财富总量的制约，这是显而易见的，因为随着人们财富总量的增加，人们对资产的需求也在增加。如今，随着财富的增加，相当一部分人不只把钱存入银行，还买国债、炒股票、置房产、搞收藏，投资方式不一而足。但是不同资产对财富变化的敏感程度是不一样的。换句话说，人们持有的各种资产的比例会随着财富的变化而发生变化。为了描述某种资产的需求对财富变化的敏感程度，我们可以使用需求的财富弹性这个指标，它是指当财富总量变动 1 个百分点时，引起某种资产需求量变动的百分比。例如，人们的总资产增加 1 倍，持有现金的数量只增加了 0.5 倍，就可以说，通货需求的财富弹性为 0.5。如果财富总量增加 100%，购买股票总额增加了 150%，则股票需求的财富弹性为 1.5。一般而言，金融资产的需求财富弹性都应该是大于零的。

在经济学中，我们把需求收入弹性小于 1 的商品称为必需品，因为对这些商品的需求的增加比例小于收入增加的比例，随着人们越来越富有，在这些商品上的支出比例会变小。而那些需求收入弹性大于 1 的商品则被称为奢侈品，因为人们越富有，在这些商品上的支出比例就越大。与此类似，现金资产是一种必需品，对富有的人和比较贫穷的人而言，前者所持的货币资产在总资产中的比例就比后者要少。而股票等金融资产则属于奢侈品了，对富有的人和比较贫穷的人而言，前者所持的股权资产和债权资产在总资产中的比例就比后者要多得多。

预期收益率

时下，市场上各类理财产品说明书中介绍的预期年化收益率越给越高，但是投资者要保持一个清醒的头脑：预期收益率也有可能兑不了现。也就是说，预期收益并不等于到时可以拿到手的实际收益。因为，第一，现在的利率变动比较频繁，很多理财产品的收益率是按照当前的利率框架设计的，不能代表未来；第二，新的投资机会越来越多，金融资产投资的机会成本无形之中增加了；第三，现在的收益率是名义的收益率，投资是赚钱还是赔本，还要看目前及未来的通货膨胀水平。这些因素叠加在一起，就使投资收益率成为一个不确定的数。为此，就需要用到预期收益率的概念。

预期收益率，也称为期望收益率，是指如果没有意外事件发生时根据已知信息所预测能得到的收益率。根据前面所作的介绍，预期收益率只是投资者在投资前对收益率的估计，是一个在各种不同收益情况下的平均值。在股票、债券等金融资产投资时，不同的人对同一个投资的预期收益率是不一样的。但是无论如何，对某项金融资产而言，与其他资产相比，该资产的预期收益率越高，其吸引力就越大，人们对它的投资热情就越高。

资产流动性

所谓**流动性**，是指当投资者需要用钱时，将资产变成现金的容易程度。流动性是资产的一个重要特性，与资产的风险性及其收益性均具有密切的联系。这里有几个问题值得考虑：当你持有某项金融资产且需要用钱时，是否可以很方便地、合法地卖掉？你卖出这项资产时，过程和手续是否很复杂？该资产的价格波动是否很大以至于你可能在卖出时遭受很多的损失？

在金融市场上，流动性好的资产，往往其收益水平相对较低；收益高的金融资产，其流动性往往又相对较差。为此，人们做资产选择时就会举棋不定，患得患失。此时，人们只有"两利相权取其重，两害相权取其轻"。在资产收益水平相当的情况下，人们总是喜欢流动性更高的金融资产。

风险

前文说过，金融资产的风险是指金融资产价值的不确定性。在选择投资项目时，不仅要考虑收益，还要研究风险。当其他条件一定时，如果某项金融资产相对于其他资产的风险高，投资者投资的热情就越小。另外，金融投资还取决于投资者对风险的偏好程度。对于风险厌恶程度大的人，喜欢投资相对稳定的资产，其风险补偿也相对较低。反之，对于喜欢风险的人，则可以选择高风险、不稳定的投资证券，其风险补偿也相应较大。

当然，我们要知道，金融资产的收益和风险是一对孪生兄弟，要想收益高，就要敢于承担较大的风险，要稳稳当当地赚钱，收益率就要低一些。收益高而风险低的投资一般是不存在的（即使存在也只是在瞬间存在）。到目前为止，我们已经介绍了预期收益率、标准差等概念。可以用数学期望来计算预期收益率，用收益率的方差或者标准差来衡量投资的风险。这里就不再赘述。

□ 最优金融资产组合的选择

有效市场理论

效率是经济学的核心命题，从这个意义上讲，资本市场的效率也是资本市场理论的一个核心问题。而市场效率的高低则取决于一个市场中的竞争程度，取决于该市场的微观结构状况，比如技术、规则、信息、市场参与者和金融工具等，取决于该市场中的资产定价的机制和效率。如果一个市场的证券价格总是能够"充分反映"所有可以得到的信息，则该市场就是"有效的"。价格已经充分反映了所有可以得到的信息，这就是**有效市场假说**（Efficient Market Hypothesis，EMH）。这样一个关于资本市场效率问题的最有影响的理论甚至被认为是现代金融经济学的理论基石之一。

美国学者尤金·法玛（Eugene Fama）被尊为有效市场假说的领袖，他于1965年对资本市场有效性给出了一个颇有影响的描述性定义：如果证券价格充分反映了可得的信息，每一种证券价格都永远等于其投资价值，则该证券市场是有效的。1970年，法玛在关于

EMH 的一篇经典论文《有效资本市场：理论和实证研究回顾》中，不仅对过去有关 EMH 的研究作了系统的总结，还提出了研究 EMH 的一个完整的理论框架。此后，EMH 蓬勃发展，其内涵不断加深，外延不断扩大，最终成为现代金融经济学的方向理论之一。

依据证券价格所反映的信息的不同，可以把有效市场假说分为三种不同的类型。

弱式有效市场（Weak-Form Efficiency）。它是指证券的价格已经反映了过去的信息，如成交价格、成交量等。在该类市场中，任何投资者都不能利用过去的信息制定投资策略进行证券买卖而获取异常收益（在有效市场中，与风险水平相当的证券收益率为正常收益率，实际收益率与正常收益率的差额为异常收益率）。

半强式有效市场（Semistrong-Form Efficiency）。它是指证券价格已经反映了所有公开的信息，如公司的赢利宣告、股票分割、红利宣告等。在该类市场中，任何投资者不能利用公开的信息制定投资策略进行证券买卖获取异常收益率。

强式有效市场（Strong-Form Efficiency）。它是指证券价格已经反映了所有的信息，包括所有公开信息和私人信息及内部信息，它是有效市场的最高形式。在该类市场中，任何投资者都无法获得异常收益，公司内部人员也同样如此。事实上，这是一种无法达到的理想状态。

从经济意义上讲，有效市场假说是指没有人能持续地获得超额利润。如果该假说成立，专业投资者的作用将非常有限，他们的全部产出是既定的，并且任何一个专业分析者的边际产出接近于零；广告将绝对不会影响公司普通股票的市场价值；股票的需求曲线具有完全的弹性，即价格的任何变化将产生无限大的需求。

正是由于有效市场理论探讨的是证券价格能否迅速地反映出所有与价格有关的信息，所以该理论主要研究的是股票市场的外在效率，即股票市场的资金分配效率、市场上股票的价格对相关信息的反映程度和速度，它反映了股票市场调节和分配资金的效率。当然，这是建立在有效市场理论的一系列假设条件之上的，其中便有股票市场没有交易成本，所有投资者能不花成本平等地获得所有可获得的信息。而现实中，证券市场的内在效率②在某些方面是影响外在效率的直接原因。

建立一个充分竞争的、高流动性和高效率的资本市场是任何一个国家政府追求的目标，任何管理措施的变动和实施都将对市场的效率产生影响，因此研究市场有效性，对揭示市场的有效程度和改进市场监管——比如信息披露制度的完善、交易规则的科学化、交易成本的最低化等——具有重大意义。

投资组合理论

根据前面我们对资产组合的收益和风险衡量的介绍，如果选择 n 种资产进行投资，对它们的任何一种组合都可以形成特定的组合风险与组合收益。如图 4-3 所示，横坐标表示投资组合的标准差，代表了投资组合的风险程度；纵坐标为投资组合的期望收益率，代表了投资组合的收益。那么，该风险—收益目标所形成的每一种投资组合都可以用坐标系中的点来表示。在图 4-3 中，落在 *BACD* 区间内的任何一点都代表了在 n 种资产范围内所组

---

②内在效率，也就是证券市场的运行效率，即证券市场能否在最短的时间、以最低的交易成本为交易者完成一笔交易，主要衡量投资者买卖证券时所支付交易费用的多少，如证商索取的手续费、佣金与证券买卖的价差，它反映了证券市场的组织功能和服务功能。

成的某一特定组合的组合风险与组合收益的关系。

按照资产组合理论，在所有期望收益率水平相同的组合中，投资者会选择标准差最小的组合，这些组合正好构成区域的左边界 BAC 线段；而在所有标准差水平相同的组合中，投资者会选择期望收益率最大的组合，这些组合正好构成可行区域的上边界 ACD 线段。综合上述两方面，投资者实际的选择应该为左边界和上边界的公共部分，即 AC 线段。我们将这一部分称为**有效边界**，该边界上的点所对应的资产组合便是**有效资产组合**。有效边界之外的点不具备这样一种组合效果，便是无效的资产组合。有效资产组合的提出正是资产组合理论的精髓之所在。

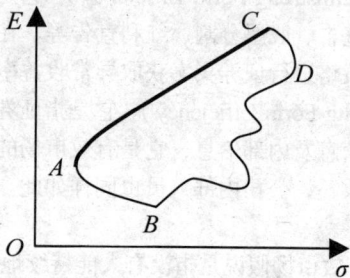

图 4-3　资产组合的有效边界

有效资产组合向我们展示了，投资者总会在有效边界上选择投资组合，即追求同样风险下的最高收益。但是有效边界只是提供了一个有效的区间，而不是某一个确定的点。也就是说，投资者面对着资产组合有效边界提供的一组有效组合集，还需要根据自己的风险偏好来决定具体在哪一点上确立投资组合。这一问题最初是由美国经济学家哈里·马科维茨（Harry Markowitz）于 1952 年创立的，他认为最佳投资组合应当是具有风险厌恶特征的投资者的无差异曲线和资产的有效边界线的交点。这就是现代资产组合理论（Modern Portfolio Theory，MPT），也有人将其称为现代证券投资组合理论、证券组合理论或投资分散理论。

每一位投资者都可以根据他对期望收益和自身风险偏好的态度，得到一系列满意程度相同的资产组合的无差异曲线。如果投资者的风险承受能力低，那么对他而言，最好的投资组合就应该位于有效边界偏低的一端；如果投资者富于冒险精神，则其理想的资产组合就应该位于有效边界偏高的一端。这样一来，所谓的最优资产组合事实上就是无差异曲线和有效边界相切的切点所对应的资产组合。

资本资产定价模型

资本资产定价模型（Capital Asset Pricing Model，CAPM）是由美国学者威廉·夏普（William Sharpe）、约翰·林特尔（John Lintner）、杰克·特里诺（Jack Treynor）和简·莫辛（Jan Mossin）等人在资产组合理论的基础上发展起来的，主要研究证券市场中资产的预期收益率与风险资产之间的关系，以及均衡价格是如何形成的。这是现代金融市场价格理论的重要支柱，广泛应用于投资决策和公司理财领域。

资本资产定价模型可以表示为

$$E(R) = R_f + [E(R_m) - R_f] \times \beta$$

其中，$E(R)$ 为股票或投资组合的期望收益率，R_f 为无风险收益率，投资者能以这个利率进行无风险的借贷，$E(R_m)$ 为市场组合的收益率，β 系数是股票或投资组合的系统风险测度。

所谓**市场证券组合**，是指由市场上所有证券构成，并且其成员证券的投资比例与整个市场上风险证券的相对市值比例一致的证券组合。在现实中，一般用市场某种指数所对应的证券组合作为市场组合的近似替代。

资本资产定价模型反映的是一个特定资产的风险与其预期收益率的关系。公式右边第一项表示投资的机会成本补偿，用无风险收益率表示；公式右边第二项表示投资的风险补偿，用经过市场风险溢价调整以后的数据表示。利用该关系，投资者可以根据市场证券组合收益率的估计值和证券的 β 估计值，计算出证券在市场均衡状态下的期望收益率。

从该模型中我们可看出，资产或投资组合的期望收益率取决于三个因素：①**无风险收益率** R_f，一般将一年期国债利率或者银行三个月定期存款利率作为无风险利率，投资者可以以这个利率进行无风险借贷；②**风险报酬**，即$[E(R_m)-R_f]$，是市场组合收益率与无风险利率之差，也是风险收益与风险的比值；③**风险系数** β，是度量资产或投资组合的系统风险大小尺度的指标，用以度量一种证券或一个投资证券组合相对总体市场的波动性。β 是风险资产的收益率与市场组合收益率的协方差与市场组合收益率的方差之比，故市场组合的风险系数 β 等于 1。

β 系数具有一个重要特征，就是一个证券组合的 β 值等于该组合中的各种证券的 β 值的加权平均数，权数自然为各种证券在该组合中所占的比例。这里值得一说的是，按照 β 系数的不同范围划分的资产类型也就具有不同的收益特征。①如 $\beta>1$ 时，那么当市场收益率上涨 1% 时，这种证券的收益率预计平均上涨超过 1%；但是当市场收益率下降 1% 时，这种证券的收益率预计下跌也超过 1%，因此，可以认为这种证券比市场组合更具有风险性。②如 $\beta<1$ 时，那么这类证券的波动性小于市场的波动性，即若市场收益率上涨 1% 时，这种证券的收益率预计平均上涨小于 1%，这类证券能使投资者免于遭受较大的损失，但也使投资者无法有较大的收益。③如 $\beta=1$ 时，那么当市场收益率上涨 1% 时，这种证券的收益率预计平均上涨 1%；当市场收益率下降 1% 时，这种证券的收益率预计下跌 1%，因此，可以认为这种证券和市场组合具有相同的风险性。

套利定价模型

前面我们谈及了资产组合理论、资本资产定价模型，这些模型都以证券或组合的预期收益率 $E(R)$ 和风险 σ 作为基础，也就是常说的均值—方差分析，并且对投资者及市场有较强的假设。

1976 年，美国学者斯蒂芬·A 罗斯（Stephen A. Ross）发表了经典论文《资本资产定价的套利理论》，提出了套利定价理论（Arbitrage Pricing Theory，APT）。该理论用套利定义均衡，不需要市场组合的存在性，而且所需的假设比 CAPM 模型相对较宽松，只要求投资者对较高水平财富的偏好胜过对较低水平财富的偏好。

所谓**套利**，是利用同一种实物资产或证券的不同价格来赚取无风险利润的行为。套利作为一种广泛使用的投资策略，最具代表性的是以较高的价格出售证券并在同时以较低价格购进相同的证券（或功能上等价的证券）。例如，投资者发现甲地某债券市场的价格为 100 元，而同种债券在乙地的售价却为 105 元，他就找到了一个套利的机会。通过在甲地买入债券到乙地卖出，如果忽略交易成本，他就可以赚取 5 元的净利润。投资者只要确定这种差价的存在，几乎就可以无风险地赚取 5% 的利润。

　　套利组合理论认为，在同一市场内，也会有套利的机会存在。当市场处于不均衡状态，或者某种外因使原来的均衡偏离了均衡位置时，套利机会就产生了，投资者会不断进行套利交易，从而不断推动证券的价格向套利机会消失的方向变动，直到套利机会消失为止，此时证券的价格即为均衡价格，市场也就进入均衡状态，证券和证券组合都居于合理的价位，既没有高估也没有低估。

　　套利定价模型不再局限于资本资产定价模型对收益率和风险的讨论，而考虑各种因素对收益率的影响，其理论要点是证券的收益率与一组影响它的要素（也被称为因子）线性相关，故有多因素模型：

$$R_i = \overline{R_i} + b_{i1}F_1 + b_{i2}F_2 + \cdots b_{in}F_n \cdots + \varepsilon_i$$

　　其中：R_i 为第 i 种证券的未来收益率；$\overline{R_i}$ 为第 i 种证券的期望收益率；F_n 为第 n 个对各证券都有影响的要素；b_{in} 为证券 i 的收益率对要素 F_n 的敏感程度；ε_i 为期望值为 0 的随机误差项，且表示第 i 种证券所特有的只受自身不确定因素影响的项，它与共同因子 F_n 不相关。

　　若上式中 $n=1$，则为单因素模型 $R_i = \overline{R_i} + b_i F + \varepsilon_i$，表示证券收益率只受一个共同因子影响。若上式中 $n=2$，则为双因素模型 $R_i = \overline{R_i} + b_{i1}F_1 + b_{i2}F_2 + \varepsilon_i$，表示证券收益率受 F_1、F_2 两个因素的影响，如国内生产总值增长率、通货膨胀率等。

　　根据套利的定义，我们可以得到套利组合的条件：①套利组合要求投资者不追加资金，也就是投资于各证券的资金比重 x_i 之和为 0，即 $\sum_{i=1}^{n} x_i = 0$。②套利组合对任何因素的敏感度为 0，也就是说套利组合没有风险，即 $\sum_{i=1}^{n} x_i b_i = 0$。③套利组合的预期收益率大于 0，即 $\sum_{i=1}^{n} x_i R_i > 0$。

　　为了进一步分析的方便，下面我们先来看一下"纯要素组合"。在多种因素作用的投资组合中，证券数量和类别足够多，就能够造出一个对单一因素由单位灵敏度、对其他因素只具有灵敏度、又不存在非因素风险的证券组合。为了说明这个问题，我们假定有三种证券 A、B 和 C，它们在双因子模型中对应的灵敏度如表 4-3 所示。

表 4-3　　　　　　　　　　　　要素灵敏度表

证券名称	b_{i1}	b_{i2}
A	−0.40	1.75
B	1.60	−0.75
C	0.67	−0.25

　　如果按照权数 0.3、0.7、0 来投资到证券 A、B 和 C，则形成的组合对因素 F_1 和 F_2 的灵敏度为 1 和 0，即：$b_{F_1} = -0.40 \times 0.3 + 1.60 \times 0.7 + 0.67 \times 0 = 1$，$b_{F_2} = 1.75 \times 0.3 - 0.75 \times 0.7 - 0.25 \times 0 = 0$。

该组合就是一个"纯要素1"的证券组合，$R_{P_1} = \overline{R}_{P_1} + F_1$。

同样，如果按照权数 0.625、0 和 0.375 投资到证券 A、B 和 C，则形成的组合对因素 F_1 和 F_2 的灵敏度为 0 和 1，即：$b_{P_1} = -0.40 \times 0.625 + 1.60 \times 0 + 0.67 \times 0.375 = 0$，$b_{P_2} = 1.75 \times 0.625 - 0.75 \times 0 - 0.25 \times 0.375 = 1$。该组合就是一个"纯要素2"的证券组合，$R_{P_2} = \overline{R}_{P_2} + F_2$。

对于纯要素组合，它的预期收益率取决于相关要素的预期值，为方便起见，这种预期收益可写成：

$$E(R_{P1}) = R_F + \lambda_1 = E(F_1); \quad E(R_{P2}) = R_F + \lambda_2 = E(F_2)$$

也就是把组合预期收益率分成无风险收益率和风险贴水两个部分。纯要素组合可能有不同的组合方式，但预期收益率在均衡时肯定相等。换句话说，对于充分分散的证券组合，到均衡状态时，组合收益率和风险因子之间存在着线性关系。

若假定证券 R 的收益率与要素 1 和要素 2 之间有模型：

$$R_R = \overline{R}_R + 0.8F_1 + 1.5F_2 + \varepsilon_R$$

而组合 K 由无风险证券 F、纯要素组合 P_1、纯要素组合 P_2 构成：

$$R_K = -1.3R_F + 0.8R_{P1} + 1.5R_{P2}$$

设投资者有 1000 元资金，若全部投向证券 R，则预期收益率：

$$E(R_R) = \overline{R}_R + 0.8E(F_1) + 1.5E(F_2)$$

而组合 K 中，投资者有 1000 元资金，再卖空 1.3 倍的无风险证券（1300 元），在这 2300 元中，800 元投向纯要素 1 组合，1500 元投向纯要素 2 组合，故有：

$$E(R_K) = -1.3E(R_F) + 0.8E(R_{P1}) + 1.5E(R_{P2})$$
$$= -1.3R_F + 0.8(R_F + \lambda_1) + 1.5(R_F + \lambda_2)$$
$$= R_F + 0.8\lambda_1 + 1.5\lambda_2$$

我们看到证券 R 和组合 K 对要素 F_1、F_2 有相同的灵敏度，故在均衡状态下，预期收益率应趋向一致，最后有 $E(R_K) = R_F + 0.8\lambda_1 + 1.5\lambda_2$。

更一般地，对于任一种证券 i，对要素 F_1、F_2 的灵敏度分别为 b_{i1}、b_{i2}，则有：

$$E(R_i) = R_F + b_{i1}\lambda_1 + b_{i2}\lambda_2$$

这就是套利定价理论的资产定价公式，也称 APT 模型。如果有 m 种要素 F_1，F_2，…，F_m，同样有：

$$E(R_i) = R_F + b_{i1}\lambda_1 + b_{i2}\lambda_2 + \ldots + b_{im}\lambda_m$$

其实，通过 APT 模型和 CAPM 模型的比较，我们可以看出，CAPM 模型实际上可以看做 APT 模型所反映的均衡关系的一个特例。也就是说，CAPM 是一种均衡定价模型，APT 不是均衡定价模型，这是二者最本质的区别。APT 并不特别强调市场组合的作用，而 CAPM 则强调市场组合必须是一个有效的组合。虽然 APT 理论上很完美，但是由于它没有给出都是哪些因素驱动资产价格，这些因素可能数量众多，只能凭投资者的经验自行判断选择，而 CAPM 认为资产的收益只取决于市场组合一种因素，只需计算一个 β 值，所以在对资产价格估值的实际应用时，CAPM 比 APT 使用得更广泛。

NEW
FUNDAMENTALS
OF FINANCE

第5章

商业银行：发展与演进

商业银行是市场经济的产物，它是为适应市场经济发展和社会化大生产需要而形成的一种金融组织。商业银行经过几百年的发展演变，现在已经成为世界各国经济活动中最主要的资金集散机构，其对经济活动的影响力居于各国各类银行与非银行金融机构之首。本章概要地向读者展现现代商业银行的经营及业务全貌，内容主要包括商业银行的起源，商业银行的性质、职能及组织形式，商业银行经营管理，商业银行的业务，以及日益壮大的网络银行等，目的在于能使读者全面了解身边的这类金融机构。

> 假设银行给商人贴现的乃是由真实债权人向真实债务人开发，而到期时后者会立即兑付的汇票，那么，银行垫付的，就只是这部分的价值，即商人否则得以现钱形式保留着以备不时之需的这部分价值，这种汇票，一经到期就会兑付，所以，银行垫付出去的价值及其利息也一定可以取回。要是银行只和这类顾客来往，银行的金柜，就像一个水池，虽有水不断流出，也有水不断流入，出入数量相等，因此，积水常常一样充满，或几乎一样充满，无需时刻留神。这种银行的金柜的补充，并不需要多少费用，甚至完全不需要费用。

> ——亚当·斯密（Adam Smith）

※章首引语

至 2008 年 10 月，对交易对手信用风险的担忧，使得银行之间不再发放隔夜贷款。由于信用市场的萎缩，商业所需要的流动性变得十分微小。财政部长保尔森艰难地宣传一项 7 000 亿美元的救助方案，国会担心，如果不采取措施会有更大的灾难，因此批准了该方案。但起初在缓解危机和止跌股市方面，该方案并没有起到什么作用。

尽管摩根大通在次级抵押贷款风暴中也遭受了损失，但相对来说，它的经营状况还是好的。该银行在信贷危机中实际上是获得了发展的，这得益于两起并购：在政府的协调下收购贝尔斯登，以及向美国联邦存款保险公司购买华盛顿互惠银行——该银行是美国有史以来倒闭的最大规模的银行。

与美国银行、富国银行和花旗集团一样，摩根大通是业内最大规模的银行之一。由于公布了 1/4 的损失，花旗集团成为这 4 家银行中最不稳定的。在 2009 年 1 月，美国银行也暴露出了健康经营方面的问题。然而在 2008 年 10 月初，这 4 家银行需要从政府获得注资以提高资本，这被视为是不可能的资金来源。在上文所述的会议之后仅仅几天，戴蒙和其他许多银行的高级管理人员聚集在华盛顿，参加由财政部长保尔森召集的一个会议。在此次会议上，保尔森公布了政府对包括摩根大通在内的银行的注资计划，这是 7 000 亿美元救助方案的一部分，以支持金融服务产业。对于银行来说，这是它们所不能拒绝的。

对于摩根大通来说，并不需要注资。在 2008 年 9 月底收购了华盛顿互惠银行后，该银行筹集了 110 亿美元的普通股……虽然摩根大通没有寻求政府的注资，但处于经济周期大旋涡之中的时候，没有比注资更好的选择了。增加资本能够提高抵御衰退的能力，也能够阻止情况变得更糟，甚至是严重的情形。[①]

---

① 资料来源：[美] 帕特丽夏·克瑞沙弗莉. 杰米·戴蒙的金融帝国[M]. 北京：中国人民大学出版社，2005.

商业银行是市场经济的产物，它是为适应市场经济发展和社会化大生产需要而形成的一种金融组织。商业银行经过几百年的发展演变，现在已经成为世界各国经济活动中最主要的资金集散机构，其对经济活动的影响力居于各国各类银行与非银行金融机构之首。

但是在帕特丽夏的以上描述中，我们可以近距离地看到席卷全球的次贷危机让许多美国的银行家们备受煎熬，因为他们往日固若金汤的银行大厦在这场危机中变得风雨飘摇、岌岌可危，我们也看到有些比如摩根大通一样的银行依然相对健康地经营着。这其中原因是什么呢？这些在金融业呼风唤雨的商业银行到底经营着何种业务，又如何使得它们那么脆弱而暴露出健康经营方面的问题呢？

带着这些问题，本章概要地向读者展现现代商业银行的经营及业务全貌，内容主要包括商业银行的起源，商业银行的性质、职能及组织形式，商业银行经营管理，商业银行的业务，以及日益壮大的网络银行等，目的在于能使读者全面了解身边的这类金融机构。

🏛 5.1　商业银行概述

商业银行是以追求最大利润为目标，能向客户提供多种金融服务的特殊的金融企业。商业银行在产生的初期，主要是发放基于商业行为的自偿性贷款，从而获得了"商业银行"的名称。随着经济的发展，商业银行的业务范围早已超越了传统的界限，内容与名称相去甚远。不过"商业银行"这一名称却一直沿用了下来。

☐ 商业银行的起源与发展

关于银行业务的起源，可谓源远流长。西方银行业的原始状态，可溯及公元前的古巴比伦文明古国时期。据大英百科全书记载，早在公元前6世纪，在巴比伦已有一家"里吉比"银行。公元前4世纪，希腊的寺院、公共团体、私人商号，也从事各种金融活动。但这种活动只限于货币兑换业性质，还没有办理放款业务。罗马在公元前200年也有类似希腊银行业的机构出现，且较希腊银行业又有所进步，它不仅经营货币兑换业务，还经营贷放、信托等业务，同时对银行的管理与监督也有明确的法律条文，已具有近代银行业务的雏形。

人们公认的早期银行的萌芽，起源于文艺复兴时期的意大利。"银行"一词英文称为"Bank"，是由意大利文"Banca"演变而来的。在意大利文中，Banca是"长凳"的意思。最初的银行家均为祖居在意大利北部伦巴第的犹太人，他们为躲避战乱，迁移到英伦三岛，以兑换、保管贵重物品、汇兑等为业。在市场上人各一凳，据以经营货币兑换业务。倘若有人遇到资金周转不灵，无力支付债务时，就会招致债主们群起捣坏其长凳，兑换商的信用也即宣告破碎。英文"破产"为"Bankruptcy"，即源于此。

早期银行业的产生与国际贸易的发展有着密切的联系。中世纪的欧洲地中海沿岸各国，尤其是意大利的威尼斯、热那亚等城市是著名的国际贸易中心，商贾云集，市场繁荣。但由于当时社会的封建割据，货币制度混乱，各国商人所携带的铸币形状、成色、重量各不相同，为了适应贸易发展的需要，必须进行货币兑换。于是，单纯从事货币兑换业并从中收取手续费的专业货币商便开始出现和发展了。随着异地交易和国际贸易的不断发展，来自各地的商人们为了避免长途携带而产生的麻烦和风险，开始把自己的货币交存在专业货币商处，委托其办理汇兑与支付。这时候的专业货币商已反映出银行萌芽的最初职能：

货币的兑换与款项的划拨。

随着接受存款的数量不断增加，商人们发现多个存款人不会同时支取存款，于是他们开始把汇兑业务中暂时闲置的资金贷放给社会上的资金需求者。最初，商人们贷放的款项仅限于自由资金，随着代理支付制度的出现，借款者即把所借款项存入贷出者之处，并通知贷放人代理支付。可见，从实质上看，贷款已不仅限于现实的货币，而是有一部分变成了账面信用，这标志着现代银行的本质特征已经出现。

当时，意大利的主要银行有 1171 年设立的威尼斯银行和 1407 年设立的圣乔治银行等。16 世纪末开始，银行普及到欧洲其他国家，它们除了经营货币兑换、接受存款、划拨款项等业务之外，也发放贷款，但那时它们所经营的贷款业务仍带有高利贷性质，而且贷款对象主要是政府和拥有特权的企业，而政府凭借权力常常不归还贷款，这是造成中世纪银行衰落的重要原因之一。

在英国，早期的银行业是通过金匠业发展而来的。17 世纪中叶，英国的金匠业极为发达，人们为了防止金银被盗，将金银委托给金匠保存。当时金匠业不仅代人保管金银，签发保管凭条，还可按顾客书面要求，将金银划拨给第三者。金匠业还利用自由资本发放贷款，以获取利息。同时，金匠们签发的凭条可代替现金流通于市面，称之为"金匠券"，开创了近代银行券的先河。这样，英国早期银行就在金匠业的基础上产生了。这种早期的银行业虽已具备了银行的本质特征，但它仅仅是现代银行的原始发展阶段。因为银行业的生存基础还不是社会化大生产的生产方式，银行业的放款对象还主要是政府和封建贵族，银行业的放款带有明显的高利贷性质，严重阻碍着社会闲置资本向产业资本的转化。但早期银行业的出现，完善了货币经营业务，孕育了信贷业务的萌芽。它们演变成为现代银行则是在 17 世纪末到 18 世纪期间的事情，而这种转变还要求具备经济发展过程中的某些特殊条件。

随着生产力的发展，生产技术的进步，社会劳动分工的扩大，资本主义生产关系开始萌芽。一些手工场主同城市富商、银行家一起形成新的阶级——资产阶级，他们迫切需要建立和发展资本主义银行，迫切需要建立能汇集闲置货币资本，并按照适度的利息水平提供贷款的银行。因此，新兴的资产阶级一方面展开反对高利贷的斗争；另一方面呼唤着适应资本主义发展需要的新型银行。与此相应，资本主义银行是通过两条途径产生的。一条途径是高利贷性质的旧式银行在新的条件下，逐步改变自己的经营以适应产业资本和商业资本的需要；另一条途径是新兴的资产阶级按照资本主义经营原则组织股份制银行。

1694 年，在英皇威廉三世支持下，英国商人集股建立起来的英格兰银行是世界上第一家股份制商业银行，它的建立，标志着资本主义现代银行制度的正式确立，也意味着高利贷在信用领域的垄断地位已被动摇。此后，西方各国纷纷效仿，股份制商业银行逐渐成为资本主义银行的主要形式。这种银行资本雄厚、规模大、利率低，能够大量提供信用资本，极大地推动了资本主义经济的发展。

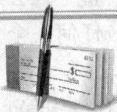

专栏 5-1　　**我国商业银行的起源与发展**

中国在 7 世纪～10 世纪初期的唐朝，已经出现了办理金融业务的独立机构，但经营范围比较单一。在我国明末清初时期，商业银行源于铸币兑换和汇兑的钱庄。

银号、票号开始兴起，其主要业务逐步发展为经营存款、放款、汇兑。这类采取封建式组织管理形式的金融机构，都是独资或合资经营的，很少有分支机构，资金力量薄弱，业务范围小，与股份银行在业务经营和管理方式等方面有着很大的差别。到国民党时期，钱庄和银号的经营业务已基本与银行相同，但仍沿用旧称。票号由于依附于清政府和官僚，而逐步衰落。在旧中国最早出现的近代商业银行是 1845 年英国开设的丽如银行（亦称东方银行）。

其后，很多外国银行在中国纷纷设立。帝国主义的资本输入和中国商品经济的发展，以及国民和清政府兴办银行的愿望和需要，促使中国现代银行兴起。1897 年，经由清政府批准，以招集商股形式成立了中国自己的第一家股份制商业银行——中国通商银行，它的成立标志着中国现代银行信用事业的开始。1907 年成立了官商合办的户部银行（1903 年改为大清银行，1912 年又改为中国银行）。1907 年设立了交通银行，亦为官商合办性质。到 1911 年，先后设立了 17 家官办和商办的银行。辛亥革命后，1914 年～1921 年间，全国设立私立银行 96 家，其中有 7 家银行资本雄厚、信誉好、发展较快。主要有被称为"北四行"的盐业银行、金城银行、大陆银行、中南银行以及有"南三行"之称的浙江兴业银行、上海商业储蓄银行和浙江实业银行。此外，还有一些较大的商业银行以及众多的中小商业银行。全国解放前夕，在国民党统治区，银行业多达 1 000 多家。

□ 商业银行的性质

从商业银行的起源和发展历史看，商业银行的性质可以归纳为以追求利润为目标，以经营金融资产和负债为对象，综合性、多功能的金融企业。

（1）商业银行是一种企业，它具有现代企业的基本特征。和一般工商企业一样，商业银行也具有业务经营所需的自有资金，也需独立核算、自负盈亏，也要把追求最大限度的利润作为自己的经营目标。获取最大限度的利润是商业银行产生和发展的基本前提，也是商业银行经营的内在动力。就此而言，商业银行与工商企业没有区别。

（2）商业银行与一般工商企业又有不同，它是一种特殊的企业。商业银行的特殊性主要表现在以下三个方面。

① 商业银行的经营对象和内容具有特殊性。一般工商企业经营的是物质产品和劳务，从事商品生产和流通；而商业银行是以金融资产和负债为经营对象，经营的是特殊商品——货币和货币资本，经营内容包括货币收付、借贷以及各种与货币运动有关的或者与之联系的金融服务。

② 商业银行对整个社会经济的影响和受社会经济的影响特殊。商业银行对整个社会经济的影响要远远大于任何一个企业，同时商业银行受整个社会经济的影响也较任何一个具体企业更为明显。

③ 商业银行责任特殊。一般工商企业只以赢利为目标，只对股东和使用自己产品的客户负责；商业银行除了对股东和客户负责之外，还必须对整个社会负责。

（3）商业银行是一种特殊的金融企业。商业银行既有别于国家的中央银行，又有别于专业银行（指西方指定专门经营范围和提供专门性金融服务的银行）和非银行金融机构。中央银行是国家的金融管理和金融体系的核心，具有较高的独立性，它不对客户办理具体的信贷业务，不以赢利为目的。专业银行和各种非银行金融机构只限于办理某一方面或几种特定的金融业务，业务经营具有明显的局限性。专业银行只集中经营指定范围内的业务和提供专门服务。其他金融机构，如信托投资公司、租赁公司，其业务范围更为狭窄，不属于商业银行。商业银行的业务具有综合性，既有负债业务，如存款、发行金融债券，也有资产业务，如放款、进行证券投资，还有中间业务，如办理结算。因此，商业银行的业务经营则具有很强的广泛性和综合性，它既经营"零售"业务，又经营"批发业务"，其业务触角已延伸至社会经济生活各个角落，成为"金融百货公司"和"万能银行"。

□ 商业银行的职能

信用中介职能

信用中介是商业银行最基本、最能反映其经营活动特征的职能。这一职能的实质，是通过银行的负债业务，把社会上的各种闲散货币集中到银行里来，再通过资产业务，把它投向经济各部门；商业银行是作为货币资本的贷出者与借入者的中介人或代表来实现资本的融通，并从吸收资金的成本与发放贷款利息收入、投资收益的差额中获取利益收入，形成银行利润。商业银行成为买卖"资本商品"的"大商人"。商业银行通过信用中介的职能实现资本盈余和短缺之间的融通，并不改变货币资本的所有权，改变的只是货币资本的使用权。

支付中介职能

商业银行除了作为信用中介，融通货币资本以外，还执行着货币经营业的职能。通过存款在账户上的转移，代理客户支付，在存款的基础上为客户兑付现款等，成为工商企业、团体和个人的货币保管者、出纳者和支付代理人。以商业银行为中心，形成经济过程中无始无终的支付链条和债权债务关系。

信用创造功能

商业银行在信用中介职能和支付中介职能的基础上，产生了信用创造职能。商业银行是能够吸收各种存款和用其所吸收的各种存款发放贷款的银行，在支票流通和转账结算的基础上，贷款又转化为存款，在这种存款不提取现金或不完全提现的基础上，就增加了商业银行的资金来源，最后在整个银行体系，形成数倍于原始存款的派生存款。长期以来，商业银行是各种金融机构中唯一能吸收活期存款，开设支票存款账户的机构，在此基础上产生了转账和支票流通，商业银行通过自己的信贷活动创造和收缩活期存款，而活期存款是构成货币供给量的主要部分。因此，商业银行就可以把自己的负债作为货币来流通，具备了信用创造功能。

金融服务职能

随着经济的发展，工商企业的业务经营环境日益复杂化，银行间的业务竞争也日益剧烈化，银行由于联系面广，信息比较灵通，特别是电子计算机在银行业务中的广泛应用，使其具备了为客户提供信息服务的条件，咨询服务、对企业"决策支持"等服务应运而生。工商企业生产和流通专业化的发展，又要求把许多原来的属于企业自身的货币业务转交给银行代为办理，如发放工资、代理支付其他费用等。个人消费也由原来的单纯钱物交易，发展为转账结算。现代化的社会生活，从多方面给商业银行提出了金融服务的要求。在激烈的业务竞争下，各商业银行也不断开拓服务领域，通过金融服务业务的发展，进一步促进资产负债业务的扩大，并把资产负债业务与金融服务结合起来，开拓新的业务领域。在现代经济生活中，金融服务已成为商业银行的重要职能。

调节经济职能

调节经济是指商业银行通过其信用中介活动，调剂社会各部门的资金短缺，同时在央行货币政策和其他国家宏观政策的指引下，实现经济结构、消费比例投资、产业结构等方面的调整。此外，商业银行通过其在国际市场上的融资活动还可以调节本国的国际收支状况。

商业银行因其广泛的职能，使得它对整个社会经济活动的影响十分显著，在整个金融体系乃至国民经济中位居特殊而重要的地位。随着市场经济的发展和全球经济的一体化发展，现在的商业银行已经凸显了职能多元化的发展趋势。

□ 商业银行的类型

由于西方各国工业化所经历的时间和发展程度的不同，商业银行产生的条件的不同，商业银行的业务经营范围和特点存在着一定的差别，大致可分为两种类型。

职能分工型商业银行

所谓职能分工是针对一国金融体制而言的。其基本特点是：法律限定金融机构必须分门别类各有专司，有专营长期金融的，有专营短期金融的，有专营有价证券买卖的，有专营信托业务的，等等。在这种体制下的商业银行主要经营短期工商信贷业务。采用这种类型体制的国家以美国、英国、日本为代表。

这种体制的形成以20世纪30年代资本主义经济危机的爆发为契机。在此之前。各国政府对银行经营活动极少给予限制，许多商业银行都可以综合经营多种业务。大危机中，银行成批破产倒闭，造成了历史上最大的一次货币信用危机。不少西方经济学家将此归咎于银行的综合性业务经营，尤其是长期贷款和证券业务的经营。据此，许多国家认定商业银行只宜于经营短期工商信贷业务，并以立法形式将商业银行和投资银行的业务范围做了明确划分，以严格其分工。

全能型商业银行

全能型商业银行可以经营一切银行业务，为客户提供全方位的金融服务。如发放和吸收各种性质和期限的贷款和存款，直接投资于新兴企业，代理发行、销售和包销证券，参与企业的决策和扩展过程，从事外汇、信托、保管、租赁、保险和咨询等所有金融业务。其最大特点是不实行商业银行业务与投资银行业务的严格区分，是综合性银行。

德国是实行全能银行制度的典型代表。德国这种全能银行制度的产生是有一定历史原因的。因为德国的工业化较迟于英国，资本市场也较英、美落后，所以工商业不仅在短期资金上而且在长期资金上都高度依赖银行，银行与工业之间一开始就建立了密切联系，并在业务范围方面采取多样化经营。

以上介绍的商业银行的两种类型，就孰优孰劣的问题，在西方国家一直存在争论。一方面，有人认为，英国的银行制度过于注重短期资金融通，忽视长期工业固定投资需求，可能是经济发展呆滞的一个主要原因。另一方面，有人则认为，由于实行全能银行制度，商业银行业务范围过大，因此，在管理方面，在资本及流动性方面都产生了一些问题，将增加银行经营的风险；同时，商业银行直接投资于企业，并有权委派代表参加董事会和行使投票权，也引起外界对银行势力过分膨胀和违反公益的批评。但随着资本主义经济的发展，职能分工型商业银行制度暴露的缺陷越来越明显，其缺陷主要有：

① 不能满足经济发展的客观需要和工商业及社会公众对融资多样化的要求。

② 将业务限制在短期融资方面，大量业务被其他金融机构抢走，使商业银行在竞争中处于不利地位。

③ 短期存款的稳定余额可用于长期贷款或投资，而不影响资金的安全性，若只限于短期放款则降低了银行资产的赢利性。

④ 在经济衰退或危机时期，即使短期贷款，也存在无法到期全部收回的风险，使资金的流动性受到影响。

当然，全能型商业银行制度也并非十全十美，但相比之下优点较多，更能适应经济发展的客观需要。因此，近30年来，在许多国家这两种类型的银行制度的区别正在逐步消失，并已出现向全能型商业银行制度方向发展的趋势。

□ 商业银行的组织形式

自商业银行诞生以来，已经形成了多种组织形式，发挥着各种功能以满足社会公众不同的需求。但无论采取何种组织形式，都必须以效率为原则。事实上，商业银行的组织形式既与其发挥的功能有关，也受银行规模的影响。因为商业银行规模大小与商业银行的作用呈正相关关系，银行规模越大，所提供的金融服务就越多，对经济生活发挥的作用也越大，因此也决定了银行的组织形式。当然，政府对银行业的监管要求也会对银行的组织形式产生一定的影响。

通常，商业银行的组织结构可以从其外部组织形式和内部组织结构两方面来认识，在这里，我们仅向读者介绍商业银行的外部组织形式，至于其内部组织结构，和一般企业相比并无特别之处。

单一银行制

单一银行制也称独家银行制，其特点是银行业务完全由各自独立的商业银行经营，不设或限设分支机构。这种银行制度在美国非常普遍，是美国最古老的银行形式之一，通过一个网点提供所有的金融服务。美国是各州独立性较强的联邦制国家，历史上经济发展很不平衡，东西部悬殊较大。为了适应经济均衡发展的需要，特别是适应中小企业发展的需要，反对金融权力集中，各州都立法禁止或限制银行开设分支机构，特别是跨州设立分支机构。

单一银行制的优点是：①限制银行业垄断，有利于自由竞争。②有利于银行与地方政府的协调，能适合本地区需要，集中全力为本地区服务。③各银行独立性和自主性很大，经营较灵活。④管理层次少，有利于中央银行管理和控制。

但单一银行制本身也存在着严重的缺陷：①商业银行不设分支机构，与现代经济的横向发展和商品交换范围的不断扩大存在着矛盾，同时，在电子计算机等高新技术的大量应用条件下，其业务发展和金融创新受到限制；②银行业务多集中于某一地区、某一行业，容易受到经济波动的影响，筹资不易，风险集中；③银行规模较小，经营成本高，不易取得规模经济效益。

分行制

分行制源于英国的股份银行，其特点是：在总行领导之下，在国内外各地普遍设立分支机构；总行一般设在各大中心城市，所有分支机构统一由总行领导指挥。目前，世界上大多数国家都实行分行制，其中尤以英国、德国、日本等最为典型。由于分行制更能适应现代市场经济发展的需要，因而成为当代商业银行的主要组织形式，我国也是如此。

分行制的优点是：①分支机构多，分布广，业务分散，因而易于吸收存款，调剂资金，充分有效地利用资本；同时由于放款分散，风险分散，可以降低放款的平均风险，提高银行的安全性。②银行规模较大，易于采用现代化设备，提供多种便利的金融服务，取得规模效益。③由于银行总数少，便于金融当局的宏观管理。其缺点是：容易造成大银行对小银行的吞并，形成垄断，妨碍竞争；同时，银行规模过大，内部层次、机构较多，管理困难。

银行持股公司制

银行持股公司是指由一个集团成立股权公司，再由该公司控制或收购两家以上的银行。在法律上，这些银行是独立的，但其业务与经营政策，统属于同一股权公司所控制。这种商业银行的组织形式在美国最为流行。它是1933年—1975年美国严格控制银行跨州经营时期，立法方面和商业银行之间"管制—逃避—再管制"斗争的结果。到1990年，美国的银行持股公司控制了8 700家银行，占该行业总资产的94%。银行持股公司使得银行更便利地从资本市场筹集资金，并通过关联交易获得税收上的好处，也能够规避政府对跨州经营银行业务的限制。

银行持股公司制有两种类型：一种是非银行持股公司；另一种是银行持股公司。前者是由主要业务不在银行方面的大企业拥有某一银行股份组织起来的，后者是由一家大银行组织一个持股公司，其他小银行从属于这家大银行。

连锁银行制

连锁银行制又称为联合银行制，其特点是由某一个人或某一集团购买若干独立银行的多数股票，这些银行在法律上是独立的，也没有股权公司的形式存在，但其所有权掌握在某一个人或某一集团手中，其业务和经营政策均由一个人或一个决策集团控制。这种银行机构往往是围绕一个地区或一个州的大银行组织起来的。几个银行的董事会由一批人组成，以这种组织中的大银行为中心，形成集团内部的各种联合。它与银行持股公司制一样，都是为了弥补单一银行制的不足，规避对设立分支行的限制而实行的。但连锁银行与控股公司相比，由于受个人或某一集团的控制，因而不易获得银行所需要的大量资本，因此许多连锁银行相继转为银行分支机构或组成持股公司。

5.2 商业银行经营管理

商业银行的经营原则

商业银行作为一个特殊的金融企业，它具有一般企业的基本特征，作为一个企业就会追求利润的最大化。商业银行合理的赢利水平，不仅是商业银行本身发展的内在动力，也是商业银行在竞争中立于不败之地的激励机制。尽管各国商业银行在制度上存在一定的差异，但是在业务经营上，各国商业银行通常都遵循赢利性、流动性和安全性原则。

赢利性原则

赢利性原则是指商业银行作为一个经营企业，追求最大限度的赢利。赢利性既是评价商业银行经营水平的最核心指标，也是商业银行最终效益的体现。影响商业银行赢利性指标的因素主要有存贷款规模、资产结构、自有资金比例和资金自给率水平以及资金管理体制和经营效率等。坚持贯彻赢利性原则对商业银行的业务经营有着十分重要的意义。

其一，只有保持理想的赢利水平，商业银行才能充实资本和扩大经营规模，并以此增强银行的经营实力，提高银行的竞争能力。

其二，只有保持理想的赢利水平，才能增强银行的信誉。银行有理想的赢利水平，说明银行经营管理有方，可以提高客户对银行的信任度，以吸收更多的存款，增加资金来源，抵御一定的经营风险。

其三，只有保持理想的赢利水平，才能保持和提高商业银行的竞争能力。当今的竞争是人才的竞争。银行赢利不断增加，才有条件利用高薪和优厚的福利待遇吸引更多的优秀人才。同时，只有保持丰厚的赢利水平，银行才有能力经常性地进行技术改造，更新设备，努力提高工作效率，增强其竞争能力。

其四，银行保持理想的赢利水平，不仅有利于银行本身的发展，还有利于银行宏观经济活动的进行。因为，商业银行旨在提高赢利的各项措施最终会反映到宏观的经济规模和速度、经济结构以及经济效益上来，还会反映到市场利率总水平和物价总水平上来。

流动性原则

流动性是指商业银行能够随时应付客户提现和满足客户借贷的能力。流动性在这里有两层意思，即资产的流动性和负债的流动性。资产的流动性是指银行资产在不受损失的前提下随时变现的能力。负债的流动性是指银行能经常以合理的成本吸收各种存款和其他所需资金。一般情况下，我们所说的流动性是指前者，即资产的变现能力。银行要满足客户提取存款等方面的要求，银行在安排资金运用时，一方面要求使资产具有较高的流动性；另一方面必须力求负债业务结构合理，并保持较强的融资能力。

影响商业银行流动性的主要因素有客户的平均存款规模、资金的自给水平、清算资金的变化规律、贷款经营方针、银行资产质量以及资金管理体制等。流动性是实现安全性和赢利性的重要保证。作为极为特殊的金融企业，商业银行要保持适当的流动性是非常必要的，原因有以下四个方面。

（1）作为资金来源的客户存款和银行的其他借入资金要求银行能够保证随时提取和按期归还，这主要靠流动性资产的变现能力。

（2）企业、家庭和政府在不同时期产生的多种贷款需求，也需要及时组织资金来源加以满足。

（3）银行资金的运动不规则性和不确定性，需要资产的流动性和负债的流动性来保证。

（4）在银行业激烈的竞争中，投资风险也难以预料，经营目标不能保证能够完全实现，需要一定的流动性作为预防措施。在银行的业务经营过程中，流动性的高低非常重要。事实上，过高的资产流动性，会使银行失去赢利机会甚至出现亏损；过低的流动性可能导致银行出现信用危机、客户流失、资金来源丧失，甚至会因为挤兑导致银行倒闭。因此，作为商业银行，关键是要保持适度的流动性。这种"度"是商业银行业务经营的生命线，是商业银行成败的关键。而这种"度"既没有绝对的数量限制，又要在动态的管理中保持。这就要求银行经营管理者及时果断地把握时机和做出决策。当流动性不足时，要及时补充和提高；当流动性过高时，要尽快安排资金运用，提高资金的赢利能力。

安全性原则

安全性原则是指银行的资产、收益、信誉以及所有经营生存发展的条件免遭损失的可靠程度。安全性的反面就是风险性，商业银行的经营安全性原则就是尽可能地避免和减小风险。影响商业银行安全性原则的主要因素有：客户的平均贷款规模、贷款的平均期限、贷款方式、贷款对象的行业和地区分布以及贷款管理体制等。商业银行坚持安全性原则的主要意义在于以下几方面。

（1）风险是商业银行面临的永恒课题。银行业的经营活动可归纳为两个方面：一是对银行的债权人要按期还本付息；二是对银行的债务者要求按期还本付息。这种信用活动的可靠程度是银行经营活动的关键。在多大程度上被确认的可靠性，又称为确定性。与此对应的是风险性，即不确定性。但在银行经营活动中，由于确定性和不确定性等种种原因，存在着多种风险，如信用风险、市场风险、政治风险等，这些风险直接影响银行本息的按时收回，必然会削弱甚至丧失银行的清偿能力，危及银行本身的安全。所以，银行管理者在风险问题上必须严格遵循安全性原则，尽力避免风险、减小风险和分散风险。

（2）商业银行的资本结构决定了其是否存在有潜伏的危机。与一般工商企业经营不同，银行自由资本所占比重很小。远远不能满足资金的运用，它主要依靠吸收客户存款或对外借款用于贷款或投资，所以负债经营成为商业银行的基本特点。由商业银行的资本结构所决定，若银行经营不善或发生亏损，就要冲销银行自有资本来弥补，倒闭的可能性是随时存在的。

（3）坚持稳定经营方针是商业银行开展业务所必需的。首先，有助于减少资产的损失，增强预期收益的可靠性。不顾一切地一味追求利润最大化，其效果往往适得其反。事实上，只有在安全的前提下营运资产，才能增加收益。其次，只有坚持安全稳健的银行，才可以在公众中树立良好的形象。因为一家银行能否立足于世的关键就是银行的信誉，而信誉主要来自于银行的安全，所以要维持公众的信心，稳定金融秩序，有赖于银行的安全经营。由此可见，安全性原则不仅是银行赢利的客观前提，也是银行生存和发展的基础；不仅是银行经营管理本身的要求，也是社会发展和安定的需要。

商业银行是经营货币资金的企业，赢利性是商业银行经营的基本原则，但由于商业银行经营对象的特殊性，银行经营还必须强调资产的流动性和安全性。赢利性、安全性、流动性是商业银行经营的三条原则。银行的经营不是仅仅考虑收益，而是要寻求收益、流动性和安全性三者的最佳组合。而银行为了使其中的一项增加，常常不得不牺牲其他两项。例如，为了获得较高的收益，就不得不遭受较大的风险，不得不降低资产的流动性；而为了获得较大的安全性和流动性，可能就必须牺牲某些收益。究竟如何实现赢利性、流动性和安全性三原则要求，在保障资产安全的情况下，将利润扩大到最大限度，这就是商业银行经营管理理论的内容。随着历史条件的变化，西方商业银行经营管理理论经历了资产管理、负债管理、资产负债管理的演变过程。

□ 商业银行资产管理理论

从商业银行产生到 20 世纪 60 年代，资产管理理论一直在银行管理思想中占统治地位。这种理论认为，银行的收入主要来自对资产的运用，银行能够对资产业务加以主动的管理，而银行的负债业务则主要取决于客户存款与否，存多少及存期长短，主动权都在客户手中，银行管理起不了决定性的影响。因此，商业银行经营管理的重点是资产业务，通过对资产结构的合理安排，以谋求赢利性、安全性和流动性的协调统一。

商业银行的资产管理是指恰当安排商业银行资产负债表上资产方的各个项目，即对现金、证券和贷款等进行最佳组合。在资产管理中，资产流动性的管理占有特别重要的地位，而围绕如何提高资产流动性，其理论经历了如下三个不同的发展阶段。

商业贷款理论

商业贷款理论，也就是真实票据论，是在 18 世纪英国银行管理经验的基础上发展起来的。这个理论认为，银行放款的资金主要来自存款，因此，为应付存款人难以预料的提存，就一定要保持资金的高度流动性，所以贷款应该是短期的和商业性的，是用于商品的生产过程和流通过程之中的，是自偿性的。自偿性指的是生产或购买商品时所借的款项可以用生产出来的商品或出售商品的款项来偿还。商业贷款理论强调通过发放短期、自偿性贷款以保证流动性，但即使是短期的自偿性贷款，也会因不断延期之故，变成事实上的长期贷款，而且有时，如经济危机时，也不能保证归还。

收入可转换性理论

收入可转换性理论是在第一次世界大战后逐渐发展起来的。该理论认为，银行资产流动性的高低，是由资产的可转让程度决定的，保持资产流动性的办法是可以持有那些易于在市场上随时变现的资产，特别是短期国库券，具有信誉高、期限短、易于出售的优点，是流动性极高的一种理想资产。

收入可转换性理论的重要意义在于找到了保持银行资金流动性的新方法，为商业银行拓展资产业务提供了理论依据。根据这一理论，商业银行除了经营短期性放款业务外还可以从事有价证券的买卖，既不影响银行资金的流动性，又可以获得更大的收益。正因为如此，可转换性理论得到广泛的推行。但是，收入可转换性理论也存在明显的缺陷，一旦市场行情变化，证券价格下跌，银行持有的有价证券将难以转手而使流动性受到影响，或由于价格下跌而遭受损失。

预期收入理论

预期收入理论是第二次世界大战后出现的一种资产选择的理论。该理论认为，贷款本身并不能自动清偿，其清偿变现要依靠借款人将来的或预期的收入。因此，贷款的流动性和安全性取决于借款人的预期收入。如果一项贷款的将来收入有保证，即使期限较长，银行也可以接受；反之，如果预期收入不可靠，即使期限较短，银行也不应发放。该理论还认为如果采取分期收款的方式发放长期贷款，只要借款人将来收入有保证，也不会影响银行资金的安全性和流动性。

预期收入理论深化了对贷款清偿的认识，提出了贷款清偿来源于借款人的预期收入。这是银行信贷经营理论的一个重大进步，与单纯依靠贷款期限来认识安全性和流动性的商业贷款理论相比，无疑更为深刻。同时，它为银行进一步开拓新的业务领域提供了理论依据。根据这一理论，商业银行不仅可以发放短期商业性贷款，而且可以发放长期设备贷款、住房抵押贷款和个人消费贷款等，从而促进商业银行贷款形式多样化，既增加了银行的利润来源，又加强了商业银行对经济的渗透和控制。但是，由于预期收入难以把握，一旦事与愿违，也将影响银行资金的安全性和流动性。

商业银行负债管理理论

负债管理理论起源于20世纪50年代美国联邦基金市场，因60年代初美国花旗银行大额可转让定期存单的发行和流通转让市场的创立而开始盛行。当时，商业银行与其他金融机构竞争激烈，为了加强自身的实力，各国商业银行纷纷采用负债管理的方式来扩大资金来源，保持资金的流动性。但是，负债管理提高了银行的负债成本。因为通过借款方式来筹集资金，其成本要高于吸收存款，而且成本提高，商业银行为了实现其利润目标，必然将资产业务的重点放在收益较高的贷款和投资上；而高收益的贷款和投资往往伴随着更高的信用风险和流动性风险。

负债管理的基本思想是指商业银行以借入资金的方式来保持银行的流动性，从而增加资产业务，增加银行的收益。在负债管理出现之前，人们考虑商业银行流动性时，注意力集中在资产方，即通过调整资产结构，或者说将一种流动性较低的资产换成另一种流动性较高的资产来保证银行的流动性。

负债管理理论是对传统的资产管理理论的重大突破，它将流动性管理的重点由资产业务转到负债业务上。负债管理理论认为，银行的流动性不仅可以通过加强资产管理来获得，而且也可以由负债管理扩大，即向外借款也可提供流动性。只要银行的借款领域广大，它的流动性就有一定保证。而且，只要负债业务管理有效，就没有必要在资产方保持大量的流动性资产，而应将它们投入高赢利的贷款或投资中，银行收益则将提高。

负债管理开创了保持银行流动性的新途径，由单纯依靠吸收存款的被动型负债方式，发展成为向外借款的主动型负债方式，在流动性管理上变单一的资产调整为资产和负债两方面结合。而且，由于对负债进行主动管理，就可根据资产的需要来调整或组织负债，让负债去适应或支持资产，这就为银行扩大业务规模和范围创造了条件。

负债管理理论存在的明显不足有三方面：①提高了银行成本。因为，通过借款融入的资金须支付高于一般存款的利息，这类负债的增加无疑导致银行负债成本的提高。②增加了商业银行的经营风险。因为借款主要借助于金融市场，而市场则是变幻莫测的，一旦以负债管理来提高流动性得不到保证，就会使在流动性方面过多依赖于负债管理的银行出现经营性风险。③不利于银行稳健经营。负债管理亦使银行不注重补充自有资本，使自有资本占银行资金来源总额的比重日益下降。

商业银行资产负债管理理论

商业银行的资产负债管理理论产生于20世纪70年代中期。在市场利率波动剧烈的环境中，存贷款利率的变化会给银行净利息带来影响，因此西方商业银行的资金管理把目光转向如何通过协调负债与资产的关系来保持一个净利息正差额。

资产负债管理理论的基本思想是在融资计划和决策中，策略性地利用对利率变化敏感的资金，协调资产负债表中的各个项目，为股东取得更大利润。这种理论认为，单靠资产管理或单靠负债管理都难以形成商业银行安全性、流动性和赢利性的均衡，只有根据经济金融情况的变化，通过资产结构和负债结构的共同调整，才能实现银行经营管理目标的要求。

资产负债管理有广义和狭义之分。广义的资产负债管理是指银行管理者对其持有的资产负债的类型、数量、资产负债的总量及其组合同时做出决策的一种综合性资金管理方法，其实质就是对银行资产负债表中各项目的总量及结构进行计划、指挥和控制，从而使利润达到最大化。

狭义的资产负债管理是指对净利差的管理，即控制利息收入和利息支出之差，使其大小及变化与银行总的风险—收益目标相一致。风险和收益是衡量银行经营好坏的重要标志。收益主要来自银行的利差，利差又是银行潜在的资产负债结构的反映，是资产负债综合作用的结果。风险则表现为利差的敏感性或波动性，利差的大小及其变化决定了银行总的风险—收益状况。

资产负债管理的目标就是要在股东、金融管制等条件约束下，使银行利差最大化（从而收益最大），波动幅度（风险）最小化，即保持利差高水平的稳定。为实现这一目标，银行管理者采取两种手段：一是根据预测利率的变化积极调整银行的资产负债结构，即运用利率敏感性差额管理法；二是运用金融市场上转移利率风险的工具，如期限管理法、金融期货、期权、利率调换等保值工具，作为差额管理法的补充。

商业银行资产负债管理的影响是多方面的，其作用也是利弊兼有。从微观上看，资产负债管理缓和了银行资产负债的矛盾，增强了单个银行抵御风险的能力，从而使银行管理更加现代化和科学化。从宏观上看，资产负债管理能在一定程度上缓和通货膨胀的压力，但也促使银行之间的竞争更加激烈，导致倒闭事件增多，加大了货币监督机构的管理难度。

5.3　商业银行的业务

尽管各国商业银行的组织形式、名称、经营内容和重点各异，但就其经营的主要业务来说，一般均分为负债业务、资产业务以及中间业务。随着银行业国际化的发展，国内这些业务还可以延伸为国际业务。

□ 商业银行的负债业务

商业银行的负债业务是指形成其资金来源的业务。其全部资金来源包括自有资本和吸收的外来资金两部分。自有资本包括银行成立时发行股票所筹集的股份资本、公积金以及未分配的利润。外来资金的形成渠道主要有吸收存款、向中央银行借款、向其他银行拆借以及从国际货币市场借款。

自有资本

商业银行的自有资本是其开展各项业务活动的初始资金，简单来说，就是其业务活动的本钱，主要部分有成立时发行股票所筹集的股份资本、公积金以及未分配的利润。自有资本一般只占其全部负债的很小一部分。银行自有资本的大小，体现了银行的实力和信誉，也是银行吸收外来资金的基础，因此自有资本的多少还体现银行资本实力对债权人的保障程度。具体来说，银行资本主要包括股本、盈余、债务资本和其他资金来源。

吸收存款

存款是银行最主要的资金来源。吸收存款的业务是商业银行接受客户存入的货币款项，存款人可随时或按约定时间支取款项的一种信用业务，在负债业务中占有最主要的地位。可以说，吸收存款是商业银行与生俱来的特征。如果不吸收存款，单纯靠银行极其有限的自有资本作为营运资金，则商业银行的业务是很难开展的，当然也谈不上生存和发展了。

传统的分类方法将存款分为活期存款、定期存款和储蓄存款三大类。当前实际生活中的存款名目繁多，但都不外乎是这三类存款的变种。

活期存款，主要是指可由存款户随时存取和转让的存款，它没有确切的期限规定，银行也无权要求客户取款时做事先的书面通知。持有活期存款账户的存款者可以用各种方式提取存款，如开出支票、本票、汇票、电话转账、使用自动柜员机或其他各种方式等手段。由于各种经济交易包括信用卡商业零售等都是通过活期存款账户进行的，所以在国外又把活期存款称为交易账户。作为商业银行主要资金来源的活期存款有以下几个特点：一是具有很强的派生能力。由于活期存款存取频繁，流动性大，在非现金结算的情况下，银行将吸收的原始存款中的超额准备金用于发放贷款，客户在取得贷款后，若不立即提现，而是转入活期存款账户，这样银行一方面增加了贷款，另一方面又增加了活期存款，创造出派生存款。二是流动性大、存取频繁、手续复杂、风险较大。由于活期存款存取频繁，而且还要提供多种服务，因此活期存款成本也较高，因此活期存款较少或不支付利息。三是活期存款相对稳定部分可以用于发放贷款。尽管活期存款流动性大，但在银行的诸多储户中，总有一些余额可用于对外放款。四是活期存款是密切银行与客户关系的桥梁。商业银行通过与客户频繁的活期存款的存取业务建立比较密切的业务往来，从而争取更多的客户，扩大业务规模。

定期存款，指客户与银行预先约定存款期限的存款。存款期限通常为 3 个月、6 个月和 1 年不等，期限最长的可达 5 年或 10 年。利率根据期限的长短不同而存在差异，但都高于活期存款。定期存款的存单可以作为抵押品取得银行贷款。定期存款具有以下特点：一是定期存款带有投资性。由于定期存款利率高，并且风险小，因而是一种风险最小的投资方式。对于银行来说，由于期限较长，按规定一般不能提前支取，因而是银行稳定的资金来源。二是定期存款所要求的存款准备金率低于活期存款。因为定期存款有期限的约束，有较高的稳定性，所以定期存款准备金率就可以要求低一些。三是手续简单，费用较低，风险性小。由于定期存款的存取是一次性办理，在存款期间不必有其他服务，因此除了利息以外没有其他的费用，因而费用低。同时，定期存款较高的稳定性使其风险性较小。

储蓄存款，主要是指个人为了积蓄货币和取得一定的利息收入而开立的存款。储蓄存款也可分为活期存款和定期存款。储蓄存款具有两个特点：一是储蓄存款多数是个人为了积蓄购买力而进行的存款；二是金融监管当局对经营储蓄业务的商业银行有严格的规定。因为储蓄存款多数属于个人，分散于社会上的各家各户，为了保障储户的利益，各国对经营储蓄存款业务的商业银行有严格的管理，并要求银行对储蓄存款负有无限清偿责任。除各种传统的存款业务以外，为了吸收更多存款，打破有关法规限制，西方国家商业银行在存款工具上有许多创新，如可转让支付命令账户、自动转账账户、货币市场存款账户、可转让大额定期存单等。

但随着近年来银行业务的创新，出现了不少新的存款方式，使上述三个类别之间的界限已日渐模糊，出现了介于几种存款形式之间的新品种和新形式，但这种传统的分类方法，目前还在使用。

借入款及其他负债业务

向中央银行借款。中央银行是一般银行的最后贷款人，当商业银行资金不足时，可以向中央银行借款，以维持资金周转。商业银行向中央银行借款主要有两种形式：①再贴现，即把自己办理贴现业务而买进的未到期票据，如商业票据、短期国库券等，再转卖给中央银行。②直接借款，即商业银行用自己持有的合格票据、银行承兑汇票、政府公债等有价证券作为抵押品向中央银行取得抵押贷款。一般来讲，再贴现的票据与作为贷款抵押担保的票据种类一样，但在质量合格性审核方面更严格一些。

专栏 5-2　可转让大额定期存单产生简介

可转让大额定期存单最早产生于美国。美国的 Q 条例规定商业银行对活期存款不能支付利息，定期存款不能突破一定限额。20 世纪 60 年代，美国市场利率上涨，而美国商业银行受 Q 条例的存款利率上限的限制，不能支付较高的市场利率，大公司的财务主管为了增加临时闲置资金的利息收益，纷纷将资金投资于安全性较好又具有一定收益的货币市场工具，如国库券、商业票据等，银行的企业存款急剧下降。为了阻止存款外流，美国花旗银行率先设计了大额可转让定期存单这种短期的有收益票据来吸引企业的短期资金。此后，这一货币市场工具迅速在各大银行得到推广。大额可转让存单一般由较大的商业银行发行，主要是由于这些机构信誉较高，可以相对降低筹资成本，且发行规模大，容易在二级市场流通。

银行同业拆借。这是银行的一项传统业务，指银行之间发生的短期借贷行为。在这种拆借业务中借入资金的银行主要是用于弥补其在中央银行存款账户上的准备金头寸的不足；借出资金的银行主要是其在中央银行存款账户上的超额储备，这种拆借一般期限较短，有的只有一日——今日借明日还。但随着资金转移技术的进步和经济环境的变化，同业拆借市场实际上已成为商业银行稳定的筹措资金的场所。

国际借款。近二三十年来，各国商业银行，尤其是大的商业银行，在国际金融市场上广泛地通过办理定期存款、发行大额定期存单、出售商业票据、银行承兑票据以及发行债券等方式筹集资金，以满足自身资金不足的需要。目前影响最大的国际性金融市场是欧洲美元市场，它的主要特点是：交易量大、资金来源充裕、借款手续简便、流动性强，但借款利率较高。

回购协议。回购协议是指资金需求者通过出售证券取得资金时，同时安排在将来一个约定的日期按事先确定的价格买回这些证券。在这种融资方式下，金融证券实际上起到了担保作用。商业银行采用回购协议借入资金的好处主要在于：第一，回购协议可以充分利用金融市场，使银行调节准备金的手段更为灵活；第二，有些国家不要求对政府证券担保的回购协议资金缴纳准备金，从而可以大大降低融资成本；第三，这种融资方式的期限很灵活，短则一天，长可至几个月。

□ 商业银行的资产业务

商业银行的资产业务代表了银行对资金的运用，也是银行赖以取得收入的最主要方式。但由于银行资金来源的特殊性（以负债为主），所以银行的资金运用要把赢利性和流动性有机结合起来。因此，商业银行的资产业务主要有现金资产、贷款和证券投资等三类。

现金资产

现金资产是银行资产中最富流动性的部分，基本上不给银行带来直接的收益，但法律对其持有量有严格的规定，它包括库存现金、交存中央银行的存款准备金、存放同业的存款和托收未达款等。

库存现金。它是指银行金库中的现钞和硬币。主要是为了应付客户提款及银行本身的日常开支。对一家银行来说，要尽量压缩库存现金量，减少不必要的风险和费用。

法定准备金。按法律规定，商业银行按其存款的一定比例存在中央银行的准备金。它原来是中央银行为保护存款户的利益和安全而设，现在已转变成一个重要的货币政策工具。

存放同业的存款。这是银行为了自身清算业务的便利，在其他银行经常保持一部分存款余额，银行可以随时动用它们。

托收未达款。这是银行应收的清算款项。这部分款项在收妥前虽不能抵用，但收到后，或者增加该银行在中央银行准备金账户上的存款余额，或者增加存放同业的存款余额，所以视同现金，银行术语叫"浮存"。

贷款

银行的放款是银行将其所吸收的资金，按一定的利率贷给客户并约期归还的业务。贷款是商业银行最重要的资金运用业务，贷款在资产业务中的比重一般占首位。而且贷款利息占经营收入的比重与其他业务相比都是高的。贷款在资产组合中对银行风险结构和收益结构影响极大，贷款比重的提高会增加银行的预期赢利，但同时也增加了银行的风险，所以赢利与风险是贷款业务中考虑的核心。

贷款的分类方法很多，按贷款时间长短可以分为短期、中期和长期贷款。短期贷款期限一般在1年之内，中期贷款期限一般为1年以上（不含1年）5年以下（含5年），期限再长的为长期贷款。按贷款条件不同可分为信用贷款、抵押贷款和担保贷款。信用贷款是指商业银行凭借借款人的信誉发放的贷款；抵押贷款是指商业银行以借款人提供的有价证券或实物为抵押而发放的贷款；担保贷款是指商业银行以第三者为借款人提供的担保而发放的贷款。按贷款本息偿还方法的不同，又可以分为一次还款和分期偿还两种。下文按贷款对象的不同来具体分述商业银行的贷款类型。

工商业放款。工商业放款一直是商业银行的主要贷款业务，其适用对象很广泛，从工商企业生产和流通中的短期资金需求、季节性流动资金需求直至设备投资和建筑投资中的长期资金需求。商业银行对一些工商企业借款大户往往提供贷款承诺、循环贷款等优惠的条件。

不动产贷款。不动产贷款是对土地开发、住宅公寓、厂房建筑、大型设施购置等项目所提供的贷款。对于银行来讲，这类贷款收益高，但期限较长，风险较大。为了安全起见，商业银行多采取抵押贷款的形式，贷款利率在20世纪70年代后也改为以浮动利率计算为主。

消费者贷款。消费者贷款是向个人或家庭提供的，以满足他们对商品购买和其他消费支出不足的贷款。消费者贷款按借款对象的不同，可以划分为直接信贷和间接信贷。直接信贷是指银行直接发放给居民个人的消费贷款。间接贷款是银行提供消费信贷给商业企业，再由商业企业向居民个人赊销商品。按照偿还方式的不同，可以划分为一次性偿还的消费贷款和分期偿还的消费贷款。其中，分期偿还的消费贷款占很大比重。消费信贷业务发展很快，在经济发达国家和地区已成为商业银行贷款的重要组成部分。

证券贷款。证券贷款是商业银行对证券自营商、经纪人、投资银行和证券公司等发放的短期贷款。专门从事证券业务的金融机构，在证券交易中往往会出现短期资金需求，而求助于商业银行。例如，新证券的包销和分销要求证券公司立即对客户支付证券价款，但购入的证券还没有全部售出，这就有可能需要获取短期贷款。证券交易商和经纪人也有可能需要借款来为以信用交易方式买卖证券的客户提供短期融资。证券交易贷款的风险很大，因此，商业银行要求这类贷款必须有证券作为其抵押品。为了避免损失，银行发放证券贷款时都实施保证金比率控制，即发放贷款的额度要低于所抵押证券的市值，以其差额作为保证金。

票据贷款。即贴现，是指银行按未到期票据的终值，首先扣除自贴现日起至到期日止的利息买进该票据的行为。贴现业务在形式上是票据的买卖，但实际上是信用业务。票据载明的支付人要对持票人负债；在票据未贴现前，他对持有票据的客户负债；贴现后，则对购入票据的银行负债。所以，票据的贴现实际上是债权债务的转移，即银行通过贴现间接贷款给票据金额的支付人，只是将贷款金额预先扣除掉了利息。

证券投资

商业银行的投资业务是指银行购买有价证券的业务活动。银行购买的有价证券包括债券（国库券、公债券、公司债券）和股票。但对股票的购入一般国家多加以限制或禁止。目前各国商业银行的证券投资主要用于购买政府债券，如美国，近年来商业银行的投资总额中有 60%以上是联邦政府债券。

商业银行投资的目的一般主要是为了增加收益和资产的流动性。当贷款需求减弱或贷款收益率较低、风险较大时，把一部分资金转到投资上，是商业银行维持赢利水平的重要途径，同时，也使商业银行资产组合多样化，有利于降低经营风险。另外，由于政府债券和其他流动性较强的有价证券，可以在几乎不受损失的情况下及时抛售出去，换回现金，所以，投资于有价证券，比起增加库存现金和在中央银行存款来维持流动性更为有利。

□ 商业银行的中间业务

中间业务是不构成商业银行资产负债表表内资产、表内负债，形成非利息收入的业务。在银行业竞争激烈、存贷利差不断缩小的今天，这些中间性业务显得十分重要，成为银行利润的重要来源。商业银行中间业务可分为以下八大类。

支付结算类中间业务

支付结算类中间业务是指由商业银行为客户办理因债券债务关系引起的与货币支付、资金划拨有关的收费业务，其结算方式主要包括同城结算方式和异地结算方式，主要有以下几种。①汇款业务，是由付款人委托银行将款项汇给外地某收款人的一种结算业务。汇款结算分为电汇、信汇和票汇三种形式。②托收业务，是指债权人或售货人为向外地债务人或购货人收取款项而向其开出汇票，并委托银行代为收取的一种结算方式。③信用证业务，是由银行根据申请人的要求和指示，向收益人开立的载有一定金额、在一定期限内凭规定的单据在指定地点付款的书面保证文件。④其他支付结算业务，包括利用现代支付系统实现的资金划拨、清算，利用银行内外部网络实现的转账等业务。结算业务借助的主要结算工具包括银行汇票、商业汇票、银行本票和支票。

银行卡业务

银行卡是由经授权的金融机构（主要指商业银行）向社会发行的具有消费信用、转账结算、存取现金等全部或部分功能的信用支付工具。银行卡业务的分类方式一般包括以下几类：①依据清偿方式，银行卡业务可分为贷记卡业务、准贷记卡业务和借记卡业务。借记卡可进一步分为转账卡、专用卡和储值卡。②依据结算的币种不同，银行卡可分为人民币卡业务和外币卡业务。③按使用对象不同，银行卡可以分为单位卡和个人卡。④按载体材料的不同，银行卡可以分为磁性卡和智能卡（IC 卡）。⑤按使用对象的信誉等级不同，银行卡可分为金卡和普通卡。⑥按流通范围，银行卡还可分为国际卡和地区卡。⑦其他分类方式，包括商业银行与赢利性机构/非赢利性机构合作发行联名卡/认同卡。

代理类中间业务

代理类中间业务指商业银行接受客户委托，代为办理客户指定的经济事务，提供金融服务并收取一定费用的业务，主要包括：①代理政策性银行业务，指商业银行接受政策性银行委托，代为办理政策性银行因服务功能和网点设置等方面的限制而无法办理的业务，如代理贷款项目管理等。②代理中国人民银行业务，指根据政策、法规应由中央银行承担，但由于机构设置、专业优势等方面的原因，由中央银行指定或委托商业银行承担的业务，主要包括财政性存款代理业务、国库代理业务、发行库代理业务、金银代理业务。③代理商业银行业务，指商业银行之间相互代理的业务，如为委托行办理支票托收等业务。④代收代付业务，是商业银行利用自身的结算便利，接受客户委托代为办理指定款项的收付事宜的业务，例如代理各项公用事业收费、代理行政事业性收费、财政性收费、代发工资、代扣住房按揭消费贷款还款等。⑤代理证券业务，指银行接受委托办理的代理发行、兑付、买卖各类有价证券的业务，还包括接受委托代办债券还本付息、代发股票红利、代理证券资金清算等业务。此处有价证券主要包括国债、公司债券、金融债券、股票等。⑥代理保险业务，指商业银行接受保险公司委托代其办理保险业务的业务。商业银行代理保险业务，可以受托代个人或法人投保各险种的保险事宜，也可以作为保险公司的代表，与保险公司签订代理协议，代保险公司承接有关的保险业务。代理保险业务一般包括代售保单业务和代付保险金业务。⑦其他代理业务，包括代理财政委托业务、代理其他银行银行卡收单业务等。

担保及承诺类中间业务

担保类中间业务指商业银行为客户债务清偿能力提供担保，承担客户违约风险的业务，主要包括银行承兑汇票、备用信用证、各类保函等。承诺类中间业务是指商业银行在未来某一日期按照事前约定的条件向客户提供约定信用的业务，主要指贷款承诺，包括可撤销承诺和不可撤销承诺两种。可撤销承诺附有客户在取得贷款前必须履行的特定条款，在银行承诺期内，客户如没有履行条款，则银行可撤销该项承诺。不可撤销承诺是银行不经客户允许不得随意取消的贷款承诺，具有法律约束力，包括备用信用额度、回购协议、票据发行便利等。

交易类中间业务

交易类中间业务指商业银行为满足客户保值或自身风险管理等方面的需要，利用各种金融工具进行的资金交易活动，主要包括金融衍生业务，即远期合约、金融期货、互换、期权等。

投资银行业务

投资银行业务主要包括证券发行、承销、交易、企业重组、兼并与收购、投资分析、风险投资、项目融资等业务。

基金托管业务

基金托管业务是指有托管资格的商业银行接受基金管理公司委托，安全保管所托管的基金的全部资产，为所托管的基金办理基金资金清算款项划拨、会计核算、基金估值、监督管理人投资运作。它主要包括封闭式证券投资基金托管业务、开放式证券投资基金托管业务和其他基金的托管业务。

咨询顾问类业务

咨询顾问类业务指商业银行依靠自身在信息、人才、信誉等方面的优势，收集和整理有关信息，并通过对这些信息以及银行和客户资金运动的记录和分析，形成系统的资料和方案，提供给客户，以满足其业务经营管理或发展的需要的服务活动。咨询顾问类业务主要包括：①企业信息咨询业务，包括项目评估、企业信用等级评估、验证企业注册资金、资信证明、企业管理咨询等。②资产管理顾问业务，指为机构投资者或个人投资者提供全面的资产管理服务，包括投资组合建议、投资分析、税务服务、信息提供、风险控制等。③财务顾问业务，包括大型建设项目财务顾问业务和企业并购顾问业务。大型建设项目财务顾问业务指商业银行为大型建设项目的融资结构、融资安排提出专业性方案。企业并购顾问业务指商业银行为企业的兼并和收购双方提供的财务顾问业务，银行不仅参与企业兼并与收购的过程，而且作为企业的持续发展顾问，参与公司结构调整、资本充实和重新核定、破产和困境公司的重组等策划和操作过程。④现金管理业务，指商业银行协助企业，科学合理地管理现金账户头寸及活期存款余额，以达到提高资金流动性和使用效益的目的。

除了以上介绍的八类主要中间业务外，对商业银行而言，还有一些不能归入以上类别的中间业务，如保管箱业务等。

专栏 5-3 《巴塞尔协议》关于中间业务的定义

中间业务有狭义和广义之分。狭义的中间业务指那些没有列入资产负债表，但同资产业务和负债业务关系密切，并在一定条件下会转为资产业务和负债业务的经营活动。广义的中间业务则除了狭义的中间业务外，还包括结算、代理、咨询等无风险的经营活动。所以广义的中间业务是指商业银行从事的所有不在资产负债表内反映的业务。按照《巴塞尔协议》提出的要求，广义的中间业务可分为两大类：一是或有债权业务，即狭义的中间业务，包括贷款承诺、担保、金融衍生工具和投资银行业务；二是金融服务类业务，包括信托与咨询服务、支付与结算、代理人服务、与贷款有关的服务以及进出口服务等。20 世纪 70 年代以来，在金融自由化的推动下，国际商业银行在生存压力与发展需求的推动下，纷纷利用自己的优势大量经营中间业务，以获取更多的非利息收入。随着中间业务的大量增加，商业银行的非利息收入迅速增加。1984 年~1990 年，美国所有商业银行的非利息收入年均增长率为 12.97%。其中资产在 50 亿美元以上的银行非利息收入年均增长率达到 21.93%。中间业务已成为西方商业银行主要的赢利来源。

□ 商业银行的发展趋势

近年来，商业银行面临着激烈的竞争，单靠传统的业务已明显跟不上时代的步伐，不得不从多方面拓展自己的业务，朝着综合性、多功能的方向发展。

经营全能化

商业银行的业务经营范围逐步放宽，促进了商业银行全能化的发展，途径主要有三条：第一，直接开办其他金融机构所经营的业务；第二，通过收购、合并或成立附属机构的形式渗入对方的业务领域；第三，通过金融创新来绕过管制，向客户提供过去所不能经营的业务和服务。由于银行经营全能化能满足客户多样化的需要，所以深得人心，得到了很快的发展。

以美国为例，该国长期以来对商业银行的业务经营范围限制得很死，特别是不准商业银行经营证券业务。但 20 世纪 80 年代以来，美国政府已采取了不少宽松措施：1980 年新银行法允许商业银行和储蓄机构的业务可适当交叉；联邦储备体系于 1987 年允许银行控股公司可以包销地方债券、商业票据和债券，于 1989 年 1 月批准花旗银行、大通银行、摩根银行、银行家信托公司、太平洋安全银行等五家银行包销企业债券，并考虑逐步放开不许银行包销企业股票的限制，使银行业务向全能化迈进了一大步。

业务国际化

国家银行业务之所以出现国际化的趋势，主要原因在于：国际贸易和西方国家跨国公司的发展，要求银行追随国内客户到海外市场向他们提供诸如贸易融资、国际结算等服务。由于欧洲货币市场的迅速发展，且各种管制少，赢利可观，对银行有很大的吸引力，不少银行到欧洲货币市场开设机构，办理国际业务；发展中国家的经济建设对资金需求量大，为西方国家银行提供了极好的业务机会，不少银行积极参与对发展中国家的资金融通；银行装备电子化为其开办国际业务提供了物质条件。由于跨国银行的活动，提高了资金使用效率，有力地促进了国际贸易和世界经济的发展，于是跨国银行很快发展起来。

跨国银行办理的主要业务品种有：货币市场开展同业资金拆放业务；开展国际信贷，特别是以银团形式为项目融通资金；进行国际证券投资、发行和买卖；为国际贸易提供信贷和结算；开展外汇买卖及有关业务；介绍客户，提供金融、财务咨询等。

营运电子化

电子计算机和先进的通信设备用于银行业之后，西方银行的营运开始了电子化的进程。早在 20 世纪 50 年代，日本银行就率先使用了电子计算机。80 年代以来，美国和英国利用电子化设备分别建立了银行间资金划拨系统和伦敦票据交换所自动收付系统。同时，国际上建立了环球银行财务电信协会，加速了国际间资金的调转。

电子化主要包括银行交易电子化、信息传递电子化、银行经营管理电子化。银行电子化已经或正在改变银行业的服务面貌，表现在：第一，社会各界与银行的直接接触大大减少，大部分业务以电子网络为媒介进行；第二，现钞数量大为减少，电子转账替代现钞，甚至替代支票；第三，由于自动出纳机代替了分支行的大部分职能，使传统的通过增设分行来扩大银行实力的战略得到重新调整；第四，电子网络把各国际金融中心紧紧地连在一起，全球范围内的资金和信息转移在几秒内即可完成；第五，电子化节约了大量纸张费、印刷费、邮寄费，业务处理加快，工作人员减少，提高了效率，降低了经营成本；第六，信息成为最重要的金融产品，在不远的将来，金融业稀缺的将不是资金而是信息。

🏛 5.4 网络银行

☐ 网络银行概念

网络银行又称网上银行、在线银行，是指银行利用互联网技术，通过互联网向客户提供开户、销户、查询、对账、行内转账、跨行转账、信贷、网上证券、投资理财等传统服务项目，使客户足不出户就能够安全便捷地管理活期和定期存款、支票、信用卡及个人投资等。可以说，网上银行是在互联网上的虚拟银行柜台。目前，世界上最流行的网络银行或支付形式主要有：Security First National Bank（简称 SFNB）、Alert Pay（简称 AP）、Liberty Reserve（简称 LR）、Paypal（贝宝）、Moneybookers（简称 MB）、Alipay（支付宝）、以及 Open Union（开联支付），后面两个是中国本土的金融支付服务平台。

　　网上银行发展的模式有两种：①完全依赖于互联网的无形的电子银行，也叫"虚拟银行"，就是没有实际物理柜台作为支持的网上银行，它一般只有一个办公地址，没有分支机构，也没有营业网点，采用国际互联网等高科技服务手段与客户建立密切联系，提供全方位金融服务。以美国"安全第一"网上银行为例，它成立于 1995 年 10 月，是在美国成立的第一家无营业网点的虚拟网上银行，它的营业厅就是网页画面，当时银行的员工只有 19 人，主要的工作就是对网络的维护和管理。②在现有的传统银行的基础上，利用互联网作为新的服务手段为客户开展在线的传统的银行业务交易服务，实际上是传统银行服务在互联网上的延伸，这是目前网上银行存在的主要形式，也是绝大多数商业银行采取的网上银行发展模式。因此，事实上，我国还没有出现真正意义上的网上银行或"虚拟银行"，国内现有的网上银行基本都属于第二种模式。

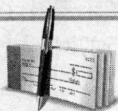

专栏 5-4　　"安全第一"网络银行简介

　　1994 年 4 月美国三家银行联合在互联网上创建了美国"安全第一"网络银行（www.sfnb.com）。这是新型的网络银行，是得到美国联邦银行管理机构批准，在互联网上提供银行服务的第一家银行，也是在互联网上提供大范围和多种银行服务的第一家银行。其前台业务在互联网上进行，其后台处理只集中在一个地点进行。该银行可以保证安全可靠地开办网络银行业务，业务处理速度快、服务质量高、服务范围极广。

　　1998 年 1 月，美国"安全第一"网络银行通过互联网为用户提供一种称为环球网（WEB INVISION）系统的服务。环球网系统是建设在美国"安全第一"网络银行 PC INVISION 之上的一种金融管理系统。利用该系统，用户能够通过互联网访问自己最新的账目信息，获取最近的商业报告或通过直接拨号实时访问资金状况和投资进展情况，不需要在用户端安装特殊的软件。环球网系统主要是面向小企业主和财会人员设计的。这些人可以利用环球网系统了解公司资金的最新情况，还可以利用环球网系统使用他们的电子邮件与美国"安全第一"网络银行联系，访问全国或地区性的各种经济状况和各种相关数据。

　　1998 年 10 月，在成功经营了五年之后，美国"安全第一"网络银行正式成为拥有 1 860 亿美元资产的加拿大皇家银行金融集团（Royal Bank Financial Group）旗下的全资子公司。从此 SFNB 获得了强大的资金支持，力图继续保持在纯网络银行领域内的领先地位。被收购后，SFNB 业务范围扩大了，人员也增加了。

与传统银行业务相比，网上银行业务有许多优势。一是大大降低了银行经营成本，有效提高了银行赢利能力。开办网上银行业务，主要利用公共网络资源，不需设置物理的分支机构或营业网点，减少了人员费用，提高了银行后台系统的效率。二是无时空限制，有利于扩大客户群体。网上银行业务打破了传统银行业务的地域、时间限制，具有3A特点，即能在任何时候（Anytime）、任何地方（Anywhere）、以任何方式（Anyhow）为客户提供金融服务，这既有利于吸引和保留优质客户，又能主动扩大客户群，开辟新的利润来源。因此，网上银行又被称为"三A银行"。三是有利于服务创新，向客户提供多种类、个性化服务。通过银行营业网点销售保险、证券和基金等金融产品，往往受到很大限制，主要是由于一般的营业网点难以为客户提供详细的、低成本的信息咨询服务。利用互联网和银行支付系统，容易满足客户咨询、购买和交易多种金融产品的需求，客户除办理银行业务外，还可以很方便地在网上买卖股票、债券等，网上银行能够为客户提供更加合适的个性化金融服务。

□ 网上银行业务

网上银行业务是银行借助个人电脑或其他智能设备，通过互联网技术或其他公用信息网，为客户提供的多种金融服务。网上银行业务不仅涵盖传统银行业务，而且突破了银行经营的行业界限，深入到证券、保险甚至是商业流通等领域。网上银行代表了未来银行业的方向，网上银行业务的迅速发展必将推动银行业新的革命。目前，商业银行的网上银行业务一般有三类。

信息服务，主要是宣传银行能够给客户提供的产品和服务，包括存贷款利率、外汇牌价查询、投资理财咨询等。这是银行通过互联网提供的最基本的服务，一般由银行的一个独立的服务器提供。这类业务的服务器与银行内部网络无链接路径，风险较低。

客户交流服务，包括电子邮件、账户查询、贷款申请、档案资料（如住址、姓名等）定期更新。该类服务使银行内部网络系统与客户之间保持一定的链接，银行必须采取合适的控制手段，监测和防止黑客入侵银行内部网络系统。

交易服务，包括个人业务和公司业务两类。这是网上银行业务的主体。个人业务包括转账、汇款、代缴费用、按揭贷款、证券买卖和外汇买卖等。公司业务包括结算业务、信贷业务、国际业务和投资银行业务等。银行交易服务系统服务器与银行内部网络直接相连，无论从业务本身或是网络系统安全角度，均存在较大风险。

我国目前还没有专门的网上银行，各银行开办网上银行业务正处于起步阶段，但发展很快。1996年6月，中国银行在国内率先设立网站，向社会提供网上银行服务。1997年4月，招商银行开办网上银行业务。1999年，建设银行、工商银行开始向客户提供网上银行服务。部分在华外资银行如渣打银行、汇丰银行和花旗银行也开办了网上银行业务。目前，我国中资银行开办的网上银行业务以转账、支付和资金划拨等收费业务为主，还缺乏那些经营风险较大、直接形成银行资产或负债的业务。

□ 网上银行的特点

利用计算机和通信技术实现资金划拨开始的电子银行业务已经有几十年的历史了，传统的电子银行业务主要包括资金清算业务和用POS网络及ATM网络提供服务的银行卡业务。网上银行是随着互联网的普及和电子商务的发展在近几年逐步成熟起来的新一代电子银行，它依托于传统银行业务，并为其带来了根本性的变革，同时也拓展了传统的电子银行业务功能。与传统银行和传统电子银行相比，网上银行在运行机制和服务功能方面都具有不同的特点。

全球化、无分支机构。传统银行是通过开设分支机构来发展金融业务和开拓国际市场的，客户往往只限于固定的地域，而网上银行是利用互联网来开展银行业务，因此，可以将金融业务和市场延伸到全球每个角落。打破了传统业务地域范围局限的网上银行，不仅可吸纳本地区和本国的客户，也可直接吸纳国外客户，为其提供服务。正如美国"安全第一"网络银行（SFNB）总裁詹姆斯·玛汉所言："任何人，只要有一台电脑，都是我的潜在客户。"

开放性与虚拟化。传统电子银行所提供的业务服务都是在银行的封闭系统中运作的，而网上银行的 Web 服务器代替了传统银行的建筑物、网址取代了地址，其分行是终端机和互联网这个虚拟化的电子空间。因此有人称网上银行为"虚拟银行"，但它又是实实在在的银行，利用网络银行把自己与客户连接起来，在有关安全设施的保护下，随时通过不同的计算机终端为客户办理所需的一切金融业务。

智能化。传统银行主要借助于物质资本，通过众多员工的辛勤劳动为客户提供服务。而网上银行主要借助智能资本，靠少数脑力劳动者的劳动（如 SFNB 只有 15 名员工）提供比传统银行更多、更快、更好、更方便的业务，如提供多元且交互的信息、客户除可转账、查询账户余额外，还可享受网上支付、贷款申请、国内外金融信息查询、投资理财咨询等服务，其功能和优势远远超出电话银行和传统的自助银行。

创新化。网上银行是创新化银行。在个性化消费需求日趋凸显及技术日新月异的信息时代，网上银行提供的金融产品和拥有技术的生命周期越来越短，淘汰率越来越高。在这种情况下，只有不断采用新技术、推出新产品、实现持续创新才不至于被淘汰。以 SFNB 为例，它对基本支票账户不收取手续费，没有最低余额限制，这在美国银行界是首开先河，而且客户每个月可免费使用电子付款服务，免费使用自动柜员机或借记卡。与此同时，SFNB 还不断开拓新业务，1998 年，它与 AOL（美国在线）达成协议，允许客户通过 AOL 访问 SFNB，此举使 SFNB 的客户数迅速增长，其存款额很快突破 1 亿美元。

运营成本低。与其他银行服务手段相比，网上银行的运营成本最低。在美国开办一个传统的分行需要 150 万~200 万美元，每年的运营成本为 35 万~50 万美元。相比之下建立一个网上银行所需的成本为 100 万美元。1998 年美国 USWeb 网络服务与咨询公司的一次调查发现，普通的全业务支行平均每笔交易成本约 1.07 美元，而网上银行仅为 0.01~0.04 美元。

亲和性增强。增加与客户的沟通与交流是企业获取必要信息，改进企业形象，贴近客户，寻找潜在客户的主要途径。在这方面，网上银行具有传统银行无法比拟的优势。网上银行可通过统计客户对不同网上金融产品的浏览次数和点击率，以及各种在线调查方式了解客户的喜好与不同需求，设计出有针对性的金融产品以满足其需求，这不仅方便了客户，银行也因此增强了与客户的亲和性，提高了竞争力。

☐ 网络银行业务的监管

由于其特定的运作方式和网络环境，网上银行在给人们带来极大便利的同时，也具有一定的风险。网上银行业务主要存在两类风险：一类是系统安全风险，主要是数据传输风险、应用系统设计的缺陷、计算机病毒攻击等，如果防范不严，可能造成银行资料泄密、威胁用户资金安全的严重后果。另一类是传统银行业务所固有的风险，如信用风险、利率和汇率风险、操作风险等，但这些风险又具有新的内涵。由于银行与客户不直接见面、客户分散、业务区域跨度大、市场变化快等原因，银行难以准确判断客户的信誉状况、抵押品价值变化。同时，网上银行业务在许多方面突破了传统的法律框架，这也给网上银行业务运营和监管带来一些体制性障碍。为有效防范风险，确保网上银行业务运作的安全性，必须加强对网上银行的监督与管理。

随着网上银行业务的快速发展，许多国家对网上银行的监管日益重视。它们十分重视制定比较完整的法律框架和监管规则，包括修改原有规则和出台新的规则等。其主要内容包括以下几项。

网上银行的市场准入。一般对现有银行机构开展网上银行业务不需进行审批，但对设立独立的网上银行法人机构，则要严格审批，批准后单独发给其营业执照。批设网上银行时，尤其重视对安全机制和风险控制的审查。申请者必须提交由独立专家提供的安全评估报告，提交详细的风险识别、判定、监控和处理计划和措施。

网上银行的业务范围。主要是审批网上银行业务范围及竞争方式，即审批是否允许纯网上银行建立分支或代理机构，是否允许网上银行从事网络接入与数据处理服务和一般商业贸易服务等非金融业务等。

对网上银行的日常检查。对网上银行，除实施传统银行业务所必需的检查外，还需进行交易系统安全性、客户资料保密与隐私权保护、电子记录准确性和完整性等方面的专门检查。

银行客户权益保护、法律界定和国际协调。主要涉及网络银行通过电子手段向客户披露、传递业务信息的标准与合法性；电子信息保存标准与安全性；隐私权保护；纠纷处理程序；对洗钱、欺诈等非法活动实施电子跟踪、报告的合法性；对已加密金融信息的解密权限与范围；对跨国界的网上银行业务和客户延伸所引发的监管规则冲突的协商与调整，等等。

目前，一些国家已就网上银行颁布了一系列关于信息保密、计算机和系统安全、网上银行客户权益保护、监管标准等方面的法规和规则，如美国已发布了"网上银行安全性和合理性审查程序"、"网上银行业务中的技术风险管理"和"网上银行审计员手册"；中国香港发布了"对虚拟银行授权的指导原则"、"电子银行服务安全风险管理指引"等。但总的来看，各国对网上银行的监管还处于探索阶段。

我国的网上银行业务发展很快，但目前银行的内控机制较薄弱，技术基础较差，社会信用制度不够健全。同时，随着金融业进一步对外开放，网上银行等现代科技与管理手段的广泛运用，我国金融业的竞争也将更趋激烈。在这种情况下，发展网上银行业务，对银行和金融监管部门都提出了严峻挑战。尽快制定符合我国实际的网上银行监管规则，加强对网上银行业务的监管，已迫在眉睫。目前，中国人民银行正在抓紧这方面的工作，制定管理办法，对网上银行业务的定义和范围、市场准入条件和程序、网上银行业务安全、银行客户合法权益保护、网上银行业务监管要求以及法律责任等，做出明确的规定。

NEW
FUNDAMENTALS OF FINANCE

第6章

非银行金融机构：生机与力量

非银行金融机构主要指除商业银行和专业银行以外的所有金融机构，是随着金融资产多元化、金融业务专业化而产生的。20世纪70年代以来，金融创新活动不断涌现，非银行金融机构起了主要作用，又有力地推动了金融业务的多元化、目标化和证券化，并使得各类金融机构的业务日益综合化，本章通过介绍政策性金融机构、投资银行、投资基金及其他诸如证券公司、信托公司、保险公司等金融机构，旨在让读者能全面了解现实世界中充满生机与力量的非银行金融机构体系。

迅速崛起的全球市场提供了新的赢利机遇……当然直到现在，欧洲债券市场的承销、当地股票债券市场的交易仍然是最根本的获利渠道。投资银行在国际舞台上的活动不过是他们日益国际化的客户们的形象反射。大的机构投资者现在已经惯常把一部分资产投到海外证券市场，在期待资本升值可能的同时，还多了对汇率变动收益的期待。这些人中有共同基金、保险公司，还有养老保险基金和私人资本经理人。大型投资银行理所当然地尾随他们，以防被国外证券公司抢去做生意。

——查理斯·R·吉斯特（Charles R. Geisst）

※章首引语

首先，"证券化"是一个由三个字组成的短语，但也是20世纪90年代华尔街发起的一项新业务。简单地说，这就是指专业金融机构把众多的贷款、抵押贷款或者类似的贷款整合在一起，然后基于新的"组织形式"来发售新一类证券，从中赢利。根据风险的大小，这些以高价发售的证券被分割成相互分离的几个"小块"或者部分。当然，有一些"小块"有着较低的信用等级，但是可以分散风险，受到影响的证券售价会更低。然而，实际上，其透明性和公正性更低——有时候是相当地低。

这些"精明的"金融机构并不是真正的经纪公司，也不是20多年前的唯一中央银行。它们是令人震惊的转变的一部分，这种转变就好像一个绝佳的"故事"，但从来没有人讲起。在1987—2007年间，债务——在各方面，从信用卡到维持美国财政和极不稳定的华尔街的抵押贷款——成为美国最大、增长最快的一项业务。在那20年间，所谓的信用市场债务快速翻了两番，从近11万亿美元增长到48万亿美元。这受到市场、包装和宣传方面变革的支持——实际上，国债不是主要原因，而私债却是主要原因。没有做太多宣传，金融服务部门——银行、证券公司及消费者信贷、保险和抵押贷款部门——在20世纪90年代给制造业注入了活力，让它成为美国私营经济的最大组成部分。到了2004年6月，金融服务占其GDP的比例达到20%~21%，而制造业所占的比例下降到12%~13%。信贷额在公司利润中占据了更大份额。

……有一点是毫无疑问的：金融行业的巨头们对资产担保证券和房屋抵押贷款支持证券很亢奋。它们是行业增长的荷尔蒙，是摇钱树。[1]

---

[1]资料来源：[美] 凯文·菲利普斯. 金融大崩盘[M]. 北京：中信出版社，2008。

在世界金融史上，发展最快的——无论从规模上还是业务领域上——无疑应该非非银行金融机构莫属了。在华尔街，投资银行这类非银行金融机构也是最为活跃的群体，它们几乎塑造了华尔街的辉煌，也见证了华尔街的历史变迁。在凯文·菲利普斯先生的这本书中，那些令华尔街金融行业的巨头们为之亢奋的资产担保证券和房屋抵押贷款支持证券等业务，也都是投资银行等非银行金融机构的创新。这些机构不仅是在种植摇钱树，还可能是在埋下一些地雷。

当然，非银行金融机构远远不止投资银行这个群体，还有很多。但是它们对我们并不遥远，我们要买的保险、我们要交易的股票和基金、我们需要的证券评级资料等都在这个无所不包的机构群体里可以找到身影。我们不免要问：它们为什么存在？它们都在金融市场上做了什么？它们又能为我们提供什么金融服务？

非银行金融机构主要指除商业银行和专业银行以外的所有金融机构，是随着金融资产多元化、金融业务专业化而产生的。20 世纪 70 年代以来，金融创新活动不断涌现，非银行金融机构起了主要作用，又有力地推动了金融业务的多元化、目标化和证券化，并使得各类金融机构的业务日益综合化，本章通过介绍政策性金融机构、投资基金、投资银行及其他诸如证券公司、信托公司、保险公司等金融机构，旨在让读者能全面了解现实世界中充满生机与力量的非银行金融机构体系。

6.1　政策性金融机构

□ 政策性金融机构的含义

政策性金融机构的概念

政策性金融机构是指那些由政府或政府机构发起、出资创立、参股或保证的，不以利润最大化为经营目的，在特定的业务领域内从事政策性融资活动，以贯彻和配合政府的社会经济政策或意图的金融机构。

政策性金融机构主要产生于一国政府提升经济发展水平和安排社会经济发展战略或产业结构调整的政策要求。一般来说，处在现代化建设起步阶段的经济欠发达国家，由于国家财力有限，不能满足基础设施建设和战略性资源开发所需的巨额、长期投资需求，最需要设立政策性金融机构；一些经济结构需要进行战略性调整或升级，薄弱部门和行业需要重点扶持或强力推进的国家，设立政策性金融机构，以其特殊的融资机制，将政府和社会资金引导到重点部门、行业和企业，可以弥补单一政府导向的财政的不足和单一市场导向的商业性金融的不足。

政策性金融机构是特殊的金融企业

一方面，政策性金融机构具有政策性。作为政府机构，政策性金融机构要服从和服务于政府的某种特殊的产业或社会政策目标，要执行国家的宏观经济政策，从政府的角度和社会公共利益出发，按照政府的经济政策和意图从事投融资活动，对特定的贷款项目或企业予以政策性的支持，比如通过发放利率优惠的贷款，期限较长的贷款等方式支持被扶持对象。而政府为了保证政策性金融机构的有效运转，必须为其提供贴息、税收以及融资方面的各种优惠政策。另一方面，政策性金融机构具有金融性。作为金融企业，政策性金融机构要按金融运行的一般规则办事，即要遵循货币信用规律，保障其正常运转和社会金融秩序的稳定，它与其他金融企业一样要进行经济核算，讲求保本经营。政策性金融机构的资金不同于财政资金，因而不能采用无偿拨款方式、赈济方式或配给方式，政策性金融机构的资金使用是有偿的，是要支付利息的。

政策性金融机构的政策性与金融性是辩证统一的。其中，政策性是前提，是方向；金融性是基础，是实现政策性的手段。如果只强调政策性而忽视金融性，则政策性金融机构就只能是一个政府机构；但只强调金融性，而忽视政策性，则它就只能是一个一般的商业性金融机构。所以，必须把两者紧密结合起来，才能构成一个完整意义上的政策性金融机构。

□ 政策性金融机构的主要特点

有政府的财力支持和信用保证

从社会整体看，需要一种条件较好、有一定财政背景支持、不以赢利为主要目的、扶助弱势产业和企业的金融机构。所以，政策性金融机构从其诞生之日起，就被打上政府的烙印。它一般由政府创设和倡导，甚至由政府直接经管，政府也要为政策性金融机构提供运作条件。政策性金融机构的资本金由政府拨付，政策性银行筹资由政府担保，筹资成本和贷款利差由政府补贴，呆账损失最终也由财政补贴。政策性金融机构资金的来源决定了政策性金融机构必须依据政府宏观决策和法规行事，为政府出台实施的产业政策、经济政策服务，实施政府意图。

不以追求利润最大化为目的

从各国经验看，政策性金融机构设立和发展有其自身的规律。总体上说，它应该以援助弱势产业为战略目标，为政策性业务进行融资。政策性金融机构不以追求利润为最终目标的特点有别于以赢利为目的的其他商业性金融机构，它不追求利润最大化，追求的是市场业绩与国家特定社会经济政策和发展战略的统一。但这并不意味着政策性金融机构就可以放弃利润的获取，也绝不是社会福利和慈善事业。它以强化造血功能为宗旨，有时需要进行必要的输血，但不能成为扶贫和救济的取款机；它虽然有政府财政支持的背景，一定程度上代表着国家产业政策的支持方向，但又要求还本甚至付息，一般要遵守"好借好还，下回不难"的银行铁律。因此，把握好政策性与市场规律之间的关系，协调好扶助与保本甚至赢利之间的矛盾，是政策性金融机构生存和发展的关键。

具有特殊的融资机制

政策性金融机构的融资机制既不同于商业性金融机构，也不同于政府财政。它的资金来源除了国有资本外，主要通过发行债券、借款和吸收长期性存款获得，是高成本负债，而它的资金运用则主要是长期低息贷款，通常都是商业性金融机构所不愿或无法经营的，这样的负债和资产结构安排是通过由国家进行利息补贴、承担部分不良债权或相关风险等来实现的。但是，政策性金融机构的融资又明显不同于财政，它的基本运作方式是信贷，通常情况下要保证资金的安全运营和金融机构的自我发展能力，因此，在符合国家宏观经济发展和产业政策要求的前提下，行使自主的信贷决策权，独立地进行贷款项目可行性评价和贷款审批，以保证贷款的安全和取得预期的社会经济效益以及相应的直接经济效益。

具有特定的业务领域

政策性金融机构不与商业性金融机构进行市场竞争，它的服务领域或服务对象一般都不适于商业性金融机构，而是那些受国家经济和社会发展政策重点或优先保护，需要以巨额、长期和低息贷款支持的项目或企业。在某些特定领域，如外贸，特别是大型工程和项目，需要政策性金融机构支持已经成了国际惯例，甚至成为这方面企业参与国际竞争、拥有国际竞争力的主要因素之一。

□ 政策性金融机构的主要类型

对于政策性金融机构，我们可以按照其业务领域和服务对象进行划分，主要有以下几种。

经济开发政策性金融机构

经济开发政策性金融机构是指那些专门为经济开发提供长期投资或贷款的金融机构。这种金融机构多以"开发银行"、"复兴银行"、"开发金融公司"、"开发投资公司"等称谓，如：日本开发银行、德国复兴信贷银行、美国复兴金融公司、加拿大联邦实业开发银行、意大利工业复兴公司、新加坡开发银行、印度工业开发银行、巴基斯坦工业开发银行、国际复兴开发银行、亚洲开发银行、中国国家开发银行，等等。这些金融机构多以促进工业化，配合国家经济发展振兴计划或产业振兴战略为目的而设立，其贷款和投资多以基础设施、基础产业、支柱产业的大中型基本建设项目和重点企业为对象。中国国家开发银行成立于1994年3月，注册资本500亿元人民币，总部设在北京，在国内若干城市设有分行或代表处。

农业政策性金融机构

农业政策性金融机构是指专门为农业提供中长期低息贷款，以贯彻和配合国家农业扶持和保护政策的政策性金融机构，如美国农民家计局、英国农业信贷公司、法国农业信贷银行、德国农业抵押银行、日本农林渔业金融公库、印度国家农业及农村开发银行、巴基斯坦农业开发银行、国际农业发展基金、国际农业信贷联合会、亚洲太平洋地区农业信贷协会、中国农业发展银行等。这些金融机构多以推进农业现代化进程、贯彻和配合国家振兴农业计划和农业保护政策为目的而设立，其资金多来源于政府拨款、发行以政府为担保的债券、吸收特定存款和向国内外市场借款，贷款和投资多用于支持农业生产经营者的资金需要、改善农业结构、兴建农业基础设施、支持农产品价格、稳定和提高农民收入等。中国农业发展银行成立于1994年11月，总部设在北京，在全国各省、自治区、直辖市广泛设立分支机构。

进出口政策性金融机构

进出口政策性金融机构是指一国为促进进出口贸易，促进国际收支平衡，尤其是支持和推动出口的政策性金融机构。如美国进出口银行、加拿大出口发展公司、英国出口信贷担保局、法国对外贸易银行、德国出口信贷银行、日本进出口银行、印度进出口银行、新加坡出口信贷保险公司、非洲进出口银行、拉丁美洲出口银行、中国进出口银行，等等。这些金融机构，有的为单纯的信贷机构，有的为单纯的担保和保险机构，有的则为既提供信贷又提供贷款担保和保险的综合性机构，其宗旨都是为贯彻和配合政府的进出口政策，支持和推动本国出口。这些机构在经营过程中，以国家财力为后盾，由政府提供必要的营运资金和补贴，承担经营风险。中国进出口银行成立于1994年5月，注册资本33.8亿元人民币，总部设在北京，在国内若干城市和个别国家设有代表处。

住房政策性金融机构

住房政策性金融机构是指专门扶持住房消费，尤其是扶持低收入者进入住房消费市场，以贯彻和配合政府的住房发展政策和房地产市场调控政策的政策性金融机构。如美国联邦住房贷款银行、美国联邦住房抵押贷款公司、美国联邦全国抵押协会、美国政府全国抵押协会、加拿大抵押贷款和住房公司、法国房地产信贷银行、挪威国家住房银行、德国住房储蓄银行、日本住宅金融公库、印度住房开发金融公司、泰国政府住房银行、新西兰住房贷款公司、韩国住房银行，等等。这些机构一般都通过政府出资、发行债券、吸收储蓄存款或强制性储蓄等方式集中资金，再以住房消费贷款和相关贷款、投资和保险等形式将资金用以支持住房消费和房地产开发资金的流动，以达到刺激房地产业发展，改善低收入者住房消费水平，贯彻实施国家住房政策的目的。中国目前在一些城市已成立了经政府批准的商品住宅基金会或住房合作基金会，以满足住房基地开发、建设和流通周转性资金的需要，推动住房商品化和房地产市场的建立和发展。

中小企业政策性金融机构

中小企业政策性金融机构是专门向中小企业提供政策性优惠贷款与担保的金融机构。中小企业在各国的经济发展中发挥着越来越重要的作用，但是由于企业规模小、交易成本相对较高、信息透明性较差、自有资本少、发展带有一定的不确定性等原因，商业金融体系愿意提供的资金数额与中小企业在发展过程中对资本的需求始终存在着资金缺口，融资难成了制约中小企业发展的主要因素。为促进中小企业对现有金融体系的利用，解决融资难问题，不少国家都成立了中小企业政策性金融机构，如美国的小企业管理局、小企业投资公司，日本的国民金融公司、商工组合金融公库、中小企业金融公库、小企业信用保证协会、中小企业信用保险公司，韩国的产业银行、信用担保基金，法国的中小企业设备信贷银行，泰国的产业金融公司等。

专栏 6-1　　　　**中国的三大政策性银行**

1994 年，我国组建了三家政策性银行，即国家开发银行、中国进出口银行、中国农业发展银行，均直属国务院领导。

国家开发银行于 1994 年 3 月成立，以"增强国力，改善民生"为使命。具体来说，其设立的主要目的是：一方面为国家重点建设融通资金，保证关系国民经济全局和社会发展的重点建设顺利进行；另一方面把当时分散管理的国家投资基金集中起来，建立投资贷款审查制度，赋予开发银行一定的投资贷款决策权，并要求其承担相应的责任与风险，以防止盲目投资，重复建设。国家开发银行贯彻国家宏观经济政策，筹集和引导社会资金，缓解经济社会发展的瓶颈制约，致力于以融资推动市场建设和规划先行，支持国家基础设施、基础产业、支柱产业和高新技术等领域的发展和国家重点项目建设；向城镇化、中小企业、"三农"、教育、医疗卫生和环境保护等社会发展瓶颈领域提供资金支持，促进科学发展和和谐社会的建设；配合国家"走出去"战略，积极拓展国际合作业务。

中国进出口银行成立于 1994 年，是政府全资拥有的国家政策性银行，其国际信用评级与国家主权评级一致。目前在国内设有 9 家营业性分支机构和 5 个代表处，在境外设有东南非代表处和巴黎代表处；与 140 家银行建立了代理行关系。中国进出口银行的主要职责是贯彻执行国家产业政策、外经贸政策、金融政策和外交政策，创造公平、透明、稳定的对外贸易环境，扩大我国机电产品、成套设备和高新技术产品出口，推动有比较优势的企业开展对外承包工程和境外投资，促进对外关系发展和国际经贸合作，提供政策性金融支持。

　　中国农业发展银行成立于 1994 年 4 月，注册资本为 200 亿元人民币，设立的目的在于为了集中财力解决农业和农村经济发展的合理的政策性资金需要，促进主要农产品收购资金的封闭运行。目前，中国农业发展银行的主要任务是：按照国家的法律、法规和方针、政策，以国家信用为基础，筹集农业政策性信贷资金，承担国家规定的农业政策性和经批准开办的涉农商业性金融业务，代理财政性支农资金的拨付，为农业和农村经济发展服务。其成立以来，全面贯彻落实国家粮棉购销政策和有关经济、金融政策，为国家实施宏观调控、确保国家粮食安全、保护广大农民利益、促进农业和农村经济发展发挥了重要作用。

□ 政策性金融机构的特殊职能

倡导性职能

　　倡导性职能是指政策性金融机构以直接的资金投放或间接地吸引民间或私人金融机构从事符合政府政策意图的放款，以发挥其首倡引导功能，引导资金的流向。比如，政策性银行一旦决定对某些产业提供贷款，则反映了经济发展的长远目标，表明政府对这些部门的扶持意愿，从而增强了其他金融机构的投资信心，降低了这些部门的投资风险。其他金融机构就会放宽对这些部门的投资审查，纷纷协同投资。而一旦某一产业的投资热情高涨，政策性银行就可以减少对该行业的投资份额，转而扶持其他行业的发展。这就体现了它的政策意图的倡导性，形成了对民间资金运用方向的诱导机制，促使政府政策目标的实现。

选择性职能

　　选择性职能是指政策性金融机构对其融资领域或部门是有选择的，不是不加分别地任意融资。从表面看，其服务对象、服务领域是由政府选定的，但从实质而言却是市场机制选择的结果。如对某些重要的基础产业，如果市场机制能够选择它，那么依靠市场机制的作用它会得到相应的资源配置，任何形式的政府干预都是多余的，不必要的。只有在市场机制不予选择时，才由政府以行政机制予以选择。所以，尊重市场机制的选择是前提，对商业性金融机构不愿融资的领域才有可能得到政策性金融机构的支持。世界各国政策性金融机构的活动领域，如中小企业、住房、农业、落后地区的开发等，正是商业性金融机构不予选择或不愿意选择的领域。但是，并不是所有这样的领域都能得到政策性金融机构的支持，作为金融企业，政策性金融机构只能选择那些有一定经济效益、贷款能够回收的项目，其中包括虽不赢利但财政提供担保和补贴的项目。

补充性职能

　　补充性职能是指政策性金融机构的金融活动具有补充和完善以商业性金融机构为主体的金融体系的职能，弥补商业性金融活动的不足。对于一些商业性金融机构不愿或无力选择的产业、项目，政策性金融机构以直接投资或提供担保的方式引导资金流向，进行融资补充。主要表现在：对技术、市场风险较高的领域进行倡导性投资；对投资回收期限过长，投资回报率低的项目进行融资补充；对于成长中的扶持性产业给予优惠利率放款。

服务性职能

政策性金融机构的经营活动具有相当的专业性，在其服务的领域内积累了丰富的实践经验和专业技能，聚集了一大批精通业务的专业技术人才，可以为企业提供各方面的服务。如中小企业银行为企业分析财务结构，诊断经营情况，提供经济信息，沟通外部联系；农业发展银行收购农副产品，并为农业提供技术服务；进出口银行为进出口信用提供偿付保证，提供国际商情，分析汇率风险；开发银行为各种重大投资项目提供经济及社会效益评估，等等。同时，政策性金融机构因长期在某一领域从事活动，成为政府在该领域事务的助手或顾问，它参与政府有关计划的制订，甚至代表政府组织实施该方面的政策计划或产业计划。

6.2　投资基金

□ 投资基金的概念及特点

投资基金是通过发行基金券（包括基金股份和受益凭证），将众多投资者分散的资金集中起来。由专业的投资机构分散投资于股票、债券或其他金融资产，并将投资收益分配给基金持有者的投资制度。

世界各国（或地区）对投资基金的称谓各不相同，美国称"共同基金"或"互助基金"，也称"投资公司"，英国和中国香港地区称"单位信托基金"，日本、韩国和中国台湾地区则称"证券投资信托基金"。尽管称谓各异，但特点并无本质不同，可以归纳为以下几方面。

规模经营。投资基金将众多小额资金汇集起来，其经营具有规模优势，可以降低交易成本；对于筹资方来说，也可有效降低发行费用。基金可以最广泛地吸收社会闲散资金，集腋成裘，汇成规模巨大的投资资金。在参与证券投资时，资本越雄厚，优势越明显，而且可能享有大额投资在降低成本上的相对优势，从而获得规模效益的好处。

分散风险。在投资活动中，风险和收益总是并存的，因此，"不能将所有的鸡蛋都放在一个篮子里"，这是证券投资的箴言。投资基金可以将资金通过有效的投资组织分散投资到多种证券或资产上，从而最大限度地降低非系统性风险，同时也可以借助于资金庞大和投资者众多的性质使每个投资者面临的投资风险变小，达到分散投资风险的目的。

专业理财。一方面，投资基金由具有专业知识的人员管理，特别是有精通投资业务的投资银行的参与，具有丰富的证券投资和其他项目投资经验，能够更好地利用各种金融工具，抓住各个市场的投资机会，创造更好的收益。另一方面，投资基金发行、收益分配、交易、赎回都有专业的机构负责，特别是可以将收益自动转化为再投资，使整个投资过程轻松、简便。

□ 投资基金的种类

根据投资基金的不同标准可将其划分为不同的种类。

根据组织形式可分为公司型基金和契约型基金

公司型基金，是根据公司法成立的、以赢利为目的的股份公司形式的基金，其特点是基金本身是股份制的投资公司，基金公司通过发行股份筹集资金，投资者通过购买基金公司股份而成为其股东，享有基金收益的索取权。

契约型基金，是依据一定的信托契约组织起来的基金，其中作为委托人的基金管理公司通过发行受益凭证等筹集资金，并将其交由受托人（基金保管公司）保管，本身则负责基金的投资营运，而投资者则是受益人，凭基金受益凭证索取投资收益。

根据基金单位能否增加或赎回可分为开放型基金和封闭型基金

开放型基金，也叫开放式基金是指基金在设立时发行的基金总额不固定，可继续发行新的基金券，投资者可随时认购或赎回基金券，而购买或赎回的价格由基金净值决定。其特点有：①开放型基金的发行和转让不需要证券交易所批准，一般也不通过交易所进行买卖，而是在首次发行结束后的一段时间（一般为3个月）开设内部交易柜台，投资者可随时在此缴款认购，或将手中的基金券卖给基金（即赎回）；②开放型基金的单位卖出价是根据基金单位资产净值加3%～5%的首次购买费，基金单位赎回价与基金单位净值相等，不会产生溢价或折价；③开放型基金因为存在赎回压力，故一般投资于开放程度高、规模大的市场，不能将全部资金进行长期投资。

封闭型基金，是指基金发行总额是固定的，且规定封闭期，在封闭期内不能发行新的基金券，投资者也不得向基金管理公司要求赎回，而只能采取在证券交易所上市的办法解决基金的流通问题。封闭期满后，投资者可直接向基金管理公司赎回现金。

根据投资目标可分为收入型基金、成长型基金和平衡型基金

收入型基金，是以获取最大的当期收入为目标的投资基金，其特点是损失本金的风险小，但长期成长的潜力也相应较小，适合较保守的投资者。收入型基金又可分为固定收入型和权益收入型两种：前者主要投资于债券和优先股股票；后者则主要投资于普通股。

成长型基金，是以追求资本的长期增值为目标的投资基金，其特点是风险较大，可以获取的收益也较大，适合能承受高风险的投资者。成长型基金又可分为三种：一是积极成长型，这类基金通常投资于有高成长潜力的股票或其他证券；二是新兴成长型基金，这类基金通常投资于新行业中有成长潜力的小公司或有高成长潜力行业（如高科技）中的小公司；三是成长收入基金，这类基金兼顾收入，通常投资于成长潜力大、红利也较丰厚的股票。

平衡型基金，将资产分别投资于两种不同特性的证券上，并在以取得收入为目的的债券及优先股和以资本增值为目的的普通股之间进行平衡。这种基金一般将25%～50%的资产投资于债券及优先股，其余的投资于普通股。平衡型基金的主要目的是从其投资组合的债券中得到适当的利息收益，与此同时又可以获得普通股的升值收益。投资者既可获得当期收入，又可得到资金的长期增值，通常是把资金分散投资于股票和债券。平衡型基金的特点是风险比较低，缺点是成长的潜力不大。

按投资标的可分为债券基金、股票基金、货币市场基金和指数基金

债券基金，是一种以债券为主要投资对象的证券投资基金。由于债券的年利率固定，因而这类基金的风险较低，适合于稳健型投资者。通常债券基金收益会受货币市场利率的影响，当市场利率下调时，其收益就会上升；反之，若市场利率上调，则基金收益率下降。除此之外，汇率也会影响基金的收益，管理人在购买非本国货币的债券时，往往还在外汇市场上做套期保值。

股票基金，是指以股票为主要投资对象的证券投资基金，其投资目标侧重于追求资本利益和长期资本增值。基金管理人拟定投资组合，将资金投放到一个或几个国家，甚至是全球的股票市场，以达到分散投资、降低风险的目的。投资者之所以钟爱股票基金，原因在于可以有不同的风险类型供选择，而且可以克服股票市场普遍存在的区域性投资限制的弱点。此外，还具有变现性强、流动性强等优点。由于聚集了巨额资金，几只甚至一只基金就可以引发股市动荡，所以各国政府对股票基金的监管都十分严格，不同程度地规定了基金购买某一家上市公司的股票总额不得超过基金资产净值的一定比例，防止基金过度投机和操纵股市。

货币市场基金，是以货币市场为投资对象的一种基金，其投资工具期限在一年内，包括银行短期存款、国库券、公司债券、银行承兑票据及商业票据等。通常，货币基金的收益会随着市场利率的下跌而降低，与债券基金正好相反。货币市场基金通常被认为是无风险或低风险的投资，它只有一种分红方式——红利转投资。货币市场基金每份单位始终保持在1元，超过1元后的收益会按时自动转化为基金份额，拥有多少基金份额即拥有多少资产。

指数基金，是指按照某种指数构成的标准购买该指数包含的全部或者一部分证券的基金，其目的在于达到与该指数同样的收益水平，实现与市场同步成长。其特点是：它的投资组合等同于市场价格指数的权数比例，收益随着当期的价格指数上下波动。当价格指数上升时基金收益增加，反之收益减少。基金始终保持当期的市场平均收益水平，因而收益不会太高，也不会太低。指数基金的优势是：第一，费用低廉，指数基金的管理费较低，尤其交易费用较低；第二，风险较小，由于指数基金的投资非常分散，可以完全消除投资组合的非系统风险，而且可以避免由于基金持股集中带来的流动性风险；第三，以机构投资者为主的市场中，指数基金可获得市场平均收益率，可以为股票投资者提供更好的投资回报；第四，指数基金可以作为避险套利的工具。对于投资者尤其是机构投资者来说，指数基金是他们避险套利的重要工具。指数基金由于其收益率的稳定性和投资的分散性，特别适用于社保基金等数额较大、风险承受能力较低的资金投资。

专栏 6-2　　　　　　　**投资基金历史**

投资基金起源于英国，却盛行于美国。第一次世界大战后，美国取代了英国成为世界经济的新霸主，一跃从资本输入国变为主要的资本输出国。随着美国经济运行的大幅增长，日益复杂化的经济活动使得一些投资者越来越难于判断经济动向。为了有效促进国外贸易和对外投资，美国开始引入投资信托基金制度。1926年，波士顿的马萨诸塞金融服务公司设立了"马萨诸塞州投资信托公司"，成为美国第一个具有现代面貌的共同基金。在此后的几年中，基金在美国经历了第一个辉煌时期。到20世纪20年代末期，所有的封闭式基金总资产已达28亿美元，开放型基金的总资产只有1.4亿美元，但后者无论在数量上还是在资产总值上的增长率都高于封闭型基金。20年代每年的资产总值都有20%以上的增长，1927年的增长率更超过100%。

1929 年全球股市的大崩盘，使刚刚兴起的美国基金业遭受了沉重的打击。随着全球经济的萧条，大部分投资公司倒闭，残余的也难以为继。但比较而言，封闭式基金的损失要大于开放式基金。此次金融危机使得美国投资基金的总资产下降了 50% 左右。此后的整个 30 年代中，证券业都处于低潮状态。面对大萧条带来的资金短缺和工业生产率低下，人们投资信心丧失，再加上第二次世界大战的爆发，投资基金业一度裹足不前。危机过后，美国政府为保护投资者利益，制定了 1933 年的《证券法》、1934 年的《证券交易法》，之后又专门针对投资基金的制定了 1940 年的《投资公司法》和《投资顾问法》。《投资公司法》详细规范了投资基金的组成及管理的法律要件，为投资者提供了完整的法律保护，为日后投资基金的快速发展，奠定了良好的法律基础。投资基金已风行世界各国。美国四分之一的家庭投资于投资基金（在美国叫做共同基金）。基金业已成为仅次于商业银行的第二大金融产业，并在股票市场上唱主角。进入 20 世纪 90 年代，美国新投入股票市场的资金有 80% 来自共同基金。1993 年，美国个人投资仅占股票市值的 20%，而共同基金已超过了 50%。

□ 证券投资基金的发行

基金的发行是指投资基金管理公司在基金发行申请经有关部门批准之后，将基金受益凭证向个人投资者、机构投资者或社会推销出去的经济活动。

基金的发行方式主要有以下两种：

一种是基金管理公司自行发行（直接销售方式）。基金的直接销售方式是指投资基金的股份不通过任何专门的销售组织而直接面向投资者销售。这是最简单的发行方式。在这种销售方式中，投资基金的股份按净资产价值出售，出价与报价相同，即所谓的不收费基金。

另一种是通过承销机构代发行（包销方式）。在这种方式下，投资基金的大部分股份是通过经纪人——也就是基金的承销人——包销的。我国的基金的销售大部分是这种方式。

在基金的分销渠道方面，目前最新的发展是银行和保险公司参与基金的分销业务。

□ 证券投资基金的交易

基金的交易方式

基金交易方式因基金性质不同而不同。封闭式基金因有封闭期规定，在封闭期内基金规模稳定不变，既不接受投资者的申购也不接受投资者的赎回，因此，为满足投资者的变现需要，封闭式基金成立后通常申请在证券交易所挂牌，交易方式类似股票，即在投资者之间转手交易。而开放式基金因其规模是"开放"的，在基金存续期内其规模是变动的，除了法规允许自基金成立日始基金成立满三个月期间，依基金契约和招募说明书规定，可只接受申购不办理赎回外，其余时间如无特别原因，应在每个交易日接受投资者的申购与赎回。因此，开放式基金的交易方式为场外交易，在投资者与基金管理人或其代理人之间进行交易，投资者可到基金管理公司或其代理机构的营业网点进行基金券的买卖，办理基金单位的随时申购与赎回。

封闭式基金的交易及价格变动

封闭式基金交易是指封闭式基金发行募集成功后，基金管理公司向证券交易所提出上市申请，获准后在市场上进行交易活动。

（1）封闭式基金的交易特点。封闭式基金上市交易有下列特点：①基金单位的买卖委托采用"公开、公平、公正"原则和"价格优先、时间优先"的原则。②基金交易委托以标准手数为单位进行。③基金单位的交易价格以基金单位资产净值为基础，受市场供求关系的影响而波动。④在证券市场的营业厅可以随时委托买卖基金单位。

封闭式基金的交易价格是指封闭式基金在证券市场挂牌交易时的价格。封闭式基金的买卖价格以基金单位的资产净值为基础，但也由市场供求来确定，行情即时揭示。所以，封闭式基金单位交易过程中经常会出现溢价或折价的现象。

（2）影响封闭式基金价格变动的因素。基金单位净资产和市场供求关系是影响封闭式基金市场价格的主要因素，但其他因素也会导致其价格波动。

基金单位净资产值。基金单位净资产值是指在某一时点上某一基金每份基金单位实际代表的价值，是基金单位的内在价值。由于基金单位净资产值直接反映一个基金的经营业绩和相对于其他证券品种的成长性；同时，也由于基金单位净资产值是基金清盘时投资者实际可得到的价值补偿，因此，基金单位净资产值是影响封闭式基金市场价格的最主要因素。在一般情况下，基金单位的市场价格应围绕基金单位净资产值上下波动。

市场供求关系。由于封闭式基金成立后，在存续期内其基金规模是稳定不变的，因此，市场供求状况的存在对基金交易价格产生重要影响。一般而言，当市场需求增加时，基金单位的交易价格就上升；反之，就下跌，从而使基金价格相对其单位净值而言经常出现溢价或折价交易的现象。

市场预期。市场预期通过影响供求关系而影响基金价格。当投资者预期证券市场行情看涨，或基金利好政策将出台，或基金管理人经营水平提高，基金净资产值将增加，或基金市场将"缩容"等时，将增加基金需求从而导致基金价格上涨；反之，将减少基金需求从而导致基金价格下跌。

操纵。如同股票市场一样，基金市场也存在着"坐庄"操纵现象。由于封闭式基金的"盘子"是既定的，因此资金实力大户往往通过人为放大交易量或长期单向操作来达到影响市场供求关系及交易价格，达到从中获利的目的。

开放式基金的出现及基金清算。由于开放式基金的交易价格是完全由基金单位净资产值决定的，因此，当同为证券投资基金的开放式基金出现时，封闭式基金的投资将逐渐趋向理性，基金交易价格将逐渐与基金净资产值趋于一致。同样，随着封闭式基金存续期逐渐走向完结，基金终止清算期的来临，基金交易价格也将逐渐回复到其净资产值的水平上。

开放式基金的交易及交易价格

（1）开放式基金的认购、申购、赎回。投资者在开放式基金募集期间、基金尚未成立时购买基金单位的过程称为认购。通常认购价为基金单位面值（1元）加上一定的销售费用。基金初次发行时一般会对投资者有费率上的优惠。投资者在认购基金时，应在基金销售点填写认购申请书，交付认购款项，注册登记机构办理有关手续并确认认购。只有当开放式基金宣布成立后，经过规定的日期，基金才能进入日常的申购和赎回。在基金成立后，投资者通过基金管理公司或其销售代理机构申请购买基金单位的过程称为申购。投资者办理申购时，应填写申购申请书并交付申购款项。申购基金单位的金额是以申购日的基金单位资产净值为基础计算的。投资者为变现其基金资产，将手持基金单位按一定价格卖给基金管理人，并收回现金的过程称为赎回。赎回金额是以当日的单位基金资产净值为基础计算的。

（2）开放式基金申购、赎回的限制。根据有关法规及基金契约的规定，开放式基金的申购与赎回主要有如下限制。①基金申购限制。基金在刊登招募说明书等法律文件后，开始向法定的投资者进行招募。依据国内基金管理公司已披露的开放式基金方案来看，首期募集规模一般都有一个上限。在首次募集期内，若最后一天的认购份额加上在此之前的认购份额超过规定的上限时，则投资者只能按比例进行公平分摊，无法足额认购。开放式基金除规定有认购价格外，通常还规定有最低认购额。另外，根据有关法律和基金契约的规定，对单一投资者持有基金的总份额还有一定的限制，如不得超过本基金总份额的10%等。②基金赎回限制。开放式基金赎回方面的限制，主要是对巨额赎回的限制。根据《开放式证券投资基金试点办法》的规定，开放式基金单个开放日中，基金净赎回申请超过基金总份额的10%时，将被视为巨额赎回。巨额赎回申请发生时，基金管理人在当日接受赎回比例不低于基金总份额的10%的前提下，可以对其余赎回申请延期办理。也就是说，基金管理人根据情况可以给予赎回，也可以拒绝这部分的赎回，被拒绝赎回的部分可延迟至下一个开放日办理，并以该开放日当日的基金资产净值为依据计算赎回金额。当然，发生巨额赎回并延期支付时，基金管理人应当通过邮寄、传真或者招募说明书规定的其他方式，在招募说明书规定的时间内通知基金投资人，说明有关处理方法，同时在指定媒体及其他相关媒体上公告。通知和公告的时间，最长不得超过三个证券交易日。

（3）开放式基金的申购、赎回价格。开放式基金的交易价格即为申购、赎回价格。开放式基金申购和赎回的价格是建立在每份基金净值基础上的，以基金净值再加上或减去必要的费用，就构成了开放式基金的申购和赎回价格。①基金的申购价格，是指基金申购申请日当天每份基金单位净资产值再加上一定比例的申购费所形成的价格，它是投资者申购每份基金时所要付出的实际金额。②基金的赎回价格，是指基金赎回申请日当天每份基金单位净资产值再减去一定比例的赎回费所形成的价格，它是投资者赎回每份基金时可实际得到的金额。

🏛 6.3 投资银行

☐ 投资银行概述

投资银行的定义

投资银行是证券和股份公司制度发展到特定阶段的产物，是发达证券市场和成熟金融体系的重要主体，在现代社会经济发展中发挥着沟通资金供求、构造证券市场、推动企业并购、促进产业集中和规模经济形成、优化资源配置等重要作用。

由于投资银行业的发展日新月异，对投资银行的界定也显得十分困难。投资银行是美国和欧洲大陆的称谓，英国称为商人银行，在日本和我国则指证券公司。由于欧洲金融业在历史上多采取混业经营，事实上独立的"商人银行"数量不多，大部分都是综合性银行或"全能银行"，即同时经营商业银行和投资银行业务。

　　即使身在华尔街的专业人士，也很难对投资银行做一个一致的界定，这是因为投资银行业务的纷繁复杂所致，现在国际上对投资银行的定义主要有以下四种：

　　第一种，任何经营华尔街金融业务的金融机构都可以称为投资银行；

　　第二种，只有经营一部分或全部资本市场业务的金融机构才是投资银行；

　　第三种，把从事证券承销和企业并购的金融机构称为投资银行；

　　第四种，仅把在一级市场上承销证券和在二级市场上交易证券的金融机构称为投资银行。

　　投资银行是现代金融业适应现代经济发展形式的一个新兴行业。它区别于其他相关行业的显著特点是：其一，它属于金融服务业，这是区别一般性咨询、中介服务业的标志；其二，它主要服务于资本市场，这是区别商业银行的标志；其三，它是智力密集型行业，这是区别其他专业性金融服务机构的标志。

投资银行类型

　　当前世界的投资银行主要有以下四种类型：

　　（1）独立的专业性投资银行。这种形式的投资银行在全世界范围内广为存在，美国的高盛公司、美林公司、所罗门兄弟公司、摩根·士丹利公司、第一波士顿公司，日本的野村证券、大和证券、日兴证券、山一证券，英国的华宝公司、宝源公司等均属于此种类型，并且，它们都有各自擅长的专业方向。

　　（2）商业银行拥有的投资银行（商人银行）。这种形式的投资银行主要是商业银行对现存的投资银行通过兼并、收购、参股或建立自己的附属公司形式从事商人银行及投资银行业务。这种形式的投资银行在英、德等国非常典型。

　　（3）全能性银行直接经营投资银行业务。这种类型的投资银行主要在欧洲大陆，它们在从事投资银行业务的同时也从事一般的商业银行业务。

　　（4）一些大型跨国公司兴办的财务公司。

投资银行和商业银行的区别

　　尽管在名称上都冠有"银行"字样，但实质上投资银行与商业银行之间存在着明显差异：从市场定位上看，银行是货币市场的核心，而投资银行是资本市场的核心；从服务功能上看，商业银行服务于间接融资，而投资银行服务于直接融资；从业务内容上看，商业银行的业务重心是吸收存款和发放贷款，而投资银行既不吸收各种存款，也不向企业发放贷款，业务重心是证券承销、公司并购与资产重组；从收益来源上看，商业银行的收益主要来源于存贷利差，而投资银行的收益主要来源于证券承销、公司并购与资产重组业务中的手续费或佣金。此外，投资银行还向投资者提供证券经纪服务和资产管理服务，并运用自有资本，在资本市场上进行投资或投机交易。表6-1列出了投资银行和商业银行的比较。

表6-1　　　　　　　　　　投资银行与商业银行的比较

项　　目	投　资　银　行	商　业　银　行
本源业务	证券承销	存贷款
功能	直接融资，并侧重长期融资	间接融资，并侧重短期融资
业务概貌	无法用资产负债反映	表内与表外业务
主要利润来源	佣金	存贷款利差

续表

项　目	投资银行	商业银行
经营方针与原则	在控制风险的前提下更注重开拓	追求收益性、安全性、流动性三者结合，坚持稳健原则
监管部门	主要是证券管理机构	中央银行
风险特征	一般情况下，投资人面临的风险较大，投资银行风险较小	一般情况下，存款人面临的风险较小，商业银行风险较大

□ 投资银行的发展趋势

近 20 年来，在国际经济全球化和市场竞争日益激烈的趋势下，投资银行业完全跳开了传统证券承销和证券经纪狭窄的业务框架，跻身于金融业务的国际化、多样化、专业化和集中化之中，努力开拓各种市场空间。这些变化不断改变着投资银行和投资银行业，对世界经济和金融体系产生了深远的影响，并已形成鲜明而强大的发展趋势。

投资银行业务的多样化趋势

20 世纪六七十年代以来，西方发达国家开始逐渐放松了金融管制，允许不同的金融机构在业务上适当交叉，为投资银行业务的多样化发展创造了条件。到了 80 年代，随着市场竞争的日益激烈以及金融创新工具的不断发展完善，更进一步强化了这一趋势的形成。如今，投资银行已经完全跳出了传统证券承销与证券经纪狭窄的业务框架，形成了证券承销与经纪、私募发行、兼并收购、项目融资、公司理财、基金管理、投资咨询、资产证券化、风险投资等多元化的业务结构。

投资银行的国际化趋势

投资银行业务全球化有深刻的原因。其一，全球各国经济的发展速度、证券市场的发展速度快慢不一，使得投资银行纷纷以此作为新的竞争领域和利润增长点，这是投资银行向外扩张的内在要求。其二，国际金融环境和金融条件的改善，客观上为投资银行实现全球经营准备了条件。早在 20 世纪 60 年代以前，投资银行就采用与国外代理行合作的方式帮助本国公司在海外推销证券或作为投资者中介进入国外市场。到了 70 年代，为了更加有效地参与国际市场竞争，各大投资银行纷纷在海外建立自己的分支机构。80 年代后，随着世界经济、资本市场的一体化和信息通信产业的飞速发展，昔日距离的限制再也不能成为金融机构的屏障，业务全球化已经成为投资银行能否在激烈的市场竞争中占领制高点的重要问题。

投资银行业务专业化的趋势

专业化分工协作是社会化大生产的必然要求，在整个金融体系多样化发展过程中，投资银行业务的专业化也成为必然，各大投资银行在业务拓展多样的同时也各有所长。例如，美林在基础设施融资和证券管理方面享有盛誉；高盛以研究能力及承销而闻名；所罗门兄弟以商业票据发行和公司购并见长；第一波士顿则在组织辛迪加和安排私募方面居于领先。

投资银行集中化的趋势

20 世纪五六十年代，随着战后经济和金融的复苏与成长，各大财团的竞争与合作使得金融资本越来越集中，投资银行也不例外。近年来，由于受到商业银行、保险公司及其他金融机构的业务竞争，如收益债券的承销、欧洲美元辛迪加等，更加剧了投资银行业的集中。在这种状况下，各大投资银行业纷纷通过购并、重组、上市等手段扩大规模。

□ 投资银行的业务

经过最近一百年的发展，现代投资银行已经突破了证券发行与承销、证券交易经纪、证券私募发行等传统业务框架，企业并购、项目融资、风险投资、公司理财、投资咨询、资产及基金管理、资产证券化、金融创新等都已成为投资银行的核心业务组成。

证券承销

证券承销是投资银行最本源、最基础的业务活动。投资银行承销的职权范围很广，包括本国中央政府、地方政府、政府机构发行的债券、企业发行的股票和债券、外国政府和公司在本国和世界发行的证券、国际金融机构发行的证券等。投资银行在承销过程中一般要按照承销金额及风险大小来权衡是否要组成承销辛迪加和选择承销方式。通常的承销方式有以下 4 种。

包销。这意味着主承销商和它的辛迪加成员同意按照商定的价格购买发行的全部证券，然后再把这些证券卖给它们的客户。这时发行人不承担风险，风险转嫁到了投资银行的身上。

投标承购。它通常是在投资银行处于被动竞争较强的情况下进行的。采用这种发行方式的证券通常都是信用较高，颇受投资者欢迎的债券。

代销。这一般是由于投资银行认为该证券的信用等级较低，承销风险大而形成的。这时投资银行只接受发行者的委托，代理其销售证券，如在规定的期限计划内发行的证券没有全部销售出去，则将剩余部分返回证券发行者，发行风险由发行者自己负担。

赞助推销。当发行公司增资扩股时，其主要对象是现有股东，但又不能确保现有股东均认购其证券，为防止难以及时筹集到所需资金，甚至引起本公司股票价格下跌，发行公司一般都要委托投资银行办理对现有股东发行新股的工作，从而将风险转嫁给投资银行。

证券经纪交易

投资银行在二级市场中扮演着做市商、经纪商和交易商三重角色。作为做市商，在证券承销结束之后，投资银行有义务为该证券创造一个流动性较强的二级市场，并维持市场价格的稳定；作为经纪商，投资银行代表买方或卖方，按照客户提出的价格代理进行交易；作为交易商，投资银行有自营买卖证券的需要，这是因为投资银行接受客户的委托，管理着大量的资产，必须要保证这些资产的保值与增值。此外，投资银行还在二级市场上进行无风险套利和风险套利等活动。

证券私募发行

证券的发行方式分为公募发行和私募发行两种，前面的证券承销实际上是公募发行。私募发行又称私下发行，就是发行者不把证券售给社会公众，而是仅售给数量有限的机构投资者，如保险公司、共同基金等。私募发行不受公开发行的规章限制，除能节约发行时间和发行成本外，又能够比在公开市场上交易相同结构的证券给投资银行和投资者带来更高的收益率，所以，近年来私募发行的规模仍在扩大。但同时，私募发行也有流动性差、发行面窄、难以公开上市扩大企业知名度等缺点。

兼并与收购

企业兼并与收购已经成为现代投资银行除证券承销与经纪业务外最重要的业务组成部

分。投资银行可以以多种方式参与企业的并购活动，如寻找兼并与收购的对象、向猎手公司和猎物公司提供有关买卖价格或非价格条款的咨询、帮助猎手公司制定并购计划或帮助猎物公司针对恶意的收购制定反收购计划、帮助安排资金融通和过桥贷款等。此外，并购中往往还包括"垃圾债券"的发行、公司改组和资产结构重组等活动。

项目融资

项目融资是对一个特定的经济单位或项目策划安排的一揽子融资的技术手段，借款者可以只依赖该经济单位的现金流量和所获收益用做还款来源，并以该经济单位的资产作为借款担保。投资银行在项目融资中起着非常关键的作用，它将与项目有关的政府机关、金融机构、投资者与项目发起人等紧密联系在一起，协调律师、会计师、工程师等一起进行项目可行性研究，进而通过发行债券、基金、股票或拆借、拍卖、抵押贷款等形式组织项目投资所需的资金融通。投资银行在项目融资中的主要工作是：项目评估、融资方案设计、有关法律文件的起草、有关的信用评级、证券价格确定和承销等。

公司理财

公司理财实际上是投资银行作为客户的金融顾问或经营管理顾问而提供咨询、策划或操作。它分为两类：第一类是根据公司、个人或政府的要求，对某个行业、某种市场、某种产品或证券进行深入的研究与分析，提供较为全面的、长期的决策分析资料；第二类是在企业经营遇到困难时，帮助企业出谋划策，提出应变措施，诸如制定发展战略、重建财务制度、出售转让子公司等。

基金管理

基金是一种重要的投资工具，它由基金发起人组织，吸收大量投资者的零散资金，聘请有专门知识和投资经验的专家进行投资并取得收益。投资银行与基金有着密切的联系。首先，投资银行可以作为基金的发起人，发起和建立基金；其次，投资银行可以作为基金管理者管理基金；最后，投资银行可以作为基金的承销人，帮助基金发行人向投资者发售受益凭证。

财务顾问与投资咨询

投资银行的财务顾问业务是投资银行所承担的对公司尤其是上市公司的一系列证券市场业务的策划和咨询业务的总称。主要指投资银行在公司的股份制改造、上市，在二级市场再筹资以及发生兼并收购、出售资产等重大交易活动时提供的专业性财务意见。投资银行的投资咨询业务是连接一级和二级市场，沟通证券市场投资者、经营者和证券发行者的纽带和桥梁。习惯上常将投资咨询业务的范畴定位在对参与二级市场投资者提供投资意见和管理服务上。

资产证券化

资产证券化是指经过投资银行把某公司的一定资产作为担保而进行的证券发行，是一种与传统债券筹资十分不同的新型融资方式。进行资产转化的公司称为资产证券化发起人。发起人将持有的各种流动性较差的金融资产，如住房抵押贷款、信用卡应收款等，分类整理为一批资产组合，出售给特定的交易组织，即金融资产的买方（主要是投资银行），再由特定的交易组织以买下的金融资产为担保发行资产支持证券，用于收回购买资金。这一系列过程就称为资产证券化。资产证券化的证券即资产证券为各类债务性债券，主要有商业票据、中期债券、信托凭证、优先股票等形式。资产证券的购买者与持有人在证券到期时可获本金、利息的偿付。证券偿付资金来源于担保资产所创造的现金流量，即资产债务人偿还的到期本金与利息。如果担保资产违约拒付，资产证券的清偿也仅限于被证券化资产的数额，而金融资产的发起人或购买人无超过该资产限额的清偿义务。

金融创新

根据特性不同，金融创新工具即衍生工具一般分为三类：期货类、期权类和掉期类。使用衍生工具的策略有三种，即套利保值、增加回报和改进有价证券的投资管理。通过金融创新工具的设立与交易，投资银行进一步拓展了投资银行的业务空间和资本收益。首先，投资银行作为经纪商代理客户买卖这类金融工具并收取佣金；其次，投资银行也可以获得一定的价差收入，因为投资银行往往首先作为客户的对方进行衍生工具的买卖，然后寻找另一客户做相反的抵补交易；最后，这些金融创新工具还可以帮助投资银行进行风险控制，免受损失。金融创新也打破了原有机构中银行和非银行、商业银行和投资银行之间的界限和传统的市场划分，加剧了金融市场的竞争。

风险投资

风险投资又称创业投资，是指对新兴公司在创业期和拓展期进行的资金融通，表现为风险大、收益高。新兴公司一般是指运用新技术或新发明生产新产品，具有很大的市场潜力，可以获得远高于平均利润的利润，却充满了极大风险的公司。由于高风险，普通投资者往往都不愿涉足，但这类公司又最需要资金的支持，因而为投资银行提供了广阔的市场空间。投资银行涉足风险投资有不同的层次：第一，采用私募的方式为这些公司筹集资本；第二，对于某些潜力巨大的公司有时也进行直接投资，成为其股东；第三，更多的投资银行是设立"风险基金"或"创业基金"向这些公司提供资金来源。

专栏 6-3　　　　**投资银行在中国**

中国的投资银行业务是从满足证券发行与交易的需要不断发展起来的。从我国的实践看，投资银行业务最初是由商业银行来完成的，商业银行不仅是金融工具的主要发行者，也是掌管金融资产量最大的金融机构。20 世纪 80 年代中后期，随着我国开放证券流通市场，原有商业银行的证券业务逐渐被分离出来，各地区先后成立了一大批证券公司，形成了以证券公司为主的证券市场中介机构体系。在随后的十余年里，券商逐渐成为我国投资银行业务的主体。但是，除了专业的证券公司以外，还有一大批业务范围较为宽泛的信托投资公司、金融投资公司、产权交易与经纪机构、资产管理公司、财务咨询公司等在从事投资银行的其他业务。

🏛 6.4　其他金融机构

☐ 证券公司

证券公司及分类

证券公司，俗称券商，是指依照公司法的规定，经国务院证券监督管理机构审查批准，从事证券经营业务的有限责任公司或者股份有限公司。它是非银行金融机构的一种，是从事证券经营业务的法定组织形式，是专门从事有价证券买卖的法人企业。证券公司可以分为证券经营公司和证券登记公司。

证券公司具有证券交易所的会员资格，可以承销发行、自营买卖或自营兼代理买卖证券。普通投资人的证券投资都要通过证券商来进行。

从证券经营公司的功能分，可分为①证券经纪商。代理买卖证券的证券机构，接受投资人委托、代为买卖证券，并收取一定手续费，即佣金。②证券自营商。自行买卖证券的证券机构，它们资金雄厚，可直接进入交易所为自己买卖股票。③证券承销商。以包销或代销形式帮助发行人发售证券的机构。实际上，许多证券公司是兼营这三种业务的。按照各国现行的做法，证券交易所的会员公司均可在交易市场进行自营买卖，但专门以自营买卖为主的证券公司为数极少。

证券公司的业务

在我国，经国务院证券监督管理机构批准，证券公司可以经营下列部分或者全部业务：证券经纪；证券投资咨询；与证券交易、证券投资活动有关的财务顾问；证券承销与保荐；证券自营；证券资产管理；其他证券业务。现简要介绍如下：

证券承销业务，是证券公司代理证券发行人发行证券的行为。证券承销的方式分代销和包销两种。证券代销是指证券公司代发行人发售证券，在承销期结束时，将未售出的证券全部退还给发行人的承销方式。证券包销是指证券公司将发行人的证券按照协议全部购入或者在承销期结束时将售后剩余证券全部自行购入的承销方式。

证券经纪业务，是证券公司接受投资者委托，代理其买卖证券的行为。其应遵守的规则有：①不得接受投资者的全权委托代其买卖证券，不得进行信用方式的委托，或对投资者作盈利保证、分享利益或亏损补偿保证的买卖；②不得为投资者买卖证券提供融资，不得将投资者的证券借与他人或用作担保；③对投资者的委托买卖指令有保守秘密的义务；④不得以获取佣金为目的，诱导投资者进行不必要的证券买卖，或者在投资者的账户上翻炒证券；⑤证券公司的证券营业部不得将资金存取、清算与交割等柜台业务延伸到经营场所之外；⑥同时经营证券自营与代理业务的公司，应当将经营两类业务的资金、账户和人员分开管理，并将投资者存入的保证金在两个营业日内存入指定的信托账户，不得挪用客户保证金从事证券自营业务或用于其他用途。

证券自营业务，是证券经营机构为本机构投资买卖证券、赚取买卖差价并承担相应风险的行为。

□ 信托投资公司

信托是指委托人基于对受托人（信托投资公司）的信任，将其合法拥有的财产委托给受托人，由受托人按委托人的意愿以自己的名义，为受益人的利益或者特定的目的，进行管理或者处分的行为。概括地说是"受人之托，代人理财"。

信托业务于18世纪出现于英国。信托业务主要包括委托和代理两个方面的内容。前者是指财产的所有者为自己或其指定人的利益，将其财产委托给他人，要求按照一定的目的，代为妥善的管理和有利的经营；后者是指一方授权另一方，代为办理一定的经济事项。

信托投资公司的业务

投信业务，包括收受、经理及运用各种信托资金，募集共同信托基金，受托经管各种财产（包括受托管理运用各种年金及其他基金，担任债券发行受托人，受托执行遗嘱及管理遗产，担任公司重整监督人）。

投资业务，包括投资公债、短期票券、公司债券、金融债券及上市股票，承销有价证券，自营买卖或代客买卖有价证券。

授信业务，包括办理中长期放款，保证发行公司债券，办理国内外保证业务。

其他业务，包括担任债券或股票发行签证人，代理证券发行、登记、过户及股息红利的发放事项，提供证券发行、募集的顾问服务，办理与其业务有关的代理服务事项（包括经营保管箱及仓库业务）。

信托投资公司与银行的差异

信托投资公司与其他金融机构无论是在其营业范围、经营手段、功能作用等各个方面都有着诸多的联系，同时也存在明显的差异。从中国信托业产生和发展的历程来看，信托投资公司与商业银行有着密切的联系和渊源，在很多西方国家由于实行混业经营的金融体制，其信托业务大都涵盖在银行业之中，同时又严格区分，故在此以商业银行为例，与信托投资公司加以比较，其主要区别体现在以下方面。

经济关系不同。信托体现的是委托人、受托人、受益人之间多边的信用关系，银行业务则多属于与存款人或贷款人之间发生的双边信用关系。

基本职能不同。信托的基本职能是财产事务管理职能，侧重于理财。而银行业务的基本职能是融通资金。

业务范围不同。信托业务是集"融资"与"融物"于一体，除信托存贷款外，还有许多其他业务，范围较广。而银行业务则是以吸收存款和发放贷款为主，主要是融通资金，范围较小。

融资方式不同。信托机构作为受托人代替委托人充当直接筹资和融资的主体，起直接金融的作用。而银行则是信用中介，把社会闲置资金或暂时不用的资金集中起来，转交给贷款人，起间接金融的作用。

承担风险不同。信托一般按委托人的意图经营管理信托财产，在受托人无过失的情况下，一般由委托人承担。银行则是根据国家金融政策、制度办理业务，自主经营，因而银行承担整个存贷资金运营的风险。

收益获取方式不同。信托收益是按实绩原则获得，即信托财产的损益根据受托人经营的实际结果来计算。而银行的收益则是按银行规定的利率计算利息，按提供的服务手续费来确定的。

收益对象不同。信托的经营收益归信托受益人所有，银行的经营收益归银行本身所有。

意旨的主体不同。信托业务意旨的主体是委托人，在整个信托业务中，委托人占主动地位，受托人受委托人意旨的制约。而银行业务的意旨主体是银行自身，银行自主发放贷款，不受存款人和借款人的制约。

□ 保险公司

在我国，保险公司是依照我国保险法和公司法设立的经营商业保险业务的金融机构，是专门从事经营商业保险业务的企业。保险公司是采用公司组织形式的保险人，经营保险业务。我国保险公司的组织形式为股份有限公司和国有独资公司两种。

1998 年以前，我国保险业由中国人民保险公司独家经营。1999 年 7 月，中国人民保险公司改建为中国人民保险（集团）公司（简称中保集团）。中保集团下设三个专业子公司，其中：中保财产保险有限公司专门经营各类财产保险业务；中保人寿保险有限公司专门经营长期寿险和短期人身保险业务；中保再保险有限公司②经营系统内部的再保险业务以及集团对外的分出、分入业务，并代理国家法定再保险职能。现有的海外保险机构作为独立的实体直属中保集团，继续经营海外保险业务。中保集团及三个专业子公司均为企业法人，中保集团以控股公司的形式对其子公司投资，并实施领导、管理和监督。

保险公司的业务范围

在我国的保险市场上，保险公司的业务范围分为两大类：①财产保险业务，包括财产损失保险、责任保险、信用保证保险等保险业务。②人身保险业务，包括人寿保险、健康保险、意外伤害保险等保险业务。下面简单介绍一下相关的保险业务。

财产损失保险，是对被保险人的各种有形物质财产损失提供保障的财产保险。主要包括：火灾保险、海上保险、运输工具保险、货物运输保险、工程保险、农业保险等。

责任保险，是对被保险人依法应承担的民事经济赔偿责任提供保障的财产保险。包括公众责任保险、产品责任保险、雇主责任保险、职业责任保险等。

信用保证保险，是对被保险人的各种商业信用风险提供保障的财产保险。包括信用保险和保证保险。

人身保险，是以人的身体、生命、健康为保险标的，当被保险人在合同约定期限内发生死亡、伤残、疾病等保险事件或达到合同约定的年龄、期限时对保险人给付保险金。

保险公司的业务范围由保险监督管理机构依法核定，且保险公司只能在被核定的业务范围内从事保险经营活动。保险公司不得兼营保险法及其他法律、行政法规规定以外的业务。我国《保险法》规定，同一保险人不得同时兼营财产保险业务和人身保险业务；但是，经营财产保险业务的保险公司经保险监督管理机构核定，可以经营短期健康保险业务和意外伤害保险业务。

保险公司的业务流程

一般而言，保险公司的业务开展需要经过以下三个业务流程：

保险展业，是保险公司引导具有同类风险的人购买保险的行为。保险公司通过其专业人员直接招揽业务称作"直接展业"，保险公司通过保险代理人、保险经纪人展业称为"间接展业"。

业务承保，是保险人通过对风险进行分析，确定是否承保，确定保险费率和承保条件，最终签发保险合同的决策过程。

保险理赔，是保险公司在承保的保险事故发生，且保险单受益人提出索赔申请后，根

---

② 再保险，也称分保或"保险的保险"，指保险人将自己所承担的保险责任，全部或部分地转嫁给其他保险人承保的业务。再保险公司便是保险公司的保险公司，对保险公司承担的风险进行分散和转嫁。再保险业务中分出保险的一方为原保险人，接受再保险的一方为再保险人。再保险人与本来的被保险人无直接关系，只对原保险人负责。除人寿保险业务外，保险公司应当将其承保的每笔保险业务的 20%办理再保险。

据保险合同的规定，对事故的原因和损失情况进行调查，并且予以赔偿的行为。

财务公司

财务公司的界定

财务公司，也称为金融公司，是以经营消费信贷及工商企业信贷为主的非银行金融机构，可以为企业技术改造、新产品开发及产品销售提供金融服务。财务公司起源于 18 世纪的法国，后来在世界范围内兴旺发达起来，只不过各国的名称不同，业务内容也有差异。但多数是商业银行的附属机构，主要吸收存款。中国的财务公司不是商业银行的附属机构，是隶属于大型集团的非银行金融机构。

我国的财务公司都是由企业集团内部集资组建的，其宗旨和任务是为本企业集团内部各企业筹资和融通资金，促进其技术改造和技术进步。企业集团财务公司是我国企业体制改革和金融体制改革的产物。国家为了增强国有大中型企业的活力，盘活企业内部资金，增强企业集团的融资能力，支持企业集团的发展，促进产业结构和产品结构的调整，以及探索具有中国特色的产业资本与金融资本相结合的道路，于 1987 年批准成立了我国第一家企业集团财务公司，即东风汽车工业集团财务公司。此后，根据国务院 1991 年 71 号文件的决定，一些大型企业集团也相继建立了财务公司。

财务公司的种类

财务公司是 20 世纪初兴起的，主要有美国模式和英国模式两种类型。英国模式的财务公司基本上都依附于商业银行，其组建的目的在于规避政府对商业银行的监管。下面介绍一下美国模式的财务公司，主要有以下 3 种类型。

销售金融公司。是由一些大型零售商或制造商建立的，旨在以提供消费信贷的方式来促进企业产品销售的公司。例如，西尔斯·罗巴克承兑公司为消费者在西尔斯商店购买一切商品和劳务融通资金；福特汽车信贷公司则为购买福特汽车发放贷款。销售金融公司直接同银行在消费信贷方面进行竞争，消费者所以使用它们的信贷，是因为通常能较快且便利地在购货地得到贷款。

消费者金融公司。向消费者提供贷款，以便他们购买诸如家具、房内设施之类的特定物件以改善住房条件，或帮助他们偿付小额负债。通常，这类公司的贷款者是那些不能从其他来源得到贷款的消费者，由于贷款规模小，平均的管理成本高，这些贷款的利率一般较高。消费者金融公司可以是一家独立的公司，也可以是银行的附属机构。

工商金融公司。通过贴现方式购买应收账款，从而向工商企业提供特殊形式的信贷。也就是说，工商金融公司专门以买断企业应收账款的形式来为企业提供资金。由于是买断而不是抵押，所以，当这些应收账款到期无法收回时，保付代理行必须自行承担其损失，而无权向出售这些应收账款的企业进行追索。显然，这种业务有很高的风险，因此，利润也较高。20 世纪 70 年代之前，保付代理行的业务主要局限于纺织业；70 年代之后，它们在别的行业也变得越来越重要。

金融租赁公司

金融租赁公司是专门经营租赁业务的公司，是租赁设备的物主，通过提供租赁设备而定期向承租人收取租金。

金融租赁公司的特点

金融租赁公司开展业务的过程是：租赁公司根据企业的要求，筹措资金，提供以"融物"代替"融资"的设备租赁；在租期内，作为承租人的企业只有使用租赁物件的权利，没有所有权，并要按租赁合同规定，定期向租赁公司交付租金；租期届满时，承租人向租赁公司交付少量的租赁物件的名义贷价（即象征性的租赁物件残值），双方即可办理租赁物件的产权转移手续。至此，租赁物件即正式归承租人所有，称为"留购"；或者办理续租手续，继续租赁。

由于租赁业具有投资大、周期长的特点，在负债方面我国允许金融租赁公司发行金融债券、向金融机构借款、外汇借款等，作为长期资金来源渠道；在资金运用方面，限定主要从事金融租赁及其相关业务。这样，金融租赁公司成为兼有融资、投资和促销多种功能，以金融租赁业务为主的非银行金融机构。金融租赁在发达国家已经成为设备投资中仅次于银行信贷的第二大融资方式，从长远来看，金融租赁公司在中国同样有着广阔前景。

金融租赁公司的主营业务

（1）公司自担风险的金融租赁业务。公司自担风险的融资租赁业务包括典型的融资租赁业务（简称"直租"）、转租式融资租赁业务（简称"转租赁"）和售后回租式融资租赁业务（简称"回租"）三个类别。

直租，是指金融租赁公司以收取租金为条件，按照用户企业确认的具体要求向该用户企业指定的出卖人购买固定资产并出租给该用户企业使用的业务。直租又可以分为直接购买式和委托购买式两类。

在直接购买式直租中，金融租赁公司以买受人的身份按照用户企业确认的条件同出卖人订立以用户企业指定的货物为标的物的买卖合同，同时，金融租赁公司以出租人的身份同作为承租人的用户企业订立以相关买卖合同的货物为租赁物的融资租赁合同。同融资租赁合同关联的买卖合同可以是一个，也可以是多个。在相关的买卖合同中应该考虑列入以下内容的条款：出卖人知悉买受人购买的本合同货物，是为了以融资租赁方式向本合同货物的最终用户出租；出卖人同意，本合同的货物装运单证及发票的正本在向买受人提交的同时，还应向本合同货物的最终用户提交；出卖人同意，本合同货物的最终用户同买受人一样，有在交付不符时向出卖人追索的权利。双方约定，买受人与本合同货物的最终用户不得同时行使上述对出卖人的追索权。

在委托购买式直租中，用户企业所指定的标的物不是由金融租赁公司自行购买，而是由金融租赁公司委托别的法人企业购买。这时，金融租赁公司以委托人的身份同作为其代理人的该法人机构订立委托代理合同。该法人机构则以买受人的身份按照用户企业确认的条件同出卖人订立以用户企业指定的货物为标的物的买卖合同。该法人机构可以由金融租赁公司指定，也可以由用户企业指定。融资租赁合同的订立同直接购买式直租相同。

转租赁，是指以同一固定资产为租赁物的多层次的融资租赁业务。在转租赁中，上一层次的融资租赁合同的承租人同时是下一层次的融资租赁合同的出租人，在整个交易中称转租人。第一层次的融资租赁合同的出租人称第一出租人，末一层次的融资租赁合同的承租人称最终承租人。各个层次的融资租赁合同的租赁物和租赁期限必须完全一致。在转租赁中，租赁物由第一出租人按照最终承租人的具体要求，向最终承租人指定的出卖人购买。购买方式同直租一样，既可以是直接购买，也可以是委托购买。金融租赁公司可以是转租赁中的第一出租人。这时，作为转租人的法人机构无须具备经营融资租赁的资质。金融租赁公司也可以是转租赁中的转租人。这时，如果第一出租人是境内法人机构，则后者必须具备经营融资租赁的资质。在上一层次的融资租赁合同中必须约定，承租人有以出租人的身份向下一层次的融资租赁合同的承租人转让自己对租赁物的占有、使用和收益的权利。

回租，是指出卖人和承租人是同一人的融资租赁。在回租中，金融租赁公司以买受人的身份同作为出卖人的用户企业订立以用户企业的自有固定资产为标的物的买卖合同或所有权转让协议。同时，金融租赁公司又以出租人的身份同作为承租人的该用户企业订立融资租赁合同。

回转租，是回租和转租赁的结合，即金融租赁公司购买了用户企业自有的固定资产后不是直接出租给该用户企业，而是通过融资租赁合同出租给另一企业法人，由后者通过同该用户企业之间的融资租赁合同将该固定资产作为租赁物出租给该用户企业使用。

（2）公司同其他机构分担风险的融资租赁业务。这种情况下，可以将融资租赁业务分为联合租赁和杠杆租赁两种。

联合租赁，是指多家有融资租赁资质的租赁公司对同一个融资租赁项目提供租赁融资，由其中一家租赁公司作为牵头人。无论是相关的买卖合同还是融资租赁合同都由牵头人出面订立。各家租赁公司按照所提供的租赁融资额的比例承担该融资租赁项目的风险和享有该融资租赁项目的收益。各家租赁公司同作为牵头人的租赁公司订立体现资金信托关系的联合租赁协议。牵头人同出卖人之间的买卖合同以及同用户企业之间的融资租赁合同同自担风险的融资租赁业务中的同类合同毫无差别。

杠杆租赁，是指某融资租赁项目中的大部分租赁融资是由其他金融机构以银团贷款的形式提供的，但是，这些金融机构对承办该融资租赁项目的租赁公司无追索权。同时，这些金融机构则按所提供的资金在该项目的租赁融资额中的比例直接享有回收租金中所含的租赁收益。租赁公司同这些金融机构订立无追索权的银团贷款协议。租赁公司同出卖人之间的买卖合同以及同用户企业之间的融资租赁合同同自担风险的融资租赁业务中的同类合同毫无差别。

（3）公司不担风险的融资租赁业务。这种情况下，主要是指委托租赁，即融资租赁项目中的租赁物或用于购买租赁物的资金是一个或多个法人机构提供的信托财产。租赁公司以受托人的身份同作为委托人的这些法人机构订立，由后者将自己的财产作为信托财产委托给租赁公司以融资租赁方式运用和处分的信托合同。该融资租赁项目的风险和收益全部归委托人，租赁公司则依据该信托合同的约定收取由委托人支付的报酬。租赁公司同出卖人之间的买卖合同以及同用户企业之间的融资租赁合同同自担风险的融资租赁业务中的同类合同毫无差别。

□ 信用合作社

信用合作社简介

信用合作社是由社员自愿集资结合而成的互助合作性金融机构。信用合作社成员之间一般具有共同联系的基础，如同属于某一社会团体、同为某一公司雇员、居住在同一地区等。最早的信用合作社创建于德国。1849年，在莱茵河畔出现了世界上第一个农村信用合作社。此后，信用合作社经历了自由发展、国家干预、调整变革等三个阶段。目前，这类机构的规模一般仍不大，但数量众多，分布广泛，种类多样。综合世界各国情况，信用合作社的种类大致包括农村信用合作社，农村生产信用合作社，渔、林、牧业生产信用合作社，土地信用合作社，小工商业者信用合作社，住宅信用合作社，储蓄信用合作社，劳动者信用合作社，城市信用合作社等。在世界主要国家中，日本的信用合作社尤其发达。而美国，信用合作社则是规模最小但发展最快的非银行金融机构。

信用合作社的宗旨是促进社员储蓄，并以简便的手续和较低的利率向社员提供优惠贷款。其资金来源主要是社员交纳的股金，其次是存款、公积金及借入资金。在资金运用方面，主要为社员提供短期生产贷款尤其是消费信贷。目前，一些资金充裕的信用合作社已开始为解决生产设备更新、改进技术等提供以不动产或有价证券为担保（抵押）的中长期贷款。美国的信用合作社已获准投资州政府和地方债券。

中国现行的信用合作社有两大类，即农村信用合作社和城市信用合作社。

农村信用合作社

农村信用合作社是信用合作机构，所谓信用合作机构是由个人集资联合组成的、以互助为主要宗旨的合作金融机构，简称"信用社"，以互助、自助为目的，在社员中开展存款、放款业务。信用合作社的建立与自然经济、小商品经济发展直接相关。由于农业生产者和小商品生产者对资金需要存在季节性、零散、小数额、小规模的特点，使得小生产者和农民很难得到银行贷款的支持，但客观上生产和流通的发展又必须解决资本不足的困难，于是就出现了这种以缴纳股金和存款方式建立的互助、自助的信用组织。

在我国，农村信用合作社是指经中国人民银行批准设立、由社员入股组成、实行民主管理、主要为社员提供金融服务的农村合作金融机构。农村信用合作社是独立的企业法人，以其全部资产对农村信用合作社的债务承担责任，依法享有民事权利。其财产、合法权益和依法开展的业务活动受国家法律保护。它的主要资金来源是合作社成员缴纳的股金、留存的公积金和吸收的存款；贷款主要用于解决其成员的资金需求。其主要任务是：依照国家法律和金融政策的规定，组织和调节农村基金，支持农业生产和农村综合发展；支持各种形式的合作经济和社员家庭经济，限制和打击高利贷。

城市信用合作社

城市信用合作社作为城市集体金融组织，是实行独立核算、自主经营、自负盈亏、民主管理的经济实体。在我国，城市信用合作社的经营业务有：办理城市集体企业和个体工商户的存、放、汇业务；办理城市个人储蓄存款业务；代办保险及其他代收代付业务及中国人民银行批准的其他业务等。实践中，由于绝大部分城市信用合作社从一开始其合作的性质就不明确，因而改组成地方性商业银行是必然的出路。

全国各地按照中国人民银行《整顿城市信用合作社工作方案》的要求，至 1999 年底，除了对少数严重违法违规经营的城市信用合作社实施关闭或停业整顿外，我国完成了将约2300 家城市信用合作社纳入 90 家城市商业银行组建范围的工作，为城市信用合作社的健康发展奠定了良好的基础。改组之初，采用了"城市合作银行"的过渡性名称，现已更名为"城市商业银行"。

NEW
FUNDAMENTALS
OF FINANCE

第7章

中央银行：固本与培元

中央银行是一个"特殊的金融机构"，它是一国最高的货币金融管理机构，在各国金融体系中居于主导地位。它负责控制国家货币供给、信贷条件，监管金融体系，特别是商业银行和其他储蓄机构，其基本职能是宏观调控、保障金融安全与稳定、金融服务。本章通过介绍中央银行的产生与发展、中央银行的类型和职能、中央银行的资产负债业务及支付清算业务、中央银行与存款保险制度等，让这个看似神秘的机构在读者眼中逐渐变得清晰。

　　因为相对于其他所有竞争对手具有如此多的优势，英格兰银行远远超过它的所有对手是自然而然的事情。毫无疑问，在伦敦它成为了这样一家银行的银行：所有其他银行围绕它运转，并且将它们的（黄金）储备寄存在它那里。这样一来，我们的单一储备体系不是因为特定的原因而有意建立起来的；它是许多异常事件逐渐演化的结果，是赋予单独一家银行以从不改变，直到今天也无人抵制的法定特权逐渐积累而导致的演化结果。

——沃尔·巴格霍特（Walter Bagehot）

※章首引语

　　威廉·格雷德在他著名的畅销书《神殿的秘密》中，把美联储形容得很神秘，几乎带有一些宗教色彩："……不过他们本身仍然很神秘。"这本书出版于 1987 年，它的描述与当时的实际情况基本一致。但是时至今日，美联储已无秘密而言，我们只需花几页纸就能把它讲清楚……

　　在民粹主义者看来，美联储不仅是一个神秘的机构，而且它制定的政策总是偏向金融机构和有钱人。格雷德曾把美联储描绘成"代议民主制度下的畸形产物"。那些没经过选举的联储理事有权决定"哪些人兴旺发达，哪些人注定失败"。一种极端观点认为美联储是阴谋控制全球经济的参与者。

　　绝大多数经济学家并不这样看待美联储。美联储的官员并不是唯一没有直接通过选举产生的联邦政府官员。美联储理事和美国最高法院法官有点相似：他们都是由总统提名的，然后要得到参议院的批准，而且可以对他们提出弹劾。美联储理事的任期为 14 年，不是终身制，美联储主席每四年要重新任命一次。地区联邦储备银行总裁的任命要经过更多的步骤。首先，要由地区联邦储备银行的董事会提名，然后，再经由美联储理事会批准才能生效。而根据法律规定，联邦储备银行的董事会必须代表银行、企业和社区的利益。

　　绝大多数宏观经济学家都相信必须保持中央银行的独立性。道理很简单：较低的通货膨胀率是保持经济健康发展的必要条件，而只有当中央银行不受政治势力的干扰、保持独立性时才能确保通货膨胀率较低。不仅仅是经济学家们赞同保持中央银行的独立性，近来很多国家已经以立法形式确保中央银行能够保持独立性。[1]

---

① 资料来源：[美] 伊森·哈里斯·伯南克的美联储[M]. 北京：中国人民大学出版社，2009。

　　不管是在经济学家的眼中，还是我们普通老百姓眼中，中央银行都是一个很特别的机构。在哈里斯先生的这本书中，他借威廉·格雷德的话向我们展示了美联储的神秘，这正是我们普通老百姓对中央银行的感觉，但同时又用他自己的笔墨向我们展示了一个透明的美联储，一个保持其中央银行地位独立性的美联储。

　　不管中央银行是神秘莫测还是透明如水，其政策执行是能力挽狂澜还是力不从心，也不管格林斯潘的讳莫如深还是伯南克的思想深邃，中央银行都在我们身边发挥着重要的影响，而且其影响不是看不见摸不着的，恰恰相反，它影响着我们的几乎一切。中央银行是一个什么机构？这样一个机构到底在从事什么业务？它在金融市场上又到底充当何种角色呢？

　　中央银行是一个"特殊的金融机构"，它是一国最高的货币金融管理机构，在各国金融体系中居于主导地位。它负责控制国家货币供给、信贷条件，监管金融体系，特别是商业银行和其他储蓄机构，其基本职能是宏观调控、保障金融安全与稳定、金融服务。本章通过介绍中央银行的产生与发展、中央银行的类型和职能、中央银行的资产负债业务及支付清算业务、中央银行与存款保险制度等，让这个看似神秘的机构在读者眼中逐渐变得清晰。

7.1　中央银行的形成与发展

　　银行作为经营货币商品的特殊组织，迄今已有几千年的历史。在古代，早就有了银行业的雏形，如古巴比伦和希腊的教堂当时就经营保管货币和贷款等业务。然而，中央银行的产生，则是 17 世纪的事，距今不过 300 多年的历史。在这 300 多年里，最初人们对中央银行还是很陌生的。直到 20 世纪以后，人们才逐步从实践中认识到中央银行在稳定一国的货币及金融市场中的重要作用。特别是第二次世界大战以后，中央银行的作用才真正被人们所重视，并日益成为各国政府调节宏观经济、控制金融的重要工具。但是，中央银行的理论仍有待发展，不论当代何种经济体制的国家，都在努力建立完整的中央银行理论体系。那么，研究中央银行的产生和发展过程，从中探索其运动的规律性，就成为研究中央银行的首要问题。

□ 中央银行产生的客观经济基础

　　18 世纪后半叶到 19 世纪前半叶，资本主义在它的不到一百年的阶级统治中所创造的生产力，比过去世代创造的全部生产力还要多、还要大。自然力的征服、机器的采用、化学在工业和农业中的应用、轮船的行驶、铁路的通行、电报的使用、整个大陆的开垦、河川的通航，仿佛用法术从地下呼唤出来的大量人口，造成了社会生产力的迅速发展和商品流通的迅速扩大，也带来了货币信用业务的迅速扩大。资本主义银行业随着资本主义工业的发展迅速地建立起来。在资本主义发展最早的英国，1776 年有银行 150 家，到 1814 年则发展到 940 家，增加了 5 倍多。与此同时，私人银行限于资力，在竞争中不断衰落改组，而股份银行却在一天天扩大。这种此消彼长的趋势，在 19 世纪初期随着工业发展和经济危机的刺激而迅速发展，1827 年—1842 年，英国的股份银行由 6 家发展到 118 家，私人银行从 1826 年的 554 家减少到 1842 年的 310 家。

　　随着股份银行的增多和资本的扩大，小银行破产倒闭以及信用纠葛，给银行券的流通和金融市场带来了一系列问题，其中最主要的问题有以下几方面。

银行券的发行问题

最初每家银行都有发行银行券的权利，只要能保证所发行的银行券随时兑现，就能稳妥经营。但事情发展并不那么顺利，随着银行的增多、生产与流通的发展，以及市场的扩大，市场上流通的银行券一天比一天增多。于是，明显出现了两个问题，成为生产与流通的障碍：一方面，资本主义竞争的加剧，经济危机的震荡，银行经营的不慎，无法保证自己所发行的银行券的兑现，特别是银行林立，竞争者多，同业亦会进行恶意的挤兑，因此，经常引起社会混乱；另一方面，一般银行限于资力、信用和分支机构等问题，所发行的银行券只能在当地和较近地区流通，在较远的地区信用未及，难于行使，给生产和流通造成了许多困难。这在客观上要求有一家资力雄厚并且有权威的银行，发行一种能在全国流通的货币。

票据交换问题

随着银行业务的扩大，银行每天收授票据的数量也一天天扩大，各银行之间的债权债务关系日益复杂化，由各行自行轧差当日清算已成了问题。不仅异地结算矛盾突出，即使是同城结算也很困难，客观上要求有一个统一的票据交换和债权债务的清算机构。虽然当时在一些城市已经建立了票据交换所，但不能为一切银行所利用。例如，英国伦敦于 1770 年即成立了票据交换所，但 1854 年 6 月 8 日伦敦各私人银行才允许各股份银行参加票据清算所的组织，此后不久就由英格兰银行实行最后的票据交换。因此，建立全国统一而有权威的、公正的清算中心已成为金融事业的必然趋势。

最后贷款人问题

随着资本主义生产的发展和流通的扩大，对贷款的要求不仅仅是数量扩大，而且需要期限延长。商业银行如果仅以自己吸收的存款进行放款，远远不能满足社会经济发展的需要。而自己的银行券发行又受到地区和信用的限制，且存款用于贷款过多，还会发生偿付力不足的问题，补充新的资金来源就显得很有必要。同业透支、拆借都只能解决少量的临时困难，常常由于支付能力不足发生挤兑和破产的现象。于是，有必要适当集中各家银行的一部分现金准备，在某家银行发生支付困难时，予以必要的支持。这在客观上要求有一个后台，能够在普通商业银行发生困难时给予贷款支持，以免在信用危机中遭遇破产的厄运。

金融管理问题

随着银行事业和金融市场的发展，需要政府进行必要的管理，而政府对金融事业的管理，不能不依靠专门机构来进行。由于其技术性很强，大体上都由中央银行代替政府进行。然而，中央银行的产生与发展有一个过程，并非一下子就成为发行的银行、清算的银行、银行的银行、政府的银行。它经过 100 多年的曲折历程，在不断的实践中逐渐成长起来，终于成为今天这样一个肌体健全，能够掌握和运用多种手段，对国民经济进行调节的机构。

□ 中央银行制度的基本建立

中央银行制度的基本建立，经过了漫长的历程，从 1656 年瑞典银行到 1913 年美国联邦储备体系，经历了 260 年。在这期间，据不完整统计，世界上约有 29 家中央银行设立，其中欧洲 19 家，美洲 5 家，亚洲 4 家，非洲 1 家。这 29 家银行，成立于 17、18 世纪的有 3 家，成立于 19 世纪的有 21 家，成立于 20 世纪初的有 5 家。现就几家主要的中央银行形成的历史略述如下。

瑞典银行

瑞典银行成立于 1656 年，原为商业银行，1661 年开始发行钞票。1830 年，其他无限责任银行相继成立，有 28 家银行拥有钞票发行权。其时各国钞票发行权有集中的趋势，瑞典政府于 1897 年通过法案将发行权集中于瑞典银行，成为法偿货币，其他银行发行的钞票，责令逐步收回，于是，瑞典银行逐渐演变为中央银行。该行成立虽早于英格兰银行，但如以集中发行钞票作为衡量中央银行的标志，则远在英格兰银行之后。

英格兰银行

英格兰银行在中央银行制度的发展史上是个重要的里程碑，世界上一般都认为它是中央银行的始祖。英格兰银行于 1694 年 7 月 27 日由英国国会决议以赦令设立，并取得不超过资本总额的钞票发行权，之后逐步转换职能，到 1833 年英格兰银行取得了钞票无限法偿的资格。

1844 年 8 月 31 日，英国《银行特许条例》颁布，规定英格兰银行自此划分为发行部和银行部。发行部负责以 1400 万镑的证券及营业上不必要的金属贮藏的总和发行等额的银行券；其他已取得发行权的银行的发行定额也规定下来。此后，英格兰银行逐渐垄断了全国的货币发行权，至 1928 年成为英国唯一的发行银行。1946 年之后，英格兰银行被收归国有，仍为中央银行，并隶属财政部，掌握国库、贴现公司、银行及其余的私人客户的账户，承担政府债务的管理工作，其主要任务仍然是按政府要求决定国家金融政策。英格兰银行总行设于伦敦，职能机构分政策和市场、金融结构和监督、业务和服务三个部分，设 15 个局（部）。同时英格兰银行还在伯明翰、布里斯托、利兹、利物浦、曼彻斯特、南安普顿、纽卡斯尔及伦敦法院区设有 8 个分行。此时，英格兰银行已经完全具有典型的中央银行的"发行的银行、银行的银行、政府的银行"的特点。

英格兰银行的领导机构是理事会，由总裁、副总裁及 16 名理事组成，是最高决策机构，成员由政府推荐，英王任命。理事会下设五个特别委员会：常任委员会、稽核委员会、人事和国库委员会以及银行券印刷委员会，且下院议员、政府工作人员不得担任其成员。

法兰西银行

法兰西银行成立于 1800 年 1 月 18 日，资本为 3 000 万法郎，小部分由国家供给，大部分募集私资。其正副总裁由国家元首任命。该行一开始即代理国库，业务间接受政府控制。1803 年 4 月 14 日，法兰西银行开始取得巴黎境内钞票发行权；1808 年取得在全国开设分支机构和发行钞票的权利；从 1848 年起，法兰西银行陆续吞并 9 家省发行银行后，取得在全国发行银行券的权利。随着其活动范围的扩大，政府控制的加强，一步一步地由私人银行转变为官方银行，最后于 1945 年 12 月 2 日被收归国有，正式成为法国的中央银行。

法兰西银行一开始就与政府关系密切，最初就是在拿破仑倡议下建立的。19 世纪 30 年代，它曾给君主政体的政府以帮助。1848 年二月革命中，它又站在反对革命的一边，力图使共和国失去威信和引起金融危机。不过后果却是打击了自己，造成银行券的大量挤兑，濒临破产。后来是小资产阶级的临时政府给了它帮助。1871 年巴黎公社革命时，法兰西银行供给凡尔赛反革命集团以 25 800 万法郎的货币。在普法战争中，法兰西银行又成了向普鲁士投降的金融后盾。很明显，它一开始就在作为政府的银行方面迈出了较大的一步。

法兰西银行作为中央银行，与英格兰银行不同。在时间上，前者形成银行的银行较后者迟；在业务上，法兰西银行仍经营商业银行业务。这是因为法国资本主义发展落后于英国，股份银行较少，资金运送困难，为发展工商业，法兰西银行不得不普遍设立分支处，兼营商业银行业务。其后法国新银行设立渐多，因此，到 19 世纪 70 年代才开始形成中央银行。

德意志联邦银行

德国的中央银行体制是从普鲁士开始的。1790 年，弗雷德里克大帝创建的皇家海外公司演变成经营外汇信贷和办理国家贷款的银行。1809 年又被改组为纯粹的国家银行，并于 1846 年获得发行银行券的许可，初具中央银行的雏形。1871 年，德意志帝国建立，开始全面实行货币改革，当时德国共有 33 家发行银行，普鲁士银行为最重要的银行。在各发行银行共推普鲁士银行为中央银行的背景下，普鲁士国家银行于 1875 年被改成帝国银行，作为德国的中央银行，但是其他 32 家发行银行，在现定限额之下，仍保留发行权。因限制过严，1900 年前，有 20 家发行银行将其发行权转让给帝国银行。至 1906 年后，发行银行仅存 4 家，发行总额亦极有限，故德国国家银行已基本独享发行权。1912 年，德国国家银行与其他大商业银行商定，商业银行以最低限度的存款转存该行，实际上有收取存款准备金的意义。因此，德意志帝国银行此时已基本上成为了中央银行。

第二次世界大战以后，作为战败国的德国，其银行及货币体系已经名存实亡。从 1946 年开始，美、英、法三国在西部占领区内效仿美国联邦储备体系为德国设计了一个具有严格的组织机构的两级中央银行体系。1948 年 6 月，德意志诸州银行作为中央银行开始发行德国马克，以取代帝国马克，进行货币改革以重建德国的货币秩序。1957 年 6 月 26 日德国颁布了《德意志联邦银行法》，废除了两级中央银行体制，在合并、改组州中央银行的基础上，建立了统一的中央银行——德意志联邦银行。直到 2002 年欧元实体货币开始流通之前，德意志联邦银行一直是德国马克的中央银行，它是第一个被赋予完全独立性的中央银行，代表了被称为"联邦银行模式"的中央银行模式。

日本银行

1864 年，日本发生了资产阶级革命——明治维新。1870 年，日本派人专门考察了美国的货币银行制度，1872 年颁布了国立银行条例，并建立了国立银行。初期的国立银行仅 4 家，享有货币发行权。但由于资本不多，信用不佳，1876 年修改条例，各国立银行钞票改为不兑现。因此，新设银行如雨后春笋般出现。1880 年前，政府利用银行发行不兑现纸币，造成通货膨胀，物价暴涨。于是，1882 年 6 月通过了《日本银行条例》，正式成立了旨在整顿货币、调节金融的日本银行，其他国立银行一律于期满解散，或改为普通商业银行。日本银行就此成为日本的中央银行了。根据日本银行法，日本银行属于法人，类似于股份公司，资本金为 1 亿日元，其中 5500 万日元由日本政府出资。与一般股票不同的是，没有股东大会和决议权，分红也限制在"5%"以内。

美国联邦储备体系

美国于 1782 年成立的北美银行，是美国具有现代意义的第一家银行。但是此后的很长时间内，美国都没有自己真正意义上的中央银行。1863 年，美国国会通过了全国货币法案，建立国民银行制度，在财政部之下设立通货监理署，监理国民银行的活动。此后，美国的国民银行一度达到 3 700 多家，货币供应极其混乱，改革货币银行制度迫在眉睫。

鉴于 1907 年金融大危机，美国政界与工商界人士感到有一家中央银行的必要。1913 年 12 月 23 日，美国国会通过了《联邦储备条例》，在中央管理与地方管理、自愿参加与强制参加、政府所有与私人所有、政府管理与私人管理之间，采取了巧妙的折中平衡办法。根据这一条例，全国分为 12 个联邦储备区，每区设立 1 个联邦储备银行，为了协调 12 个联邦银行的活动，在首都华盛顿建立了最高联邦储备局（后改名为联邦储备委员会），作为联邦储备银行的决策机构，至此，美国中央银行体系便产生了。经过多年的发展，一个由联邦储备委员会和 12 家联邦储备银行及数千家会员银行组成的较完整的中央银行体系已在美国形成，这就是美国联邦储备体系（The Federal Reserve System），简称美联储。

美国联邦储备体系的具体构成为：①联邦储备理事会。该理事会设在华盛顿，是联邦政府机构，是整个联邦系统负责全面政策的最高决策机构。该理事会由 7 名理事组成，任期 14年，由总统商得参议院同意后任命。主席和副主席由总统任命，任期 4 年。②联邦储备银行。这是执行货币政策的机构，其股本是其所在区会员银行认购的，但无控制权。从所有制来说不是国家所有，但由于它执行发行货币，代理国库，制定货币政策，管理金融等职能，盈余的 50%以上上缴财政部，所以它是中央银行——12 家联邦储备银行的每一家都是其所在地区的中央银行。储备银行可在其所在区内设立自己的分行。③联邦公开市场委员会。这是联邦储备系统内部制定政策的中心部门，由 7 名联邦储备理事会理事和 5 名联邦储备银行行长组成，联邦储备理事会主席也是联邦公开市场委员会主席。④会员银行。凡根据联邦法律在联邦注册的国民银行必须参加联邦储备系统作为会员银行。另外，根据各州法律在各州注册的州银行可自愿申请加入联邦储备系统。虽然联邦储备系统组织结构与世界各国中央银行不同，但基本职能是一致的，即政府的银行、银行的银行、发行的银行。

专栏 7-1　　　　中国的中央银行发展历程

中国的中央银行萌芽于 20 世纪初。清政府因整理币制，于光绪三十年（1904 年）由户部奏准设立户部银行，额定资本白银 400 万两，后又增拨 20 万两，1905 年 8 月在北京开业。1908 年户部更名为度支部，户部银行改名为大清银行，经理国库、发行纸币。清朝灭亡后，1912 年 1 月大清银行改组为中国银行，而后与交通银行一起受北洋政府控制，部分承担中央银行职责。1924 年孙中山在广州组成中央政府时曾经设立中央银行。1926 年北伐军攻克武汉，同年 12 月在武汉设立中央银行。但这两大中央银行实属当时军事需要，随军事进退伸缩，故没有全部执行中央银行职能。

1927 年北京国民政府制定《中央银行条例》，1928 年 11 月成立中央银行，总行设在上海，额定资本 2 000 万元，由政府拨款。该行行使经理国库和统一发行货币权力，并在全国设立分支机构。原广州的中央银行 1929 年 3 月改为其分行，1933 年改称广东银行。而后中国银行、交通银行、中国农民银行与中央银行一道享有货币发行权。1937 年 7 月成立四行的"四联总处"，统一行使中央银行职能。1942 年 7 月货币发行权收归中央银行，同时集中黄金、外汇储备统一管理，统一经理国库。

1948 年 12 月，中国共产党领导下的华北银行、北海银行、西北农民银行合并组成中国人民银行。1949 年 10 月中华人民共和国成立后又合并东北银行、内蒙古人民银行等地区性金融机构，成为全国统一的国家银行，行使中央银行与一般银行的职能。1979 年中国经济体制改革开始，随着专业银行的恢复和设立，一般银行业务逐渐从中国人民银行中分离出来。1984 年起中国人民银行专门行使中央银行职能。1986 年 1 月国务院发布《中华人民共和国银行管理暂行条例》，明确规定中国人民银行是国家的中央银行。

□ 中央银行制度的发展与强化

从上述几家中央银行的产生可以看出，早期的中央银行，如英格兰银行、法兰西银行都是国内经济、金融发展的必然结果。商品经济的发展引起了银行业的发展，银行业的发展产生了中央银行制度。一开始它们是普通银行，在其发展和竞争中，实力最强的、与政府联系密切的、信用卓著的银行，成了群行之首，居于特殊地位。这种从商业银行中脱胎出来的中央银行具有自然发展的特点，可以称为自然演进型的中央银行。

进入 19 世纪以后，各国经济的发展与货币金融体系的扩张使中央银行的形成显得更为必要。而中央银行的广泛发展并形成制度是在 20 世纪之后，一些国家吸收老牌中央银行制度的经验，结合本国特点设计创立了中央银行，这被称为人工创设型的中央银行。

第一次世界大战以后，中央银行制度的快速发展是与经济货币制度变革，尤其是战后金本位制的崩溃与货币贬值、通货膨胀普遍发生直接相关的，它反映了各国加强货币发行控制与金融管理的要求。1920 年在布鲁塞尔召开的国际金融会议重申了建立中央银行的必要性，并倡议尚未建立中央银行的各国尽快建立中央银行，以利于国内货币经济体系的稳定与国际经济贸易往来，并提出了各国财政收支平衡以稳定币值与货币发行脱离政府控制两大原则，以控制通货膨胀与货币贬值。这无疑大大推动了中央银行制度的发展。

从第一次世界大战结束到第二次世界大战结束，是中央银行在各国普遍推开的时期；而第二次世界大战以后，则是中央银行制度强化和进一步完善的时期，其主要标志是中央银行的国有化。这期间，从 1921 年到 1942 年，先后设立与改组的中央银行达 43 家。涉及欧洲 16 家，美洲 15 家，亚洲 8 家，非洲 2 家，大洋洲 2 家。其中 20 世纪 20 年代设立和改组的中央银行达 27 家，30 年代设立的有 7 家，40 年代设立的有 9 家，50 年代设立的有 5 家。而从这一时期的中央银行发展来看，也表现出了如下一些特征。

（1）20 世纪 20 年代以来，中央银行的发展继美国联邦储备系统之后，都采取了由政府直接创设的方式，从而大大加快了中央银行体制的形成。那些已设有中央银行的国家，经过有目的的改组，建成了功能更全、职能明确和独立、专业化的中央银行，如英格兰银行、法兰西银行、德意志银行等。而那些新设中央银行的国家，则在当时的国际联盟的推动下，仿照已有的中央银行建设自己独立的中央银行，从而加快了中央银行发展的进程。

（2）稳定货币与控制通货膨胀成为各国中央银行的核心任务。第一次世界大战之后，金本位制的废弃，使货币发行脱离了黄金准备，货币发行失控与通货膨胀是货币脱离黄金后的最严重问题，由此，各国中央银行的中心任务是管理货币体系、控制通胀。其最主要的措施，一是开始垄断货币发行权，改过去商业银行的多家分散发行为中央银行的独占发行；二是实施中央银行的相对独立运行，控制中央银行向财政借款垫支，禁止货币的财政性发行，并建立起中央银行货币发行的准备制度和超准备发行的纳税制度。

（3）金融管理与货币信用调控逐渐成为中央银行的重要任务。初期成立的中央银行，都是以货币发行与代理国库为中心任务，并经营商业银行的业务，由于金本位制的作用体系，金融管理与信用调节尚未成为中央银行的重要职能。而金本位制崩溃以后，金融动荡日益严重，尤其是 20 世纪 30 年代初的经济大危机，造成了更为严重的冲击与震荡。这使人们普遍认识到了稳定金融体系、控制货币信用的重要性。因此，这一时期的中央银行普遍开始对金融机构的运作与进出入进行管理，以防止金融机构的过度进入与倒闭，同时，中央银行也开始涉及银行准备金的集中统一管理，以此建立银行业的资金调节体系，使中央银行成为名副其实的"最后贷款人"，并据此改变30年代以前中央银行体系中缺乏弹性的货币供给制度。所以，直至20世纪30年代后，中央银行才真正具备了作为"银行的银行"的职能，并开始完全退出商业银行的经营领域。至此，中央银行才具备了作为现代中央银行的基本职能体系，即作为发行银行、政府银行与银行的银行。

到目前为止，全球尚未建立中央银行的国家已十分少见，仅见于新加坡、卢森堡等城市国家。其国内虽无中央银行，但仍有一些类似的机构行使货币发行与金融管理的职能，如新加坡的货币发行局（MIB）和金融管理局（FMB），而中央银行管理的概念则是共存的。

7.2　中央银行的类型和职能

中央银行的性质、职能这两者之间的关系是相互联系、相互制约的。认清中央银行的性质，才能正确界定它的职能，充分发挥其作用；而中央银行的职能则是中央银行性质的具体体现。对中央银行性质、职能的分析与阐述，是理解中央银行各项活动、关系、制度等的基础。

中央银行的类型

单一型中央银行制度，是指国家建立单独的中央银行机构，使之全面行使中央银行职能的中央银行制度，即采取总、分行制，分行是总行的下一级组织，总行和分行组成中央银行统一体。西方国家的中央银行绝大多数属于这种类型，如英国、日本、法国等。我国的中央银行也实行这种制度。单一型中央银行制度又分为两种情况：

一元型中央银行制度，是指一国只设立一家统一的中央银行行使中央银行的权力和履行中央银行的全部职责，中央银行机构自身上下是统一的，机构设置一般采取总分行制，逐级垂直隶属。这种组织形式下的中央银行是完整标准意义上的中央银行，目前世界上绝大多数国家的中央银行都实行这种体制，如英国、法国、日本等。

二元型中央银行制度，是指中央银行体系由中央和地方两级相对独立的中央银行机构共同组成。中央级中央银行和地方级中央银行在货币政策方面是统一的，中央级中央银行是最高金融决策机构，地方级中央银行要接受中央级中央银行的监督和指导。但在货币政策的具体实施、金融监管和中央银行有关业务的具体操作方面，地方级中央银行在其辖区内有一定的独立性，与中央级中央银行也不是总分行的关系，而是按法律规定分别行使其职能。这种制度一般与联邦制的国家体制相适应，如目前的美国、德国即实行此种中央银行制度。

复合型中央银行制度，是指国家不单独设立专司中央银行职能的中央银行机构，而是由一家集中央银行与商业银行职能于一身的国家大银行兼行中央银行职能的中央银行制度。在具体实行时又分两种形式：①一体型中央银行制，集中中央银行与商业银行的全部业务、职能于一身的中央银行，如前苏联、中国都曾实行过这种制度；②混合型中央银行制。分设中央银行与专业银行，中央银行业务与专业银行业务互相交叉办理。前苏联、东欧也曾实行过这种制度。

准中央银行制度，是指国家不设通常完整意义上的中央银行，而设立类似中央银行的

金融管理机构执行部分中央银行的职能，并授权若干商业银行也执行部分中央银行职能的
中央银行制度。采取这种中央银行组织形式的国家有新加坡、马尔代夫、斐济、沙特阿拉
伯、阿拉伯联合酋长国、塞舌尔等。在这类中央银行制度下，国家设立的专门金融管理机
构其名称和职责在各国虽有所不同，但金融管理局全面行使中央银行的其他各项职能，包
括制定和实施货币政策、监督管理金融业、为金融机构和政府提供各项金融服务等。中国
香港在回归祖国之前的很长时期内，也并无一个统一的金融管理机构，长期实行英镑汇兑
本位，1993 年 4 月 1 日香港成立了金融管理局，集中行使货币政策、金融监管和支付体系
管理职能，但货币发行则由渣打银行、汇丰银行和中国银行香港分行负责，票据结算仍然
由汇丰银行负责。

　　跨国中央银行制度，是指由若干国家联合组建一家中央银行，由这家中央银行在其成
员国范围内行使全部或部分中央银行职能的中央银行制度。跨国中央银行制度的主要职能
是：发行货币、为成员国政府服务、执行共同的货币政策及其有关成员国政府一直决定授
权的事项。其显著特点是跨国界行使中央银行的职能，一般地它与一定的货币联盟相联系。
1998 年 7 月 1 日欧洲中央银行（European Central Bank）正式成立和 1999 年 1 月 1 日欧元
正式启动，标志着现代中央银行制度又有了新的内容并进入了一个新的发展阶段。目前，
西非货币联盟、中非货币联盟、东加勒比海货币区属于跨国中央银行的组织形式。

□ 中央银行的性质

　　中央银行的性质是什么？搞清楚这一实质问题的意义在于正确发挥它的职能，明确它
的经营原则。为此，中央银行的性质一般可表述为：中央银行是国家赋予其制定和执行货
币政策、对国民经济进行宏观调控和管理的特殊的金融机构。

中央银行是特殊的金融机构

　　与普通的商业银行和金融机构相比，中央银行在业务经营目标、经营对象和经营内容
上都有着本质的区别：

　　从经营目标来看，商业银行以及其他的金融机构作为经营货币业务的机构，一般以追
求利润最大化为其经营目标；而中央银行不以盈利为目的，原则上也不从事普通商业银行的
业务，而是以金融调控为己任，以稳定货币、促进经济发展为宗旨。虽然中央银行在业务
活动中也会取得利润，但盈利不是目的。

　　从服务对象来看，普通商业银行和其他金融机构一般以企业、社会团体和个人为其主
要的服务对象；而中央银行在一般情况下不与这些对象发生直接的业务关系。中央银行只
与政府和商业银行等金融机构发生资金往来关系，并通过与这些机构的业务往来，贯彻和
执行政府的经济政策，并履行其管理金融的职责。

　　从经营内容来看，中央银行独占货币发行权，通过制定和实施货币政策，控制货币供
应量，使社会总供给和总需求趋于平衡，而商业银行和其他金融机构则没有这种特权；中
央银行接受银行等金融机构的准备金存款和政府财政性存款，但其吸收存款的目的不同于
商业银行等金融机构，即不是为了扩大信贷业务规模，而是为了调节货币供应量，因此，
其接受的存款具有保管、调节性质，一般不支付利息。中央银行负有调节信用的职能，其
资产具有较大的流动性和可清偿性，一般不含有长期投资的成分，可随时兑付清偿，以保
证其调节功能的正常发挥。

中央银行是管理金融事业的国家机关

虽然各国中央银行在制度上存在着差异，但其本质都是一样的，中央银行都是国家机构的一个组成部分。大多数国家的法律明文规定：中央银行对行政、司法、立法部门负责，是国家管理金融的机关。中央银行大多属于国家和政府权力机关。例如，美国联邦储备系统直接对国会负责，是国会的一个部门；我国的中国人民银行直接隶属国务院，是政府的一个部委单位。无论中央银行隶属于国家权力机关，还是政府的一个部门，它都是国家在金融领域的代理人。

中央银行作为管理金融事业的国家机关，与商业银行比较，有显著的不同，主要表现在：①中央银行是全国金融事业的最高管理机构，是代表国家管理金融事业的部门；②中央银行代表国家制定和执行统一的货币政策，监管全国金融机构的业务活动；③中央银行的主要任务是代表国家运用货币政策对经济生活进行直接或间接的干预；④中央银行代表国家参加国际金融组织和国际金融活动。

□ 中央银行的职能

中央银行承担不同于其他任何银行的特殊职能。对这些特殊职能，从不同的角度观察，有多种分类。这里按其业务活动特征归纳为四种基本职能，即：发行的银行、银行的银行、国家的银行、管理金融的银行。

发行的银行

中央银行是"发行的银行"，是指国家赋予中央银行集中与垄断货币发行的特权，成为国家唯一的货币发行机构。在许多国家，中央银行控制货币的发行，根据经济运行情况，合理调节市场流通中的货币数量，保障币值稳定，维持货币流通的秩序。货币发行过多会导致通货膨胀，货币发行过少就不能满足日常流通需要。要使发行的货币恰好够用，实际操作起来相当困难，一些国家的中央银行几乎都在为此煞费苦心。

银行的银行

集中存款准备金。存款准备金，是指金融机构为保证客户提取存款和资金清算需要而准备的在中央银行的存款。在现代金融制度下，商业银行不能将吸收的存款全部贷放出去，必须按一定的比例，或以存款形式存放在中央银行，或以库存现金形式自己保持。金融机构的准备金分为两部分：一部分以现金的形式保存在自己的业务库；另一部分则以存款的形式存储于央行，后者即为存款准备金。实行存款准备金制度，一方面是为了确保商业银行在遇到突然大量提取银行存款时，能有相当充足的清偿能力；另一方面，中央银行控制的商业银行的准备金的多少和准备金率的高低影响着银行的信贷规模，可以影响金融机构的信贷扩张能力，从而间接调控货币供应量。

充当银行的最后贷款者。中央银行是银行的银行，为银行和金融机构办理融通资金业务，成为银行的最后贷款者。当商业银行发生资金短缺，周转不灵时，可向中央银行请求贷款，商业银行向中央银行融通资金的方式主要是票据（包括国库券）、再贴现和再抵押放款。有时为配合政府的财经政策，中央银行主动采取降低再贴现率的措施，以低息向商业银行放款。

主持全国的清算事宜。各银行及金融机构，相互间应收应付的票据通过中央银行主持的票据交换所，进行票据的清算。由于各银行及金融机构均在中央银行开设往来存款账户，因此清算后的应收差额即贷记应收行的账户，应付差额即借记应付行的账户。各地中央银行分行主持该地区的清算事宜，全国各地区之间，则通过中央银行分行或由总行进行清算。

国家的银行

作为国家的银行，中央银行的职能就是向政府和银行及其他金融机构提供资金融通、划拨清算、代理业务等方面的金融服务。

代理国库。国库，通常指国家金库，担负着保管、管理该国财政的资产和负债，以及反映该国预算执行情况的一系列国家财政职能。从世界各国来看，现代国库制度可划分为独立国库制、委托国库制和银行存款制三种基本类型。其中，委托国库制是国家政府不独立设置国库机构，委托银行代理国库业务，负责财政收支的出纳、保管和划拨等工作。银行存款制是政府不自行设立国库机构，也不委托银行代理国库业务，而是政府财政部门在银行开立账户办理收支业务，将预算收入存入银行，银行按存款办法办理，实行存款有息，结算付费。从世界范围来看，国家财政收支一般不另设国库机构，而交由中央银行代理。为完成这一工作，中央银行就要专设机构，为政府开立各种账户，经办政府的财政预算收支划拨与清算业务，执行国库出纳职能，为政府代办国债券的发行、还本付息等事宜。

对政府融通资金。中央银行原则上不应向财政垫支，但当国家财政收支出现暂时性收不抵支时，亦不能坐视不管，为政府融通资金也就理所当然。因此，当国家财政出现经常性赤字时，中央银行贷款就成为国家弥补财政赤字、平衡财政收支的手段。一般融通资金的方式，一是提供无息或低息短期信贷，但这种借垫是暂时性质，并应有数额上的限制；二是从证券市场购买债券或以贴现方式间接购买政府有价证券，也就是国家公债，也有一定的时间上和数额上的限制。

代表政府参与国际金融活动。一个国家的国际金融活动，一般均由中央银行作为政府的金融代理人代为处理，如保管金银、买卖黄金外汇、参加国际性金融组织、出席国际金融会议、与外国中央银行接触磋商等。为此，中央银行应该随时研究国际收支及外汇市场动态，保持适当的国际储备，及时调整储备结构，避免外汇风险。

作为政府的金融顾问和参谋。中央银行是一国的最高金融机构。一方面，中央银行必须掌握与了解货币供应量情况，参与国民经济的调节。另一方面，当政府制定和决定金融政策时，中央银行当然成为政府金融政策的顾问和参谋，为政府制定金融政策提供资料和可供选择的方案及建议。

管理金融的银行

中央银行作为一国金融管理的最高当局，以维护金融体系的健康与稳定，防止金融紊乱给社会经济发展造成困难。因此，必须对银行及金融机构的设置、业务活动及经营情况进行检查督导，对金融市场实施管理控制。中央银行作为管理金融的银行，其职能主要表现在以下三方面。

制定和执行货币政策。中央银行必须运用自己所拥有的金融手段，对货币与信用进行调节和控制，进而影响和干预整个社会经济进程，实现预期的货币政策目标。中央银行可以通过实施存款准备金政策、再贴现政策、公开市场操作业务等货币政策以改变基础货币的供应量，控制全国商业银行信用规模，起到收缩和扩张社会货币量的作用，从货币供应方面保障社会总需求与总供给在一定程度上的均衡。

制定有关金融政策和法令。中央银行是国民经济的重要调节机构之一。为了进行宏观金融调控，除采取经济手段以外，还应采取法律手段，故必然要制定有关的金融管理法令、政策、基本制度，使金融机构与金融市场的活动有章可循，避免金融动荡。

监督和管理银行及其他金融机构的活动。中央银行进行预防性管理属于事前管理。还应对银行及金融机构的业务活动范围、清偿能力、资产负债结构、存款准备金交存等情况，进行定期或不定期的检查监督。通过各种业务账表、报告的查对、稽核，分析了解情况，发现问题，以督导银行及金融机构的业务经营活动，使其遵守有关金融法令和制度规定。

□ 中央银行的作用

中央银行的作用是由它的职能决定的，是中央银行在实际经济生活中执行各项职能所产生的结果。银行作为金融活动的枢纽，全国货币资金的运动都要通过它来进行，资金的运动就像人体的循环系统一样。在这一循环系统中，中央银行就像人体的心脏，血液的循环靠心脏的舒张与收缩，社会资金的运动有赖于中央银行的调节。中央银行发挥作用是通过对宏观经济的控制和调节，带动微观经济，即通过对作为流通手段和支付手段的货币供应量的分配、调节、控制，影响整个社会资金的运动，达到促进生产、流通的发展，促进经济结构、比例的协调，实现稳定通货、发展经济的总目标。中央银行的作用，可以概括为以下几个方面。

稳定货币，稳定金融

一国货币的稳定和金融的稳定，主要取决于三个因素：货币供应量、金融机构和金融市场。各国中央银行是全国唯一的货币发行机构，主要通过发行银行券来提供信用，而银行券又作为流通手段和支付手段在流通上发挥作用。因而，中央银行对货币如何发行、发行多少都对国内货币流通有直接的影响。这种影响会波及社会经济生活的各个方面，影响千家万户的利益。中央银行可根据国内外经济金融的动态和货币政策的要求，在国家法律规定的额度内，通过对资产与负债的调整，实现对全国货币供应量的控制，抑制过度的信用规模，使全社会的总供给与总需求达到基本均衡。同时，对金融机构实施严格的管理、监督，通过货币政策干预金融市场，沟通各种信用关系，消除不稳定因素，引导金融业务经营活动保持良好的运行状态，符合宏观经济要求，保证币值稳定、金融稳定。

调节国民经济，促进经济正常发展

中央银行可以是对社会经济活动从价值形式和价值结构上进行调节控制。一方面，社会价值形式总量的运动表现为货币流通及资金的运动，而货币与资金对经济具有启动、诱导作用。一般情况下，中央银行适当扩张信用，经济趋于繁荣；中央银行收缩信用，经济发展受到抑制。因此，在正常情况下，控制住货币和信贷资金的供应量也就控制住了社会资金整体，从而也就控制了国民经济各部门的发展规模和速度。另一方面，中央银行可以通过自身的业务活动，分析国民经济各部门的比例关系是否合理，研究其内部联系和发展变化趋势，采取有效的信贷措施，如增减贷款、调整存款准备金比率等，针对经济运行的现实状况，进行正向调节和反向调节，确定信贷支持的重点，在信贷规模和利率政策上引导银行资金的流向和投放量，促使经济结构与产品结构优化。

集中清算，加速资金周转

中央银行作为票据集中清算中心是在货币发行与集中保管存款准备金的基础上发展起来的。各家银行在中央银行开立往来存款账户，它们每日营业终了时将各自票据交换的差额，通过在中央银行开立的账户，相互划转，及时结清。通过中央银行集中清算，手续简化，方便易行，结算迅速及时，可缩短票据在途时间，节约现金使用和流通费用，起到推动资金加速周转的作用。

推动国际金融合作

当代世界经济越来越成为一个相互依存的整体，各国经济发展的不平衡性要求资源突破国界，在国际范围内重新组合配置。这必然推动国际贸易发展，技术交流频繁，资金融通国际化。中央银行是政府的银行和执行金融政策的银行，有较高地位和威信。在涉及国际重大关系的金融谈判、国际金融机构重要业务活动以及国家外汇储备等方面，它可代表国家参与决定有关国际金融的重大问题，推动国际金融活动的开展，加强国际金融合作。

🏛 7.3　中央银行的业务

☐ 中央银行的资产业务

中央银行资产业务是指中央银行运用其负债资金来源的业务活动，主要包括中央银行贷款和再贴现、证券买卖业务、金银和贵金属业务及外汇储备业务等。

中央银行的贷款业务

中央银行贷款业务是中央银行的重要资产业务之一。它充分体现了中央银行作为"最后贷款人"的职能。中央银行的贷款对于更好地维持金融体系的安全，抑制通货膨胀，执行货币政策，促进经济发展具有重要作用。

（1）中央银行贷款的意义。

在中央银行的资产负债表上，中央银行贷款是一个较大的项目。我们知道，中央银行提供的货币是基础货币，是作为商业银行存款准备金的高能货币，是整个社会货币供应量和信用扩张的基础。中央银行通过贷款的资金运用方式，影响基础货币，进而影响货币供应量和信用规模，从而调控经济。当社会经济发展需要增加货币供给时，中央银行就发放贷款；反之，当社会货币供给过量时，就会出现通货膨胀，这时中央银行就收回部分贷款，以稳定经济。与此同时，中央银行亦可以通过提高或降低其贷款利率的方式影响商业银行的筹资成本来实现上述目的。另外，中央银行贷款对各商业银行来说意义重大。当商业银行出现暂时的货币资金周转不足时，中央银行也可以对其发放短期贷款，使其渡过难关，发挥中央银行"最后贷款人"的作用。总之，中央银行贷款对于维护金融体系的安全，抑制通货膨胀，进而调节经济，起到了非常重要的作用。

（2）中央银行贷款的对象和种类。

中央银行贷款的对象主要有两类：一是商业银行；二是国家财政。在特殊情况下，中央银行也对一些非银行金融机构发放小额贷款。按贷款对象的不同，中央银行贷款可以分为以下几种类型。

① 对商业银行的放款。这是中央银行贷款的最主要类型。其具体做法是：中央银行定期公布贷款利率，商业银行提出借款申请后，中央银行审查批准其具体数额、期限及利率，有的还规定用途。这种贷款通常都是短期的，采取的形式多为以政府债券或商业票据作担保的抵押贷款。

② 对财政部的放款。对财政部的放款大体可分为三种形式：一是对财政部的正常放款，其具体操作办法与对商业银行的放款基本一致；二是对财政部的透支，这两种形式都属于信用放款的范畴；三是对财政性国库券和国债的证券投资。中央银行从事公开市场业务时，在市场上买国债和其他政府债券，事实上等于间接向财政部发放了贷款。

③ 其他放款。主要包括对外国银行和国际性金融机构的贷款以及经国务院特殊批准的对非银行金融机构、国内工商企业的少量直接贷款。

（3）中央银行贷款的特征。中央银行是特殊的金融机构，因而中央银行贷款也体现其独有的特征。

① 以短期贷款为主，一般不经营长期贷款业务。这是由中央银行自身的地位和作用决定的。由于中央银行肩负调节宏观经济的重任，因而其资产必然保持高度的流动性，以保证对经济调节的灵活性和有效性。如果中央银行经营长期贷款，其资金容易处于呆滞状态、从而不能灵活调节货币供应量，进而削弱了对宏观经济的调节。如《中国人民银行法》规定，中国人民银行对商业银行贷款的期限不得超过 1 年。在美国，长期贷款也只占中央银行贷款的 1%～2%。

② 中央银行贷款不以盈利为目的。这是由中央银行自身的性质决定的，也是中央银行与商业银行的本质区别。中央银行是国家的宏观金融调控机构，在性质上，它是从事金融活动的特殊的国家机关，其业务经营的目标只能是通过对货币供应量、利率、信用规模等的调控，保证货币政策目标的实现和经济的良性发展。

③ 中央银行应控制对财政的放款。中央银行对财政的放款是政府弥补资金亏空的应急措施之一。但如果对这种放款不加限制，势必会从总量上削弱中央银行宏观金融调控的有效性，也会削弱其应有的独立性，成为财政用以弥补赤字的工具。因而，各国中央银行法对此都有明确规定，不得对政府财政透支，不得直接认购、包销国债和其他政府债券。

日本银行法规定：禁止日本政府从日本银行借入长期资金，同时禁止日本银行认购政府发行的长期公债。法兰西银行规定：对政府提供无息透支的限额为 3 452 亿法国法郎，但实际的透支额很小。在美国，财政筹款只能通过公开市场进行，即通过发行公债来弥补财政赤字。英格兰银行一般不对政府垫款，政府资金通过发行国库券的方法解决。

④ 中央银行一般不直接对工商企业和个人发放贷款。这是由中央银行的性质和职能决定的。中央银行如果直接办理对工商企业和个人的贷款业务，势必会与商业银行形成竞争，不仅不利于其发挥金融宏观调控职能，而且在货币政策推行过程中无法得到商业银行的配合，也不利于货币政策目标的实现。

（4）中国的中央银行贷款业务。中国的中央银行——中国人民银行的贷款，是中国人民银行向国有商业银行、其他商业银行和金融机构，以多种方式融通资金的总称。按融通资金的方式划分，可分为信用放款、抵押放款和票据再贴现；按期限划分，可分为 20 天以内、3 个月以内、6 个月以内和 1 年期 4 个档次。人民银行贷款的对象是经中国人民银行批准，持有经营金融业务许可证，在人民银行开立独立的往来账户，向人民银行按规定缴纳存款准备金的商业银行和其他金融机构。

中央银行的再贴现业务

再贴现业务对中央银行有效实施宏观金融调控具有突出意义，可以通过调整再贴现率，提高或者降低再贴现额度，从而调节信用规模。

（1）再贴现业务的含义。再贴现也叫"重贴现"，是指商业银行为弥补营运资金的不足，将其贴现取得的商业票据提交中央银行，请求中央银行以一定的贴现率对商业票据进行二次买进的经济行为。中央银行接受再贴现即为买进商业银行已经贴现的商业票据。之所以称为"再贴现"，就是为了区别于商业银行对工商企业的"贴现"，以及商业银行之间进行的"转贴现"。

（2）再贴现与中央银行贷款业务的区别。从广义上来讲，再贴现也应属于中央银行贷款的范畴，因为在这两种业务过程中，中央银行都是贷出资金，对商业银行进行资金融通。实际上，再贴现业务相当于中央银行以商业银行所持有的各种商业票据为抵押物，对商业银行发放的抵押贷款。因此，有人把再贴现等同于中央银行贷款。但实际上，二者还是有区别的，具体体现在两点：① 再贴现是中央银行按商业票据面额的一定比例提供给商业银行货币资金，也就是说商业银行预先向中央银行支付了利息；而贷款业务只有在贷款资金使用一段时间后或者在归还本金时支付利息；在再贴现业务中，商业银行只能获得部分资金，而在贷款业务中商业银行可以获得全额资金。② 如果说再贴现的本质相当于中央银行向商业银行发放的抵押贷款，那么中央银行贷款的范畴显然要比再贴现宽得多。因为贷款既可以包括抵押贷款，又包含了信用贷款，而信用贷款与再贴现对中央银行来说其意义大不相同。

中央银行对合格的商业票据进行再贴现而增加的货币投放，属于经济发行，是商品流通对社会货币量的客观需要；而通过信用贷款方式投放的货币资金则不一定是商品流通对货币量的客观需要，一旦这种发行过量，就会出现信用膨胀，导致通货膨胀，进而影响金融秩序和经济的正常发展。所以，目前大多数国家很少发放信用贷款。

证券买卖业务

证券买卖业务也是中央银行的主要资产业务，特别是在证券市场比较发达的国家更是如此。中央银行买卖证券一般都是通过其公开市场业务进行的。其目的是为了维护金融市场的稳定，调节货币流通。在需要紧缩银根，减少货币供应量时，中央银行就在公开市场上卖出其持有的有价证券，以回笼货币；而在需要扩张信用规模，增加货币供应量时，中央银行就在公开市场上买入所需要的有价证券，发放货币。

（1）中央银行证券买卖业务的意义。调节和控制货币供应量，进而调节宏观经济。中央银行通过公开市场业务，买入或卖出有价证券，能有效地调节和控制整个社会的货币供应量，使之维持在合理的水平上，从而对宏观经济进行调节。尽管在这一过程中中央银行可能会获得由买卖证券而带来的价差收入，但其基本目的是为了调节货币供应，而不是为了盈利。

配合准备金政策和再贴现政策。由于单一的货币政策工具已经很难单独完成调节宏观经济的任务，常常需要多种政策相互配合，才能产生最佳效果。准备金政策和再贴现政策的缺陷之一就是政策的效果过于猛烈，常会给整个金融和经济带来相当大的震荡。因此，目前许多国家在运用上述政策工具时，常以公开市场业务相辅，通过中央银行的证券买卖，削弱和抵消对金融和整个经济的震动。

缓解财政收支造成的不利影响。财政收支的季节性波动容易引起社会资金的暂时不足或过剩，中央银行可以在税收旺季买进政府债券，增加市场资金量；在税收淡季卖出政府债券，吸收过剩资金。

协助政府公债的发行与管理。通常在政府发行新债时，中央银行应大量购入旧的政府债券，补充市场资金量，压低市场利率，以配合公债的发行。此外，在投机盛行时，为维护公债价格稳定，央行应在公债价格突然上升时大量抛售债券，在价格下跌时购入债券。

（2）中央银行证券买卖业务的种类。中央银行在公开市场上买卖的证券主要是政府债券、国库券以及其他市场性非常高的有价证券。由于各国的国情不尽相同，因此各国法律规定中央银行可以买卖的证券种类也不同，比如：①美国联邦储备体系主要是通过短期国库券来进行公开市场业务的。因为在美国，国库券有很强的流动性，可以承担联邦储备体系进行的大量交易，而不至于引起价格过于波动，影响市场的稳定。②日本法律规定，日本银行可以从事商业票据、银行承兑票据、政府公债等有价证券的买卖。③德国联邦银行依法律规定可以对信用机构买卖国库券，可以在公开市场上买卖国库券、合格汇票以及其他在证券交易所挂牌交易的债券、联邦特别基金等。④法兰西银行可以购买、出售或保管法兰西银行理事会编制的清单上所列的各种证券和票据。

由于中央银行在公开市场上买卖证券既可主动出击，又可积极防御，数量可以灵活控制，执行起来比较迅速，所以许多国家把其视为最有效和最常用的货币政策工具，从而证券买卖业务也就成为其主要资产业务。

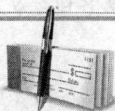

专栏7-2　我国中央银行公开市场业务简介

在发达国家，公开市场操作是中央银行吞吐基础货币、调节市场流动性的主要货币政策工具，通过中央银行与指定交易商进行有价证券和外汇交易，实现货币政策调控目标。中国公开市场操作包括人民币操作和外汇操作两部分。外汇公开市场操作于1994年3月启动，人民币公开市场操作于1998年5月恢复交易，规模逐步扩大。1999年以来，公开市场操作已成为中国人民银行货币政策日常操作的重要工具，对于调控货币供应量、调节商业银行流动性水平、引导货币市场利率走势发挥了积极的作用。

中国人民银行从1998年开始建立公开市场业务一级交易商制度，选择了一批能够承担大额债券交易的商业银行作为公开市场业务的交易对象。目前公开市场业务一级交易商共包括40家商业银行。这些交易商可以运用国债、政策性金融债券等作为交易工具与中国人民银行开展公开市场业务。从交易品种看，中国人民银行公开市场业务债券交易主要包括回购交易、现券交易和发行中央银行票据。其中回购交易分为正回购和逆回购两种，正回购为中国人民银行向一级交易商卖出有价证券，并约定在未来特定日期买回有价证券的交易行为，正回购为央行从市场收回流动性的操作，正回购到期则为央行向市场投放流动性的操作；逆回购为中国人民银行向一级交易商购买有价证券，并约定在未来特定日期将有价证券卖给一级交易商的交易行为，逆回购为央行向市场上投放流动性的操作，逆回购到期则为央行从市场收回流动性的操作。现券交易分为现券买断和现券卖断两种，前者为央行直接从二级市场买入债券，一次性地投放基础货币；后者为央行直接卖出持有债券，一次性地回笼基础货币。中央银行票据即中国人民银行发行的短期债券，央行通过发行央行票据可以回笼基础货币，央行票据到期则体现为投放基础货币。

（3）中央银行买卖证券的限制规定。为了保证中央银行资金的安全性和流动性，各国一般都对中央银行买卖证券进行了一些限制，比如：不能在一级市场上购买有价证券，只能在二级市场上购买。这是由中央银行的性质决定的，也是中央银行保持独立性的客观要求；不能购买市场性差的有价证券。因为中央银行的资产必须具有高度的流动性，所以只有购买流动性强、可以随时变现的有价证券，才能有效地发挥自身的职能；不能购买无上市资格、在证交所没有挂牌交易的有价证券；不能买入国外的有价证券，这一点通常在各国的法律中都有明确规定。

□ 中央银行的负债业务

中央银行的负债是指社会集团和个人持有的对中央银行的债权。中央银行的负债业务主要包括货币发行业务、经理国库业务、集中存款准备金业务等。

货币发行业务

（1）货币发行及其意义。货币发行具有双重含义：一是指货币从中央银行的发行库通过各家银行的业务库流向社会；二是指货币从中央银行流出的数量大于流入的数量。这二者通常都被称为货币发行。中央银行通过再贴现、再贷款以及购买证券、收购金银外汇等方式将货币投入市场，每一张流通中的货币都是中央银行对公众的负债，而对每一个货币的持有者来讲其手中持有的货币也就是对中央银行的债权凭证。

货币发行业务是中央银行的主要负债业务。中央银行通过经营货币发行业务，一方面提供了流通手段和支付手段，满足了社会商品经济发展和商品流通扩大的需要；另一方面也相应筹集了社会资金，满足了中央银行履行其各项职能的需要。

（2）货币发行的原则。中央银行发行货币，要遵循以下三条原则。

垄断发行原则，即指货币发行权高度集中于中央银行。中央银行将货币发行权垄断起来：一是有利于防止由于滥发银行券而导致的银行券信用低下、流通混乱及由此引起的银行券的挤兑和经济金融动荡，避免钞票分散发行所带来的诸多弊端；二是有利于国家对货币流通的管理，便于控制货币发行量、保持市场货币量与国民经济发展需要的适合比例，保证通货的稳定；三是有利于中央银行加强自身的经济实力、货币发行作为中央银行的一项资金来源，有利于更好地掌握和调节商业银行的信贷活动；四是有利于国家货币金融政策的推行，使政府利用中央银行手中的货币政策工具管理、调节国民经济，实现国家宏观经济目标；五是有利于给中央银行增加一定的货币发行收益。

信用保证原则，即指货币发行要有一定的黄金或有价证券作为保证。也就是说，通过建立一定的发行准备制度，保证中央银行的独立发行。不兑现的纸币发行要求纸币的发行量不得超过经济发展的客观要求，而要与国民经济客观发展水平。客观的货币需求量之间保持一个相对适应的关系。因此，中央银行不得在政治等压力下随意发行，要以可靠的准备金制度为基础，坚持经济发行，防止财政发行。这里所谓的**经济发行**，是指中央银行根据国民经济发展的需要适度地增加货币发行量。货币的投放必须适应流通中货币需求量增长的需要，既避免过多发行，又确保经济发展对货币的需要。所谓的**财政发行**，是指为弥补国家财政赤字而引起的货币发行。这种发行不是以经济增长为基础，就会形成超经济需要的过多货币量，从而导致市场供求紧张，物价上涨。

弹性发行原则，即指货币发行要有一定的弹性。也就是说，货币发行要具有高度的伸缩性和灵活性，不断适应社会经济状况变化的需要，既要充分满足经济发展的需要，避免因通货不足而导致经济萎缩，又要严格控制发行数量，避免因通货过量而引起通货膨胀，造成经济混乱。因此，中央银行在决定货币发行时，应该充分考虑各种因素对市场的影响，研究市场变动和货币供求状况，根据市场导向投入和回笼货币，使货币发行具有一定的弹性。

（3）货币发行的准备制度。为了维护货币信用，各国均以立法的形式对中央银行货币发行的准备制度做了明确规定。中央银行一般都以某种或几种形式的资产作为其发行货币的准备，这种制度就是货币发行的准备制。

货币发行准备有两类：一是**现金准备**，即以金银、外汇等具有极强流动性的资产作为准备。这种准备形式为货币发行提供了现实的价值基础，有利于货币的稳定，但是缺乏弹性，不利于中央银行根据经济发展的需求调节货币的发行。二是**保证准备**，即以短期商业票据、财政短期国库券、政府公债等在金融市场上容易流通的证券作为准备。这种准备形式虽然解决了现金准备难以实现弹性发行的问题，但是中央银行控制货币发行的难度却增大了。

由于现金准备缺乏弹性，保证准备又难以控制，许多国家都将这二者结合起来，即规定发行准备中现金准备和保证准备的比例，这个比例就被称为货币发行**准备金比率**，简称准备率。准备率很难规定得恰到好处，也不适宜采用固定的常数。比如，若现金准备比例过高，当需要紧急发行时，则货币发行量的扩大受到限制；若现金比例过高，则容易引发金融波动。

经理国库业务

国库是国家金库的简称，是专门负责办理国家预算资金的收纳和支出的机关。国家的全部预算收入都由国库收纳入库，一切预算支出都由国库拨付。

中央银行的重要职能之一就是作为政府的银行，经理国库业务便是中央银行履行该职能的具体体现。由中央银行经理国库，对中央银行低成本地吸收大量财政存款，形成其重要的资金来源；对财政灵活调度资金，实现财政收支平衡，对加强国家宏观调控，把财政政策和货币政策有机地结合起来，都具有重要的意义。

中央银行开展经理国库业务的优越性主要表现在如下几方面：①收缴库款方便。②库款调拨灵活。由中央银行代理国库，财政资金的调拨都通过银行的内部联行系统办理划拨，这样库款的报解和下拨都比较迅速和灵活，不需要再通过其他部门办理汇款业务。③资金安全，数字准确。④有利于中央银行的宏观调控。国库的预算收入库款在财政部门没有拨付使用前是一笔数量可观的存款，是中央银行重要的资金来源之一，中央银行可以充分利用起来，搞好宏观调控。⑤有利于发挥银行的监督作用。中央银行经理国库，对预算收入的及时收纳入库有促进作用，对财政支出的拨付使用更易于发挥监督作用。

集中存款准备金业务

存款准备金制度是指依据法律所赋予的权力，中央银行规定商业银行等金融机构缴存中央银行存款准备金的比率和结构，并根据货币政策的变动对既定比率和结构进行调整，借以间接地对社会货币供应量进行控制，同时满足宏观货币管理的需要，控制金融体系信贷额度的需要以及维持金融机构资产流动性的需要的制度。

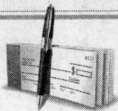

专栏 7-3　　　　　　**我国国库的产生历史**

　　国库是随着人类社会的进步、社会生产力水平的提高、国家的产生而发展起来的，是社会生产发展到一定阶段的必然产物。随着生产力的发展和物物交换的出现，产生了私有制，逐步形成了阶级和阶级剥削，社会开始分裂为奴隶主阶级和奴隶阶级。统治者为了执行国家职能，因此向公民征税。捐税是国库收入的最初形式。也就是说，有了国家，有了财政，必然要有国库。在中国黄帝、尧、舜时代，赋税现象发生渐多，到了禹的时代，才传说有财政的现象。公元前 11 世纪，周朝建立后，设有大府、玉府、内府、外府等专司府库之职，专门负责管理各种财务的出纳。从国库职能作用来看，这便是中国最早的国库雏形。

　　集中存款准备金是中央银行履行"银行的银行"职能的客观要求。其意义在于：保证商业银行等金融机构的清偿能力，以备客户提现，从而保障存款人的资金安全以及商业银行等金融机构自身的安全；有利于中央银行约束商业银行贷款规模，控制信用规模和货币供应量。

　　存款准备金是商业银行为应付客户提取存款和划拨清算的需要而设置的专项准备金、由两部分组成：一部分是支付准备金，又称"自存准备金"，即库存现金，是商业银行和非银行金融机构为保证存款支付和票据清算而保留的货币资金；另一部分是法定存款准备金，是依照法律的规定，银行必须按照其存款的一定比例上缴中央银行的准备金。

□ 中央银行的清算业务

清算业务概述

　　所谓清算，即指一定经济行为所引起的货币关系的计算和结清，亦称"结算"。清算又分两种，现金清算和转账清算。现金清算是指直接用现金进行支付清算，转账清算是指收付双方通过银行账户将款项从付款人账户划到收款人账户的货币支付行为。

　　中央银行清算业务源于其作为"银行的银行"这一职能。作为银行的银行，各商业银行及其他金融机构都在中央银行开立存款准备金账户，各银行间发生的资金往来和债权债务关系自然由中央银行来办理。《中国人民银行法》就明确规定：中国人民银行应当组织或协助组织金融机构相互之间的清算系统，协调金融机构之间的清算事宜，提供清算服务。

　　中央银行办理资金清算业务，主持一国的资金清算事宜，具有极其重要的意义：一是有利于缩短资金在途时间，加速资金周转、提高资金效益、节约社会劳动；二是有利于提高银行工作效率、增强银行信誉；三是有利于中央银行正确制定和执行金融政策，有效地进行金融宏观调控。

清算业务种类

　　中央银行作为银行间的支付中介，它为其他金融机构提供以下三类清算业务。

　　集中办理票据交换。票据交换是指同一城市中各银行间收付的票据所进行的当日交换，通常在票据交换所进行。票据交换所是同城各银行之间清算其各自应收应付款项的集中场所。各银行持有本行应收应付票据在每日规定的时间内，在交换所将当日收进的其他银行的票据与其他银行收进的该行的票据进行交换，形成的差额最终通过中央银行来轧差转账。

集中清算交换的差额。这是指通过各银行在中央银行开立的往来存款账户（独立与法定存款准备金账户，且存有一定的备付金），各行之间票据交换后的债权债务的差额就可以进行划转。

办理异地的资金转移。异地资金转移，如各行异地汇兑等都是要通过中央银行办理的，总体来讲可以分为两类：一是先由各银行通过内部联行系统划转，再由其总行通过中央银行办理转账清算；二是把异地票据集中送到中央银行总行办理轧差转账。但是，各国采取的做法不甚相同，如美国是由联邦储备银行代收外埠支票，建立清算专款，并以华盛顿为最后清算中心。英国则是先由四大清算银行进行清算，其差额再由英格兰银行划转。法国是利用中央银行遍布全国的分支机构建立转账账户为各银行提供服务的。

美国的清算系统

各国中央银行对本国支付体系的参与程度有两个极端：一是完全不参与，支付系统完全由私营机构经营与管理，如加拿大、英国等；二是中央银行积极参与从支付活动规则的制定到直接提供支付服务等一系列支付系统的工作。在第二种情况下，银行清算系统一般都是在中央银行的统一领导下建立的。一般各国主要商业银行通常都有自己独立的清算系统，对于跨系统的业务的处理则由中央银行在各大城市建立的清算中心完成，而中央银行控制和管理着这些清算中心，并负责管理清算的内容和结果。这一类型的典型范例就是法国和美国。下面简单介绍一下美国的清算系统。

1913 年的联邦储备法赋予了美联储经营支付系统的权力。在该法律下，美联储从直接制定各种支付活动的标准到直接提供支票清算、自动清算所交易处理服务到经营联邦电子资金划拨系统，在美国的支付体系中充当着重要的角色。美国联邦储备体系通过其 12 个储备区银行、25 个分行和 11 个支付处理中心，处理了美国 1/3 的支票清算和绝大部分的自动清算所交易的业务。同时，美联储经营的大额支付系统——联邦电子资金划拨系统，占全美大额资金转移量的一半左右，并用于美国政府及一些政府部门、国际组织发行的记账债券转移。

联邦电子资金划拨系统（FEDWIRE）是由美国联邦储备体系所经营，用于大额支付命令的发送及资金和记账证券转移的贷记支付系统，是美国金融基础设施的重要组成部分。FEDWIRE 的构成包括两部分：一是大额资金电子转移系统；二是记账政府债券、政府部门债券、全资国营企业债券、国际组织债券的发行与交易电子转移系统。一般地说，吸收存款机构只要在储备银行拥有储备和证券账户，就可以利用 FEDWIRE 进行资金及证券在各储备银行之间的转移，从而实现商业银行间的同业清算，完成资金调拨。

纽约清算所银行同业支付系统（Clearing House Interbank Payment System，CHIPS）是美国跨国美元交易的主要清算中心，也是世界上最大的私营电子多边差额清算系统。作为一个私营清算组织，其所有的费用均由参加系统的成员进行承担。在 CHIPS 清算体制下，非参加银行可由参加银行代理清算，参加银行又由会员银行代理清算，层层代理，构成了庞大复杂的国际清算网。CHIPS 是国际贸易资金清算的桥梁，也是欧洲美元供应者进行交易的通道，因为现在世界上 90％以上的外汇交易是通过 CHIPS 完成的。

自动清算所系统（Automated Clearing House，ACH）美国的 ACH 是覆盖全美的一个电子清算系统，用于银行间票据交换和清算，一般用于处理较小的具有周期性、固定金额的款项的支付行为，资金的清算在支付命令处理后的一两天后进行。大体上有五种形式的支付：一是现金集中；二是雇员工资的直接发放；三是财政部的社会福利金及养老金的发放；四是固定金额资金的支付；五是企业间货款的支付。自动清算所进行资金转移一般是由政府机构、消费者和企业发起的，银行同业清算使用自动清算所方式仅占自动清算所业务的极小一部分。

专栏 7-4　　环球银行金融电信协会简介

环球银行金融电信协会（Society for Worldwide Interbank Financial Telecommunication，SWIFT），是一个国际银行间非营利的国际合作组织，总部设在比利时的布鲁塞尔，并在荷兰阿姆斯特丹和美国纽约分别设立交换中心（Swifting Center），及为各参加国开设集线中心（National Concentration），为国际金融业务提供快捷、准确、优良的服务。

SWIFT 运营着世界级的金融电文网络，银行和其他金融机构通过它与同业交换电文（message），从而完成金融交易。除此之外，SWIFT 还向金融机构销售软件和服务，其中大部分的用户都在使用 SWIFT 网络。

中国是 SWIFT 会员国，中国银行、中国工商银行、中国农业银行、中国建设银行、中国交通银行等均加入了 SWIFT 组织，开通了 SWIFT 网络系统。

会员银行在使用"环球银行间金融电讯网络"汇付时使用各银行的代码（BIC）。SWIFT 电文根据银行的实际业务运作分为十大类，其中第一类格式代码为 MT1××，用于客户汇款与支票业务，如 MT199 通常用于电汇业务；第七类格式代码为 MT7××，用于跟单信用证及保函业务，如开立跟单信用证的格式代码为 MT700/MT701，MT710 是通知由第三家银行开立的跟单信用证报文格式。

SWIFT 组织成立于 1973 年 5 月，其全球计算机数据通信网在荷兰和美国设有运行中心，在各会员国设有地区处理站。1977 年 SWIFT 在全世界就拥有会员国 150 多个，会员银行 5 000 多家，SWIFT 系统日处理 SWIFT 电讯 300 万笔，高峰达 330 万笔。到 2007 年 6 月为止，SWIFT 的服务已经遍及 207 个国家，接入的金融机构超过 8 100 家。中国台湾地区唯一的商业策略以及服务供应伙伴资格是资通电脑 ARES。

我国的跨行支付系统

中国人民银行运行了三个跨行支付系统，包括全国电子联行系统、同城清算所、全国手工联行系统。

全国电子联行系统。全国电子联行系统（The National Electronic Inter-bank System，EIS）由人民银行拥有并运行，采用 VSAT 卫星通讯技术，为分散式处理系统，全国 2000 多家人民银行分/支行联入全国总中心，参与者为各商业银行分/支行。支持各种支付类型，但只办理贷记转账，所有资金转账指令必须在账户余额足以支付的情况下才能被执行，支付系统无信用或流动风险。这是中国人民银行在支付系统现代化建设中的第一次尝试，其主要设计思想是要克服由于纸票据传递迟缓和清算流程过分烦琐造成的大量在途资金，从而加速资金周转，减少支付风险。目前，全国电子联行系统只办理该系统参与者之间的贷记转账，这包括全部异地跨行支付、商业银行行内大额支付以及人民银行各分支机构之间的资金划拨。

同城清算所。我国有 2 000 家同城清算所（Local Clearing Houses，LCHs）分布在中心城市和县城/镇，全部同城跨行支付交易和大部分同城行内支付业务经由同城清算所在商业银行之间进行跨行清算后，再交行内系统进行异地处理，参与者包括辖区内绝大多数银行分支机构，支持贷记与借记支付，支票是主要的应用，只允许在同城内使用。

全国手工联行系统。中国人民银行与中农工建四大行都有自己的全国手工联行系统（Paper-based non-local Funds Transfer Systems）。1996 年以后，四大行以全国电子资金汇兑系统取代手工联行，但人行依然运行自己的手工联行系统，用以处理跨行纸凭证异地支付交易以及人民银行分/支行之间的资金划拨。手工系统分为全国、省辖与县辖三级联行，采用电汇或信汇方式直接交换支付工具。商业银行的系统支持贷记与借记支付，人民银行的系统办理人民银行各分/支行间的资金划拨、国库款项的上缴下拨及划转，以及商业银行内大额资金转账。

🏛 7.4 中央银行与存款保险制度

☐ 存款保险制度概要

存款保险制度是一种金融保障制度，是指由符合条件的各类存款性金融机构集中起来建立一个保险机构，各存款机构作为投保人按一定存款比例向其缴纳保险费，建立存款保险准备金，当成员机构发生经营危机或面临破产倒闭时，存款保险机构向其提供财务救助或直接向存款人支付部分或全部存款，从而保护存款人的利益，维护银行信用，稳定金融秩序的一种制度。真正意义上的存款保险制度始于 20 世纪 30 年代的美国，当时为了挽救在经济危机的冲击下已濒临崩溃的银行体系，美国国会在 1933 年通过《格拉斯—斯蒂格尔法》，联邦存款保险公司（FDIC）作为一家为银行存款保险的政府机构，于 1934 年成立并开始实行存款保险，以避免挤兑，保障银行体系的稳定。

目前，运作历史最长、影响最大的是 1934 年 1 月 1 日正式实施的美国联邦存款保险制度。20 世纪 50 年代以来，随着经济形势和金融制度、金融创新等的不断变化和发展，美国存款保险制度不断完善，尤其是在金融监管检查和金融风险控制和预警方面，FDIC 做了大量成效显著的探索，取得了很好的成效，从而确立了 FDIC 在美国金融监管中的"三巨头"之一的地位，存款保险制度成为美国金融体系及金融管理的重要组成部分。美国著名经济学家、货币主义的领袖人物弗里德曼（Friedman M）对美国存款保险制度给予了高度评价："对银行存款建立联邦存款保险制度是 1933 年以来美国货币领域最重要的一件大事。"20 世纪 60 年代中期以来，随着金融业日益自由化、国际化的发展，金融风险明显上升，绝大多数西方发达国家相继在本国金融体系中引入存款保险制度，印度、哥伦比亚等部分发展中国家和地区也进行了这方面的有益尝试。

目前国际上通行的理论是把存款保险分为隐性（Implicit）存款保险和显性（Explicit）存款保险两种。隐性的存款保险制度多见于发展中国家或者国有银行占主导的银行体系中，指国家没有对存款保险做出制度安排，但在银行倒闭时，政府会采取某种形式保护存款人的利益，因而形成了公众对存款保护的预期。显性的存款保险制度是指国家以法律的形式对存款保险的要素机构设置以及有问题机构的处置等问题做出明确规定。

和隐性存款制度相比，显性存款保险制度的优势体现在以下几个方面：①明确银行倒闭时存款人的赔付额度，稳定存款人的信心；②建立专业化机构，以明确的方式迅速、有效地处置有问题银行，节约处置成本；③事先进行基金积累，以用于赔付存款人和处置银行；④增强银行体系的市场约束，明确银行倒闭时各方责任。

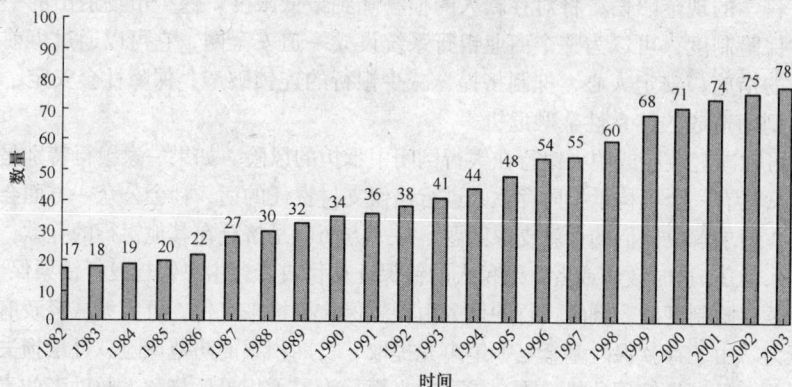

图 7-1　建立存款保险制度的国家数量变化

鉴于 FDIC 对稳定美国金融体系和保护存款人利益等方面的明显成效，尤其是 20 世纪80 年代以来，世界上相继发生了一系列银行危机与货币危机，促使许多国家政府在借鉴国外存款保险制度的基础上，结合本国实际，着手建立或改善已有的存款保险制度。尤其是近年来，显性的存款保险在全球获得了快速发展。全球共有 78 个经济体建立了各种形式的存款保险制度，尽管其建立的时间各不相同，但在法律上或者监管中对存款保护进行了明确规定的已有 74 个经济体（即建立了显性的存款保险制度）。有人甚至将存款保险制度的建立看做是真正意义上的现代金融体系不可或缺的组成部分。事实上，过去的 30 年里建立显性存款保险制度的国家和地区数量增长了 6 倍多，由 1974 年的 12 个增加到 2003 年的74 个。建立一个显性的存款保险体系已经成为专家们给发展中国家和地区提出的金融结构改革建议的一个主要特点。而且国家层面上的强制性保险已成为一种主流。几乎所有的国家从一开始就建立了国家层面上的存款保险。而且，无论发达国家还是发展中国家，强制要求所有存款机构全部加入保险体系的越来越多，并成为主流形式。

□ 存款保险制度的作用

存款保险制度的积极作用

存款保险制度作为一种金融保障制度，其积极作用主要有以下几点。

（1）保护存款公众的合法利益，维护金融稳定。存款保险制度可以保证银行对存款人存款的支付，最大限度地保护存款人的利益，有利于提高存款人对银行的信任度。对于大多数存款人来说，他们不可能对接收自己存款的银行或金融机构的信誉、实力和经营状况有较为全面的了解，做出恰当的评价，更谈不上采取有效的风险分散策略，而存款保险制度可以为他们提供一定程度的投资保护。当一家银行因经营不善或其他原因造成支付困难破产时，由存款保险机构代为支付公众存款，其客户的存款基本上可以避免或减少损失，就会使其他在银行有存款的社会公众反应平稳。有了存款保险制度，就可以监督银行业务，及时提出警告，把行将倒闭的银行并入一家可靠的银行或向面临倒闭的银行提供巨额贷款，使这家银行得以渡过难关。存款保险制度通过向参加保险的金融机构收取一定数额的保险费，可以集中一笔巨额的保险基金，从而为保护金融业的稳定与发展架起两道防线：一是对陷入困境的金融机构实施资金救援；二是可以动用保险基金进行及时、科学的现金赔偿，将对存款人的损害降到最低限度，保护市场退出的平稳性。建立存款保险制度，可以为整个商业银行系统设立一道安全网，它可以通过事前预防和事后补救的措施，安定人心，抑制挤提，减少银行的连锁破产，保障社会安定，防止个别银行因倒闭造成的体系性金融危机。

（2）可以减轻政府或中央银行在银行倒闭中承担的风险。如果一家银行特别是大型银行倒闭，又没有一个机构承担向存款人进行赔偿支付责任的话，社会公众一方面会冲击银行和政府，请求解决他们的存款支取问题；另一方面就是挤兑在其他银行的存款，导致整个银行体系动荡。这时政府或者拿纳税人的钱保证支付或者让中央银行发行钞票保证支付。而设立存款保险制度后，倒闭银行的债务由存款保险机构来支付，可大大减轻政府和中央银行的压力。由于存款保险基金是一笔事先提取、长期积累的防范风险、补偿损失的专用基金，因此一旦发生信用危机，不会导致中央银行为了承担最后贷款人救助者的责任而采取增发基础货币措施，从而影响币值的稳定。存款保险制度使中央银行最后贷款人的压力得到缓解，从而有利于货币政策实施的独立性、有效性。

（3）提高金融监管水平。存款保险制度的建立，使存款保险公司成为银行业的专业监管机构，存款保险公司复合职能的设置以及通过开展存款保险业务积累的大量保险基金加之存款保险公司的特别融资职能，构筑了银行风险救助的基础和处理机制。存款保险制度是在秉承了政府和央行金融监管基本思想的前提下，更加注重金融业的独特性和内在运行规律而设计出来的一种制度安排，它实现了外部监管与银行内在特质的协调统一。存款保险制度的职能不仅在于事后及时补救，更着重于事前防范，因此可作为一国中央银行进行金融监管的补充手段和重要的信息来源，从而有助于金融监管水平的提高。

存款保险制度的消极影响

从各国实践来看，存款保险制度的积极作用是显而易见的，但也存在明显的消极影响。产生消极影响的主要原因是设计不佳的存款保险制度会使存款者放松对银行的监管，弱化市场约束，从而引发道德风险、逆向选择和代理问题。

金融交易之前发生的信息不对称问题是逆向选择，例如，潜在的贷款风险往往来自于那些申请贷款最积极的人。逆向选择表现在，那些最有可能造成不利结果（银行倒闭）的人正是那些想充分利用保险的人。由于受保的储户没有理由对银行施加约束，爱冒险的企业家发现银行业是最诱人进入的行业——他们将能够从事高风险的活动。存款保险的存在使得储户收集信息、监管银行的动力大大降低，因为就算银行破产，他们也不会遭受损失。这使不法商人也发现银行业是一个最具吸引力的行业，因为他们的欺诈和贪污可以免受制裁。

存款保险最严重的弊端来源于道德风险，即交易的一方从事损害另一方利益的活动的动机。具体到金融领域来说，在存款者—金融中介—贷款者的委托—代理关系中，他们三者都可能具有道德风险，如存款者在交易中不谨慎选择金融中介机构，而又有外部机构可能为这些中介机构降低或消灭不道德行为带来的后果，金融中介机构经营者便有可能偏离所有者的利益，而从自身利益出发做出决策，使所有者蒙受损失；而贷款者可能将贷款用于银行不希望从事的高风险领域，从而使该笔款项潜在的风险变得很高。

存款保险客观上鼓励了存款人将资金存入那些许诺付利息高的金融机构，而对这些机构的经营管理水平和资金实力是否弱于对手并不关心。同时，一些银行为弥补较高的存款成本而在投资活动中冒更大的风险，因为作为存款契约剩余收益的求偿者，他们可以从高风险的投资项目的获利中得到全部好处；而股权的有限责任性质又可以避免他们承担投资项目失败的全部损失。因而事实上，存款契约等于赋予银行管理者一个卖出期权，他们可以在投资项目损失超过其投资额（资本额）上限时将该项目"出售"给存款人。而如果情况顺利，他们又可以通过支付债务而获得投资项目的"上涨"收益。而且在资本额一定的前提下，投资项目的风险层级越高，存款契约卖出期权的价值也就越大。这样，那些资金实力弱、风险大的银行就会得到实际的好处。结果，较之未投保而言，对存款投了保的银行会冒更大的风险。这将诱使投保银行提高对存款保险制度的依赖度，倾向于从事风险较高、利润较大的银行业务，如以较高利润吸收存款，从事风险较大的贷款，从而加大了投保银行承受的不适当风险。

从这个意义上讲，存款保险制度在一定程度上模糊了公众对金融机构风险的识别，降低了社会对金融机构的监督程度，保护了无能者、落后者，放松了金融风险对投保银行冒险经营行为的抑制，投保银行由此获得承担更大风险的激励机制。没有了存款人挤兑的影响，银行经营管理人员总是倾向于用银行资产去"赌博"。如赌赢了，这些投保银行将获大利；若赌输了，大部分损失将由存款保险机构承担。特别是对风险等级不同的银行收取统一的保险费率，就意味着同样规模但风险较大的银行并不需付出更多的保险费用，这将鼓励投保银行从事高风险的资产组合增加其预期收益，它承担的风险将由经营保守的银行补贴。因而，尽管存款保险制度旨在保护投保银行的存款人而不是投保银行本身，但却引发了投保银行的"道德风险"。

□ 存款保险制度与中央银行的关系

存款保险制度和中央银行最后贷款人制度是对银行危机进行救助的核心制度安排，两者虽然在防范个别金融机构的支付风险演变为系统性金融风险等方面具有一致性，但在介入条件与时机、救助对象和经济效应等方面存在较大的差异。

中央银行最后贷款人制度

中央银行作为最后贷款人向可能或已经发生危机的银行提供流动性支持是世界各国的一种普遍做法。同时，为规避道德风险，中央银行对是否救助问题银行的态度是模糊的，被称做"建设性的模糊"。在没有设立存款保险制度的情况下，中央银行承担提供最后援助贷款和采取抢救行动的责任，并且是一国金融体系的最后一道安全防线。当金融监管当局发现某金融机构有经营风险时，应立即通知该机构进行调整或纠正，必要时可责令该机构停止风险较大的业务活动。若采取这些措施还不能有效制止情况的继续恶化，并且系统性金融危机爆发有可能成为现实，在没有其他可再选择办法的情况下，监管当局就有必要采取进一步措施，要求中央银行给予低息贷款，通过紧急援助使危险机构的风险能够缓解并恢复正常。这样做比金融机构关闭破产后再进行救助的成本要小得多。通过中央银行的最后贷款，可使金融机构解决临时性短期资金的需要，补充流动性以及紧急情况下保证商业银行的最后清偿能力，防止出现金融恐慌，造成金融体系的混乱。由此可见，作为救助行为需要的中央银行的最后贷款并不是通过弥补金融机构破产倒闭来保护小额存款人利益或其他债权人利益，它主要是为了防止金融机构破产倒闭，维护金融系统的稳定。中央银行对问题银行给予最后贷款也是承担了一定风险的，它会使银行业放松平时实行的一系列谨慎性约束，增加道德风险。同时，中央银行的最后贷款也面临着难以得到清偿的危险。

存款保险制度的救助作用

对于建立存款保险制度的国家来讲，银行监管是第一道防线，中央银行最后贷款是第二道防线，而存款保险制度则是防范系统性风险的最后一道防线。存款保险制度是国家为了保护存款人的合法利益，维护金融体系的安全与稳定，在金融机构出现危机或破产时，由预先设立的存款保险公司提供流动性资助或代替破产金融机构对存款者进行赔付的一种制度。存款保险制度有多种形式：①单一付款箱功能型的，即通常只负责保险基金的筹集管理和投保金融机构破产时对存款人进行赔付，如日本和欧盟一些国家的存款保险制度。在这类存款保险制度下，只有在存款类金融机构破产后存款保险机构才开始介入，才能提供资金援助，并对问题金融机构进行重组或清算。因此，属于事后介入问题金融机构，其介入时间较晚，不能有效地降低救助成本。②集保险、危机援助、银行监管和破产处置于一体的综合职能型存款保险制度，如美国的 FDIC 可以对有问题的金融机构采取及时纠正措施，即可以向问题银行提供流动性支持，以降低救助成本。因此，其介入问题银行的时间相对较早。我国的存款保险制度可能会是单一付款箱功能型的。需要指出的是，多数国家认为，对有偿付能力但缺乏流动性的银行提供资金援助属于中央银行最后贷款人的职责范围，而不是存款保险机构的责任。

存款保险制度与中央银行最后贷款人的比较

存款保险机构对问题银行进行救助，其经济效应要优于中央银行的再贷款。一方面，存款保险基金不会增加基础货币投放，从而不会加大宏观经济运行的通货膨胀压力；另一方面，相对于中央银行再贷款和财政资金而言，用存款保险基金来化解银行的支付风险更能体现出操作手段的市场化、规范化和公正性，而且可以引导各利益主体形成良好预期，削弱金融机构的道德风险，避免社会公众挤兑的"羊群效应"。此外，基于风险调整的存款保险费率制度，可以根据宏观经济运行状况对费率进行调整，并由此调整银行的货币创造能力，具有宏观经济调控工具的作用。

当然，存款保险制度作为最后一道防线，其救助问题银行的能力也是有限的。一般来说，存款保险制度的救助功能仅限于个别或少数银行发生支付危机时，防止非理性挤兑事件的扩散。但当金融体系出现系统性危机时，存款保险制度也无能为力，而且存款保险基金无法满足系统性金融风险的资金需求。从国际经验看，存款保险基金的目标水平一般为投保存款的 0.4%～2%，通常只能应付一个大的银行或几个小银行的支付危机，具体比例取决于各国的金融风险状况、金融市场结构和融资制度环境等。需要指出的是，建立存款保险制度的目的不是不让银行破产，而是在保护小额存款人利益的同时，促使差的银行有序退出金融市场。存款保险机构救助问题银行的出发点只能是保护小额存款人的利益，而不是保护银行的利益，之所以采取措施尽量减少银行破产倒闭，就是因为银行破产时不仅带给小额存款人利益损失，而且因"多米诺骨牌"效应而导致整个金融体系的危机。

综上所述，当存款保险制度建立以后，应当划清中央银行最后贷款人与存款保险制度出资救助的时间和顺序，处理好两者在解救银行危机时的关系，以做到以最小成本化解系统性金融风险的目的。

NEW
FUNDAMENTALS
OF FINANCE

第8章

货币供求及均衡：生成与变动

著名经济学家弗里德曼有一句名言"一切通货膨胀都是货币现象"。人们之所以在生活中经常感受到政府关于货币政策的调整，就是因为货币的供求在现实世界中出现了不均衡，而且这种不均衡带来了对政府或对居民而言可能的不良影响。为此，我们不得不思考这样几个问题：货币需求因何而来？货币供给又如何产生？它们之间的不平衡会带来什么危害？为了让读者了解这个复杂的动态问题，本章介绍了货币需求及货币供给的含义与影响因素，阐释了相关货币需求理论，并就货币供求均衡以及因失衡造成的问题进行了解读。

> 货币量充足通常会使所有的东西变得昂贵，货币量稀缺则通常会使东西变得相当便宜。特别是商品通常也会因为其本身数量的多寡、用量的多少而变得昂贵或者便宜。从而，货币（如同身体中的血液一样）会限制充满在生活中的热情：当货币量稀缺的时候，即使商品供给充足并且相当便宜，贸易量也会下降；反之，当货币量充足的时候，即使商品供给不足并且价格昂贵，贸易量也会增加。
>
> ——杰拉德·马利尼斯（Gerard Malyneys）

※章首引语

从 2000 年到 2008 年，简单地说就是美联储和流动性不断博弈的 8 年。2000 年，互联网泡沫破灭，世纪之交热闹一时的新经济神话，随着纳斯达克的崩盘而灰飞烟灭。2001 年，拉登发动了震惊世界的袭击美国世贸中心的恐怖活动，自此之后世界经济、政治走势悄然开始发生变化。

溯源本轮通胀，最直接的原因就是和美元纸币的过度发行相关。随着"9·11"事件的发生，互联网泡沫的破灭，为了挽救美国经济的衰退，美联储从 2001 年 1 月开始逐步调低联邦基金利率，以每次的速率在 2001 年 6 月调低到 4%，在年底调至 2%。在 2002 年—2004 年 3 年时间里，联邦基金利率始终低于 2%，并在 2003 年 6 月—2004 年 6 月期间处于 1% 的历史性水平。

从 2000 年到 2004 年，美联储的宽松货币环境，尽管造就了美国经济和世界经济在面临诸多衰退因素的情况下能够保持着快速的增长。但是，格老大量释放货币的做法也带来了一系列的负面影响。在美元本位制的背景下，欧元区、亚太区等经济体也不得不实施宽松的货币环境，以对冲美元的持续贬值所引发的本国经济衰退的风险。所以到 2004 年的时候，全球就出现了流动性的大量过剩，资产泡沫开始酝酿，通货膨胀威胁着世界经济的持续繁荣，而且过于宽松的货币环境为次贷危机的出现播种了嫩芽。

……随着流动性泛滥趋势的出现，通胀风险的上升，格林斯潘开始意识到前面四年的货币着实释放太多，于是从 2004 年 6 月到 2006 年 8 月连续 17 次提高利率，将联邦基金利率从 1% 拉升到 5.25%，一定程度回收了不少的流动性，但也就是这轮紧缩货币，成为次贷危机爆发的导火索。[1]

---

①资料来源：倪金节. 反通胀战争[M]. 北京：海天出版社，2008。

　　著名经济学家米尔顿·弗里德曼（Milton Friedman）有一句名言"一切通货膨胀都是货币现象"，所以很多时候我们看到的就是通货膨胀和纸币的过度发行相关。在一国之内，中央银行的货币发行超过了实际的货币需求，造成流动性的大量过剩，从而引发通货膨胀；在全球，美元的过度发行，造成了全球呈现流动性大量过剩，资产泡沫开始酝酿，全球的通货膨胀也就不可避免。

　　人们之所以在生活中经常感受到政府关于货币政策的调整，就是因为货币的供求在现实世界中出现了不均衡，而且这种不均衡带来了对政府或对居民而言可能的不良影响。实际上，世界上许多其他国家，包括中国在内货币政策更加关心的问题是反通货膨胀，因为特别是从 2007 年以来，在很多新兴市场国家，也包括一部分发达国家在内，通货膨胀的苗头都在上升，而且势头似乎来得也很猛。

　　为此，我们不得不思考这样几个问题：货币需求因何而来？货币供给又如何产生？它们之间的不平衡会带来什么危害？为了让读者了解这个复杂的动态问题，本章介绍了货币需求及货币供给的含义与影响因素，阐释了相关货币需求理论，并就货币供求均衡以及因失衡造成的问题进行了解读。

8.1　货币需求

□ 货币需求解读

理解货币需求

　　货币需求是一个商业经济的范畴，发端于商品交换，随商品经济及信用化的发展而发展。在高度货币化的现代经济社会里，一切活动都离不开货币。由于货币具有一般购买力与支付能力等，因此，社会各部门（个人、企业、单位和政府）在经济活动中必须持有一定量的货币，才能进行媒介交换、支付费用、偿还债务、从事投资或保存价值等，由此产生了对货币的需求。

　　所谓货币需求，是指在一定时期内，社会各部门在既定的收入或财富范围内能够而且愿意以货币形式持有财产的需要。在理解货币需求含义时，需要把握以下几点：①货币需求是有条件限制的，是一种愿望与能力的统一，货币需求不是无限的，而是有一个客观的量的界限；②人们对货币产生需求的根本原因在于货币所具有的职能，现代市场经济社会中，人们需要以货币方式取得收入，用货币作为交换、支付和财富贮存的手段，由此产生对货币的需求问题；③货币需求是一个存量概念。它主要考察在特定的时间和空间范围内（如某年、某国等），社会各部门在其拥有的全部资产中愿意以货币形式持有的数量或份额，因而货币需求是一个存量概念，尽管存量的多少与流量的大小、速度有关。

宏观货币需求与微观货币需求

　　货币需求从其动机出发可以分为主观货币需求和客观货币需求两种。所谓主观货币需求，是指个人、家庭或单位在主观上希望拥有货币的欲望。客观货币需求是指个人、单位或国家在一定时期内能满足其经济发展客观需要的货币需求。依据货币作为一般等价物具有质上无限、量上有限的特征，主观货币需求在量上是无限制的，是一种无约束性的无效货币需求，这显然不是我们研究的对象。就客观货币需求而言，又可分为宏观货币需求和微观货币需求。

所谓宏观货币需求，即从一个国家的社会总体出发，强调货币作为交易工具的职能，在分析市场供求、收入与财富指标的变化上，探讨一国需要多少货币才能满足经济发展的需求。当代中外学者在前人研究的基础上，试图通过建立货币需求的宏观模型，来考察货币需求的总量问题及其与宏观经济变量的关系，并取得了一定的共识。

所谓微观货币需求，是从社会经济个体出发，分析各部门（个人、企业等）的持币动机和持币行为，研究一个社会经济单位在既定的收入水平、利率水平和其他经济条件下，所需持有的货币量。货币需求的微观分析由于主要考察不兑现的信用货币制度下的货币需求，较之货币需求的宏观分析相对容易操作，且着力点放在希望建立更能充分地反映客观经济现实的模型上，自马克思以后，这种分析方法成为西方货币需求理论分析的主流。

把货币需求的分析分为宏观分析与微观分析，只是说明分析的角度和着力点有所不同，并不意味着可以厚此薄彼或相互替代。在对货币需求进行研究时，需要将二者有机结合起来。一方面是因为宏观与微观的货币需求分析之间存在着不可割裂的有机联系，宏观货币需求分析不能脱离微观货币需求，而微观货币需求分析中也包含了宏观要素的作用。另一方面，因为货币需求既涉及宏观领域，又属于微观领域，单独从宏观或微观的角度进行分析都不能对货币需求进行全面系统的研究。因此，在考察货币需求时，有必要把宏观分析与微观分析结合起来。

名义货币需求与实际货币需求

在存在通货膨胀条件下，货币需求可分为名义货币需求与实际货币需求，如同利率区分为名义利率和实际利率一样。

所谓名义货币需求，是指社会各经济部门所持有的货币单位的数量，实际货币需求则是关乎名义货币数量在扣除了通货膨胀因素之后的实际货币购买力，它等于名义货币需求除以物价水平。因此，名义货币需求与实际货币需求的根本区别在于是否剔除了通货膨胀（或物价变动）的影响。对于货币需求者来说，重要的是货币所具有的购买力的高低而非货币数量的多寡；在物价总水平有明显波动的情况下，区分并研究名义货币需求对于判断宏观经济形势和制定并实施货币政策具有重要意义。

□ 决定和影响货币需求的因素

不同的货币需求理论，在研究货币需求问题时所处的角度或分析方法不同，考虑的因素也不相同或不完全相同。这里首先就现实生活中一些被人们普遍认为会决定和影响货币需求的因素，从宏观和微观两个方面分别提示出来。在各种货币需求理论的介绍中，将涉及对其中一些主要因素及其变量的解释和它们与货币需求量关系的阐述。

货币需求的宏观影响因素

从宏观角度看，决定和影响货币需求的主要因素有以下几个方面。

全社会商品和劳务的总量。它主要取决于产出的效率和水平，反映了一定时期内全社会的市场供给能力。商品和劳务的供给量越大，对货币的需要量就越多；反之，则越少。

市场商品供求结构变化。商品供给一方面决定于产出的效率和水平，另一方面又受制于人们对它的需求，只有真正满足人们需要的商品供给，才会产生真实的货币需求。商品供求结构在经常发生变化，因而货币需求也随之发生变化。

价格水平。对商品和劳务的货币支付总是在一定的价格水平下进行的，价格水平越高，需要的货币就越多；反之，则越少。

收入的分配结构。国民收入总是通过一定的分配和再分配之后存在于各个部门中。在现实经济生活中，货币需求实际上是各部门因对其所分配到的社会产品或收入进行支配的需要而发生的。比如：物质资料生产部门为补偿其生产的消耗而实现积累需对应一定的货币需求；文教、卫生等非物质生产部门支配其由国家财政拨给或从其他渠道分配到的收入，也对应一定的货币需求。收入在各部门分配的结构，必然决定货币总需求中各部分需求的比重或结构。

货币流通速度。它是指单位货币在一定时期内被周转使用或流通支付的次数，反映了单位货币在流通中发挥功用的程度。货币流通速度越快，单位货币所实现或完成的交易量就越多，完成一定的交易量所需要的货币就越少；反之，货币流通速度越慢，所需的货币量就越多。

信用制度的发达程度。由于信用的发展，信用工具的运用会在一定时期内节约对货币的使用，如一定时期内以赊销方式进行的商品买卖、以支票账户完成债务的支付、以信用卡代替现金支付，等等。因此，信用制度和信用工具越发达，则货币的需要量将越少。

其他因素。如人口数量、人口密集程度、产业结构、城乡关系及经济结构、社会分工、交通运输状况等客观因素也都是影响货币需求的因素。人口密集地区，货币需求量就大，人口的就业水平提高，货币需求就会增加；生产周期长的部门占整个产业部门的比重大，资金周转慢，对货币的需求量就大，社会分工越细，进入市场的中间产品越多，经营单位也越多，货币需求就越大；交通、通信等技术条件越好，货币支付所需的时间越短，货币周转速度越快，对货币的需求量就越少；等等。

货币需求的微观影响因素

从微观角度看，决定和影响货币需求的主要因素有以下几个方面。

收入水平。家庭和个人一定时期内的收入水平，机关、团体的收入水平，企业的收入水平是决定他们为各种交易和财富贮藏，为各种营业活动开销而持有货币的首要因素。一般来说，收入水平越高，以货币形式保有的资产总量也就越多。

收入的分配结构。在收入量既定时，收入的分配结构不同，将影响持币者的消费与储蓄行为，由此对交易和贮藏的货币需求发生一定影响。如一个家庭或个人，原来以工薪为主要收入来源，后又加进了额外劳动报酬等其他收入，使其收入结构发生变化，这种变化就可能使他原来的货币需求数量和结构发生变化，如减少用于购置商品的货币需求，增加用于预防或投资谋利的货币需求等；又如一个企业的收入分配中，当改变了原有的上缴税金、支付职员报酬、支付利息、提高公积金等各部分比例后，其货币需求也受到相应的影响。

价格水平及其变动。这一般是市场供求状态的反映，即商品供不应求时，价格趋于上升；供过于求时，价格趋于下降。这种市场供求状态对货币需求的影响主要是通过改变人们的预期而产生的，比如：商品供应短缺，会使人们产生物价上涨预期，要求以实物代替货币，用于贮藏的货币需求减少。

利率和金融资产收益率。银行存款利率、债券利率、股票收益率等金融资产收益率的存在，使持有货币产生了机会成本，利率和各种资产的收益率越高，持有货币就越不划算，因而会减少货币需求；反之，货币需求会增加。

心理和习惯等因素。如人们的消费倾向上升时，对应于交易活动的货币需求就会上升；越来越多的单位和个人习惯于运用支票账户来完成其收付活动时，货币周转速度就会提高，货币需求量就会减少。

□ 货币需求理论

对于整个经济系统来说，在一定的发展水平上，总需要一定的货币来润滑，推动其运行；相对于社会经济生活中的每一个经济主体来说，总要有一定的动机才会持有一定的货币。货币需求理论就是研究由客观经济过程所决定的货币需求动机和货币需求量决定因素的理论。鉴于有关货币需求的理论非常庞杂，这里只作一个大概的介绍。下面主要介绍马克思的货币需求理论、西方经济学派中最有影响力的古典学派的货币数量论、凯恩斯的货币需求理论以及称为新货币数量论的弗里德曼的货币需求理论。

马克思的货币需求理论

在马克思之前就有许多经济学家注意到了货币需求量的问题。特别是亚当·斯密在《国民财富的性质和原因的研究》和大卫·李嘉图在《政治经济学及赋税原理》等著作中都曾对流通中货币需求量问题提出了有一定正确性的理论。马克思正是在研究和总结了各派观点的基础上，在《政治经济学批判》和《资本论》等著作中深刻地研究了货币需求理论问题。

马克思对流通中货币数量问题的分析，是以完全的金币流通为假设条件的，以此为背景，论证了商品价格取决于商品的价值和金币的价值，而商品的价值取决于生产过程所消耗的社会必要劳动，所以商品是带着价值进入流通的；商品价格有多大，就需要有多少金币来实现它。因此，待售商品价格总额越大，所需货币量也越多，两者成正比；商品与货币交换后，商品便退出流通，而黄金却继续在流通之中同另外的商品相交换。因此，在待售商品价格一定的情况下，每个货币与商品交换的次数越多，所需的货币量就越少，两者成反比。所以，执行流通手段职能的货币必要量＝商品价格总额÷货币流通次数。如果以 M 表示货币必要量，Q 表示待售商品数量，P 表示这些商品的平均价格，V 表示单位货币流通次数，上述公式可写为

$$M=PQ/V$$

公式表明：货币需要量取决于价格的变动、流通的商品量和货币的流通速度（次数）这三个因素。它们按不同方向和不同比例变化，则会对货币需要量产生多种多样的影响。

第一，商品价格不变，由于商品数量增加或货币流通速度减少，或者两种情况同时发生，流通中货币需要量就会增加，在发生相反的情况时，货币需求量则减少。

第二，在商品价格普遍上涨时，如果商品数量减少同商品价格的上涨保持相同的比例，或商品数量不变，货币流通速度加快同商品价格上涨幅度相同，则流通中货币需要量不变。如果商品数量的减少或货币流通速度的加快比价格上涨更迅速，则流通中货币需要量会减少。

第三，在商品价格普遍下降时，如果商品数量的增加同商品价格的跌落保持相同的比例，或货币流通速度降低同商品价格跌落保持相同比例，流通中货币需要量会依然不变。如果商品数量的增加或货币流通速度的降低比商品价格跌落更迅速，则流通中货币需要量会增加。

马克思的货币需要量公式反映了商品流通决定货币流通这一基本原理。货币是适应商品交换的需要而产生的，为商品交换进入流通，并且流通中的货币需要量取决于待交换的商品的价值量。这种分析，对我们了解商品流通与货币流通的内在联系，掌握货币流通规律，都有重要的指导意义。不过值得注意的是，马克思的分析中有一个极其重要的假设条件，即在社会经济中总存在着一个足以满足现实需要的黄金贮藏量，贮藏中的黄金会随时根据流通的需要而进入流通；而当流通中出现了多余的黄金时，它又会随时退出流通，转

为贮藏。这就是货币贮藏手段自动调节货币流通的作用。

马克思在分析了金币流通的基础上，进而分析了纸币流通条件下货币量与价格之间的关系，指出纸币是由金属货币演化而来的，产生于货币的流通手段职能。纸币之所以能够流通，是因为有国家的支持。同时纸币本身并没有价值，只有在流通中才充当黄金的代表，从而代表一定的价值量。因此，纸币一旦进入流通，就不能再退出来，否则便成为一文不值的废纸。如果说，流通中需要的金量是客观经济过程决定的，那流通中的纸币无论多少都只能代表客观所需要的金量。假设流通需要 10 万个金币，如果投入 20 万张纸币，则每张纸币只能代表半个金币，用纸币表示的商品价格就会上涨 1 倍。由此可见，纸币流通规律是从金币流通规律派生出来的，但两者又有着不同之处：在金币流通条件下，流通中所需要的货币量是由商品价值总额决定的，而在纸币为唯一流通手段的条件下，商品的价格水平会随纸币数量的增减而涨跌。

马克思也分析了银行券的流通规律，认为这种与黄金兑换、稳定地代表一定量黄金的信用货币，其流通规律也服从于金币流通的规律。

古典学派的货币需求理论

习惯上，人们把凯恩斯以前的经济学家称做古典学派。古典学派从货币的流通媒介功能出发，认为货币本身并无内在价值，其价值完全在于对商品和劳务的实际购买力。这一学术思想源远流长，至少可追溯至 18 世纪英国哲学家和经济学家休谟的著作。以后在经济学历史上将这一传统思想统称为"货币数量论"。

（1）现金交易说。美国经济学家欧文·费雪于 1911 年出版了《货币的购买力》一书，提出了著名的"交易方程式"，也被称为费雪方程式。费雪的现金交易说是一种视货币为交易手段的理论。它把流通中的货币数量与商品交易总额联系，以建立交易方程式的方式说明货币数量与物价之间的关系。

设 M 代表货币量，V 代表特定时间内的货币流通速度，P 代表商品交易中的一般物价水平，T 代表实际商品交易量，则：

$$MV = PT$$

在商品货币经济条件下，方程式左右两边必然相等。根据费雪的解释，V 受制于人的支付习惯、信用发达程度、运输通信等制度因素；T 则依存于一定时期的技术水平、资源供给等生产因素。由于短期内制度因素和生产因素变化不会很大，即使在长期内的变化也是可以预测的，所以 V 与 T 可以视为常数。这样，方程式所列的变量只有 M 和 P，而且两者存在如下关系：其中 M 增加，P 也同比例升高，P 升高后，PT 就增大，在 V 不变的情况下，为购买 PT 所需的 M 也就越多。这便是现金交易方程式所表示的货币需求理论。

费雪的现金交易说在货币数量发展史上占有重要的地位，因为它不仅是前人货币数量论的总结和深化，而且还是后续货币数量论发展的基础和源头。但它也明显存在不足，主要是：第一，V 和 T 为常数的假定与现实相悖，根据实证材料，无论是短期还是长期，V 和 T 都是变化的；第二，此说的货币需求研究未涉及利率，事实上利率变动对货币需求的影响极为重要；第三，现金交易说仅把货币看做是交易的媒介，而忽视了货币支付手段的功能；第四，此说混淆了金属货币和纸币在决定物价时的不同作用。在金属货币流通条件下，由于金属货币的自发调节作用，向流通中注入货币并不会引起物价的上升；相反，是物价的升降引起货币数量的变化。只有在纸质货币流通条件下，由于纸质货币不能退出流通，其数量的变化才会影响物价。

（2）现金余额说。现金余额说是研究某一时点上经济主体持有多少货币的理论。它与费雪现金交易说的明显区别在于强调货币需求的影响因素。根据现金余额说的观点，经济主体在通常情况下持有的现金余额或货币量，总与国民收入保持一种固定或稳定的关系。这一理论始于英国剑桥学派创始人马歇尔。马歇尔的观点由他的学生、剑桥学派的主要代表庇古加以系统化，并用方程式予以表述，这一方程式也称为剑桥方程式，即

$$M=KPY$$

其中：M 为货币需求；K 为国民收入中以货币形式持有的比例；P 为平均物价水平；Y 为实际的生产总量。

剑桥方程式的左边为货币需求，右边 K 与 P、Y 的乘积隐含货币供给，左右两边相等，说明货币供求随时趋于均衡。而且，根据剑桥学派的说法，K 为常数，充分就业下的 Y 亦是常数，在货币供给增加时，要使货币供需相等，唯一的途径则是物价上升。这一结论与现金交易说不谋而合。

虽然剑桥方程式与费雪方程式的形式、结论均相同，但在内涵上，尤其是在分析重点上，剑桥方程式却有很大的发展。第一，尽管 K 在剑桥方程式里是个不变的常数，但它的大小与经济主体的持币动机有关。现金余额说将人的意愿——货币需求的原动力引入理论研究，这是对货币需求理论的重大贡献。此外，剑桥方程式中的 K 也隐藏着变动的可能性。因为既然 K 的大小取决于经济主体的持币动机，那么当其他资产的报酬率和预期收益率以及货币的收益率发生变化时，经济主体的行为就有可能发生变化，这就为以后深入研究货币需求留下了发展的契机。第二，现金余额说因重点研究经济主体的持币动机，因此，除研究货币作为交易手段的数量外，还研究货币作为价值贮藏的数量，这就突破了现金交易说仅注重货币的流通功能的狭窄研究范畴，为现代货币需求理论开辟了新的研究领域。

凯恩斯的货币需求理论

（1）三大货币需求动机。英国经济学家凯恩斯的货币需求理论又称为流动性偏好理论，他于 1936 年出版的名著《就业、利息和货币通论》中认为：人们之所以需要持有货币，是因为在心理上偏好货币的流动性，愿意持有货币而不愿持有其他缺乏流动性的资产，这种愿望构成了对货币的需求；而人们偏好货币的流动性是出于交易动机、谨慎动机和投机动机。

交易动机，是指人们为了日常交易的方便而在手头保留一部分货币。他认为，人们因为交易动机而产生的货币需求主要决定于人们的交易水平、交易性货币需求与收入同方向变动。

谨慎动机，又称预防动机，是指人们需要保留一部分货币以备未曾预料的支付。谨慎动机起因于人们无法准确预测自己在未来一段时期内因为突发事件所需要的货币数量，如疾病、失业。凯恩斯认为，人们因谨慎动机而产生的货币需求，也与收入同方向变动。因为人们拥有的货币越多，预防意外事件的能力就越强，而拥有较多的货币用于不测之需是以收入较高为基础的。

投机动机，是指人们根据对市场利率变化的预期，需要持有货币以满足投机获利的动机。因为货币是流动性最强的资产，持有它才能根据市场行情的变化随时进行买卖，捕捉最佳投机机会。

凯恩斯对投机动机的分析是其货币需求理论中最具特色的部分。他认为，人们持有货

币除了交易需要和应付意外支出外，还是为了贮藏价值或财富。凯恩斯把人们用于贮藏财富的资产分为两类：货币与债券。虽然货币是不能带来收入的资产，而债券是能产生利息收入的资产，但债券的价格是随市场利率的升降而变化的。当人们认为现行利率水平过低而公债价格过高，从而预期利率将会上升，公债价格将会下跌时，就会预存一笔现金以便在公债或其他固定利率债券价格下跌时购入此种债券以获利。

（2）货币需求函数。由于交易动机和预防动机决定的货币需求取决于收入水平；而投机动机的货币需求则取决于利率水平。因此，凯恩斯的货币需求函数式为

$$M = L_1(Y) + L_2(i)$$

其中 L_1 指由交易动机和预防动机决定的货币需求，是收入（Y）的函数；L_2 指投机性货币需求，是利率（i）的函数。由于货币具有流动性，拥有货币时则相对机动灵活，基于这个想法，人们产生了对货币的需求行为，也就是凯恩斯的"流动性偏好"。当然，放弃货币也就失去了它所带来的机动灵活。由此出发，凯恩斯提出了著名的"流动性陷阱"假说：当一定时期的利率水平降低至不可再低时，人们就会产生利率上升而债券价格下跌的预期，货币需求弹性就会变得无限大。即无论增加多少货币，都会被人们贮藏起来。

凯恩斯的货币需求理论的独特新颖之处在于三方面。第一，对人的持有货币的各种动机进行了详尽地分析，进而得出了实际货币需求不仅受实际收入的影响，而且也受利率影响的结论。这一结论隐含着另一个重要的含义，那就是，货币流通速度也是受利率影响的，因而是多变的。第二，强调了货币作为资产或价值储藏的重要性，货币不仅仅是交易的工具，在商品等其他资产价格下跌时，保存货币可以保值甚至增值。因此，凯恩斯的货币需求理论是对货币功能的全面理解和发展。第三，凯恩斯的货币需求理论将货币需求看做一种函数关系，而不是简单的方程式关系，这在分析技术上引入了动态分析的方法，突破了以往静态分析的局限。

凯恩斯的货币需求理论被后来的凯恩斯学派进一步发展了。如美国的托宾更加强调了利率在制约货币总需求中的作用，认为利率不仅影响资产性货币需求，也同样影响交易性货币需求。为便利交易而持有货币，也要付出一定的成本，这个成本就是放弃其他生利资产形式而未能获得的收益。显然，利率既然决定资产收益的大小，就一定会影响保有货币的成本，进而影响交易性货币需求。托宾还从资产收益与投资风险的角度，进一步丰富了资产需求理论，在此不再赘述。

弗里德曼的货币需求理论

美国经济学家米尔顿·弗里德曼是当代西方经济学主流学派——货币学派的代表人物，他的理论及其政策主张，被称为"新货币数量论"或"货币主义"，而他的货币需求理论又是其全部理论的核心。

"新货币数量论"的基本内容是：物价水平乃至名义收入的水平是由货币供应和货币需求共同作用的结果。在决定实际产量的生产条件不变的情况下，当货币供应大于货币需求时，物价上涨，名义收入增加；当货币供应小于货币需求时，则物价下跌，名义收入减少。至于货币供求对实际产量的影响，则取决于供求失衡的严重状况和持续时间。由于货币供应是取决于货币制度的外生变量，即货币供应是由货币当局和有关立法来控制的，其变化独立于经济体系的内部运转，因此，问题的关键在于了解货币需求函数的状况。理论分析和统计资料证明，货币需求函数是极为稳定的。货币需求函数的稳定性，使货币供应量的

人为变化不能被货币需求所消融，从而作用于物价乃至名义收入，对经济生活发生影响。因此，货币供应量的不规则变动是经济波动的根本原因，通货膨胀就是货币供应过多的结果。如果抑制通货膨胀，实现经济的稳定增长，就必须实行"单一规则"的货币政策，即将货币供应量作为唯一的政策工具，并制定货币供应量增长的数学法则（如美国执行每年货币供应的固定增长率），使货币增长率同预期的经济增长率保持一致。

"新货币数量论"的关键是证明货币需求函数的稳定性。在 1956 年发表的《货币数量说的重要表述》一文中，弗里德曼详尽地分析了影响货币需求的各种因素。他提出的货币需求函数式为

$$M/P = f\ (\ Y, W, r, 1/P \times dP/dt, U\ )$$

式中：

① M 代表名义货币需求量。

② P 代表物价水平。它决定人们为购买商品和劳务所要持有货币的多少，价格水平越高，购买商品和劳务所需要的名义货币就越多。

③ M/P 代表剔除物价水平影响的实际货币需求，弗里德曼强调的正是这种实际货币需求，因为，它反映经济对货币的客观需求量，分析该量的目的，在于测算货币供应量的客观标准。

④ Y 代表以货币表示的恒久性收入，即一个较长时期的平均收入水平。它是影响货币需求的最重要的变量因素，对货币需求起着主导作用。收入水平越高，对货币的需求量越大。

⑤ $1/P \times dP/dt$ 代表物价变动率。它们决定持有货币的机会成本，即持有货币而放弃商品所受的损失。

⑥ r 代表包括货币在内的各种金融资产的名义收益率，比如通常的债券收益率、股息率，决定人们对金融资产的各种形式的选择。

⑦ W 代表非人力资本（个人获得收入的能力）即物质财富在总财富中的比例，被称为财富结构。由于物质财富给人们带来的收入是稳定的，因此财富结构也是决定货币需求的一个变量。

⑧ U 代表反映主观爱好与风尚以及客观技术与制度因素的综合变数。比如，人们的兴趣、嗜好、习惯，等等。节俭守财的人与注重享用的人持有货币的数量就相差很大，因而具有不同的货币需求。再如，交通运输、通信、金融机构等技术条件越好，就越能方便货币加速周转，减少货币需要量。

由此可见，尽管货币需求量是多种复杂变量的函数，但是理论分析和统计资料证明，由于起决定作用的变量受社会生产力水平和制度等因素制约，从长期来看，不会发生大的变动，尤其是具有高度稳定性的恒久性收入，这一因素对货币需求起主导作用。一些易变因素，如利率、价格变动率等，对货币需求的作用十分有限。因此，从总体上看，货币需求函数是稳定的，经过努力，货币需要量是可以预测的。问题的关键只在于货币当局能否按货币需要量控制货币供应，使货币供应量稳定增长。

总之，弗里德曼的货币需求理论与古典学派的货币数量论以及凯恩斯的货币需求理论都有异同之处，但在形式和内容上都有创新，自成一家。他的主要贡献有以下几方面。

第一，视货币为一种资产，而不仅仅是交易的媒介，从而将货币理论改建为资产组合理论的一部分。

第二，确立了预期因素在货币需求理论中的地位。各种金融资产收益率以及物价变动率可以通过一定的方法加以预测，这就使该理论具有较大的政策意义和实践意义。

第三，强调实证验定的重要性，为经济理论研究提供了新的研究方法。实证不仅使理论更加丰富，而且为理论的运用提供了工具。

🏛 8.2 货币供给

☐ 货币供给的含义

货币供给这一概念可以从动态和静态两个角度来考察和理解。动态的货币供给是指一定时期内一国银行系统向经济中投入、创造、扩张（收缩）货币的过程。简言之，是银行系统向经济中注入货币的行为、过程。而静态的货币供给是指在一定时点上流通中的货币存量，通常称为货币供给量。

正确理解货币供给的含义，还应把握以下几个要点。

（1）货币供给的主体。不同的货币体制，货币供给的主体是不同的。在国家垄断货币发行权之前，货币供给主体是分散的，特别是在金币本位制下，几乎所有拥有货币金属的主体均可成为货币供给者。国家垄断货币发行权以后，尤其是中央银行出现后，货币发行即由中央银行统一组织。

（2）货币供给的客体，即货币供给者向流通中提供什么样的货币。不同的货币制度下也存在着不同的内容。在信用货币制度下，发行者供给的货币是多层次的，既有现金，也有存款，还有其他形式的货币。

（3）货币供给是一个存量概念。货币供给量是指一国某一时点的货币存量，它是一个实实在在的货币量，是反映在银行资产负债表中一定时点上的负债总额。具体地说，存款量是商业银行的负债，而现金发行量则是中央银行的负债。

（4）货币供给既是一个外生变量，又是一个内生变量。中央银行能运用货币政策工具对社会的货币量进行扩张和收缩，即货币供给量的大小在很大程度上为政策所左右，所以货币供给首先是一个外生变量。然而，货币供给量的变化同时又受制于客观经济过程，还决定于经济社会中其他经济主体的货币收付行为。因此，货币供给又是一个内生变量。

专栏 8-1　　**我国近十年的货币供给**

随着中国经济的持续较快发展，基础货币和货币供应呈持续上升态势，特别是2009 年以来，货币供应大幅上升。图 8-1 显示了近十年来中国货币供给及货币乘数的基本状况。从中我们知道，我们国家的货币供给增长是很快的，十年的时间，即从 10 万亿元人民币迅速增加到 2009 年中期的 60 万亿元人民币。2008 年金融危机发生后，我国开始执行积极的财政政策和宽松的货币政策，引起我国货币供应的大幅增加。除因应对危机导致货币供应的主动增加外，"热钱"的涌入则在客观上导致了中国货币供应的被动增加。近期要求人民币升值的呼声再次甚器尘上，形成国际市场人民币升值的预期，大量"热钱"涌入中国。截止到 2010 年底，M_2 更是达到了惊人的 72.58 万亿元人民币。这些准确数据的变化可以参见前文第 2 章中的表 2-1。这么多的货币供给有什么影响呢？至少中国目前的通胀压力已然很大了。

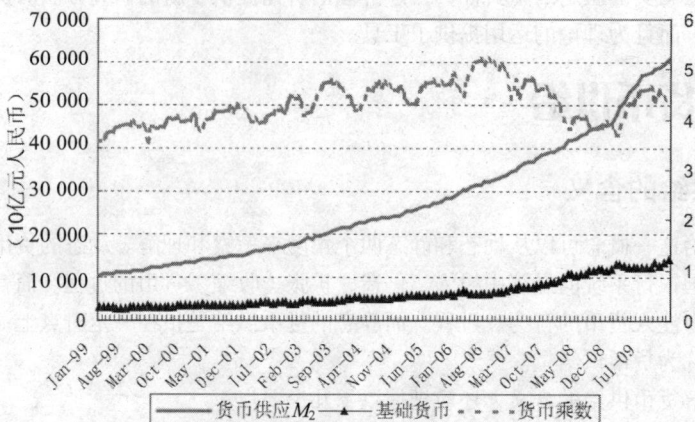

数据来源：CEIC 数据库和人民银行。

图 8-1　中国货币供给的基本情况（1999—2009）

□ 存款货币的创造

存款货币的运行不同于现金运行，它有自己的运行特点：一是存款货币都在银行体系内运行；二是存款货币在运行过程中能够自行扩张——存款总量的增加。

原始存款与派生存款

银行存款有原始存款和派生存款之分。这两种存款在银行贷款业务和整个社会货币供给过程中所起的作用有很大区别。所谓**原始存款**，是指银行吸收的客户以现金形式存入银行的直接存款以及银行对中央银行的负债余额。**派生存款**是指从银行贷款、贴现和投资行为中派生创造出来的存款。原始存款对于银行而言，是现金的初次注入，是商业银行扩张信用创造存款通货的基础。派生存款产生的过程，就是商业银行吸收存款、发放贷款，形成新的存款额，最终导致银行体系存款总量增加的过程。

创造派生存款的条件

如果要使原始存款的增加引起多倍的存款创造，这就需要两个条件，即部分准备金制度和非现金结算制度。

我们先看看全额准备金制度。在这种制度下，商业银行必须为增加的每一笔存款保持 100% 的现金准备。例如，某人存入银行 10 000 元，银行只能把此 10 000 元放入保险柜中，或者上存中央银行，而不能开展任何放款或投资业务。此时，银行的现金资产和存款负债均为 10 000 元，二者之比为 1:1，没有多倍的存款创造，此时，银行只是存款客户的资金保管员，存款客户不能从银行那里得到任何利息，甚至还需要向银行支付资金保管费。

部分准备金制度，是相对于全额准备金制度而言的，是指商业银行不需要保持与银行存款相等的十足的存款准备金，而只需在吸收的存款中提取一部分存款准备金，把其余的资金全部贷出的制度。也就是说银行不用把所吸收的存款都作为准备金留在金库中或存入中央银行，剩余的资金可以用于放款和投资，如此循环下去，就会形成多倍的存款创造。

非现金结算制度，又称转账结算制度，这是商业银行创造派生存款的又一重要条件。非现金结算是指不使用现金，通过银行将款项从付款单位（或个人）的银行账户直接划转到收款单位（或个人）的银行账户的货币资金结算方式。此时，货币只是从一个账户转移到另一个账户，而没有流出银行体系，这样便可以派生出数倍的存款货币。而假如借款人以提取现金的方式向银行取得贷款，就不会形成派生存款了。

派生存款的创造

在部分准备金制度和非现金结算的条件下，商业银行只要能够保持法定的存款准备金数量，就可以利用所吸收的存款发放新的贷款。在这一过程中，商业银行通过贷款，增加存款，再发放贷款，再增加新的存款，始终按存款准备金比率的要求，直到商业银行不能再发放新的贷款为止，整个银行体系的存款发生了多倍的扩张。

假如在某个国家中，政府规定银行的准备率为10%，现在你有10 000元现金，把它存在了一家商业银行中，这时银行的活期存款增加10 000元，当然，银行必须拿出来10%，也就是1 000元存放到中央银行作为准备金。作为商业性盈利机构，银行不会让这笔钱闲置着放在金库里的，而是会把它贷放出去，因为那些急于贷款买房买车的家庭，那些急于投资的企业是很多的。假如，银行正好把9 000元贷给了一个需要购买家用轿车的张先生，张先生把这笔钱支付给汽车经销商并换回来一辆轿车。汽车经销商会在营业期内把这笔9 000元钱存入这家或者另外一家商业银行，这样该商业银行就增加了9 000元的活期存款，它再把其中的10%，即900元存入中央银行作为准备金，剩余的8 100元又可以再贷放出去给某个需要贷款购买大型家电的李先生。李先生拿着这笔钱支付给了商场以后，商场将资金存入了一家商业银行，这时，该银行又会增加8 100元活期存款，它再把其中的10%，即810元存入中央银行作为准备金，剩余的7 290元又可以再贷放出去，……这一过程会反复进行，直到用于发放贷款的资金为零。当然这些过程可以通过转账结算完成，而不必以现金的方式来支付。

现在我们将所有这些货币创造加总起来：10 000元+9 000元+8 100元+7 290元+……最后的总数是多少呢？这里涉及一个等比数列问题，你可以通过算术运算得到答案。结果是多少呢？刚好是100 000元。

对以上这个存款创造的过程，我们可以用表8-1表示出来。

表 8–1　　　　　　　　　　　存款创造过程

商 业 银 行	存 款 增 加	贷 款 增 加	准 备 金 增 加
A	10000.00	9000.00	1000.00
B	9000.00	8100.00	900.00
C	8100.00	7290.00	810.00
D	7290.00	6561.00	729.00
E	6561.00	5904.90	656.10
F	5904.90	5314.41	590.49
G	5314.41	4782.97	531.44
⋮	⋮	⋮	⋮
合计	100000.00	90000.00	10000.00

　　上述过程描绘的存款创造机制是银行体系新增一笔原始存款（准备金），经过银行体系一系列的"存款—贷款—再存款—再贷款"的流程，引致新增加的存款总额，是新增存款准备金的若干倍。换句话说，法定存款准备金率是影响存款创造能力的最主要因素。当然，以上所表示的派生存款总量、银行体系存款总额等，都是指可形成的最大数值，是有许多假定前提的，现实经济生活中，由于存在着许多客观制约因素，银行的存款扩张能力要小得多。

　　在上例中，银行体系用 1 元准备金产生了 10 元的货币供给量，这个就称为简单存款乘数，用公式表示为 $k=1/r$。

　　如果准备率是 5%，这意味着简单存款乘数为 20，那么银行体系创造的存款就是准备金的 20 倍。但是，如果中国人民银行将存款准备金率调整为 20%，意味着简单存款乘数为5，那么银行体系创造的存款就是准备金的 5 倍。很显然，准备金率越高，每个存款银行贷出的款越少，而且简单存款乘数越小，货币创造的能力就越小。极端情况下，假如在特殊银行体系下，即全额准备金制度下，准备率是 100%，简单存款乘数是 1，银行就无法进行贷款或创造货币。

　　表 8-2 给出了中国人民银行从 2007 年初至 2011 年 4 月期间的法定存款准备金率调整情况。

表 8-2　　　　　　　　　　中国近几年法定存款准备金率调整一览表

生 效 日 期	大型金融机构的存款准备金率			中小金融机构的存款准备金率		
	调整前	调整后	调整幅度	调整前	调整后	调整幅度
2011 年 4 月 21 日	20.00%	20.50%	0.50%	16.50%	17.00%	0.50%
2011 年 3 月 25 日	19.50%	20.00%	0.50%	16.00%	16.50%	0.50%
2011 年 2 月 24 日	19.00%	19.50%	0.50%	15.50%	16.00%	0.50%
2011 年 1 月 20 日	18.50%	19.00%	0.50%	15.00%	15.50%	0.50%
2010 年 12 月 20 日	18.00%	18.50%	0.50%	14.50%	15.00%	0.50%
2010 年 11 月 29 日	17.50%	18.00%	0.50%	14.00%	14.50%	0.50%
2010 年 11 月 16 日	17.00%	17.50%	0.50%	13.50%	14.00%	0.50%
2010 年 5 月 10 日	16.50%	17.00%	0.50%	13.50%	13.50%	0.00%
2010 年 2 月 25 日	16.00%	16.50%	0.50%	13.50%	13.50%	0.00%
2010 年 1 月 18 日	15.50%	16.00%	0.50%	13.50%	13.50%	0.00%
2008 年 12 月 25 日	16.00%	15.50%	−0.50%	14.00%	13.50%	−0.50%
2008 年 12 月 5 日	17.00%	16.00%	−1.00%	16.00%	14.00%	−2.00%
2008 年 10 月 15 日	17.50%	17.00%	−0.50%	16.50%	16.00%	−0.50%
2008 年 9 月 25 日	17.50%	17.50%	0.00%	17.50%	16.50%	−1.00%
2008 年 6 月 25 日	16.50%	17.50%	1.00%	16.50%	17.50%	1.00%
2008 年 5 月 20 日	16.00%	16.50%	0.50%	16.00%	16.50%	0.50%
2008 年 4 月 25 日	15.50%	16.00%	0.50%	15.50%	16.00%	0.50%
2008 年 3 月 25 日	15.00%	15.50%	0.50%	15.00%	15.50%	0.50%

续表

生 效 日 期	大型金融机构的存款准备金率			中小金融机构的存款准备金率		
	调整前	调整后	调整幅度	调整前	调整后	调整幅度
2008 年 1 月 25 日	14.50%	15.00%	0.50%	14.50%	15.00%	0.50%
2007 年 12 月 25 日	13.50%	14.50%	1.00%	13.50%	14.50%	1.00%
2007 年 11 月 26 日	13.00%	13.50%	0.50%	13.00%	13.50%	0.50%
2007 年 10 月 25 日	12.50%	13.00%	0.50%	12.50%	13.00%	0.50%
2007 年 9 月 25 日	12.00%	12.50%	0.50%	12.00%	12.50%	0.50%
2007 年 8 月 15 日	11.50%	12.00%	0.50%	11.50%	12.00%	0.50%
2007 年 6 月 5 日	11.00%	11.50%	0.50%	11.00%	11.50%	0.50%
2007 年 5 月 15 日	10.50%	11.00%	0.50%	10.50%	11.00%	0.50%
2007 年 4 月 16 日	10.00%	10.50%	0.50%	10.00%	10.50%	0.50%
2007 年 2 月 25 日	9.50%	10.00%	0.50%	9.50%	10.00%	0.50%
2007 年 1 月 15 日	9.00%	9.50%	0.50%	9.00%	9.50%	0.50%

数据来源：整理自中国人民银行网站。

□ 货币乘数

基础货币

为了搞清楚货币乘数的问题，我们有必要先了解一下基础货币。

基础货币，也称货币基数（Monetary Base）、强力货币、始初货币，因其具有使货币供应总量成倍放大或收缩的能力，又被称为高能货币（High-powered Money），它是中央银行发行的债务凭证，表现为流通中的现金（包括公众和商业银行持有的现金）和商业银行在中央银行的存款准备金（包括法定准备金和超额准备金），实质上也就表现为中央银行的负债。基础货币流入商业银行体系，就会增强银行信用创造能力。

基础货币是整个货币供给量中最基本的部分，是银行系统向社会供给货币的基础，是整个商业银行体系的存款得以倍数扩张的源泉。中央银行投放基础货币主要有三条渠道：一是对商业银行等金融机构的贷款；二是收购金银、外汇等储备资产投放的货币；三是对政府部门的贷款。中央银行投放的基础货币形成现金 C 和商业银行等金融机构在中央银行的存款准备金 R，即 $B = C + R$。

货币乘数

现代信用制度下，货币供给是通过中央银行提供基础货币，在货币乘数的作用下，经过商业银行的信用创造（存款创造）完成的。理论上讲，货币供给的基本公式可以表达为 $M = m \cdot B$，即货币供给决定于基础货币 B 和货币乘数 m 这两个因素，并且是这两个变量的乘积。

所谓货币乘数，是指一定量的基础货币发挥作用的倍数，或者说是货币扩张或收缩的倍数。它是商业银行存款创造过程中存款总额与原始存款之比。货币乘数 m 反映了货币供应量 M 与基础货币 B 之间的倍数关系。

假设某经济体系以 M_1 为货币供应量的统计口径，那么有 M_1 应该包含活期存款 D 和流

通中的现金 C，即 $M_1=D+C$。那么，货币乘数可用以下公式简要表示：

$$m = \frac{C+D}{C+R}$$

在这里，我们不进行复杂的推导，只把结果呈献出来，也就是货币乘数的计算公式为：

$$m = \frac{1+c}{tr'+r+e+c}$$

其中：r 为法定存款准备金率，e 为超额准备金率，c 为提现率，t 为定期存款比率，r' 为定期存款准备金率。

假设商业银行新增原始存款 10 000 元，法定存款准备金率为 10%，商业银行自身的超额准备金率为 3%，提现率为 2%，转化为定期存款占活期存款的比重为 20%，定期存款准备金率为 5%。根据上式，可以计算出货币乘数 m=（1+2%）/（10%+5%*20%+3%+2%），即 6.375。由此可知，银行体系所能派生创造出来的存款总额为 63 750 元。

影响货币乘数的主要因素

也正是由上式，我们可以得到决定货币乘数的主要因素有以下几个：

法定存款准备金率 r 和 r'：法定存款准备金率的大小取决于中央银行的货币政策，当然也包括定期存款准备金率。当中央银行采取积极的货币政策时，通常降低法定存款准备金率，从而扩大货币乘数；反之，一般提高法定存款准备金率，以收缩货币乘数。

超额准备金率 e：所谓超额准备金率，是指商业银行保有的超额准备金与其活期存款负债之间的比率。商业银行的经营行为会影响超额准备金率，超额准备金率的上升则会引起货币乘数的下降（商业银行存款创造能力减弱），其下降则会使货币乘数上升。

提现率（现金漏损率）c：所谓提现率，是指客户提现额与活期存款的比率。现实经济生活中，客户在银行取得贷款后，通常提取部分现金满足自己的需要，这样就会在创造存款过程中出现现金漏出银行体系，从而影响存款扩张倍数。提现率上升，则货币乘数下降；反之，则上升。

定期存款比率 t：由于活期、定期存款的利率差别，客户常会将部分活期存款转化为定期存款。这种转化影响到商业银行贷款的资金来源结构，从而影响存款的创造。

通过以上货币乘数的影响因素来看，中央银行宏观调控下的货币供给量是中央银行、商业银行体系和社会公众共同作用的结果。而且，货币供应量是一个与普通百姓有密切关联的经济指数，它的多与少、量与度，影响着国民经济的运行速度，决定百姓手中货币的币值。很自然，它也成为中央银行重要的货币政策操作目标，它的变化也反映了中央银行货币政策的变化，对企业生产经营、金融市场，尤其是证券市场的运行和居民个人的投资行为有重大的影响。

🏛 8.3　货币供求均衡

☐ 货币均衡

货币均衡的含义

货币均衡是指货币供给与货币需求基本相适应的货币流通状态，是货币供给量与经济发展对货币的客观需要量基本上一致的一种状况。或者说，货币供给符合经济生活对货币的需求则达到均衡。

货币均衡包括货币供求总量上的平衡和结构上的平衡。货币需求量反映的是一种难以准确把握和测算的客观需求，它受许多因素的影响并随时发生变化；货币供给量也受各种因素的影响，中央银行调控的实际效果与预期目标可能存在差距。因此，在现代市场经济条件下，货币供给量不等于货币需求量是经常发生的现象，货币均衡只能是一种动态平衡，是一个由均衡到失衡，再由失衡回复到均衡的不断运动过程。研究货币供求均衡的目的在于及时纠正偏差较大的货币失衡，维持货币流通的基本稳定。

那么，我们该如何理解货币均衡呢？首先，货币均衡是货币供求作用的一种状态，使货币供给与货币需求大体一致，而非货币供给与货币需求在配置上的完全相等。其次，货币均衡是一个动态过程，在短期内货币供求可能不一致，但在长期内是大体一致的。最后，货币均衡不是货币供给量和实际货币需求量一致，而是货币供给量与适度货币需要量基本一致。

货币是否均衡，但从货币供求量上是无法说清楚的。由于货币均衡表现为经济均衡，所以经济均衡的标志就是货币均衡的标志，体现在以下几个方面：①商品市场物价稳定。②商品供求平衡。社会上既没有商品供给过多引起的积压，也没有商品供给不足引起的短缺。③金融市场资金供求平衡，形成均衡利率。社会有限资源得到合理配置，货币购买力既非过多，也非不足。

货币均衡与社会总供求均衡

任何一个经济社会，社会总供给与社会总需求的均衡，都是至关重要的。社会总供给是指一定时期内一国实际提供的生产成果（商品和劳务）的总和；社会总需求是指同一时期内该国实际发生的有支付能力的需求总和。

货币均衡与社会总供求均衡以及两者之间的联系，源自货币供给、货币需求与社会总供给、社会总需求之间的内在联系。现代经济条件下，从理论上讲，社会总供给决定货币总需求，货币总需求决定货币总供给，而货币总供给形成了有支付能力的社会总需求。所以，货币均衡同社会总供求均衡具有内在的统一性。货币均衡与社会总供求平衡的关系如图 8-2 所示。

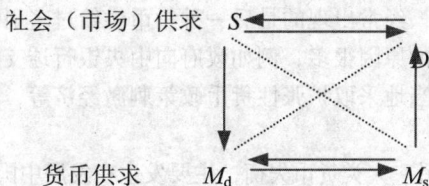

图 8-2　货币均衡与社会总供求平衡的关系图

应当说明，货币均衡与社会总供求关系图中货币总供求与社会总供求之间的作用都是相互的，图中箭头只是表示其主导方面；此外，在数量方面也绝不是对等的关系。

中央银行运用货币政策工具调控货币供给，使之与货币需求相适应，达到货币均衡，最终目的是要实现经济均衡，即社会总供求的平衡，以保证国民经济稳定、协调和健康的发展。如果无法实现货币均衡，则社会总供求难以平衡，国民经济不能稳定、协调地运行和发展，严重时则出现下面描述、分析的情况。

利率与货币均衡

市场经济条件下货币均衡的实现有赖于三个条件，即健全的利率机制、发达的金融市场以及有效的中央银行调控机制。在市场经济条件下，利率不仅是货币供求是否均衡的重要信号，而且对货币供求具有明显的调节功能。因此，在完全市场经济条件下，货币均衡便可以通过利率机制的作用而实现，货币均衡最主要的实现机制也就是利率机制了。

就货币供给而言，当市场利率升高时，一方面社会公众因持币机会成本加大而减少现金提取，这样就使现金比率缩小，货币乘数加大，货币供给增加；另一方面，银行因贷款收益增加而减少超额准备来扩大贷款规模，这样就使超额准备金率下降，货币乘数变大，货币供给增加。所以，利率与货币供给量之间存在着同方向变动关系。就货币需求来说，当市场利率升高时，人们的持币机会成本加大，必然导致人们对金融生息资产需求的增加和对货币需求的减少。所以利率同货币需求之间存在反方向变动关系。当货币市场上出现均衡利率水平时，货币供给与货币需求相等，货币均衡状态便得以实现。当市场均衡利率变化时，货币供给与货币需求也会随之变化，最终在新的均衡货币量上实现新的货币均衡。

□ 货币失衡

货币失衡是同货币均衡相对应的概念，又称货币供求的非均衡，是指在货币流通过程中，货币供给偏离货币需求，从而使二者之间不相适应的货币流通状态。货币失衡往往是经济不稳定的重要因素，尤其是在经济过热或过冷条件下，中央银行货币供给面临两种不同方向的货币信贷压力。总供求失衡与货币失衡一般表现为显著的通货膨胀和陡然下跌的通货膨胀甚至出现通货紧缩。

货币失衡的类型

货币失衡主要有两大类型：总量性货币失衡和结构性货币失衡。

总量性货币失衡，是指货币供给在总量上偏离货币需求达到一定程度从而使货币运行影响经济状态。这里也有两种情况：货币供应量相对于货币需求量偏小，或货币供应量相对于货币需求量偏大。在现代信用货币制度下，前一种货币供给不足的情况很少出现，即使出现也容易恢复，经常出现的是后一种货币供给过多引起的货币失衡。造成货币供应量大于货币需求量的原因很多，例如政府向中央银行透支以融通财政赤字，一味追求经济增长速度而不适当地采取扩张性货币政策刺激经济等，其后果之一就是引发严重的通货膨胀。

结构性货币失衡，是另一大类货币失衡，主要发生在发展中国家，是指在货币供给与需求总量大体一致的总量均衡条件下，货币供给结构与对应的货币需求结构不相适应。结构性货币失衡往往表现为短缺与滞留并存，经济运行中的部分商品、生产要素供过于求，另一部分又求过于供。其原因在于社会经济结构的不合理。因此，结构性货币失衡必须通过经济结构调整加以解决，而经济结构的刚性往往又使其成为一个长期的问题。

总量性货币失衡和结构性货币失衡不是非此即彼的简单关系，在现实经济运行中往往是两者相互交织、相互联系，从而形成"你中有我，我中有你"的局面，以至于难以分辨。由于结构性货币失衡根源于经济结构，所以，中央银行在宏观调控时过多地注意总量性失衡。

货币失衡的原因

针对以上两大类型的货币失衡，其原因大致如下：

当货币供给小于货币需求时，究其原因主要有：①经济发展了，商品生产和商品流通的规模扩大了，但货币供给量没有及时增加，从而导致流通中货币紧缺，在纸币流通时代，这种情况出现的概率是比较小的，因为增加纸币供给量对于货币管理当局来说，是一种轻而易举的事情。②在货币均衡的情况下，货币管理当局仍然紧缩银根，减少货币供给量，从而使得本来均衡的货币走向供应小于需求的失衡状态。③经济危机时，信用失常，货币需求急剧膨胀，而央行货币供给没有跟上。

当货币供给大于货币需求时，其原因主要有：①在纸币流通时代，出于向赤字政府提供贷款等利益原因，货币管理当局可以轻易增加纸币供给量，货币供给量大于货币需求量是一种经常出现的失衡现象。②经济发展中，银行信贷规模的不适当扩张。③扩张性货币政策过度。④经济落后、结构刚性的发展中国家，货币条件的相对恶化和国际收支失衡，在出口换汇无法满足时，由于汇市崩市、本币大幅贬值造成货币供给量急剧增长。

对于结构性失衡而言，大多数就是在货币供给与需求总量大体一致的情况下，货币供给结构与需求结构不一致。比如：货币运动的相对独立性和物资运动存在着矛盾；进口的技术设备数量太多和出口消费品过多，可能最终都会导致总需求的扩张，从而造成货币供求失衡。

货币失衡的调节

从货币失衡到货币均衡，是货币均衡的恢复过程，可以通过自动恢复的方式，也可以通过人为的调节方式。自动恢复是凭借货币流通本身的内在机制进行自动调节，且不说需要的条件比较理想，而且时间很长、代价很大，所以政府一般都不会袖手旁观，而采取人为干预，主动调节，主要手段有：

供应型调节，指在货币供给量大于货币需要量时，从压缩货币供给量入手，使之适应货币需要量。这包括如下几个层次的措施：①从中央银行方面来看，一是卖出有价证券；二是提高法定存款准备率；三是减少基础货币供给量，包括减少给商业银行的贷款指标，收回已贷出的款项等措施。②从商业银行方面来看，一是停止对客户发放新贷款；二是到期的贷款不再展期，坚决收回；三是提前收回部分贷款。③从财政方面来看，一是减少对有关部门的拨款；二是增发政府债券，直接减少社会各单位和个人手中持有的货币量。④从税收方面来看，一是增设税种；二是降低征税基数；三是提高税率；四是加强纳税管理。

需求型调节，指在货币供给量大于货币需求量时，从增加货币需要量入手，使之适应既定的货币供给量。这包括如下几条措施：①银行、财政和企业联合力量增加商品供应量（这是增加货币需要量的同义语）；②扩大进口，以此扩大国内市场上的商品供应量；③提高商品价格，通过增加货币需要量来吸收过度的货币供给量。

混合型调节，指面对货币供给量大于货币需要量的失衡局面，不是单纯地压缩货币供给量，也不是单纯地增大货币需要量，而是双管齐下，既搞供应型调节，也搞需求型调节，以尽快收到货币均衡而又不会给经济带来太大波动之效。

逆向型调节，是指面对货币供给量大于货币需要量的失衡局面，中央银行不是采取压缩货币供给量，而是增加货币供给量，从而促成货币供需在新的起点均衡。它的内涵是：如果货币供给量大于货币需要量，同时，存在尚未充分利用的生产要素，银行可以提供追加贷款，以促进生产的发展，通过商品供给量的增加来消化过多供给的货币。

🏛 8.4 通货膨胀及紧缩

☐ 通货膨胀界定

通货膨胀的含义

在西方世界逐渐确立金本位制的过程中，信用货币随着市场经济的日益发达也发展了起来，除钞票之外，银行期票、汇票、银行券、支票等信用货币形式都普及到社会生活中。如今的人们，已经不再使用沉甸甸的硬币支付日常交易，塞到钱包里充当财富符号的，都是种种由"信用"构成其价值的花花绿绿的印刷纸片。在这种情况下，如果遇到一些战争或大规模的经济衰退，就会促使印钞机开足马力工作，让货币的数量快速地释放和膨胀。所谓的"恶性通货膨胀"也就不再是遥不可及的事情了，不少国家年物价上涨数百倍，甚至动辄以比几何级数更快的指数模式飙升。比如第一次世界大战之后的德国，在 1919 年 1 月到 1923 年 12 月，德国的物价指数上升了 4815 亿倍，创造了"打破世界纪录"的被称为"最经典"通货膨胀。

不仅仅是弗里德曼认为通货膨胀是一种货币现象，新自由主义经济学代表人物哈耶克（F. A. Hayek）也曾经指出："通货膨胀一词的原意和真意是指货币数量的过度增长，这种增长会合乎规律地导致物价的上涨。"其实，这也代表了主流经济学家的思路。以至于我们现在接触到的各种著作或者教科书对通货膨胀（Inflation）的定义也大都是：通货膨胀是由于货币供给过多而引起货币贬值、物价上涨的货币现象。其特点是把通货膨胀与物价总水平的持续上涨直接联系在一起的。于是物价上涨率成为衡量通货膨胀最明晰的指标。

西方经济学界在通货膨胀的定义方面大致有两种倾向：一种观点认为是用物价总水平的持续上升来定义通货膨胀。其代表人物美国经济学家保罗·萨缪尔森（P. A. Samulson）认为："通货膨胀的意思是物品和生产要素的价格的普遍上升的时期。"另一种观点认为，只有由货币数量的过度增长引起的物价上涨才算真正的通货膨胀。

综上所述，我们知道，通货膨胀是现代纸币流通制度下货币失衡的一种主要表现，是由于货币供应量超过商品流通的客观需要量，从而引起货币不断贬值和一般物价水平全面持续上涨的经济现象。通货膨胀可能是开放的，也可能是隐蔽的。

通货膨胀的度量

经济生活中是否发生了通货膨胀或通货膨胀的程度如何，其判断指标是物价上涨率。目前，世界各国普遍采用的反映"一般物价水平"变动的指标通常有三类：

消费者物价指数。简称 CPI，是 Consumer's Price Index 的英文缩写，是根据与居民生活有关的产品及劳务价格统计出来的物价变动指标，通常作为观察通货膨胀水平的重要指标。根据居民消费的食品、衣物、居住、交通、医疗保健、教育、娱乐等消费品和劳务价格指数加权平均计算。消费者物价指数能及时地反映居民日常生活成本的变化，被广泛用做工资、薪金及其他个人收入的调整标准。但是，消费品只是社会最终产品的一部分，用消费者物价指数来测定通货膨胀具有一定的局限性，需结合其他指标一起使用。

生产者物价指数。简称 PPI，是 Producer's Price Index 的英文缩写，也叫工业品出厂价格，用来衡量生产者在生产过程中，所需采购品的物价状况，因而这项指数包括了原料、半成品和最终产品等（美国约采用 3000 种东西）三个生产阶段的物价信息。但是，用它来判断总供给和总需求对比关系有时也会不够准确，因为生产资料价格变动的滞后性和其波动幅度与零售物价的波动幅度的差异性，可能导致市场价格信号失真。

GDP 平减指数。这是衡量一国经济在不同时期内所生产和提供的最终产品和劳务的价格总水平变化程度的经济指标。这种指数是按当年价格计算的国民生产总值与按固定价格计算的国民生产总值的比率，即没有剔除物价变动前的 GDP（现价 GDP）增长与剔除了物价变动后的 GDP（实质 GDP）增长之商。它的计算基础比消费者物价指数更广泛，涉及全部商品和服务，除消费外，还包括生产资料和资本、进出口商品和劳务等。因此，这一指数能够更加准确地反映一般物价水平走向，是对价格水平最宏观的测量。

通货膨胀的类型

对于通货膨胀，根据不同的视角，有不同的分类方法：按价格上涨幅度加以区分，通货膨胀有温和的通货膨胀、奔腾的通货膨胀和超级通货膨胀三种类型；按不同商品的价格变动来区分，通货膨胀有平衡的通货膨胀和不平衡的通货膨胀之分，在平衡的通货膨胀中，所有商品的价格按同样的比例上升，而在不平衡的通货膨胀中，不同商品种类的价格上涨幅度是不一样的；按照人们对价格变动预料的程度划分，通货膨胀又分为未预料到的通货膨胀和预料到的通货膨胀两种。一般地，我们就以第一种分类方法来描述通货膨胀。

爬行通货膨胀，是一种使通货膨胀率基本保持在 2%～3%，并且始终比较稳定的一种通货膨胀，又被称为温和的通货膨胀。一些经济学家认为，如果每年的物价上涨率在 2.5%以下，不能认为是发生了通货膨胀。当物价上涨率达到 2.5%时，叫做不知不觉的通货膨胀。一些经济学家认为，在经济发展过程中，搞一点温和的通货膨胀可以刺激经济的增长。因为提高物价可以使厂商多得一点利润，以刺激厂商投资的积极性。同时，温和的通货膨胀不会引起社会太大的动乱。温和的通货膨胀即将物价上涨控制在 1%～2%、至多 5%以内，则能像润滑油一样刺激经济的发展，这就是所谓的"润滑油政策"。

奔腾的通货膨胀，又称为飞奔的通货膨胀、急剧的通货膨胀，是一种不稳定的、迅速恶化的、加速的通货膨胀。在这种通货膨胀发生时，通货膨胀率较高（一般达到两位数以上），所以在这种通货膨胀发生时，人们对货币的信心产生动摇，经济社会产生动荡，所以这是一种较危险的通货膨胀。

超级的通货膨胀，也被称为极度的通货膨胀、超速的通货膨胀、恶性的通货膨胀、脱缰的通货膨胀。这种通货膨胀一旦发生，通货膨胀率非常高（一般达到三位数以上），而且完全失去控制，其结果是导致社会物价持续飞速上涨，货币大幅度贬值，人们对货币彻底失去信心。这时整个社会金融体系处于一片混乱之中，正常的社会经济关系遭到破坏，最后容易导致社会崩溃，政府垮台。这种通货膨胀在经济发展史上是很少见的，通常发生于战争或社会大动乱之后。

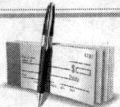

专栏8-2　　**德国 1921 年～1923 年的恶性通货膨胀**

　　1921 年，刚刚结束第一次世界大战的德国在偿付战争赔款和恢复经济的压力下，政策支出远远超出了收入。政府为取得更多的收入以平衡预算，可以采用增加税收的方法，当然这种做法在政治上不受欢迎，所以需要很长的时间才能实行。政府还可以通过向公众借款的办法来筹得资金，但是由于资金需求过大，这种做法往往也只是杯水车薪。这样，唯一可行的做法就是印刷钞票。当时的德国政府通过印制更多的通货（增加货币供应量）来支付向个人和企业购买的商品和劳务。

　　1923 年，德国政府的财政状况进一步恶化。该年初，由于德国没能按计划支付战争赔款，法国侵占了鲁尔区。鲁尔区的工人举行罢工以反对法国的行为，德国政府积极向罢工工人提供资金，进行"消极反抗"。结果，政府支出大幅增加，德国政府只能印制更多的钞票来支持高额的支出。货币供应量急剧增加导致了物价水平的爆炸性上涨，1923 年德国的通货膨胀率超过了 1 000 000%。

　　法国侵占鲁尔区和印制钞票支付给罢工工人恰好满足了外生性条件，因此不会发生颠倒因果的情况（物价水平的升高是法国入侵行为引起的），也不会有其他外部因素对通货膨胀和货币供应量同时有推动作用。因此，德国的恶性通货膨胀可以被描述为一次"可控实验"，它能证明弗里德曼有关通货膨胀是货币现象的论断是正确的。

□ 通货膨胀的成因及影响

通货膨胀的成因

　　按照不同的标准，通货膨胀可分为很多类型，但通常是按形成原因划分通货膨胀的。

　　需求拉上型通货膨胀，是指由于社会总需求的过度增长，超过了按现行价格总供给的增长，致使太多的货币去追逐太少的商品和劳务而引起的一般物价水平的上涨。以凯恩斯为代表的经济学家认为，在社会尚未达到充分就业、社会资源尚有闲置时，如果增加货币供给量，引起社会总需求相应增加，一般会促进社会商品供给增长，不会引起通货膨胀。但是，在社会已达到充分就业、社会资源也被充分利用时，如果增加货币供给量，则引起社会总需求增加，这就不再会刺激社会商品供给的增长，而只会导致物价总水平的上涨，从而引发通货膨胀。

　　成本推动型通货膨胀，是指生产成本提高而引起的物价总水平的上涨。根据成本的各组成部分在刺激物价上涨中的作用，具体可分为三种：①原材料成本推动。在紧密协作型的社会化大生产条件下，某一部门的产品价格上升，其下游产品的生产企业生产成本就相应上升，最终导致整个物价水平的上升。②工资成本推动。当平均工资增长快于劳动生产率的增长，单位产品的工资成本上升时，企业为维护原利润水平，必然提高企业产品的价格，从而引起物价普遍上涨。③间接成本推动。现代企业为加强竞争力，必然增加间接成本开支（广告费等），增加的间接成本转嫁到商品价格上，就会引起物价上涨。成本推动型通货膨胀具有较强的攀升惯性。成本上升推动物价上涨，物价上涨又引发新一轮的成本上升，再次推动物价上涨。

结构型通货膨胀，是指社会总供求处于均衡状态时，由于结构失衡的因素导致一般物价水平的持续上涨。当一国需求结构发生较大的变化，但供给结构不能相应改变（供给缺乏弹性）时，由于"价格刚性"、"攀比效应"的存在，这样就会出现在总需求没有过度膨胀下，物价水平仍然上涨的现象。此外，一国国民经济部门发展的不平衡也会引发通货膨胀。

国际传导型通货膨胀，是指因为国外商品或生产要素价格的上涨，引起国内物价的持续上涨现象。因为国际经济关系日趋密切，因此，一国价格的上升，很容易经过各种渠道传导至他国，使本来无通货膨胀的国家"输入"了通货膨胀。通货膨胀在国际间的传导，主要是通过价格需求、国际收支及示范效应等渠道进行的，开放的程度越大，发生的概率越大。

通货膨胀的影响

在有通货膨胀的情况下，必将对社会经济生活产生影响。如果社会的通货膨胀率是稳定的，人们可以完全预期，那么通货膨胀率对社会经济生活的影响很小。因为在这种可预期的通货膨胀之下，各种名义变量（如名义工资、名义利息率等）都可以根据通货膨胀率进行调整，从而使实际变量（如实际工资、实际利息率等）不变。这时通货膨胀对社会经济生活的唯一影响，是人们将减少他们所持有的现金量。但是，在通货膨胀率不能完全预期的情况下，通货膨胀将会影响社会收入分配及经济活动。因为这时人们无法准确地根据通货膨胀率来调整各种名义变量，以及他们应采取的经济行为。具体来看，通货膨胀的影响是多方面的。

（1）通货膨胀对生产的影响。通货膨胀对生产和就业的刺激作用是暂时的、有条件的，不可能维持太久，也不会形成健康的经济运行机制；通货膨胀会引起生产结构失衡并因此导致生产下降；通货膨胀使大量资金流向流通领域，造成生产资金短缺，从而使生产进一步衰退；通货膨胀使企业技术革新成本上升，从而导致企业技术进步缓慢；通货膨胀不利于企业进行经济核算，因为通货膨胀期间币值不稳，企业的经济核算缺乏稳定的价值尺度和核算工具。

（2）通货膨胀对流通的影响。通货膨胀时期，商品盲目逐利流转，改变原有的从产地到销地的正常流向，扰乱正常的流通秩序；通货膨胀持续期，由于公众对通货膨胀的预期，会出现抢购惜售、囤积居奇、哄抬物价等现象，从而加剧供求矛盾并使商品流通更加混乱；若一国通货膨胀率高于国际通货膨胀率，就会使进口增加、出口减少（汇率不变），这通常会导致国际贸易逆差的出现。

（3）通货膨胀对分配的影响。通货膨胀的受害者是固定收入者，通常企业、国家等是受益者。这是不公正的国民收入再分配，易引起社会不安定；低收入家庭受害最大。由于生活必需品需求弹性小且价格上涨幅度高于一般商品价格的上涨，同高收入家庭相比，低收入家庭生活必需品支出的比重较大，因此，低收入家庭是通货膨胀最直接、最大的受害者；通货膨胀影响财富分配。一个经济主体的财产可分为：按可变价格计算的财产（房屋、设备、股票等）和按固定金额计算的财产（储蓄存款、债券、现金等）。通货膨胀期间，以可变价格计算的财产，其价格随物价上涨而上升，能保存其原有价值；而以货币形式存在并按固定金额计算的财产，由于币值下降，必然遭受损失；家庭和单位按固定金额计算的资产与按固定金额偿还的负债相比，若前者大于后者，则其财产将有净损失；反之，则其资产在通货膨胀中就处于有利地位，并将有净收益。显然，这种源自通货膨胀的财富再分配，是一种盲目的、不合理的再分配。

（4）通货膨胀对消费的影响。通货膨胀导致货币贬值，削弱了消费者的实际购买力，致使生活水平普遍下降；消费者对通货膨胀的预期往往促使提前或加速消费，加上囤积居奇、投机盛行，会进一步加剧市场供需矛盾，从而导致一般消费者的损失扩大。

（5）通货膨胀对财政金融的效应。通货膨胀影响财政收支平衡。持续的通货膨胀，一方面使税源减少，政府举债困难，最终减少财政收入；另一方面，财政支出则因物价普遍上涨必然相应增加，因而财政收支难以平衡；通货膨胀破坏正常的信用关系。因为通货膨胀有利于债务人却对债权人不利，因此，商品交易中的现金交易增加，商业信用则衰落。同时，银行信用也因资金来源减少而日趋萎缩；通货膨胀造成货币流通混乱。不断贬值的货币难以执行价值尺度和流通手段的职能。当通货膨胀达到一定程度时，人们为避免损失，宁愿持有实物而不愿持有或接受纸币，甚至出现排斥纸币、恢复物物交换的方式。这样，纸币流通范围越来越窄，纸币职能越来越弱，最后可能导致纸币制度的彻底崩溃。

如果只局限于生活中，通货膨胀的影响也是很明显的，比如：在债务人与债权人之间，通货膨胀将有利于债务人而不利于债权人；在雇主与工人之间，通货膨胀将有利于雇主而不利于工人；在政府与公众之间，通货膨胀将有利于政府而不利于公众；等等。

总之，通货膨胀对社会再生产的各个环节和财政金融都有很大的破坏作用，妨碍再生产的顺利进行，不利于经济的稳定协调发展和社会安定，世界各国的经验都证明了这一点。正因为通货膨胀有诸多不利的效应，所以，一旦发生了通货膨胀，必须及时治理。通常应针对复杂的通货膨胀成因，采取多方面措施进行综合治理。

□ 通货紧缩

通货紧缩的概念及特征

通货紧缩是与通货膨胀相对的一个经济范畴，一般是货币供应量少于流通领域对货币的实际需求量而引起的货币升值，从而引起的商品和劳务的货币价格总水平的持续下跌现象。在经济学上一般认为，当消费者物价指数（CPI）连跌两季，即表示已出现为通货紧缩，是物价、工资、利率、粮食、能源等统统价格不能停顿的持续下跌，而且全部处于供过于求的状况。

正确理解通货紧缩的含义，必须准确把握其特征。通货紧缩一般具有如下特征：

商品和劳务价格持续下跌。这是通货紧缩最基本的特征。理解该特征须注意以下几个方面：一是强调以商品劳务价格作为考察对象，以区别于股票、债券等金融商品的价格，即通货紧缩的研究范围限于实体经济；二是强调一般价格水平下跌，不同于局部性的物价下跌和结构性的物价调整；三是强调"持续下跌"，即通货紧缩是一个持续的、长期的物价下跌过程，而不是物价偶然的、短暂的下跌，至于持续时间长短的界定，多数意见认为持续半年以上时间。

货币供应量相对下降。通常，货币供给量总是逐步增加的。通货紧缩的一个特征是：货币供应量增幅呈现下降趋势，即货币供应量的增长落后于经济增长，"相对下降"就是指货币供应量增长率低于经济增长率。

货币流通速度趋缓。货币流通速度，从短期看，它是一个较稳定的量；但从长期看，它的变化又比较明显。当经济中出现通货紧缩时，货币流通速度就会趋缓，导致货币供应量的增加部分被一定程度地抵消，从而加剧通货紧缩。

经济增长乏力。通货紧缩的存在会直接影响经济增长，使一国的 GDP 增幅下降。其具体症状有：消费需求疲软、投资意愿低迷、企业产品产销率下降、社会失业率上升等。总之，经济增长乏力。

需要说明的是，通货紧缩的上述四个特征是同一问题的四个侧面。商品劳务价格的持续下跌，是判断通货紧缩存在与否的一个基本条件；货币供应量相对下降与货币流通速度趋缓则是通货紧缩产生的重要原因；经济增长乏力则是通货紧缩的直接后果。

通货紧缩的影响

就总体而言，通货紧缩与通货膨胀一样，会对经济造成不利影响，导致实体经济衰退。不少学者认为，通货紧缩对经济与民生的伤害力比通货膨胀还要厉害。具体影响主要表现在以下几方面：

打击生产者的积极性。物价普遍的、长期的低迷，使生产者无利可图，甚至出现亏损；另一方面，由于有效需求不足，生产者的产品销售困难，库存积压增多。这两方面都会极大压抑生产者的生产经营积极性，从而导致生产发展缓慢以至于停滞。

抑制消费。从单独的购买行为看，通货紧缩确实给消费者带来实惠。但在通货紧缩条件下，就业预期、价格、工资收入等都趋于下降，消费者会因此缩减支出、增加储蓄，结果通货紧缩使消费总量下降且形成趋势。

加重债务人负担。通货紧缩一旦形成，实际利率必然上升且呈持续上升态势，使企业等的债务负担增加，从而影响其借款投资的积极性，进一步利用信用扩大再生产的意愿也随之减弱。由于债务人在通货紧缩期间不愿意借入款项，从而导致信用失灵。

增加银行不良资产。通货紧缩条件下，企业一方面因债务负担加重，增加了还本付息的难度；另一方面又因产出品价格持续下降，利润随之下降甚至出现亏损。这些企业的经营失败终会体现在银行的不良资产上，致使银行不良资产上升。

导致经济衰退。通货紧缩是经济衰退的助推器。由于通货紧缩增加了货币购买力并且实际利率上升，因此，人们倾向于更多地储蓄、更少地支出。这样，个人消费支出受到很大的抑制。与此同时，投资项目因实际利率水平的上升而变得没有吸引力，全社会的投资性支出因而减少。此外，商业活动的萎缩会导致失业率上升并形成工资水平下降的压力。最终，投资需求和消费需求的下降会造成经济衰退。

专栏 8-3　　　　　**我国的通货紧缩**

我国通货膨胀水平从 1994 年底达到 21.7%的峰值后逐年回落，到 1996 年 10 月，生产资料批发价格首先出现负增长，1997 年 10 月和 1998 年 3 月，零售商品价格和居民消费价格也相继变成负增长。1997 年前的通货膨胀率下降是宏观调控的结果，但是，1997 年以后物价的普遍持续下跌，就不能不被视为通货紧缩，而且不能简单地视为轻度通货紧缩。因为企业产销率低、群众收入增长趋缓、市场消费不旺、下岗职工增加等与中度通货紧缩相联系的问题相继出现，并日益加重。此时的物价下跌，既非技术进步、效率提高带来的，也非宏观调控所要求的。可以认为，1997 年通货紧缩已初见端倪。1998 年，亚洲金融危机使我国国外净需求大幅降低，国内需求也相对不足，经济增长率继续下降，物价水平也持续下跌，到 1998 年底，商品零售价格、居民消费价格上涨率分别为 -2.6% 和 -0.8%，创改革开放以来物价水平之最低，通货紧缩已经明显显现。所以，从 1997 年 10 月起，我国宏观经济运行进入了通货紧缩状态，这已是不争的事实。就实际情况来说，我国的通货紧缩也与货币供求紧密关联，正是由于国外净需求大幅降低使得出口顺差大幅减少，所以我国主要以收买外汇投放的基础货币大幅减少，货币供应量就大大减少了，相对不足了。

NEW FUNDAMENTALS OF FINANCE

第9章

货币政策体系：冲突与协调

　　货币政策是经济理论研究、实践和争论的焦点。对于中国人民银行所做的每一项货币政策调整，或许你能够深刻感知，也或许你漠不关心，但是它每次都是带着目的而来的，人们也都会或多或少地受到它的影响。但是货币政策缘何如此纷繁复杂呢？为什么要如此这般重视货币政策呢？本章将为你揭开一些神秘的面纱。为了让读者对此有一个完整的认识并可以深刻感知货币金融中这一激动人心的领域，本章着重介绍货币政策、货币政策目标、货币政策工具、货币政策传导机制及政策效应，最后基于我国的现实阐释了一些关于货币政策的实践。

> 我们将通货膨胀看成是最坏的公敌。但是在必要时，我们会毫不犹豫地放松或紧缩银根，货币政策的力量比以往任何时候都能更有效和迅速地对自然需要作出反应。这是通过恰到好处地使用货币政策和信贷实现的，是通过历史上最大幅度的减税将购买力归还公众实现的，也是削减不必要的政府开支的结果，更是不失时机地鼓励基础建设、家庭住宅和必要的修缮的结果。
>
> ——乔治·M·哈姆夫雷（George M. Humphrey）

※章首引语

虽然美国经济的强劲表现并不能完全归功于格林斯潘一人，但是作为宏观经济的调控者，他对重大事件能够做出微妙甚至创造性的反应，他的出色表现在关键时刻起到了关键性的作用。他所取得的成就和积累的经验对美国经济和美联储来说是宝贵的财富，也极大地丰富了货币政策实践。格林斯潘也因此成为在有生之年被传记作家大书特书的偶像。在鲍勃·伍德沃德所著的《艺术大师：格林斯潘的美联储和美国的繁荣》中，把格林斯潘描述为能够在货币政策上指挥若定的艺术大师。其实，格林斯潘不止一次地证明了货币政策是一门艺术，并且还为这门艺术融入了自己的经验和智慧。

就货币金融政策而言，18年前，这一领域还处于混沌状态。各国中央银行以货币增长率为目标，与市场之间保持着隐秘性。通货膨胀目标在两三年后才在新西兰诞生……经济学家和中央银行家探讨格林斯潘时代的遗产的含义是双重的：一方面，正如著名宏观经济学家——1994年至1996年担任美联储副主席的普林斯顿经济教授艾伦·布兰德和里卡多·赖斯在《解读格林斯潘的标准》一文中所指出的："把各项打分统计起来，格林斯潘当之无愧是历史上最伟大的中央银行家。""格林斯潘的成功仍然是一个谜。当他的继任者打开他的办公桌的第一个抽屉，试图找到具有魔法效力的公式的时候，一定会大失所望。"另一方面，也是格林斯潘的一个重要原因，如果格林斯潘并未给他的继任者留下一个可供参考的工作指南，那么，在他离去之后，他的继任者会怎么办？

事实上，早在5年前，当时在普林斯顿大学执教的本·伯南克教授就曾在《华尔街日报》上撰文指出这样一个问题："当格林斯潘离去，一切将会怎样？"5年后，他本人成了回答这一问题的人。[1]

---

[1] 资料来源：王宇. 伯南克时代：格林斯潘之后的美联储货币政策展望[M]. 大连：东北财经大学出版社，2006。

"当格林斯潘离去，一切将会怎样？"美国各界之所以会如此关心这个问题，是因为格林斯潘执掌的美联储在美国经济稳定中做出了出色的工作，运筹帷幄之中将货币政策运用得近似完美，凸显了货币政策的调控性和艺术性。但是，格林斯潘却并未留下"一个可供参考的工作指南"，这又让我们感慨货币政策的复杂性和多变性，让我们感慨"年年岁岁人相似，岁岁年年策不同"。

也正因此，货币政策成为经济理论研究、实践和争论的焦点。包括对于中国人民银行所做的每一项货币政策调整，或许你能够深刻感知，也或许你漠不关心，但是它每次都是带着目的而来的，人们也都会或多或少地受到它的影响。但是货币政策缘何如此纷繁复杂呢？为什么要如此这般重视货币政策呢？本章将为你揭开一些神秘的面纱。

为了让读者对货币政策及其实施有一个完整的认识并可以深刻感知货币金融中这一激动人心的领域，本章着重介绍货币政策、货币政策目标、货币政策工具、货币政策传导机制及政策效应，最后基于我国的现实阐释了一些关于货币政策的实践。

🏛 9.1 货币政策及目标

史无前例的经济大危机发生在 20 世纪 30 年代，彻底否定了单纯依赖市场这只看不见的手的经济自由主义。从此，各国普遍加强了对经济生活的干预。随着凯恩斯《就业、利息和货币通论》的发表，国家干预主义找到了自己的理论基础。于是，财政政策、货币政策成为各国调节经济的主要手段，构成国家宏观经济政策中的重要组成部分。就货币政策来说，它是通过中央银行的操作来实现的。中央银行的整个运行都是以货币政策的制定、贯彻以及日常操作来实现的。实践证明，伴随着经济市场化的深入，信用和金融在经济运行中的作用也会进一步加强，中央银行及其货币政策必将对国民经济运行产生越来越大的影响。

☐ 货币政策

货币政策的概念

所谓货币政策，简单地说，就是一个国家有关货币方面的政策。在现代经济中，货币同信用、金融的关系密不可分，也有人将货币政策笼统地等同于金融政策。规范地讲，货币政策是中央银行通过控制货币与信贷总量，调节利率水平和汇率水平等，以期影响社会总需求和总供给水平，从而促进宏观经济目标实现的方针和措施的总称。

自从货币产生以后，就有了对货币施加管理的原始货币政策。在货币由称量货币逐渐走向金属铸币的过程中，为了防止私铸、滥铸劣质铸币对商品流通和交易的影响，国家对货币铸造进行了严格的规定。古代思想家甚至根据金属货币同物价水平的关系，概括出最简单朴素的古代货币数量论思想。基于此，提出对铸币及价格水平的控制，要求国家或封建君主通过对币材的开采、保有直至铸造等进行垄断和控制。

现代货币已经挣脱了金属躯壳对它的束缚，成为纯粹的信用货币。现代信用货币是以国家信用为基础的，特别是中央银行取得了货币发行的垄断权成为其主要特征。中央银行通过调整自己的资产负债，实现对基础货币的调控，进而实现对整个社会货币供应量的控制。因此，有人将现代信用货币称为"管理货币"。既然是管理货币，必然要求中央银行对货币的发行和流通进行管理，这就成为中央银行实行货币政策的基础。进一步来说，由于金融运行状况引导资源的配置状况，所以，货币政策的变化会引起价格水平的变化，资本流向和流量的变化，经济增长速度的变化，乃至整个社会经济结构的变化。因此，货币政策成为一项重要的宏观经济政策，并日益受到重视。

货币政策特征

一般来说，货币政策具有如下几个特征。

（1）从调节目标上看，货币政策是一项宏观经济政策。以需求管理为核心的货币政策是一项总量调节和结构调节相结合，并以总量调节为主的宏观经济政策。货币政策的制定和实施，旨在通过对货币供应量、利率、汇率等宏观金融变量的调控，来对整个国民经济运行中的经济增长、通货稳定、国际收支状况、就业水平等宏观经济运行状况产生影响，促进经济协调、稳定、健康地发展，保证宏观经济政策目标的实现。它不涉及单个银行或企业的金融行为。

（2）从调节对象上看，货币政策是调整社会总需求的政策。货币政策通过调节货币供应量和利率水平来调控社会总需求。由于货币的供给形成对商品和劳务的购买能力，所以货币作为一般社会财富的表现，对社会总需求具有调节作用。因此，货币政策对宏观经济的调节是通过调节总需求实现的，并间接影响到社会总供给的变化，实现社会总需求和社会总供给之间的平衡。

（3）从调节手段上看，货币政策主要是间接调节经济的政策。国家利用货币政策干预经济，但又不能影响市场机制作用的发挥。因此货币政策对经济的调节，主要是运用经济手段，利用市场机制作用，通过调节货币供应量以及信用总量、利率水平等其他金融变量影响经济活动主体的行为，来达到间接调节经济变量，影响经济活动的目的。当然，并不排除在特定的经济金融条件下采取行政手段调节的可能性。

（4）从调节时效上看，货币政策是一种长期与短期共同作用的经济政策。长期是就货币政策的四大目标而言的，无论是稳定货币，还是充分就业、经济增长、国际收支平衡等目标，都是一种长期性的政策目标。但是，作为特定条件下和各种具体的货币政策措施，却总是短期的，随机应变的。所以，它不仅是一种由短及长，即通过短期性调节达到长期性目标，而且短期措施服从于长期政策目标的政策系统，是目标的长期性与调节措施的短期性结合运作的经济政策。

货币政策的构成要素

货币政策作为一种宏观经济政策，一般通过中央银行执行。中央银行在执行货币政策时通过各种经济的和非经济的调控措施控制货币供应量或信贷总量，以影响宏观经济，为宏观经济目标的顺利实现服务。货币政策的作用并非仅仅影响某个或某几个国民经济部门，而是作用于整个社会经济。

货币政策实际上是各种控制和调节货币供应量或信贷总量的方法和措施的总称。它包含政策目标、达成目标的措施、运行机制、效果衡量等一系列内容，因此，也可将其称为金融政策。货币政策一般包括五方面内容，即：①货币政策目标；②货币政策的工具及其运用；③货币政策的中介目标；④货币政策的作用过程（传导机制）；⑤货币政策的效果或有效性分析；等等。这些构成要素的有机统一构成完整的货币政策体系，它们之间的关系见图 9-1。

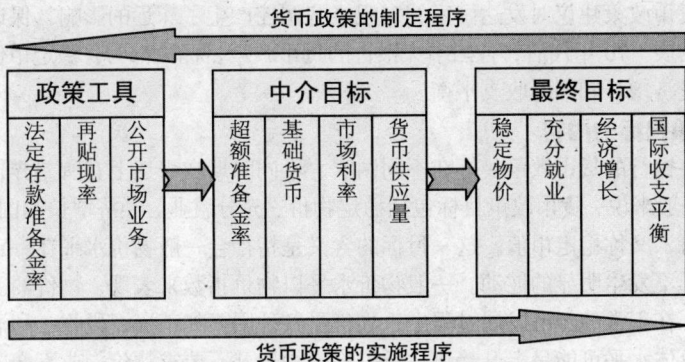

图9-1　货币政策的构成要素

□ 货币政策目标

所谓货币政策目标，是指中央银行制定和实施某种货币政策所要达到的特定的经济目标，这种目标就是货币政策所要达到的最终目标。我们知道，货币政策是国家控制、调节和稳定货币的一项经济政策，其实质是反映货币与经济发展之间的关系。那么，从这个意义上说，货币政策目标就是国家宏观经济的目标。

一般来说，货币政策目标包括操作目标、中介目标和最终目标。通常情况下，我们所说的货币政策目标，就是货币政策的最终目标。我们在本部分主要讨论货币政策最终目标，在后面的内容中将讨论货币政策的中介目标和操作目标。

货币政策目标的确立

从历史角度看，货币政策目标的确立是随着社会经济的不断发展而完善的，并且应该与一国政府的经济发展目标相配合。

1930年以前，西方各国对宏观经济普遍采取自由放任的态度，那段时期各国中央银行货币政策的主要目标是稳定币值和汇率。1929年—1933年发生世界性经济危机以后，发达国家开始重视以货币政策手段来干预经济。特别是凯恩斯主义的经济政策盛行以后，各国才真正意识到加强经济干预的重要。凯恩斯认为，资本主义经济之所以经常发生生产过剩和失业，其原因主要就是有效需求不足。要使经济保持增长，并减少失业，除通过市场进行自发调节外，政府应该想办法刺激消费和投资，以增加社会的有效需求。但在凯恩斯的政策建议里，更多的是财政政策建议，如赤字财政、减税等。此时的货币政策目标是协助财政政策促进就业，甚至是以通货膨胀为代价促进就业。

世界各国普遍运用货币政策的制定来调节经济还是在第二次世界大战之后。由于20世纪30～70年代各国普遍实行凯恩斯主义，使得通货膨胀严重地蔓延于西方各国。特别是70年代以后，发达国家经济又陷入了"滞胀"的困境，为了摆脱困境，货币学派的主张开始为不少西方国家的中央银行所采用。以米尔顿·弗里德曼为代表的一批货币学派就预见了短期菲利普斯曲线的崩溃，提出了凯恩斯主义宏观微调管理政策无效的观点，认为货币供应量是决定产量、就业和物价变动的主要因素，要保证经济的稳定发展，就必须控制货币供应量及其增长率，并强调中央银行货币政策的重点主要应放在控制货币供应量上，而不应放在控制利息率上。他们还提出，抑制通货膨胀的首要措施就是降低货币供应增长率。

货币学派的货币政策建议对发达国家的宏观经济调控产生了深远的影响，保证了发达国家经济的健康发展。70 年代后，各国中央银行的货币政策目标大都为：稳定币值、实现充分就业、促进经济增长和国际收支平衡。

货币政策目标的内容

尽管中央银行的货币政策目标在不同国家、不同时期在表述上有所差异，但基本内容是一致的。一般来说，货币政策目标包括稳定物价、充分就业、经济增长和国际收支平衡。

稳定物价，又称稳定币值，这一目标的含义是指社会一般物价水平在一定时期以内大体保持稳定，不发生明显的波动。一般物价水平以物价指数来表现，物价的变动以物价涨跌率来表示。在正常的经济发展过程中，物价受各种因素如工资、税收、利润、原材料价格等影响，总体水平可能呈上升趋势。所以稳定物价并不要求物价一成不变，物价上涨率不可能为零，但物价上涨率过高，则意味着通货膨胀，因此要确定一个适当的物价上涨率，作为稳定物价这项货币政策目标的定位。一般来说，多数国家的经验表明，物价上涨率应控制在 5%以下，以 1%～2%为宜。

充分就业，是反映劳动力的就业程度，是通过失业率高低来体现的，即全社会的失业人数与自愿就业的劳动力人数之比。按传统的西方经济理论，一般情况下社会上存在三种失业：一是"摩擦性失业"，这种失业是由于生产过程中生产季节性变化、原材料短缺、机器故障等引起的局部的、暂时的劳动力供求失调；二是"自愿失业"，这种失业是劳动者自身不愿接受现有的工作而拒绝参加工作；三是"非自愿失业"，这种失业是劳动力愿意接受现有的工资、工作条件而仍找不到工作。传统的西方经济理论通常把前两种失业排除在外，即它们的存在与充分就业本身是不矛盾的，只有消灭第三种失业，即"非自愿失业"，社会才能实现充分就业。因此，通常失业率中所指的失业人数是意指"非自愿失业"人数而言。但所涉及的具体问题比较复杂，如在统计失业人数或分辨失业原因等方面，都难以做到准确无误，因而各国对失业率的计算和评价也各有不同。一般来说失业率中都难以只包括"非自愿失业"人数，所以一般来说，中央银行把充分就业目标定位于失业率不超过 5%为宜。

经济增长，一般以剔除价格上涨因素以后的国内生产总值的增加来作为衡量指标。在一个国家的经济发展过程中，影响经济增长的因素很多，其中有促进经济增长的因素，如科学技术的进步、劳动生产率的提高、投资的增加、资源的利用等；还有若干抵消经济增长的因素，如资源浪费、环境污染等。因此，经济增长是社会经济的一项综合发展目标，要求全社会共同努力去实现。中央银行将其纳入货币政策目标之一，是因为可以通过中央银行对货币供应所形成的投资规模的调控而对经济增长产生重要的影响，各国中央银行都会通过货币政策的松紧调控去影响经济、调节经济。但是，对这一目标不能用量化的统一标准去衡量，只能根据本国的经济实际与本国以往某一时期经济增长的经验数据为依据，合理确定本国的经济增长幅度。就目前来看，世界上大多数国家和地区都以（一定时期内）人均实际国内生产总值或人均实际国民收入的增长率来作为衡量经济增长幅度的指标。

国际收支平衡，是指一国在一定时期内与其他国家的全部货币收入和全部货币支出基本持平。其中的"基本持平"说明略有顺差或略有逆差，也可以看做是实现了国际收支的平衡。另外，"一定时期"一般指 1 年，这种以 1 年为期限的国际收支平衡叫做静态的国际收支平衡。这种平衡容易判别，目标明确，较符合习惯做法，所以在货币政策的实践中，大多数国家都以静态平衡作为货币政策的最终目标之一。但是，由于国际收支包括经常项目和资本项目，国际收支变动是众多项目综合变动的结果，从世界范围内来看，一国国际收支的顺差，必然有其他国家的国际收支逆差，所以应允许一个国家在短期内略有逆差或顺差，然后在较长时期内用某年的顺差去弥补其他年份的逆差，或反之。这就是说定义中的"一定时期"还可以理解为 2～3 年，甚至 3～5 年。我们把这种国际收支平衡叫做动态平衡。如何选择确定国际收支平衡的标准呢？因为各国的国际收支状况区别较大，处于经济起飞阶段的国家和处于经济调整阶段的国家其国际收支状况各不相同，所以应根据国家所处的发展阶段来确定并选择国际收支平衡的标准。

□ 货币政策目标之间的矛盾及解决

货币政策目标之间的矛盾关系

一国中央银行或货币当局通常总是试图通过货币政策实现这四大政策目标。但是，理论分析和政策实践都表明，货币政策目标不是单一的，而是多重的、并存的，所以各项目标之间存在着复杂的关系，有些目标之间还存在着矛盾性和对立性。这些货币政策目标，有的可以兼容协调，如充分就业可以促进经济增长，经济增长又反过来有助于充分就业；有些则存在着一定的矛盾和冲突，常常不能同时实现。

稳定物价与充分就业的矛盾。稳定物价与充分就业之间的矛盾体现在通货膨胀率与失业率之间存在着此消彼长的替换关系，即可能是失业率较高的物价稳定或通货膨胀率较高的充分就业。具体来说，当失业率较高时，需要采用扩大信用规模的方法刺激经济增长，增加就业；但同时信用规模扩大又会引起货币供给增加，进而社会总需求增加，导致物价上涨，会出现较高的通货膨胀率。一般来讲，当经济中投资需求比较旺盛，经济增长率较高时，往往伴随着一般物价水平的上涨，出现较高的通货膨胀率。此时，如果为了稳定物价而实行了紧缩的货币政策，结果，通货膨胀率下降；但因投资缩减而使经济增长率也会随之下降。出现经济增长缓慢的物价稳定或通货膨胀率较高的经济繁荣，这就是西方经济学中著名的"菲利普斯曲线"所描述的现象。

物价稳定与经济增长的矛盾。物价稳定是经济增长的前提，经济增长则是物价稳定的基础，二者在一定的范围内可以互相促进，超过了这个范围，经济的增长则会导致物价的上涨。所以采取扩张性货币政策，刺激经济增长，也要防止政策的作用过度，导致物价上涨和通货膨胀；为了防止通货膨胀和物价上涨，采取收缩性货币政策，超过一定的限度则会对经济产生不利的影响。

稳定物价与国际收支平衡的矛盾。受国际上其他国家物价变化情况的影响，可能会出现本国通货膨胀（别国物价相对稳定）下的国际收支逆差或本国物价稳定别国相对通货膨胀下的国际收支顺差。在任何一个开放型经济的国家中，其经济状况都带有国际化特征，与其他国家的经济状况有着密切的联系，并在一定程度上受到其他国家经济状况的影响，尤其在当前世界经济逐步转向自由化和一体化的过程中，这种影响更加显著。稳定物价与国际收支平衡这两项货币政策目标间的矛盾也就体现得更为充分。

经济增长与国际收支平衡的矛盾。在正常的情况下，随着国内经济的增长、国民收入的增加以及支付能力的增强，通常会增加对进口商品的需求，此时，如果出口贸易不能与进口贸易同步增加，则会使贸易收支发生大量的逆差。尽管有时由于经济繁荣而吸引了若干外国资本，这种外资的注入可以在一定程度上弥补贸易逆差而造成的国际收支失衡，但并不一定就能确保经济增长与国际收支平衡两项目标的同时实现。尤其是在国际收支出现失衡、国内经济出现衰退时，货币政策很难在两者之间进行合理的选择。因为在国际收支逆差的情况下，通常必须压抑国内有效需求，其结果可能会消除逆差，但同时也必然带来了国内经济的衰退；面对经济衰退，通常要采取扩张性的货币政策，其结果可能会刺激经济增长，但又有可能因输入增加导致国际收支的逆差。

在各国的经济现实中，由于货币政策目标不能同时兼顾，货币管理当局就不再追求没有通货膨胀的充分就业，或没有失业的物价稳定，以及其他种种矛盾组合，转而瞄准社会可接受的通货膨胀和可接受的失业率。20世纪80年代以后，各国开始根据自己的国情，侧重某一个或几个目标，越来越多的国家把货币政策目标锁定在物价和币值的稳定上，他们认为，物价和币值的稳定是长期的目标，不能因为短期的就业或经济增长等而偏离这个目标。我国也将原来"既要保持物价稳定，又要实现经济增长"的双重目标转移到以"稳定的币值促进经济增长"的单一目标论上来。

货币政策目标之间冲突的解决方法

由于货币政策的目标之间充满着矛盾和冲突，所以，任何一项货币政策实际上都不能同时达到以上所述的这些目标，或者不能全面地顾及各种目标。在这种情况下，中央银行在制定和执行货币政策时，往往陷于左右为难的困境。因此，选择适当的货币政策或通过其他途径来协调货币政策目标之间的矛盾，是中央银行不可回避的一项任务。在货币政策的实践中，协调不同目标之间矛盾的方法很多，其中最主要的有以下几种：

统筹兼顾。这是利用"临界点原理"所进行的政策选择，即结合本国社会对某一问题所能承受的限度，先找出临界点，再选择货币政策的最终目标。在两个目标之间存在矛盾的情况下，中央银行实行任何一种货币政策都只能达到其中一个目标，而且，在达到这一目标的同时，还将在一定程度上牺牲另一个目标。但是，如果中央银行对这两个目标同时加以考虑，通过适当的操作，以使这两个目标都能控制在相对合理的、能被人们所接受的水平，就可在一定程度上缓解这两个目标之间的矛盾。例如，稳定物价和充分就业这两个目标之间存在着矛盾，所以，中央银行不可能在同一时间通过实行任何一种货币政策即可如愿以偿地同时达到这两项目标。但是，在制定货币政策时，中央银行可确定一个相对较低的通货膨胀率和一个相对较低的失业率，以作为货币政策的最终目标，并通过适当的操作，将这两个目标都控制在预定的目标值以内。

相机抉择。相机抉择是凯恩斯学派经济学家提出的关于货币政策操作的主张。所谓"相机抉择"，是指货币当局或中央银行在不同时期，应当根据不同的经济形势，灵活机动地选择不同的货币政策，以达到当时最需达到的政策目标。具体而言，在通货膨胀时期，中央银行应当实行紧缩性的货币政策，以抑制通货膨胀；而在经济萧条时期，中央银行应当实行扩张性的货币政策，以刺激投资，促进经济复苏。可见，通过实行相机抉择的货币政策，中央银行可以根据当时的经济形势，区别轻重缓急，优先解决当时的主要问题，以达到当时最需达到的政策目标，并在一定程度上缓和货币政策目标之间的矛盾。

轮番突出。轮番突出就是根据不同时期的经济状况，轮番采取不同类型的货币政策，实现货币政策目标。这是当前各国普遍采用的方法。中央银行不论采用信用扩张政策还是信用紧缩政策，其对经济过程的影响都是矛盾的，因此，中央银行只能根据不同时期的特点，采取信用扩张政策或信用紧缩政策，实现货币政策目标。一般情况是，在经济衰退时期，刺激经济增长和维持就业成为主要政策目标，此时就应该选择信用扩张的货币政策；在经济高涨时期，稳定物价和国际收支平衡则成为主要政策目标，此时就应该选择信用紧缩的货币政策。

政策搭配。当货币政策目标之间存在矛盾，因而同一种货币政策无法同时达到多种目标时，货币政策与财政政策的适当搭配，可以说是一种值得选择的解决矛盾的途径。根据蒙代尔的政策配合说，财政政策与货币政策可分别解决国内经济问题和国际经济问题。也就是说，财政政策主要解决国内经济问题，而货币政策则主要解决国际经济问题。例如，当国内经济衰退与国际收支逆差同时并存时，政府可实行扩张性的财政政策，以促进经济增长；而中央银行则实行紧缩性的货币政策，提高短期利率，以吸引资本流入，从而平衡国际收支。

9.2 货币政策中介目标

中介目标及选择标准

中介目标的概念

前面已经谈到，从货币政策工具的运用到最终目标的达到，必须经过许多中间环节。也就是说，货币政策的最终目标并不在中央银行的直接控制之下，中央银行也就实际上不可能通过货币政策的实施而直接达到其最终的目标，而只能通过观测和控制它所能控制的一些具体的指标来影响实际的经济活动，从而间接地达到其最终目标。这些能为中央银行所直接控制和观测的指标就是货币政策的中介目标。

货币政策的中介目标，又称为中间目标、中间变量等，是介于货币政策工具和货币政策最终目标变量之间的变量指标，是中央银行为实现货币政策目标而设置的可供观测和调整的、具有传导性的中间性操作指标。可以说，货币政策的中介目标是在货币政策最终目标的追求过程中测知措施的效力并保证最终目标得以实现的战术目标，是实现中央银行对宏观经济调控更具弹性的重要保证。显然，中介目标的选择因此便成为货币政策效果的关键。

中介目标的选择标准

作为货币政策的中介目标一般要符合一些条件，通常认为选择中介目标的标准有：

相关性，是指中央银行选择的中介指标，必须与货币政策最终目标有密切的相关性，调节中介指标后就能够促进货币政策最终目标的实现。

可控性，是指中央银行通过运用货币政策工具，能对该金融变量进行有效的控制和调节，能够准确地控制金融变量的变动状况及其变动趋势。

可测性，是指中央银行能迅速而准确地获得有中介目标的数据资料，以便进行定量分析。

有的时候，货币当局还要考虑诸如中介目标的适应性和抗干扰性。**适应性**是指所选指标与特定国家经济金融发展的阶段相适应，尽管它在理论上未必最有优势。**抗干扰性**是指所选指标能够反映政策的力度和效果，而较少受经济运行本身的干扰。但是，遗憾的是，由于经济的复杂性，几乎没有一个中介目标能够完全符合以上这些标准的要求。

货币政策的中介目标

中介目标在不同国家因选择标准不同内容也有所不同，一般来说，货币政策的中介目标通常包括四项指标：基础货币、利率、货币供应量和超额准备金。

基础货币

前已述及，基础货币包括流通中的现金和商业银行等金融机构在中央银行的准备金，它们是货币供应量数倍收缩与扩张的基础，是市场货币量形成的源头。中央银行提供的基础货币通过货币乘数的作用形成数倍于基础货币量的市场货币供给总量，所以调控基础货币就可直接实现对货币总供应的调节。

以基础货币作为中介目标的特点是这项指标对中央银行来说极易监测、控制和操作，即可控性和可测性极强。但它是通过作用于货币供应量之后再作用于货币政策的最终目标的，因此其相关性较弱。

利率

短期利率。短期利率是银行同业拆放利率。中央银行随时可在货币市场上观察到短期利率的水平，然后通过公开市场操作和再贴现利率等政策工具来影响短期利率的水平和结构，因为出于资金成本的考虑，银行和金融机构一般会对再贴现率与同业拆借利率之间的差额做出反应；另外，中央银行在公开市场上出售证券，必然会减少银行准备金，从而导致同业拆借利率提高，这也会限制银行利用再贴现借入中央银行资金或降低其借款的意愿。这必然会对银行的信用扩张产生影响，相应地引起长期利率的追随性变动。

长期利率。长期利率一般指资本市场上的利率水平和结构。中央银行在任何时候都可以观察到资本市场的长期利率水平，及时进行分析，并可借助对短期利率的调控来相应影响长期利率产生追随性变化，从而达到对长期利率的控制。利率的变化与经济周期变化有密切关系，当经济处于萧条阶段时，利率呈现下降趋势；当经济转向复苏以至繁荣时，利率则趋于上升。因此，利率作为经济的一个内在因素，总是随着社会经济的发展状况而变动的，可作为观测经济波动状况的一个尺度。

利率是货币传导机制中的关键变量，以利率作为中介目标的优点是：①利率期限结构易于观察，长期利率对于货币政策的最终目标来说具有较强的相关性和可测性，短期利率对于中央银行来说具有较强的可控性；②央行可以通过货币政策工具实现对利率的调控，以利率为中介目标，逆经济风向行事，大多可以熨平经济的波动；③利率与经济发展高度相关，货币当局通过调控货币供应量以影响利率，进而影响投资和国民收入；④利率变动能够起到宣示央行货币政策意向的作用，即利率上升代表紧缩性货币政策，利率下降代表扩张性货币政策。当然，该指标也存在一些不足，无论是长期利率，还是短期利率，其升降往往易受一些非政策性因素的影响，使其政策性效果和非政策性效果搅在一起，无法真实地反映中央银行货币政策是否奏效，因此，要注意与其他中介目标结合观测。

货币供应量

在经济发展过程中，要使包括各层次货币在内的货币供应量的增长与经济增长相适应，这就要求中央银行通过各种货币政策工具来调节、控制市场货币供应量。如果市场货币供应量过多，就可能出现社会总需求大于社会总供给，商品价格上涨、通货膨胀；反之，则会出现需求不足、通货紧缩。如果出现第一种情况，中央银行就要采取缩减货币供应量的做法，以使货币供应量与市场需求相适应，实现商品市场均衡，平抑物价；如果出现第二种情况，中央银行就要采取增加货币供应量的做法，达到货币供求平衡的目的。

以弗里德曼为首的货币主义者认为货币供应量与利率之间并不存在固定的联系，货币供应量与利率间的动态效应可以归结为流动性效应、收入效应和价格预期效应。其中只有流动性效应是利率按照传统认知的方向变化，收入效应则使利率恢复至初始水平，价格预期效应则使利率反向变化。因此，弗里德曼认为中央银行无法控制利率水平，反对把利率作为货币政策中介目标。

目前，以货币供应量作为中介目标是世界各国最为普遍的一种选择，因为它通常被认为是较为理想的中间性指标，不仅有直接影响社会总需求的特点，而且便于中央银行控制操作。其特点是：社会总供给与总需求不管因何而引起失衡，都会通过货币供应量的过多或过少体现出来，所以这一中介目标与货币政策的最终目标最为接近，两者之间高度相关；另外，货币供应量的可测性和可控性也较强，中央银行比较容易判断其政策效果。但是，因货币供应量本身包含的范围或统计口径比较复杂，加上当代金融创新使货币供应量的层次内容不断变化，在计算货币供应量时界定较难，降低了货币供应量的可测性和可控性，西方诸国又开始重视利率指标。

超额准备金

商业银行等金融机构的准备金分为两部分：一部分是按照法定准备率持有的准备金，一般都交存在中央银行的账户上，属基础货币，其数量金融机构无权自己变动；另一部分是超过法定准备金数额的准备金，这部分准备金称为超额准备金，金融机构可以自主决定与使用。超额准备金一般也存在中央银行账户上，还有一部分金融机构自己持有或存入同业。超额准备金的高低反映了商业银行等金融机构的资金宽紧程度，如果此项指标过高，说明金融机构资金宽松，从而证明货币供应已偏多，中央银行应采取紧缩措施；反之，此项指标过低，则证明金融机构资金偏紧，市场货币供应量偏少，中央银行便采取扩张措施。中央银行通过调节，使金融机构的超额准备金保持在适当的水平上，就可保证货币供应量的适中和适度。

以超额准备金作为中介目标，其特点是：该项指标对商业银行等金融机构的资产业务规模有直接决定作用，与货币政策的最终目标关系密切，同时对中央银行来说也极易观测和判断；但是该项指标不易由中央银行直接控制，其可控性稍弱。

其他中介目标

除了以上四种常见的货币政策中介目标以外，还有学者和实务界提出或采用了不少其他的中介目标。在这里，我们介绍两种有代表性的中介目标。

股票价格。以托宾为代表的耶鲁学派提出来把股票价格作为货币政策的中间目标，在他们看来，货币政策对经济活动的影响要通过实物资本供求的变动发生作用，因为货币当局无法直接干预实物资本的供求，它只能运用货币政策影响利率结构，并通过利率结构的变动影响实物资本的供求及整个经济活动。尽管托宾的见解不无道理，但是出于股票价格决定的复杂性，他的观点并没有得到普遍的认可。

通货膨胀。以通货膨胀目标作为货币政策目标规则源于 20 世纪 90 年代。面对严重的通货膨胀，新西兰储备银行率先进行了通货膨胀目标的实践，其后又有加拿大、新西兰、英国等 7 国宣布采用通货膨胀目标制，甚至一些新兴市场国家，如波兰、巴西、泰国、秘鲁、菲律宾等也开始相继采用该货币政策规则。在操作程序上，以一定区间的通货膨胀预测作为中介目标变量。从其表述来看，通货膨胀目标制既可以被理解为关注最终目标的货币政策规则，也可以是中介目标规则。

☐ 货币中介目标的演变

中介目标演变的历程

从 20 世纪 50 年代至今，西方主要发达国家对中介目标的选择大致上经历了三个阶段：

由 50～60 年代的价格型为主，到 70～80 年代的数量型为主，以及 90 年代后多金融指标相结合。本书以美国、英国、德国、日本四国为例，将其货币政策中介目标的阶段性变化过程列出，如表 9-1 所示。

表 9–1　　　　　　　　西方主要发达国家货币政策中介目标演进过程

国家	50～60 年代	70～80 年代	90 年代以来
美国	以利率为主	先以 M_1 为主，后改为以 M_2 为主	1993 年起为实际利率
英国	以利率为主	英镑 M_3 并参考 DCE，后来改以 M_0 为主	90 年代初为汇率，1992 年 10 月起实行通货膨胀目标制
德国	商业银行的自由流动储备	先以中央银行货币量 CBM 为主，后改为以 M_3 为主	以 M_3 为主，同时考虑利率和汇率
日本	民间贷款增加额	$M_2 + CD$	90 年代为利率，2001 年实行数量宽松货币政策后，为广义货币供应量

50～60 年代为第一阶段。70 年代以前，受凯恩斯主义经济学的影响，这一时期，各国把经济增长作为最终目标，除德国外，西方主要国家货币当局普遍选择利率作为货币政策中介目标，对宏观经济实施积极调控。凯恩斯主义认为，货币作为一种金融资产，与其他金融资产之间具有高度的替代性，货币供求的变化会引起其他金融资产的变化进而反映为利率的变化，利率的变动又会引起投资、储蓄、消费等行为的变动，从而影响总产出和整个宏观经济。

70～80 年代为第二阶段。伴随着 70 年代的经济滞胀现象，再加上当时频繁发生石油危机这类实质性冲击，主张宏观干预政策无效的货币主义理论逐渐兴起，货币供应量目标也逐渐开始受到货币政策制定者的青睐。以弗里德曼为首的货币主义者通过对长期历史数据的实证分析，得出货币乘数和货币流通速度趋于稳定的结论，以货币供应量作为货币政策的中介目标就自然成为西方各国货币当局的必然选择。在当时的政策制定者看来，货币供应量指标无论是在可测性、可控性和相关性上似乎都要比利率指标略胜一筹，货币当局只要盯住货币就可以控制通货膨胀的恶化。

90 年代以来为第三阶段。这一阶段的典型特点是金融创新和金融自由化浪潮在全球范围内兴起。虽然货币供应量中介目标在抑制通货膨胀上一举成功，但由此造成的利率剧烈波动进一步加剧了当时美国等经济大国的经济困难。不仅如此，在引入货币供应量目标后，一些国家货币当局很快发现货币流通速度大幅偏离原有的趋势，货币供应量的可控性和相关性都迅速下降，最后不得不放弃该中介目标。美国便于 1993 年下半年起转而以调整实际利率作为对经济实施宏观调控的主要手段。从此，不少国家建立了以短期利率为主要操作手段、实现通货膨胀目标的货币政策体系，货币政策操作直接盯住通货膨胀目标。除德国仍以货币供应量为中介目标外，其他国家都以利率或通胀为目标，同时兼顾其他金融目标。

中介目标演变的特点

根据世界上主要发达国家货币政策中介目标演进的过程，我们可以总结出此间呈现的一些特点。

（1）中介目标选择随货币政策最终目标变化而调整。中介目标服务于最终目标，战后发达国家的货币政策最终目标发生了较大的变化，由 50～60 年代的关注经济增长和充分就业，到 70～80 年代的维持货币稳定，到 90 年代后的反通胀和对外收支平衡，中介目标与之相对应，经历了价格型—数量型—多元化的演进过程。

（2）中介目标选择与主流经济学理论发展关系密切。

第二次世界大战后，西方发达国家为了尽快恢复重建，接受凯恩斯主义的主要思想，选择利率作为中介目标，货币当局通过调控货币供应量以影响利率，进而影响投资和国民收入，取得了良好的效果。70 年代"滞胀"时期，利率中介目标陷入"流动性陷阱"，各国央行转而接受货币主义的理论主张，选择货币供应量作为中介目标，货币供应量直接影响人们的名义收入和支出水平，进而影响投资、总产出、就业和物价水平，较好地实现了物价稳定的目标。

（3）中介目标选择渐趋多元化。90 年代后，各国对中介目标的选择呈现多元化趋势。德国在货币与物价关系逐渐弱化的情况下，虽然还坚持以货币增长为主要的中介目标，但是允许短期内兼顾汇率和利率目标；美国在以利率为主要调节目标的同时，也还关注货币 M_2 和 M_3，在对经济形势作预测判断的时候，更是注重劳动生产率的变化、劳动力市场的供求状况、生产能力利用状况等广泛的变量；英国作为实施通货膨胀目标制的国家，除注重通货膨胀率预测值的作用外，同时关注货币供应量、利率和汇率等的重要作用。

专栏 9-1 　美国货币政策中介目标的变化

1993 年 7 月 22 日，现任美联储主席格林斯潘在参议院作证时，出人意料地宣布，美联储决定放弃实行了十余年的以调控货币供应量来调控经济运行的货币政策规则，改以调整实际利率作为对经济实施宏观调控的主要手段。在这篇著名的演说中，格林斯潘用了大量数据说明，货币供应量与经济增长之间的稳定关系在近年来已逐步被打破。其主要原因是，20 世纪 70 年代以来，美国人投资方式的改变，使得社会上充满了大量的流动资金，而这些资金没有被也很难被包括在货币供应量之内，因此，如果继续使用货币供应量作为判断、指导经济增长的准则，就会出现失误。而改用实际利率作为政策工具，则可以将金融市场上的这些资金流动也考虑在内。

1994 年 2 月 22 日，格林斯潘在众议院银行委员会作证时进一步指出，联邦储备委员会将以"中性"的新货币政策来取代前几年的以刺激经济为目标的货币政策。所谓"中性"的货币政策，就是使利率水平保持中性，对经济既不起刺激作用也不起抑制作用，从而使经济以其自身的潜能在低通货膨胀条件下持久稳定地增长。这一讲话表明，美联邦储备银行的主要任务就是通过调整利率，使年经济增长率基本稳定在 2.5%左右。这样就可以同时达到稳定物价和保证经济增长的目标。1993 年美联储的改弦易辙，并非对传统的简单恢复，它是在一系列新的研究基础上做出的慎重选择。其中，在理论上做出主要贡献的是斯坦福大学的约翰·泰勒教授，他所提出的著名规则，现在被美国金融界称为"泰勒规则"。

泰勒通过对美国以及英国、加拿大等国的货币政策实绩的细致研究发现，在各种影响物价水平和经济增长率的因素中，真实利率是唯一能够与物价和经济增长保持长期稳定相关关系的变量。因此，他认为调整真实利率，应当成为货币当局的主要操作方式。

9.3 货币政策工具

为了实现货币政策目标，中央银行必须借助一些有效的货币政策工具。所谓货币政策工具，是中央银行为实现货币政策目标而采取的调节、控制中介目标的具体手段和措施。时至今日，各国中央银行已形成了一套系统的货币政策工具，主要有：一般性货币政策工具；选择性货币政策工具；其他货币政策控制工具。

□ 一般性货币政策工具

一般性货币政策工具是中央银行较为常用的传统工具的三大货币政策工具：包括再贴现率政策、公开市场操作政策和法定存款准备金率政策，俗称中央银行的"三大法宝"。

再贴现率政策

再贴现业务最初确立于1833年的英国《银行特许法》。该法规定，期限在三个月以内的票据可申请贴现，贴现行可不受任何限制地持这些票据向英格兰银行申请再贴现，并且再贴现率可以不受《高利贷法》的限制。据此，英格兰银行就可以自由地调节社会的货币供给量并影响利率水平。经过一百多年的发展和完善，这一货币政策工具逐渐为其他国家所效法和采用。1913年，美国《联邦储备法》也确认再贴现业务为美国的货币政策工具之一。中国人民银行于1988年9月首次公布再贴现率，但由于发展的历史不长，商业票据还不够发达，再贴现率政策的效果还不明显。

再贴现业务影响经济的途径主要有三个：①借款成本效应。中央银行提高或降低再贴现率影响商业银行和其他金融机构的借款成本，从而影响基础货币的投放，以及货币供应量和其他经济变量。如在中央银行紧缩信用之时，提高再贴现率，就会使商业银行因为借款成本提高，而减少向中央银行的再贴现，或者用其他资产偿还中央银行的借款，从而导致中央银行基础货币的投放减少。同时，商业银行借款成本的提高，会使它们相应提高贷款利率，银行的信用规模收缩。②告示效应。因为再贴现率的变动会向全社会明确告示中央银行的政策意图，它的提高表明中央银行采取紧的货币政策，反之则表明中央银行将放松银根，这就能通过人们的预期成本和利益的变化，调整对信贷的需求，进而影响国民经济。③结构调节效应。如规定再贴现票据的种类，对不同用途的信贷加以支持或限制，促进经济发展中需要扶持行业部门的改善发展；还可以对不同票据实行差别再贴现率，从而影响各种再贴现票据的再贴现规模，使货币供给结构与中央银行的政策意图相符合。

再贴现率作为一种政策工具，是指中央银行通过调高或降低对商业银行以再贴现形式发放贷款的利率来影响银行系统的存款准备金及利率，从而控制和决定市场货币供应量和整体利率水平的做法。当中央银行调高再贴现率时，商业银行的准备金就会相应减缩，使其收缩对客户的贷款和投资，并提高其贷款利率，从而使整个市场的货币供应量缩减，银根抽紧，利率上升，社会对货币的需求也会相应减少；反之，当中央银行降低再贴现率时，正好会出现与上述过程相反的结果。可见，如果中央银行观测到的中介目标情况是利率水平偏高，货币供应量偏少，不能满足最终目标实现的要求时，则可使用调低再贴现率的做法；反之，则可使用调高再贴现率的做法。

公开市场操作政策

公开市场操作最早为 19 世纪初的英格兰银行所采用。当时，英格兰银行只是为了维持国库券的价格而买卖国库券。以后，公开市场操作又被用来辅助"再贴现率政策"。1913年，美国也采用这一方法来维持财政收支平衡。30 年代大危机以后，美国联邦储备委员会意外地发现公开市场操作可以极大地影响信用条件，于是公开市场操作就成为中央银行控制和调节货币供应量和利率的主要工具。1935 年，美国国会颁布银行条例，正式建立公开市场委员会，以负责、协调和指导公开市场操作。中国人民银行为了稳定人民币汇率，于1994 年 3 月启动了外汇公开市场操作，于 1996 年 4 月又启动了买卖短期国债的公开市场业务。

公开市场操作作为政策工具，是指中央银行在证券市场买进或卖出有价证券（主要是买卖政府债券），从而使基础货币发生增减变化，进而调节货币供应量的做法。金融市场资金数量偏多时，为了紧缩银根，中央银行就可以大量卖出有价证券，这种证券无论是被商业银行购买，还是被社会公众购买，都意味着有相应数量的基础货币流回中央银行，从而引起信用规模的收缩和货币供应量的减少；反之，当金融市场资金数量偏少时，为了放松银根，中央银行则可买进有价证券，等于向社会注入了基础货币。如果这些证券的出售者是商业银行，则会直接增加其超额准备金，从而引起信用扩张、货币供应量的多倍增加；如果出售者是社会公众，则意味着流通中的货币量直接增加。这两种情况的结果都会导致基础货币增加、信用扩张、货币供应量增加。

公开市场操作这项政策工具具有以下优点：①中央银行可以及时运用公开市场操作，买卖任意规模的有价证券，从而精确地控制银行体系的准备金和基础货币，使之达到合理的水平。在公开市场操作中，中央银行始终处于积极主动的地位，完全可以根据自己的意愿来实施货币政策。②中央银行连续、灵活并不受时间、数量和方向限制地进行公开市场操作，而不会因为经济主体的适应性调整，造成经济运行的紊乱，即使中央银行出现政策失误也可以及时进行修正，不会引起社会公众对货币政策意向的误解。③中央银行进行公开市场操作，不决定其他证券的收益率或利率，因而不会直接影响银行的收益，不会对整个市场产生特别强烈的振荡。公开市场操作还可以普遍运用，广泛地影响社会经济活动。因此，该项政策工具是许多国家中央银行积极推崇和经常使用的一项重要的政策工具。

但是，如果要使公开市场操作充分发挥作用，就必须具备以下三个条件：①中央银行具有强大的、足以干预和控制整个金融市场的金融实力；②有一个发达、完善的全国性的金融市场，证券种类齐全，且达到一定规模；③有其他政策工具的配合，如没有存款准备金制度，就不能通过改变商业银行的超额准备来影响货币供应量。显然，缺乏这三个条件的国家，其公开市场操作的效果难免要大打折扣；此外，公开市场操作的政策效果比较慢，国债买卖对货币供给及利率的影响需要一定时间才能传导到其他金融市场，影响实际经济运行。

法定存款准备金率政策

在前面的有关内容中，我们已经介绍了，商业银行要遵循安全经营的规则，留下存款的一部分，以备存款人集中提取，然后才能把剩下的存款贷放出去。后来美国国会以法律形式将这种经营方式规定下来，1933 年美国国会授权联邦储备体系变动准备金率，1935年，美国国会又修订了《联邦储备法》加以确认。此后，英国、德国、日本等西方主要资本主义国家也相继采用这种方法。中国人民银行自1984年起也开始实施这种政策。

法定存款准备率作为一种政策工具，是指中央银行通过调整法定存款准备金率以改变货币乘数来控制商业银行的信用创造能力，从而间接调节利率和货币供应量的做法。当中央银行提高法定存款准备金率时，商业银行交存中央银行的法定存款准备金增加，超额准备金减少，从而使其存款创造的规模缩小，派生存款数量减少，存款及信用创造能力下降，结果必然是银根偏紧，货币供应量减少，利率上升；反之，当中央银行降低法定存款准备金率时，则会出现与上述过程相反的结果。但是，由于法定存款准备金率的升降会使准备金直接减少或增加，从而通过乘数作用多倍地收缩或扩张货币供应量，导致市场货币供应量发生强烈的变化，振荡较大，缺乏调节弹性。所以中央银行一般不经常使用这款货币政策工具。

专栏9-2　中国存款准备金率操作实务掠影

中国人民银行2011年4月17日宣布，从4月21日起，上调存款类金融机构人民币存款准备金率0.5个百分点。这是央行2011年以来第四次上调存款准备金率，保持了一月一调的频率，达到20.5%的历史高位。2010年以来，央行上调存款准备金率已达到10次。整体上看，此次调整是自1984年起历史上我国第40次调整存款准备金率。

此前，央行分别于1月20日、2月24日和3月25日上调存款准备金率。此次上调后，大型金融机构法定存款准备金率达20.5%，中小型金融机构达到17%。

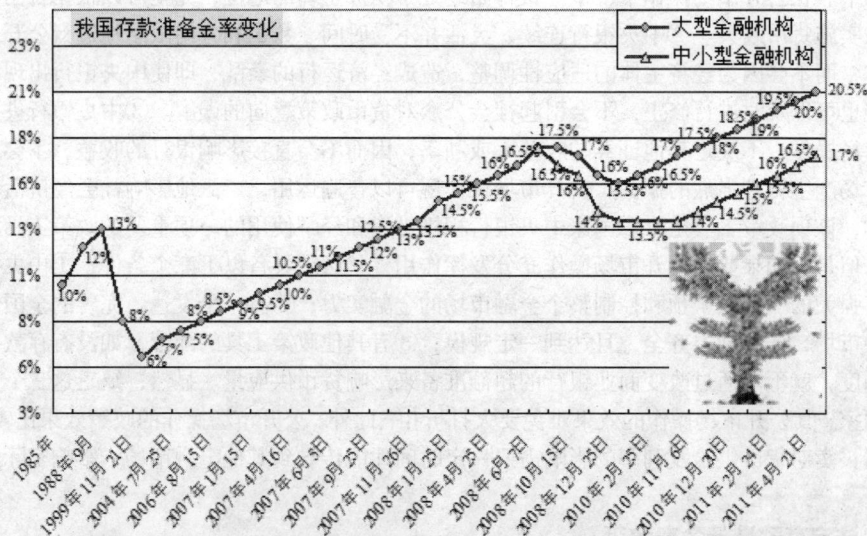

我国存款准备金率变化

中国人民银行行长周小川4月16日在参加博鳌亚洲论坛2011年年会时表示，总体上中国的CPI偏高，高出政府工作报告提出的控制目标，因此要采取多种方式克服其偏高的问题。其中一定要消除通胀走高的货币因素，这是货币政策适当收紧的一个重要原因，这种政策会持续一段时间。关于存款准备金率的不断提高，周小川认为这没有绝对的指标，取决于不同的条件。因此要反过来看中国面临的情况和条件，国际经验上看也没有一个标准尺度。中国多年来有双顺差因素，在应对危机时中国有一揽子经济刺激，导致了流动性过多，需要收回流动。另外取决于央行是否对准备金付息，很多国家央行对存款准备金是不付息的。

　　分析人士指出，预计此次上调存款准备金率冻结银行资金超过 3 600 亿元。央行此举旨在收紧银行系统的流动性，防范通货膨胀和经济过热风险。澳新银行大中华区经济研究总监刘利刚表示，中国的通胀仍将是未来几年的政策难题。短期来看，由于通胀预期持续恶化，全球大宗商品涨价以及流动性等因素，中国的通胀仍有进一步走高的动力。中长期来看，通胀仍将因为工资以及要素价格的上涨，而保持在较高的位置上。

　　比较其他货币政策工具，存款准备金政策具有如下优点：①中央银行完全可以自主操作，它是中央银行三大货币政策工具中最容易实施的工具；②存款准备金政策可以直接控制信贷规模和货币供应量，对货币量影响非常大，其效果也非常直接；③存款准备率的变动对货币供应量的作用迅速，一经颁布，各商业银行及其他金融机构都必须立即执行；④存款准备金制度对所有的商业银行一视同仁，所有的金融机构都同样受到影响。

　　存款准备金政策的不足之处在于：①作用过于巨大，一个百分点的准备率的变动就会引起货币供给量成百上千亿的变化，因为它对整个经济实际运转和公众预期的影响都太大，所以不宜作为中央银行日常调控货币供给的工具。②政策效果在很大程度上受商业银行超额存款准备的影响。在商业银行有大量超额准备金的情况下，中央银行提高法定存款准备金率，商业银行会将超额准备的一部分当作法定存款准备金，而不收缩信贷规模，这就难以实现中央银行减少货币供给的目的。

□ 选择性货币政策工具

　　随着中央银行宏观调控作用重要性的增强，货币政策工具也趋向多样化。除上述调节货币总量的三大工具在操作内容和技术上更加完备之外，还增加了对某些特殊领域的信用活动加以调节和影响的一系列措施。这些措施一般都是有选择地使用，所以称为选择性政策工具。这类工具主要有间接信用控制和直接信用控制工具两种。

间接信用控制工具

　　这类工具的特点是作用过程是间接的，要通过市场供求关系或资产组合的调整才能实现，具体有以下几种。

　　消费者信用控制，是指中央银行对不动产以外的各种耐用消费品的销售融资予以控制。它包括：规定较高的定金比例；缩短分期付款的期限；限制用消费信贷购买耐用消费品的种类；等等。在消费信用膨胀和通货膨胀的情况下，控制消费信用可以起到抑制消费需求和控制物价上涨的作用。

　　证券市场信用控制，是指中央银行通过对使用贷款进行证券交易施加控制。它规定了证券交易中缴纳保证金的比例，制约、控制证券市场的放款规模，抑制过度投机。该项工具可以保证中央银行在不紧缩其他经济部门的资金需求的情况下，限制对证券市场的放款规模。

不动产信用控制，是指中央银行通过对商业银行等金融机构的房地产放款中贷款最高限额、最长期限、首次付款金额或还款条件等的规定来限制房地产放款规模的一种政策调节工具。当经济过热，不动产信用膨胀时，中央银行可通过规定和加强各种限制措施减少不动产信贷，进而抑制不动产的盲目生产或投机，减轻通货膨胀压力，防止经济泡沫的形成。

优惠利率，是中央银行对国家重点发展的经济部门或产业，如农业、出口工业等所采取的鼓励性措施，目的在于刺激这些部门的生产，调动它们的积极性，实现产业结构调整和产品结构调整。

预缴进口保证金，是指中央银行要求进口商预缴相当于进口商品总值一定比例的存款，以抑制进口过快增长。它多为国际收支经常出现赤字的国家所采用。

直接信用控制工具

直接信用控制工具，又称行政性控制工具，是中央银行以行政手段直接干预商业银行等金融机构信用业务的一种做法，具体有以下几种。

利率限额，是通过规定贷款利率的下限和存款利率的上限，防止金融机构为谋求高利而进行风险存贷或过度竞争，是最常见的直接信用控制工具。

信用配额，是中央银行根据市场资金供求及客观经济需要，分别对各个商业银行的信用规模或贷款规模加以分配，限制其最高数量。

流动性比率，是中央银行规定商业银行流动性资产对存款的比例，其目的也是限制信用扩张。为达到流动性比率的要求，商业银行必须保持一定的短期贷款和随时能应付提现的资产，中长期贷款受到限制。

特种存款，是中央银行因特殊需要而要求银行体系必须向中央银行交存一定比例的特别存款，以控制货币供应量。

道义劝告，是指中央银行利用自己的地位和声望，对商业银行等金融机构经常以发出书面通告或口头通知，甚至与金融机构负责人面谈等形式向商业银行等金融机构通报行情，分析形势，婉转劝其遵守金融法规，自动采取相应措施，自觉配合中央银行货币政策的实施。

🏛 9.4　货币政策操作及我国的实践

☐ 货币政策的传导机制

货币政策的三项内部要素，即货币政策目标、中介目标、政策工具之间存在着相互依存的密切相关关系。当中央银行确定了货币政策目标之后，它必须根据最终目标的要求，在最终目标的实现过程中，制定出一些短期内可实现调控的又能影响货币政策目标实现的经济指标，即中介目标，并运用相应的货币政策工具来实现对这些中介目标的调节，从而最终实现货币政策的目标。可以说，中央银行运用各种货币政策工具影响中介目标，进而实现最终目标的过程和途径就是货币政策的传导机制。

从其具体的传导和影响过程来看，货币政策传导机制是指中央银行根据货币政策目标，运用货币政策工具，通过金融机构的经营活动和金融市场传导至企业和居民，对其生产、投资和消费等行为产生影响的过程。一般情况下，货币政策的传导是通过信贷、利率、汇率、资产价格等渠道进行的。通常是由中央银行的货币政策开始，作用于商业银行及其他金融机构，再由商业银行和其他金融机构作用于企业、个人，企业和个人的行为再影响到市场，即产出、就业和物价水平等。以中央银行一项政策工具的使用为例，假如降低法定存款准备率，商业银行和其他金融机构的储备就会增加，它们对企业或个人的贷款规模就会扩大，利率相对会下降，而结果是企业产出增加、就业增加，物价水平也随之发生变化。可见，货币政策的运用及产生政策效果，需要经过几个环节的传导过程，才能最终达到其宏观调控的目标。

另外，货币政策的传导机制要正常发挥作用还需适当的外部经济环境，包括三个主要条件：中央银行的相对独立性、完备的金融市场、企业与银行行为市场化。

□ 货币政策的政策效应

货币政策的时滞效应

因为货币政策的紧缩或放松对经济的影响不是即时产生的，而是要经过一系列的传导环节和传导过程才能产生现实的效力，所以货币政策的制定、执行到奏效，要经过一段时间，这就是货币政策的时滞效应。只有认识货币政策的时滞效应，才能使货币政策在经济实际中更好地发挥调节作用。

货币政策的时滞效应分为两个部分：一是内部时滞，二是外部时滞。

内部时滞，是指中央银行从对经济形势变化的认识到觉得需要采取行动再到实际采取行动所花费的和经过的时间过程。内部时滞又分为两个阶段：一是从经济形势变化需要中央银行采取行动，到中央银行在主观上认识再到这种变化并意识到需要采取行动的时间间隔，这段时滞称为认识时滞；二是从中央银行认识到需要采取行动到实际采取行动的时间间隔，这段时滞称为行动时滞。内部时滞的长短，取决于中央银行对经济形势发展变化的敏感程度、预测能力以及中央银行制定政策的效率和行动的决心等因素。

外部时滞，又称为影响时滞，指从中央银行采取行动开始直到对货币政策目标产生影响为止的时间间隔。与内部时滞相比，外部时滞比较客观。一般情况下，外部时滞由社会的经济、金融条件决定，中央银行不能直接控制，不论是货币供应量还是利率，它们的变动都不会立即影响到政策目标。例如，由于客观经济条件的限制，货币供应量的增加与利率的下降不会立刻引起总支出与总收入的增加。就投资而言，企业必须对外部经济信息有较强的敏感性，要先做出投资决策，从意向产生到调查再到计划的形成，然后开始订购、运输，再投入生产等，每一步都需要时间。可见，因受客观因素影响，外部时滞是货币政策时滞中的主要时滞效应部分。

总之，时滞是货币政策效应的重要影响因素。如果货币政策产生的影响可以很快表现出来，则中央银行可根据起初的预测值，考察货币政策的奏效情况，并对货币政策的调控幅度做适当的调整，从而更好地实现预期目标。若货币政策的大部分效应要在较长时间后才能产生，即时滞不定且无法预测，则货币政策实施过程中经济形势可能会发生较大变化，使货币政策效果可能违背了中央银行的初衷，甚至可能出现相反的调节结果，使经济、金融形势进一步恶化。因此，应重视货币政策的时滞效应，把时滞降到最低程度，才能更好地完成货币政策的预期目标。

货币政策的弱化效应

除了时滞效应以外，还有一些其他因素，比如货币流通速度和微观主体预期引起货币政策效应不如预期，使货币政策效应弱化。就货币流通速度而言，如果在政策制定后货币流通速度发生变动，而政策制定者在制定政策时并未意识到，也未预料到，货币政策的效果就可能受到严重影响，甚至有可能使本来正确的政策走向反面。但恰恰在经济实际当中，对货币流通速度的估计很难不发生误差，这就在一定程度上限制了货币政策的有效性。另外，就微观主体的预期而言，当一项货币政策提出时，各种微观主体会立即根据可能获得的各种信息预测政策的后果，从而很快地做出对策，而且时滞较短。但是微观主体广泛采取的对策，对中央银行制定的政策所产生的效果可能会在一定程度上起破坏作用。例如，政府拟采取长期的扩张政策，人们通过各种信息预期会使社会总需求增加，物价会上涨，所以此时工人会要求提高工资，企业对此会预期工资成本增加而不愿扩展经营，最后的结果是扩张政策使物价上涨了，但却没有经济产出的同步增长。

□ 货币政策的操作选择

对经济和金融实施宏观调控，是中央银行的核心任务，是通过货币政策的制定和执行来实现的。在中央银行实施宏观调控的过程中，首先，要把握好制定货币政策的依据，以便制定和选择符合经济客观实际的最优货币政策；其次，要充分考虑货币政策本身的时滞效应及各种影响因素，实施前瞻性货币政策，以便取得更好的货币政策的调控效果；另外，还要注意货币政策与国民经济中其他经济政策的协调配合。只有做到这些，才能真正实现中央银行货币政策的宏观调控的目的。

货币政策依据的把握

货币政策的一个最显著的特征就是，它是一种调节社会总需求的政策。因为社会总需求体现为有货币支付能力的需求，社会货币支付能力是由货币供给形成的，因此，制定货币政策的依据就是社会总供求状况，即货币政策就是要通过对总需求的调节去适应总供给的要求从而实现社会总供求的平衡，也就实现了物价稳定与经济增长的货币政策基本目标。因此，中央银行应根据经济发展对货币供应即社会总需求的要求，制定"松"的（扩张性的）或"紧"的（紧缩性的）货币政策。具体来说有以下几种情况。

一是社会总需求不足。由此引起整个社会经济的萎缩或萧条，资源闲置，经济发展受阻。依据这种情况，中央银行在制定货币政策时应采用扩张性的，即"松"的货币政策，要增加货币供给量，使利率下降，刺激社会总需求，从而使生产恢复并得到充分发展，使社会总需求与总供给趋于平衡。

二是社会总需求过热。由此引起整个社会经济的过度膨胀，生产发展过快，投资急剧增加，市场供给不足，物价上涨。依据这种情况，中央银行在制定货币政策时应采用紧缩性的，即"紧"的货币政策，要缩减货币供给量，使利率回升，抑制社会总需求，从而使物价平稳、经济适度增长，使社会总需求与总供给趋于平衡。

三是社会总需求与总供给在构成上不相适应。从而使社会经济中部门发展不均衡，一些部门需求不足，商品相对过剩；另一些部门则需求过旺，商品供不应求，经济比例失调。依据这种情况，中央银行的货币政策应有松有紧，着重于调整货币供给的构成和流向，从而改变部门经济结构和调节经济发展的比例，使社会经济协调发展。需要强调的是货币政策就其特征来说是总量性的，主要针对总需求，在此点上只能做到相对有限的程度。

实行前瞻性货币政策

前瞻性货币政策是指货币政策的即期使用要与控制物价或经济增长等中长期目标相结合，它包含一个动态过程，即中央银行要根据货币政策的远期（最终）目标，在不同的时点及时采取政策行动，以实现预定的货币政策目标。也就是说，实施传统的货币政策是由中央银行通过一定的政策手段将稳定物价或经济增长等控制在一定范围内，而前瞻性货币政策是通过现时的货币政策操作以影响未来的经济发展形势。前瞻性货币政策对于中央银行提高货币政策操作的准确性，确保实现宏观调控的目标具有重要意义。

实行前瞻性货币政策的原因是货币政策本身的时滞效应和其他影响货币政策效应的因素的存在。前面讲过，因为经济运行过程中某一特定的经济变量及作用发生变化，会导致原来的经济运行轨迹发生变化，从而使货币政策操作效应发生相应变化，使货币政策工具操作与最终目标之间产生偏差，有时偏差过大，还会引起相反的政策效应。所以要缩小这一偏差，减少时滞等因素对货币政策预期效果的不利影响，中央银行必须实行前瞻性货币政策，绝不能"走走停停"、"随机而行"或"头疼医头，脚痛医脚"。

为了实施前瞻性货币政策，更好地实现货币政策的最终目标，中央银行要高度重视和做好对经济和金融的预测，要在科学预测的基础上采取超前预防性策略，针对货币政策面临的主要问题，有针对性地制定有效的前瞻性货币政策，从而提高货币政策的调控效果。

货币政策与财政政策的配合

货币政策与财政政策是国家宏观经济政策中的两大政策，货币政策的主要调控机制是货币供应的收缩与扩张，而财政政策的主要调控机制是财政的收入和支出。两大政策都对社会总需求起重要的、决定性的调节作用，但两大政策调节的侧重点和调节的手段各有不同，因此单一使用其中的一项达不到最佳的调控效果，所以，把货币政策和财政政策组合使用，是当今世界各国实现政策目标的最佳选择。

货币政策和财政政策的组合搭配通常有两种模式，即双松双紧或松紧搭配。双松双紧都是指货币政策和财政政策沿同一方向组合运动。双松即松的财政政策和松的货币政策并行。松的财政政策要实施减税、扩大支出、增加投资、增加补贴等财政政策工具；松的货币政策要实行降低准备率、降低再贴现率、中央银行大量买进有价证券等货币政策工具以放松银根、增加货币供应量。双松政策可能出现一方面刺激投资、促使经济增长，但另一方面出现财政赤字、信用膨胀的结果。双紧即紧的财政政策和紧的货币政策并行。紧的财政政策要实行增税、削减开支、发行政府债券、减少补贴等财政政策工具；紧的货币政策要实行提高准备率和再贴现率，以及大量卖出有价证券等货币政策工具以抽紧银根、减少货币供应量。双紧政策可能出现一方面有力地控制总需求，使通货稳定，但另一方面降低经济的增长速度的结果。政策工具组合的第二种模式是松紧搭配，即或实行松的财政政策、紧的货币政策，或实行松的货币政策、紧的财政政策。如果财政政策松，实行减收增支出现赤字，则银行抽紧银根，实行紧缩的货币政策；如果财政政策紧，实行增收节支有了节余，则银行可放松银根，实行扩张的货币政策。反过来，如果货币政策松，出现贷款大于存款、货币发行过多，则财政应实行紧缩政策，增收减支；

如果货币政策紧，出现存大于贷，货币供应量少，则财政可实行放松政策，适当扩大支出、刺激需求。

除与财政政策配合以外，货币政策还应注意与产业政策、收入分配政策的配合。

我国货币政策的实践

我国货币政策的目标

根据我国的具体情况，1995 年 3 月，《中国人民银行法》以法律形式将我国中央银行货币政策的最终目标确定为"保持币值的稳定，并以此促进经济增长"，这说明我国货币政策的目标是稳定币值（物价）的单一目标，是基本的目标，经济增长是递进目标。

我国货币政策的中介目标

我国中央银行在改革开放前十几年的货币政策中虽然没有正式提出调控中介目标的问题，但在实际运用中，银行的信贷规模和现金供应量一直起着中介目标的作用。从 1984 年中国人民银行专门行使中央银行职能到 1998 年间，宏观经济的调控手段也基本依靠现金投放和信贷规模的控制。

随着市场化改革和金融深化的不断推进，央行对信贷规模的控制能力大为减弱，信贷规模管理作为货币政策的中介目标失去了其存在的合理性。中国人民银行在新的金融环境下寻找新的总量调控手段，开始在内部尝试货币供应量目标。1993 年深化金融体制改革中，我国明确提出了货币政策的中介目标为货币供应量、信用总量、同业拆借利率和银行备付金率。也就是在 1993 年，中国人民银行首次向社会公布货币供应量指标，并于 1996 年起正式采用货币供应量 M_1 作为货币政策的中介目标，同时以 M_1 和 M_2 作为观测目标，这标志着我国对货币政策的中介目标的使用向国际通用做法靠拢。1998 年，中国人民银行又取消了贷款规模控制，货币供应量就此成为我国唯一的货币政策中介目标。

近年来，我国中央银行在选取货币供应量作为中介目标的同时，也偶尔使用利率作为货币政策中介目标。现在来看，我们应加强对市场利率的监测和分析，配合货币供应量，弥补其不足。如果利率市场化改革得以完成，利率形成机制将进一步完善，利率亦将反映资金的供求，那么利率作为货币政策中介目标的条件就将基本具备。到那时，我们可将利率作为直接中介目标，将货币供应量作为间接中介目标继续发挥作用。

我国的货币政策工具

中央银行实施怎样的货币政策工具，取决于该国的经济发展和中央银行的自身发展情况。我国中央银行适应以往计划经济体制，曾以直接控制工具为主。随着经济体制和金融体制的深化改革，货币政策工具也逐步转为以间接控制为主的规范做法。首先是 1993 年发布的《国务院关于金融体制改革的决定》中明确指出，我国人民银行将实行法定存款准备率、再贴现率、公开市场操作、中央银行贷款、中央银行外汇操作、贷款限额等政策工具。这其中，公开市场操作及外汇操作等工具在我国当时属首次使用的政策工具。后来，随着经济发展客观实际的变化，再贴现率、存款准备率包括公开市场操作等间接工具运用得越来越多。直至 1998 年我国取消了贷款限额等直接控制工具的广泛使用，改革了法定存款准备金制度，从而使我国的货币政策工具进一步向规范的国际通用做法靠拢。

目前我国所使用的货币政策工具为法定存款准备率、再贴现率、公开市场操作、利率及一些选择性政策工具。

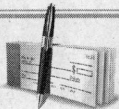

专栏9-3　　**中国对房地产信用控制一瞥**

从2003年—2010年，中国房地产价格明显呈现上升趋势。尤其是在2009年—2010年，全国房地产市场出现过热现象，70个大中城市房屋销售价格指数呈现持续上涨，涨幅逐月增加。在我国贷款买房人当中，一半以上的人月供超过其收入的30%。房地产市场过高的价格，不但抑制了人们的日常消费，而且可能造成社会不稳定因素。

2003年以来，针对房地产金融体制中存在的各种问题，金融主管部门采取了各种调控手段，改进房地产信贷管理。2003年4月，中国人民银行下发《关于进一步加强房地产信贷业务管理的通知》，从加强房地产开发贷款管理、严格控制土地储备贷款的发放等多方面对商业银行房地产信贷业务进行了规范和控制。2004年9月银监会下达《商业银行房地产贷款风险管理指引》，明确商业银行发放房地产贷款的限定。2004年10月中国人民银行上调存贷款利率，2006年4月央行再次全面上调各档次贷款利率，抑制房地产投资需求。

2007年银监会下发《关于加强商业性房地产信贷管理的通知》，界定首套自住房和第二套房贷款首付款比例。对购买首套自住房且套型建筑面积在90平方米以下的，贷款首付款比例（包括本外币贷款，下同）不得低于20%；对购买首套自住房且套型建筑面积在90平方米以上的，贷款首付款比例不得低于30%；对已利用贷款购买住房，又申请购买第二套（含）以上住房的，贷款首付款比例不得低于40%，贷款利率不得低于中国人民银行公布的同期同档次基准利率的1.1倍，而且贷款首付款比例和利率水平应随套数增加而大幅度提高。

2008年7月，中国人民银行、银监会下发《关于金融促进节约集约用地的通知》，对各类地产贷款作了具体规范。2011年2月，银监会向下辖金融机构下发了《关于进一步推进改革发展加强风险防范的通知》，对房地产信用控制做出了进一步要求。对土地储备贷款，要比照平台贷款的要求，严格防控风险。严禁信贷资金用于购地，严防集团公司通过母子公司借款和其他各种关联交易将信贷资金违规流入房地产市场。对个人购房贷款则继续实施差别化住房政策，着力抑制投资投机等非理性的购房需求，严禁个人消费贷款用于购房。

除了这些信贷政策调控措施以外，自2007年至2011年5月，中国人民银行已经连续15次上调金融机构人民币存贷款基准利率，最近的一次发生在2011年4月6日，5年期以上房贷的基准利率达到了6.80%。

我国的货币政策调控

（1）直接调控向间接调控转化。我国中央银行自成立以来，一直采用直接调控方式，这一模式在一段时间内对保持币值稳定、促进国民经济发展发挥了积极的作用。但是随着我国经济、金融体制改革的深入，直接调控模式日益暴露出其局限性。随着单一的国家银行体系被多种金融机构并存体系所代替，以前一贯沿用的控制信贷规模就等于控制整个货币供应的模式已不复存在，因为国家银行贷款占广义货币量的比重大幅下降，同时国家银行贷款占全部金融机构贷款的比重也大幅下降。在这种情况下，仅仅控制工商银行、建设银行、中国银行、农业银行四大银行的贷款规模已不足以调节社会信用总量。另外，随着金融市场的发展和国家银行商业化进程的推进，商业银行资产趋于多样化，各项贷款占其资金运用的比重不断下降。这些都需要中央银行通过市场介入进行管理，其调控也从以往的直接调控转向了间接调控。

（2）间接调控模式的形成。1993年，在市场经济体制不断完善的条件下，金融体制也进行了深化改革。在1993年颁布的《国务院关于金融体制改革的决定》中，明确了我国中央银行以间接调控方式独立执行货币政策，首次确定使用间接调控的三大货币政策工具，建立统一的同业拆借市场，实施再贷款回收，这意味着我国在间接调控和利率市场化方面取得了初步的成果。

后来，中央银行进一步加大了实现间接调控的步伐。首先，取消了国有商业银行的贷款限额控制，在推行资产负债比例管理和风险管理的基础上，实行"计划指导、自求平衡、比例管理、间接调控"的新的信贷管理体制；其次，改革存款准备金制度，合并准备金和备付金账户，并相应降低准备金率；再次，在银行间同业拆借市场开展国债买卖和回购，扩大公开市场业务操作范围。此外，还连续公布了一些对银行信贷投放进行间接调控的指导性文件。这些措施使我国中央银行货币政策进一步实现间接的宏观调控，符合我国经济形势发展和市场经济体制完善的需要。

2002年，党的十六大召开以后，我国明确了进一步开展金融体制改革的目标和方向，其中已经实施的成立"银监会"措施，把金融监管从中央银行分离，由"银监会"统一进行金融监管工作，保证了中央银行执行货币政策的专一性和权威性，这将进一步强化中央银行利用货币政策实施金融宏观调控的力度和效果。

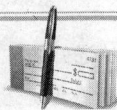

专栏9-4 我国的稳健的货币政策配合积极的财政政策

亚洲金融危机1997年发生后，1998年，中国经济形势发生了急剧的变化。亚洲金融危机的影响明显加深，对外贸易受到严重冲击；国内物价持续走低，商品零售价格总水平自1998年10月开始出现绝对下降；长期以来盲目建设带来的经济结构不合理等深层次矛盾，在国际经济环境急剧变化和国内市场萎缩的双重因素作用下，更加突出地显现出来，中国经济多年来第一次出现了供大于求的局面。尽管这一社会供应总量的过剩是初级的、浅层次的，但供求关系的这种转变，第一次把需求不足的问题推到了经济运行的前台，没有足够的需求，生产的增长以及经济的增长将难以为继。

上述经济背景导致了中国以扩大内需为主要内容的各项宏观经济政策的出台，即实行稳健的货币政策配合积极的财政政策。

稳健的货币政策是指灵活运用货币政策工具，保持货币供应量适度增长；及时调整信贷政策，引导贷款投向，促进经济结构调整；执行金融稳定深化，发挥货币政策保证币值稳定的作用；推进货币政策工具改革，实现货币政策由直接调控向间接调控的转变。

积极的财政政策是指通过扩大财政支出，调整收入分配，使财政政策在启动经济增长、优化经济结构中发挥更直接、更有效的作用。

1998年3月，在九届人大第一次会议记者招待会上，前国务院总理朱镕基提出了确保1998年经济增长8%的目标，并指出"实现这一目标的主要手段就是提高国内的需求"。7月，中国政府正式决定实施旨在扩大需求的积极的财政政策。同年8月，九届全国人大常委会第四次会议审议通过了财政部的中央预算调整方案，决定增发大量国债，同时配套增加大量银行贷款。至此，中国积极的财政政策和稳健的货币政策正式启动。

稳健的货币政策对积极财政政策的配合支撑作用主要有如下几方面。

1. 基本支持具体体现在以下四个方面：第一是通过稳定的币值，为积极的财政政策发挥提供前提；第二是利率基础，中国人民银行公布的利率具有基准利率作用，服从于稳健货币政策需要的银行利率水平，保证了财政国债的顺利发行；第三是货币供应基础，中央银行通过基础货币的供应保证商业银行的资金量，而商业银行又是国债的最大持有者，所以，其雄厚的资金实力给积极的财政政策提供了资金上的有力支持；第四是一级市场基础，国债是中央银行的主要买卖对象，通过其在二级市场的买卖促进了国债一级市场的发行。

2. 信贷支持。稳健的货币政策为商业银行提供了相对较为宽松的信贷资金环境和信贷资金的投放方向，同时在稳定的货币政策下的中央银行利率条件为商业银行信贷资金投向国债的配套项目提供利润来源。

3. 消费支持。积极的财政政策所带来的融资需求的扩大，需要商业银行信贷资金的支持，而其带来的消费需求的扩大，同样离不开稳健的货币政策支持。近年来，住房贷款、汽车贷款、教育贷款均有了大幅度增长，不仅使积极的财政政策落到实处，更是直接扩大了内需。

在稳健的货币政策支撑下，积极的财政政策在扩大内需、促进经济增长方面作用显著。社会投资明显增长，大大地拉动了经济增长，创造了大量就业岗位。综上分析可见，稳健的货币政策为积极的财政政策的发挥起到了根本性的支撑作用，两项政策相互协调，才最终达到了扩大内需、促进经济增长的政策目标。

我国货币政策调控模式通过这些年的实践和不断改革完善已得到很大的发展，但由于种种历史的和客观的原因，调控效应尤其是间接调控效应还不够好，还存在着三大政策工具发展不到位、发挥宏观调控作用的余地和空间不足等政策本身的缺欠以及货币政策以外的种种阻力；要真正实现市场经济所要求的间接调控水平，还存在诸多尚待解决的问题，提高我国货币政策的宏观调控质量还有待于经济体制和金融体制的进一步改革和完善。我国货币政策的传导机制需要的外部经济环境还不完全具备，这就需要进一步深化改革，比如：①改善中央银行的相对独立性；②建立完善的现代企业制度，让企业形成对货币政策调控的正确反应；③把我国商业银行办成真正的商业银行，改善其治理结构；④建立完善的金融市场，让金融市场成为货币政策传导的有效载体；等等。

NEW
FUNDAMENTALS
OF FINANCE

第 10 章

开放的金融运行：风险与机遇

随着国际贸易、国际经济技术合作的发展，世界各国一般都已融入经济全球化的潮流之中。在开放经济下，完全不受国际经济影响的国别经济已不复存在，汇率的能量更是超过以往任何时候，也比任何时候的异动性都大，局限在一国范围内研究货币金融已失去现实意义，社会经济活动迫切需要从国际范围研究货币金融的现象及规律。这样，涉外金融理论与政策便应运而生。但由于涉外金融方面的内容庞杂，问题众多，因此，本章将主要就国际收支及其状况、外汇与汇率理论以及开放经济条件下一国宏观经济政策的选择问题等作初步的介绍。

　　能够说明经济控制扩大国家对整个生活的控制程度的最好例子，莫过于外汇领域。……大多数欧洲大陆国家的经验则让那些有头脑的人将这一步视为在通往极权主义和压制个人自由的道路上迈出决定性一步。事实上，它将个人完全交给了国家的暴君，最终取消了一切逃离它的手段——不仅是对富人，也是对所有人。一旦个人不再能自由地旅行，不再能自由地购买外国的书籍、报刊，一旦所有的对外交流工具都仅限于那些赞成官方意见或被认为有必要的人享有，则对意见的有效控制，就比17、18世纪任何专制政府所能施加的都要大。

——弗里德里希·A·哈耶克（Friedrich A. Hayek）

※章首引语

　　当美元完成从高含金量到纸张的蜕变，它已不可避免地成为掠夺者的工具，而嫁接其上的金融衍生品，不过是强化了这种掠夺性。

　　中国深受其害。美国财政部 2008 年 11 月公布的国际资本流动报告显示，截至 2008 年 9 月末，中国持有的美国国债达到 5 850 亿美元。中国取代日本成为美国国债最大持有国。另据 2008 年 10 月 14 日的《第一财经日报》报道："根据美国财政部 7 月公布的数据，中国共持有……房地美和房利美债券 3 760 亿美元，这其中商业性机构、外汇储备及中投公司分别持有的规模不详。"次贷危机之下，通货膨胀如噩梦般挥之不去。自 2007 年下半年开始，国际油价连破 70、80、90、100、110、120、130、140 美元关口；黄金价格涨势空前，一举突破 1 000 美元/盎司关口；铁矿石价格又暴涨了近 1 倍……放眼望去，许多商品价格都在快速上涨，无论是发展中国家还是发达国家，都面临抑制物价上涨的难题。而在这一过程中，美元持续快速地贬值。美元作为全球金融体系和贸易体系的计价单位、支付和储备手段，使得美国具有了天然的向世界输出通货膨胀的便利。虽然随着次贷危机的恶化，国际大宗商品的价格大幅回落，但这只是暂时的。一旦次贷危机结束，全球经济回暖，通货膨胀又会如影随形。美国施行的弱势美元政策，在客观上造成了向世界各国输送流动性的后果，使许多国家饱受输入型通货膨胀的困扰，并导致这些国家所采取的应对通胀的措施无法产生预期效果。在次贷危机恶化过程中，美国作为救市的主导者，所采取的救市策略，与其他国家存在着很大的区别。其他国家是拼命地向美国注资，拿出的是真金白银，救的是美国的虚拟经济，而美国则把重点放在稳定实体经济发展方面。①

---

① 资料来源：时寒冰. 当次贷危机改变世界：中国怎么办[M]. 北京：机械工业出版社，2009。

在现实经济中，无论一个政府怎么设定汇率制度，其目的都是一样的：打造一个有利于自己国家的汇率，让汇率可以稳定，以便吸引投资、促进贸易，让各地的资本可以自由地流通，并且让政府保留独立的货币政策，必要的时候可以多印钞票提高流动性。如果能妥当地利用汇率促进贸易和吸引投资，那么它就是一把金钥匙，能够帮助我们解决温饱奔小康。但如果使用不得当，汇率就好像潘多拉之盒，能够带来难以想象的灾难，摧毁一个国家的经济。

在全球化的今天，随着国际贸易、国际经济技术合作的发展，世界各国一般都已融入经济全球化的潮流之中。而其间起重要作用的汇率的能量更是超过以往任何时候，也比任何时候的异动性都大，这是因为在很大程度上，汇率也会因为投资者的心情而浮动。

在开放经济下，完全不受国际经济影响的国别经济已不复存在，局限在一国范围内研究货币金融已失去现实意义，社会经济活动迫切需要从国际范围研究货币金融的现象及规律。这样，涉外金融理论与政策便应运而生。但由于涉外金融方面的内容庞杂，问题众多，因此，本章将主要就国际收支及其状况、外汇与汇率理论以及开放经济条件下一国宏观经济政策的选择问题等作初步的介绍。

🏛 10.1 国际收支及其状况

☐ 国际收支的含义

在当代，国际收支是世界各国国民经济的一个重要组成部分。一国的国际收支平衡与否，对其货币汇率和外贸政策的制定以致整个国民经济都有重要的影响。因此，国际收支平衡已成为西方国家调节经济的四大目标之一。

国际收支是指一定时期内一国或地区的居民和非居民之间，由于经济、政治、文化等各项往来而引起的全部国际经济交易的系统的货币记录。国际收支这一概念的内涵十分丰富，一般应从以下几个方面加以把握。

（1）国际收支是一个流量概念，借以区别"国际借贷"（以存量为基础）这一概念。

（2）国际收支所反映的内容是经济交易。所谓经济交易，一般是指经济价值（商品、劳务或资产等）从一个经济单位向另一个经济单位的转移。根据转移的内容和方向，经济交易可划分为五类：①金融资产与商品和劳务之间的交换，即商品和劳务的买卖；②商品或劳务相互之间的交换，即物物交换；③金融资产相互之间的交换，如国际证券投资等；④无偿的、单向的商品或劳务的转移，如国际间的实物捐赠等；⑤无偿的、单向的金融资产的转移，如国际捐款等。

（3）国际收支所记载的必须是该国的居民和非居民之间所发生的经济交易。居民是指在一国或地区居住期限为1年以上的经济单位。否则该经济单位则为该国或地区的非居民。居民与非居民都包括政府、个人、企业以及非营利性团体四类经济单位。需要指出的是，"居民"是一个经济概念，与法律上的"公民"概念有所不同。它是就经济单位的主要居住地是否在所指国家或地区而言的，而不管其国籍如何。居民和非居民之间的经济交易会引起国际货币的运动，从而属于国际收支流量的范畴。例如，美国通用电器公司在新加坡的子公司，是新加坡的居民，是美国的非居民；子公司与母公司之间的业务往来是新加坡和美国的国际收支流量的内容。

国际收支有狭义和广义之分。从早期重商主义到第一次世界大战前，这种概念比较偏重于外汇收支，用它来分析一国（地区）对外经济状况和外汇市场的动向，至今仍有一定的理论价值。然而，第二次世界大战以后，国际市场交易的内容更加广泛，结算方式更加多样化，各种国际融资和资本流动更加频繁，这些变化大大超过了外汇收支的范畴。由于国际收支的这些新的变化和发展，因而，目前普遍流行的是广义的国际收支的概念。它是指一个国家或地区在一定时期各种对外往来所引起的全部国际经济交易的系统记录。它是一国对外往来的集中表现，是以经济交易为基础的，是一个流量的概念。

□ 国际收支平衡表及其基本内容

国际收支平衡表（Balance of Payment Presentation）是系统地记录一个国家或地区在一定时期内各种对外往来所引起的全部国际经济交易的一种统计报表，它是集中反映一国或地区国际收支状况的一种流量表。

国际收支平衡表是依据会计学中的复式簿记原理，按照借贷记账法编制而成的。即以借、贷作为符号，以"有借必有贷，借贷必相等"来记录每笔国际经济交易。"借方"项目记录的是：货物和服务的进口、收益支出、对外提供的货物和资金无偿援助、金融资产的增加和金融负债的减少；而"贷方"项目记录的是：货物和服务的出口、收益收入、接受的货物和资金的无偿援助、金融负债的增加和金融资产的减少。

国际收支平衡表的内容甚为广泛。各国根据各自不同的需要，在编制时，所编制的项目和计算方式也有所不同，各有特点。为了在世界范围内进行汇总和比较，国际货币基金组织（International Monetary Fund，IMF）在其《国际收支手册》中提出了一套有关国际收支平衡表项目标准分类的建议，并根据国际经济发展的现状和分析的需要进行调整。国际货币基金组织是从1995年开始采用《国际收支手册》第5版的标准格式，我国也从1997年开始按照这一标准格式编制国际收支平衡表。《国际收支手册》第5版标准格式的基本内容如下。

经常账户

经常账户（Current Account）也称"经常项目"，因为这时记载的是经常发生的国际经济交易，经常账户反映一国与他国之间实际资源的转移，是国际收支平衡表中最基本和最重要的项目，与国际收支账户有密切的联系。经常账户包括货物、服务、收益和经常转移四个项目，各项目都要列出借方总额和贷方总额。

货物，也称"商品贸易"或"有形贸易"，货物进出口的差额称为"贸易差额"，贸易差额是影响国际收支差额的基本因素。国际货币基金组织建议，所有的进出口一律以商品所有权变化为原则进行调整，均采用离岸价格（FOB价格）计价。

服务，也称"劳务、无形贸易"，包括运输、旅游、通信、建筑、保险、金融服务、计算机和信息服务、专有权使用费和特许费、各种商业服务、个人文化娱乐服务以及政府服务等。贷方表示收入，借方表示支出。

收益，也有译为"收入"，反映生产要素流动引起的生产要素报酬的收支。它包括：①政府转移，如无偿援助、战争赔款、政府向国际组织定期交纳的费用等；②私人转移，如侨汇、资助性汇款、无偿捐赠、退休金等。

经常转移，又称无偿转移或单项转移，是指发生在居民与非居民间无等值交换物的实际资源或金融项目所有权的变更。该项内容既包括官方的援助、捐赠和战争赔款，也包括私人的侨汇、赠予以及对国际组织的认缴款等。在贷方反映外国对本国的经常转移，借方反映本国对外国的经常转移。

资本和金融账户

资本和金融账户（Capital and Financial Account）是指对资产所有权在国际间流动行为进行记录的账户，包括资本账户和金融账户两大部分。

（1）资本账户。资本账户（Capital Account）反映资产在居民与非居民之间的转移。这是《国际收支手册》第5版新列的项目，与原来第4版中资本账户的含义是完全不同的。这时的资本账户主要包括以下两项内容：

资本转移。主要有投资捐赠和债务注销两部分，前者可以以现金形式来进行（即定期或不定期向非居民转移资产价值的征收税款，如遗产税等），也可以以实物（如交通设备、机器和机场、码头、道路、医院等建筑物）来进行；而后者则是指债权人放弃债权，而未得到任何回报。

非生产、非金融资产的收买或出售。它包括不是由生产创造出来的有形资产（土地和地下资产）和无形资产（专利、版权、商标、经销权等）的收买和出售。值得注意的是，经常账户的服务项目下记录的是无形资产的运用所引起的收支，而资本账户的资本转移项目记录的则是无形资产所有权的买卖所引起的收支。

（2）金融账户。金融账户（Financial Account），反映居民与非居民之间投资与借贷的增减变化。资本的流动涉及债权债务关系的变化，反映着对外资本与负债的变化。以前流行的分类是分成长期资本和短期资本，由于金融创新和资本流动的发展，长期资本和短期资本的区分越来越困难，长短期的划分已不再流行。这里的金融账户相当于《国际收支手册》第4版的资本账户，一般媒介中提及的资本账户实际上就是这里的金融账户。与经常账户不同，金融账户的各个项目并不按借贷方总额来记录，而是按净额来计入相应的借方或贷方。金融账户按功能分为以下两类：

直接投资，是指一国（地区）居民在国外直接建立企业、购买国外企业一定比例以上股权或利润再投资等行为。其主要特征在于投资者对非居民企业拥有有效的发言权，即以投资者寻求在本国以外运行企业获取有效发言权为目的的投资。至于购买国外企业股权（股票形式）的比例多大为直接投资，而非证券投资，各国标准不一，但最低限度一般在10%～15%。

证券投资，投资主要对象为股本证券和债务证券两类形式。对于债务证券而言，它可以进一步细分为期限在1年以上的中长期债券、货币市场工具和其他派生金融交易。

储备资产

储备资产（Official Reserve Assets）是指货币当局可随时动用并控制在手的外部资产。具体包括：货币性黄金、特别提款权、在国际货币基金组织中的储备头寸、外汇资产以及其他对非居民拥有的债权。其中，特别提款权是国际货币基金组织对会员国根据其份额分配的，可用以归还国际货币基金组织和会员政府之间偿付国际收支赤字的一种账面资产。

净差错与遗漏

净差错与遗漏（Net Errors and Omissions）是一个人为的平衡项目。国际收支平衡表采用复式记账法，因此所有账户的借方总额和贷方总额应相等，但由于统计资料来源和时点不同以及一些人为因素（如虚报出口、资本外逃）等原因，往往造成借贷不相等，出现净的借方余额或净的贷方余额。为使国际收支平衡表的借方总额和贷方总额相等，编表人员就人为地在国际收支平衡表中设立"净差错与遗漏"这个单独的项目，来抵消这个净的借方余额或净的贷方余额。如果借方总额大于贷方总额，其差额记入此项目的贷方；反之，则记入借方。

表 10-1 是一张由本书根据需要删减后的由我国国家外汇管理局编制的 2010 年中国国际收支平衡表。

表 10-1　　　　　　　　　2010 年中国国际收支平衡表　　　　　　单位：亿美元

项　　目	行　次	差　额	贷　方	借　方
一、经常项目	1	3 054	19 468	16 414
A. 货物和服务	2	2 321	17 526	15 206
a. 货物	3	2 542	15 814	13 272
b. 服务	4	−221	1 712	1 933
B. 收益	18	304	1 446	1 142
C. 经常转移	21	429	495	66
二、资本和金融账户	24	2 260	11 080	8 820
A. 资本账户	25	46	48	2
B. 金融账户	26	2 214	11 032	8 818
1. 直接投资	27	1 249	2 144	894
2. 证券投资	30	240	636	395
3. 其他投资	41	724	8 253	7 528
三、储备资产	64	−4 717	0	4 717
1 货币性黄金	65	0	0	0
2 特别提款权	66	−1	0	1
3 在基金组织的储备头寸	67	−21	0	21
4 外汇资产	68	−4 696	0	4 696
5 其他债权	69	0	0	0
四、净误差与遗漏	70	−597	0	597

注：（1）本表经过加工简化处理，根据需要删除了一些子项目（即行次）。

　　（2）本表计数采用四舍五入原则。

　　（3）平衡表中只记录由于交易引起的储备资产变动，不包括汇率、价格等非交易因素引起的储备资产价值变动。

□ 国际收支状况

国际收支均衡

由于一国的对外经济活动与国内经济活动是密切相连的，因此，要分析国际收支问题，这实质上又是对国际收支状况的分析。所以，应把国际收支平衡同国内经济的均衡联系起来考察，也就产生了国际收支均衡这一更深刻的概念。因此，必须首先弄清国际收支状况的衡量方法或称"衡量标准"。在国际收支的理论研究中，按交易动机的不同或性质的差异，而将反映在国际收支平衡表中的各项国际经济交易区分为自主性交易和补偿性交易两大类。

所谓自主性交易，是指个人和企业为某种自主性目的（如追逐利润、旅游、汇款赡养亲友等）而从事的交易。而补偿性交易，则是指为弥补国际收支不平衡而发生的交易，比如为弥补国际收支逆差而向外国政府和国际金融机构借款、动用官方储备等。由于自主性交易具有自发性的特征，其收支难以相抵，因而只有用补偿性交易来弥补，才能取得收支的平衡。因此，通常所说的国际收支不平衡或失衡，指的就是自主性交易不平衡。也就是说，自主性交易是否平衡，是判断一国的国际收支是否平衡的标准或衡量方法。如果一国国际收支平衡表的自主性交易项目出现明显的不平衡，尤其是巨额的、长期的不平衡，就需要分析形成的原因，进而采取调节措施。

所谓国际收支均衡，是指国内经济处于均衡状态下的自主性国际收支平衡，即国内经济处于充分就业和物价稳定下的自主性国际收支平衡。国际收支均衡是一国达到福利最大化的综合政策目标。在世界经济日渐一体化的同时，国际收支的调节就不仅仅要实现国际收支平衡，还要实现国际收支均衡这一目标。

国际收支失衡的一般原因

一国的国际收支不平衡可以由多种原因引起。不同原因引起的国际收支失衡，应采用不同的办法来加以调节。按国际收支失衡的原因不同，国际收支失衡具有不同的性质，主要有以下几种。

临时性不平衡，是指短期的、由非确定或偶然因素（偶发性因素如自然灾害、社会骚乱等）引起的国际收支失衡。这种性质的国际收支失衡程度一般较轻，持续的时间不长，带有可逆性，可以认为是一种正常现象。在浮动汇率制度下，这种性质的国际收支失衡根本不需要政策调节，市场汇率的波动有时就能将其纠正；在固定汇率制度下，一般也不需要采取政策措施，只需动用官方储备便能加以克服。

结构性不平衡，是指一国国内经济、产业结构不能适应世界市场的变化而发生的国际收支失衡。这种国际收支失衡通常反映在贸易账户或经常账户上。与临时性不平衡不同，结构性不平衡具有长期的性质，扭转起来相对较难。

货币性不平衡，是指在一定汇率水平下，国内货币成本与一般物价上升而引起的出口货物价格相对高昂，进口货物价格相对低廉，从而引起的国际收支失衡。这种失衡可以是短期的，也可以是中期或长期的。此外，货币性不平衡有时也可能是指一国的价格水平、成本、汇率、利率等货币性因素变动所引起的国际收支失衡。

周期性不平衡，是指一国经济周期性波动所引起的国际收支失衡。当一国经济处于衰退期时，社会总需求下降，进口需求也相应降低，国际收支产生盈余；反之，当一国经济处于扩张和繁荣时期，国内投资与消费需求旺盛，对进口的需求也相应增加，国际收支便出现赤字。这种周期性不平衡在第二次世界大战前的发达资本主义国家中表现得比较明显。第二次世界大战结束以来，其表现经常受到扭曲。如 1981 年～1982 年，主要发达资本主义国家在衰退期普遍伴有巨额的贸易逆差。

收入性不平衡，是一个比较笼统的概念，可以概括为一国国民收入相对快速增长，从而导致进口需求的增长超过出口增长所引起的国际收支失衡。而国民收入快速增长的原因是多种多样的，可以是周期性的、货币性的，或经济处在高速增长阶段所引起的。

一般来说，结构性不平衡和经济增长等原因所引起的国际收支失衡，因其具有长期的、持久的性质，而被称为"持久性不平衡"。此外，不稳定的投机及资本外逃等国际资本流动因素，也是引起国际收支失衡的一个重要因素，它们还会激化业已存在的失衡。

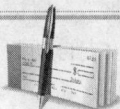

专栏 10-1　我国国际收支双顺差格局下波动性有所增加

"十一五"期间，受国际金融危机影响，我国国际收支运行的市场环境发生较大变化。总的来看，我国国际收支规模继续扩大，并持续"双顺差"格局，但波动性有所增加。

我国国际收支交易规模进一步扩大。2007 年，我国国际收支交易规模首次突破 4 万亿美元，2008 年达创纪录的 4.56 万亿美元，较 2005 年增长 88%。2009 年，受国际金融危机影响，国际收支交易规模有所下滑，但依然保持在 4 万亿美元以上。2010 年前三季度为 4.01 万亿美元，较上年同期增长 48%，全年预计可达 5 万亿美元左右。

国际收支保持较大顺差。2007 年~2009 年，我国国际收支总顺差每年均达 4500 亿美元左右。其中，2006 年~2009 年，经常项目顺差年均 3 396 亿美元，是"十五"期间年均水平的 5.2 倍。截至 2010 年末，国家外汇储备余额 2 8473 亿美元，比 2005 年末增加 20 284 亿美元，较"十五"期间多增 13 751 亿美元。

经常项目平衡状况趋于改善。2007 年，我国经常项目顺差与 GDP 之比达到 10.6% 的历史最高值。受国际金融危机的影响，2008 年和 2009 年这一比例分别降至 9.6% 和 6%，2010 年前三季度进一步降至 5.2%。

对外直接投资大幅增加。随着我国企业"走出去"步伐的加快，2006 年~2009 年，我国对外直接投资净流出年均 339 亿美元，是"十五"期间年均水平的 7.6 倍，在一定程度上起到了平衡国际收支顺差的作用。

国际收支运行波动性加大。国际金融危机的爆发加大了国际贸易和国际资本流动的不稳定性和不确定性。特别是我国经济率先复苏，加之利差、汇差等市场因素的驱动，2009 年以来我国面临较大外汇流入压力，跨境资本流动风险有所增加。

□ 国际收支的调节机制与政策

在当今世界经济关系日益密切，经济一体化步伐日益加快的情况下，一国的国际收支状况对国内经济的影响越来越大。无论是国际收支赤字还是盈余，它们的持续存在都会通过各种传递机制对国内经济产生或大或小的不利影响，妨碍内部均衡目标的实现。因此，当一国的国际收支无论是出现逆差还是顺差，尤其是长期的、持久的不平衡，各国均要根据具体情况，采取相应措施予以调节，以利本国经济的健康发展。

国际收支的自动调节机制

在完全或接近完全的市场经济中，国际收支可以通过市场经济变量的调节自动恢复平衡。即当一国出现国际收支失衡后，会引起国内某些经济变量的变动，而这些变动反过来又会影响国际收支。因此，国际收支的自动调节，是指由国际收支失衡引起的国内经济变量变动对国际收支的反作用过程。值得注意的是，国际收支自动调节只有在纯粹的自由经济中才能产生理论上所描述的那些作用，政府的某些宏观经济政策会干扰自动调节过程，使其作用下降、扭曲或根本不起作用。

货币—价格机制，是指国内货币存量与一般物价水平变动，以及相对价格水平变动对国际收支的影响。较早阐述者是18世纪英国哲学家和经济学家大卫·休谟，他在1752年就论述了"价格—铸币流动机制"两者的主要区别是货币形态。在休谟的时期，金属铸币参与流通；而在当代，则基本上是纸币流通。不过，这两种机制论述的国际收支自动调节原理是一样的。该机制有两种表现形式：

① 国内货币存量与一般物价水平变动对国际收支的影响，即国际收支逆差→货币外流增加货币存量减少→国内一般价格水平下降→出口商品价格下降、出口增加→贸易收支改善；

② 相对价格变动对国际收支的影响，即国际收支逆差→本币外流增加对外币需求增加→本币汇率下跌→出口相对便宜进口相对昂贵→贸易收支改善。

收入机制，是指当国际收支逆差（或顺差）时，表明国民收入水平下降（或上升），而国民收入下降（或上升）将会引起社会总需求下降（或上升），进口需求下降（或上升），从而贸易收支得到改善。收入机制的自动调节过程如下：

国际收支逆差→对外支付增加→国民收入下降→社会总需求下降→进口需求下降→贸易收支改善。

利率机制，是指当国际收支产生逆差（或顺差）时，本币存量相对减少（或增加），利率上升（或下降），表明本国金融资产的收益相对减少（或增加），资金外流减少（或增加）和内流增加（或减少），国际收支得到改善。利率机制的自动调节过程如下：

国际收支逆差→本币存量相对减少→本币利率相对上升→货币资金外流减少、货币资金内流增加→贸易收支改善。

国际收支的政策调整机制

当一国国际收支失衡时，政府面临着两大层次的政策选择：一是通过融资来弥补国际收支赤字，这是指通过借款或动用外汇储备向外汇市场提供外汇，以弥补外汇市场信息的供求缺口。二是通过调整来消除国际收支赤字，这是指通过各种调整政策来消除外汇市场的供求缺口，具体来看主要有以下两种政策。

调节供给的政策，如产业政策、科技政策、制度创新政策等。此类政策旨在改善一国的经济和产业结构，增加出口商品和劳务的生产，提高产品质量，降低产品成本，以此达到增加社会产品的供给，改善国际收支。

调节需求的政策，主要包括：①支出增减型政策，是指改变社会性总需求或国民经济总水平的政策，如财政政策、货币政策等；②支出转换型政策，是指不改变社会总需求和总支出，而改变需求和支出方向的政策，如汇率政策、补贴和关税政策以及直接管制等。

国际收支调节的主要政策

国际收支政策调节的全部目的在于：当国际收支失衡时，正确使用并搭配不同类型的调节政策，以最小的经济和社会代价达到国际收支的平衡或均衡，至于一国采取什么样的政策来调节国际收支，主要考虑这样几个方面：国际收支失衡的性质；国际收支失衡时国内社会和宏观经济结构；内部均衡与外部平衡之间的相互关系等。一般而言，主要的国际收支调节政策有以下几种。

外汇缓冲政策，是指一国运用官方储备的变动或临时向外筹措资金来解决外汇的超额需求和供给。这一政策的特点是简便有效，其适用范围是突发性和季节性的国际收支赤字。

在适用范围内，外汇政策能够使本币汇率免受暂时性失衡所造成的波动，有利于本国对外贸易和投资的顺利进行。当然，如果出现巨额、长期的国际收支赤字，这种政策手段是力不从心的。

汇率政策，是指通过调整汇率来消除国际收支赤字。通过本国货币汇率的贬值是否能达到改善国际收支的效果，取决于以下几个方面：第一，由于本币贬值所带来的国际收支改善是否大于由此而产生的国民收入上升所引起的诱发性进口；第二，本国现有生产能力是否获得充分利用；第三，贬值所带来的本国商品和劳务在国际市场上相对较低的价格是否能维持较长的时间。

财政政策，是指政府通过其支出税收等手段来影响国际收支状况的政策效应。当政府增加支出或减少税收时，扩张性的财政将导致国民收入的增长，进而刺激进口；反之，紧缩的财政政策将减少进口，从而改变国际收支状况。

货币政策，是指货币当局通过改变货币供给量和调整利率水平来达到影响国际收支状况变动的政策效应。扩张性的货币政策导致货币供给增加，利率水平下降，从而刺激国内投资，使得进口增加；紧缩性的货币政策导致货币供给减少，利率水平上升，从而抑制国内投资，使得进口减少。另一方面，利率的变动又导致国际资本流动的变化，利率下降刺激国内资本外流，并阻碍外国资本流入；反之，利率上升将刺激外国资本流入，并阻止本国资本流出。这些政策效应都将影响国际收支的状况。

直接管制，政府在不愿或不能利用汇率、财政、货币等方面的政策来消除国际收支不平衡时，所采取的强制性管理手段。它具体包括货币管制、财政管制和贸易管制。

① 货币管制。其主要手段是外汇管制和汇率管制。外汇管制就是对外汇的供给和需求直接干预，以达到间接控制商品、劳务交易，以及资本流动方向的目的。汇率管制就是官方根据需要确定汇率水平，其具体做法则各不相同，一种情况是制定一个统一的官方汇率，另一种情况是制定若干种不同适用范围的官方汇率。

② 财政管制。其主要手段是进口关税、进出口补贴等。以进口关税来减少进口，从而改善国际收支状况，一般要视本国对进口品的需求价格弹性，如果需求价格弹性不大，则不能达到目的。进出口补贴手段主要是通过补贴降低本国商品的价格，以增加出口，或者降低进口品价格，以增加进口。

③ 贸易管制。其主要手段就是进口许可证制和进口配额制。进口许可证制度是进口商必须先获得政府的进口许可证，再凭证购买所需外汇，并办理有关进口手续。进口配额制度是政府对某种商品的进口总额或总量进行限制，并分配给各贸易对方国，由进口商自行进口，额满为止。除此之外，还有一些政府干预手段，如进口保证金制度、出口信贷等，这里就不再多做介绍了。

🏛 10.2　外汇及其标价

在开放经济条件下，外汇是使一国的对外经济能够正常进行的不可或缺的支付手段，而汇率则因此成为一国的重要经济变量。汇率的高低变化会对一国的宏观经济状况产生举足轻重的影响。所以，深入了解汇率与其他因素的相互关系，以及如何根据一国自身的特点选择合适的汇率制度稳定汇率水平，已经成为金融学的重要课题。

☐ 外汇的概念与特征

外汇是国际经济交往中最普通和最常见的名词，同时，它也是国际金融学中最基本和最重要的概念。

外汇的概念

通常情况下，一国的货币只能在该国国境内使用，所以，在国际经济交易中至少有一方需要使用以外国货币表示的支付手段，由此就形成了外汇的概念。从完整的角度来看，外汇具有动态和静态两方面的含义。

外汇的动态含义是指将一种货币兑换成另一种货币，借以清偿国际间债权债务关系的一种专门性的经营活动、亦即国际债权债务的清算活动以及货币在各国间的流动。可见，外汇的动态含义所强调的是外汇交易的主体，即外汇交易的参与者及其行为。

外汇的静态含义又有广义和狭义之分。广义的外汇是指一切以外币表示的资产；而狭义的外汇则仅指以外币表示的、可用于国际结算的支付手段或金融资产。可见，外汇的静态含义所强调的是外汇交易的客体，即用于交易的对象。通常，人们最广泛使用的外汇就是这里静态的含义，同时又多指上述狭义的外汇概念。

国际货币基金组织和我国《外汇管理条例》均对此做了静态意义上的解释。如我国《外汇管理条例》（1996 年 1 月 8 日国务院通过，1996 年 4 月 1 日起施行）第三条规定："本条例所称外汇，是指下列以外币表示的可以用作国际清偿的支付手段和资产，有：①外国货币，包括纸币、铸币；②外币支付凭证，包括票据、银行存款凭证、邮政储蓄凭证等；③外币有价证券，包括政府债券、公司债券、股票等；④特别提款权、欧洲货币单位；⑤其他外汇资产。"

外汇的特征

根据上述外汇的定义（静态），我们可以得出外汇的 3 个基本特征。

（1）外汇是一种金融资产。所谓"资产"，一般是指具有货币价值的财物或权利，或者说是用货币表现的经济资源。资产可以是实物性的，即所谓的实物资产，如土地、机器等；也可以是金融性的，即金融资产，如现金、存款、商业票据、有价证券等。既然外汇只能以货币形态得到表现，因此，它必然属于金融资产。所以，实物资产和版权、专利权等无形资产不能构成外汇。

（2）外汇必须是以外币表示的金融资产。少数国家的货币，如美国的美元，由于种种特殊的原因而在国际间被普遍接受，因此，美国居民常常可以直接用美元对外支付。但是，美元对美国居民而言，显然只是本币，所以，尽管美元通常具有对外支付功能，但美国居民仍然不能由此而将其看做是外汇。

（3）用做外汇的货币必须具有较充分的可兑换性。这里的可兑换性，是指一种货币能够不受限制地兑换成其他国家的货币的特性。如前所述，人们持有外汇的最基本动机是用于对外支付或办理国际结算，但是，由于各国（或地区）货币制度不同，外汇管制宽严程度不同，以及政府维持货币主权的要求，一国货币通常不能在另一国境内流通使用。在这种情况下，一种货币，如英国英镑的持有者为了清偿由于对外经济交易而产生的国际债权债务关系，或为了在国与国之间进行某种形式的单方面转移，就不得不将英镑按一定的比率兑换成另一种货币，如加拿大元。显然，如果一种货币不具有可兑换性，即不能兑换成其他货币，则其对外支付的能力就几近丧失，外国居民就不愿持有该种货币，其结果就是无法具有外汇的功能。货币的可兑换性的另一个含义是指在金本位制度下，货币能按发行国官方规定的含金量或价格，即黄金官价兑换成黄金的特性。其结果就是具有外汇的功能。

货币兑换的讨论

国际货币基金组织为了促进国际经济交易的发展，在《国际货币基金组织协定》第八条"成员国的一般义务"中规定，各成员国不能对因经常项目交易而发生的货币兑换要求予以限制。货币的完全可自由兑换意味着任何该种货币持有人均可不受限制地在外汇市场上将其转换成其他货币。在这种情况下，一旦由于国际收支严重恶化、本币遭受投机性攻击或资本外逃等原因，一国的外汇市场就会出现大量抛售本币、抢购外币的风潮，以致本币汇率面临冲击，外汇储备急剧流失，甚至酿成金融危机。所以，一国是否有能力实行本币的自由兑换，取决于其是否具有稳定对外经济的强大实力，具体而言，取决于其稳定国际收支和汇率的能力以及是否持有充足的外汇储备。

从目前的情况看，实行完全的货币自由兑换的国家主要是西方发达国家和收入相对较高的发展中国家。许多发展中国家由于对外经济实力相对较弱，在世界经济中处于不利地位，因而缺乏实行货币自由兑换的条件。我国自实行改革开放政策以来，对外经济实力得到了很大的提高，在外汇管理方面，市场经济体制也有了一定程度的发育，国际收支状况不断改善，外汇储备迅速增加。因此，1996 年 11 月 27 日，中国人民银行行长戴相龙致函国际货币基金组织，正式宣布从 1996 年 12 月 1 日起接受《国际货币基金组织协定》第八条款，基本实现了经常项目交易的人民币自由兑换，成为所谓的"第八条款成员国"。近年来，我国经济实力逐步增强，国际收支状况良好，外汇储备逐年增多。因此，资本项目交易的人民币自由兑换将会成为下一步的目标。

□ 外汇的职能

外汇作为一种可执行国际支付职能的外国货币，具有国内货币同样的职能，但其职能也有一些特殊性。

价值尺度

外汇实际上是一种国际货币，可以作为衡量各国商品和劳务价值的尺度。它使得以不同的货币标价的各国商品和劳务有了统一的衡量标准，这一点它和国内货币的价值尺度职能是一样的。和国内货币不同的是，外汇除了可以作为商品和劳务的国际价值尺度外，它还可以成为其他货币的价值尺度，用于衡量其他外汇的国际价值，甚至是某一国内货币的国际价值，同商品和劳务不同，两种外汇之间可以互为价值尺度，这点很像早期的实物货币。

支付手段

外汇作为国际性的支付手段，可用于清算各国间存在的债权债务。在某些国家，当国内货币由于通货膨胀等原因而丧失信誉的时候，外汇甚至还会取代该国货币而成为其国内的主要支付手段。与各国国内的通货不同，外汇作为清偿国际债权债务的支付手段不是由某一个国家通过国家机器强制推行的，而是因为外汇发行国的经济实力而为国际经济界自发接受的。

储藏手段

外汇同国内货币一样，也具有储藏手段的职能。这一职能主要表现在以下两个方面：

一是在外汇管制相对较宽的国家，该国居民（个人、企业、社会团体等）往往持有各种形式的外汇资产，一国货币的信誉越差，该国居民持有的外汇资产的比例就越大；二是外汇目前是各国政府持有的国际储备的主要部分。

干预手段

外汇可以加速资金在国际间流动，有助于国际投资和资本转移，使国际资本供求关系得到调节。所以，各国政府可以通过在外汇市场上买卖外汇来调节国际间资金供求的不平衡，干涉其货币汇率的走势，从而达到稳定汇率、调节进出口贸易和资本流动，以及平衡国际收支的目的。

□ 汇率及其标价方法

外汇（Foreign Exchange）的动态含义引出了不同货币的折算问题，这就涉及汇率（Exchange Rates）。汇率又称"汇价"，是一种货币折算成另一种货币的比率，即用一种货币所表示的另一种货币的兑换比率。换言之，汇率就是两种不同货币之间的比价，它反映一国货币的对外价值。由于汇率为外汇买卖确定了标准，因而又称外汇牌价，简称汇价或外汇行市。

汇率是国际贸易中最重要的调节杠杆。因为一个国家生产的商品都是按本国货币来计算成本的，要拿到国际市场上竞争，其商品成本一定会与汇率相关。汇率的高低也就直接影响该商品在国际市场上的成本和价格，直接影响商品的国际竞争力。但是该如何用一个单位的一种货币兑换等值的另一种货币呢？

为了表示两种不同货币之间的比价，先要确定用哪个国家的货币作为标准，由于确定的标准不同，因而产生了两种不同的汇率标价方法。

直接标价法

直接标价法又称应付标价法，是以单位外国货币为标准，折算成若干单位的本国货币的汇率表示方法。在直接标价法下，外国货币数额固定不变，汇率涨跌都以相对的本国货币数额的变化来表示。一定单位的外币折算的本国货币增多，说明外汇汇率上升，或本币汇率下降；反之，一定单位的外币折算的本国货币减少，说明外汇汇率下跌，或本币汇率上升。由此可见，在直接标价法下，汇率数值的上下起伏波动与相应的外币的价值变动在方向上是一致的，而与本币的价值变动在方向上却是相反的。当前，世界上大多数国家和地区都采用此种标价方法，我国的人民币汇率也采用直接标价法。

美国长期以来一直采用直接标价法。但在第二次世界大战以后，随着美元在国际结算和国际储备中逐渐取得统治地位以及国际外汇市场的高速发展，为了与各国外汇市场上对美元汇率的标价一致，美国从 1978 年 9 月 1 日起，除了对英镑（以及后来的澳元和欧元）继续采用直接标价法外，对其他货币一律改用间接标价法。

间接标价法

间接标价法又称应收标价法，是以单位本国货币为标准，折算成若干单位的外国货币的汇率表示方法。间接标价法的特点正好同直接标价法相反，即本币金额不变，其折合成外币的数额则随着两种货币相对价值的变化而变动。如果一定数额的本币能兑换成更多的外币，说明本币汇率上升；反之，如果一定数额的本币兑换的外币数额减少，则说明本币汇率下跌。在间接标价法下，汇率数值的上下起伏波动与相应的外币的价值变动在方向上刚好相反，而与本币的价值变动在方向上却是一致的。目前，英国、美国、澳大利亚和欧元区均采用此种标价方法。从历史上看，英镑曾长期用做国际结算的主要货币，因此，伦敦外汇市场一直采用间接标价法。

直接标价法和间接标价法之间存在着一种倒数关系，即直接标价法下的汇率数值的倒数就是间接标价法下的汇率数值，反之亦然。例如，根据我国中国银行按直接标价法挂牌的 100 美元=647.74 元人民币，我们可很方便地推算出 1 元人民币=100/647.74=0.1544 美元，即 100 元人民币=15.44 美元。又如，根据伦敦外汇市场上的 1 英镑=1.6375 美元，运用倒数关系，即可将外汇市场的间接标价法换成直接标价法，即 1 美元 = 1/1.6375=0.6107 英镑。

由于在不同的标价法下，汇率涨跌的含义恰恰相反，因此，我们在谈论某种货币汇率的变动时，必须说明具体的标价方法，否则就容易引起歧义，我们也可以在汇率之前加上外汇或本币等限定词，以说明外汇汇率或本币汇率的变动情况，如外汇汇率上升或本币汇率下跌。

汇率的种类

按国际货币制度的演变划分

固定汇率，是指由政府制定和公布，并只能在一定幅度内波动的汇率。

浮动汇率，是指由市场供求关系决定的汇率。其涨落基本自由，一国货币市场原则上没有维持汇率水平的义务，但必要时可进行干预。

按制定汇率的方法划分

基本汇率，是本国货币与国际上某一关键货币的兑换比率。各国在制定汇率时必须选择某一国货币作为主要对比对象，这种货币称为关键货币。一般美元是国际支付中使用较多的货币，各国都把美元当做制定汇率的主要货币，常把对美元的汇率作为基本汇率。

套算汇率，是指各国按照对美元的基本汇率套算出的直接反映其他货币之间价值比率的汇率。

按银行买卖外汇的角度划分

买入汇率，也称买入价，即银行向同业或客户买入外汇时所使用的汇率。采用直接标价法时，外币折合本币数较少的那个汇率是买入价，采用间接标价法时则相反。

卖出汇率，也称卖出价，即银行向同业或客户卖出外汇时所使用的汇率。采用直接标价法时，外币折合本币数较多的那个汇率是卖出价，采用间接标价法时则相反。

中间汇率，是买入价与卖出价的平均数。西方报刊报道汇率消息时常用中间汇率，套算汇率也用有关货币的中间汇率套算得出。

现钞汇率，是指银行买入或卖出外币现钞时所使用的汇率。一般国家都规定，不允许外国货币在本国流通，只有将外币兑换成本国货币，才能够购买本国的商品和劳务，因此产生了买卖外汇现钞的兑换率，即现钞汇率。按理现钞汇率应与外汇汇率相同，但因需要把外币现钞运到各发行国去，由于运送外币现钞要花费一定的运费和保险费，因此，银行在收兑外币现钞时的汇率通常要低于外汇买入汇率；而银行卖出外币现钞时使用的汇率则高于其他外汇卖出汇率。

按银行外汇付汇方式划分

电汇汇率，是经营外汇业务的本国银行在卖出外汇后，即以电报委托其国外分支机构或代理行付款给收款人所使用的一种汇率。由于电汇付款快，银行无法占用客户资金头寸，同时，国际间的电报费用较高，所以电汇汇率较一般汇率高。但是电汇调拨资金速度快，有利于加速国际资金周转，因此电汇在外汇交易中占有绝大的比重。

信汇汇率，是银行开具付款委托书，用信函方式通过邮局寄给付款地银行转付收款人所使用的一种汇率。由于付款委托书的邮递需要一定的时间，银行在这段时间内可以占用客户的资金，因此，信汇汇率比电汇汇率低。

票汇汇率，是指银行在卖出外汇时，开立一张由其国外分支机构或代理行付款的汇票交给汇款人，由其自带或寄往国外取款所使用的汇率。由于票汇从卖出外汇到支付外汇有一段间隔时间，银行可以在这段时间内占用客户的头寸，所以票汇汇率一般比电汇汇率低。票汇有短期票汇和长期票汇之分，其汇率也不同。由于银行能更长时间运用客户资金，所以长期票汇汇率较短期票汇汇率低。

按外汇交易交割期限划分

即期汇率，也叫现汇汇率，是指买卖外汇双方成交当天或两天以内进行交割的汇率。

远期汇率，是在未来一定时期进行交割，而事先由买卖双方签订合同、达成协议的汇率。到了交割日期，由协议双方按预订的汇率、金额进行钱汇两清。远期外汇买卖是一种预约性交易，是由于外汇购买者对外汇资金需要的时间不同，以及为了避免外汇汇率变动风险而引起的。远期外汇的汇率与即期汇率相比是有差额的。这种差额称为远期差价，有升水、贴水、平价三种情况，升水是表示远期汇率比即期汇率贵，贴水则表示远期汇率比即期汇率便宜，平价表示两者相等。

按对外汇管理的宽严划分

官方汇率，是指国家机构（财政部、中央银行或外汇管理当局）公布的汇率。官方汇率又可分为单一汇率和多重汇率。多重汇率是一国政府对本国货币规定的一种以上的对外汇率，是外汇管制的一种特殊形式。其目的在于奖励出口限制进口，限制资本的流入或流出，以改善国际收支状况。

市场汇率，是指在自由外汇市场上买卖外汇的实际汇率。在外汇管理较松的国家，官方宣布的汇率往往只起中心汇率作用，实际外汇交易则按市场汇率进行。

按银行营业时间划分

开盘汇率，又称开盘价，是外汇银行在一个营业日刚开始营业时进行外汇买卖使用的汇率。

收盘汇率，又称收盘价，是外汇银行在一个营业日的外汇交易终了时使用的汇率。

🏛 10.3 汇率决定与变动

☐ 汇率的决定

两种货币之间为什么会按某一汇率水平折算、买卖？决定和影响这一水平的因素究竟是什么？这些问题一直是经济学家十分关注的重大课题。汇率作为一种货币现象，显然与一定的货币制度有着密切的关系。在不同的货币制度中，汇率的决定基础有很大的差异。

金本位制度下汇率的决定

19 世纪初，英国确立了金本位制度，接着，其他西方国家也纷纷效仿。由于各国金本位制度之间存在完全的一致性，所以，在这种共同的基础上就形成了所谓的国际金本位制度。在国际金本位制度，尤其是金币本位制度下，各国均规定了每一单位货币所包含的黄金重量与成色，即含金量。这样，两国货币间的价值就可以用共同的尺度，即各自的含金量多寡来进行比较。金本位条件下两种货币的含金量对比称做铸币平价，铸币平价是决定两种货币汇率的基础。例如，在 1929 年的"大萧条"之前，英国规定每 1 英镑含纯金 7.322 4 克，美国规定每 1 美元含纯金 1.504 656 克。这样，按含金量对比，英镑与美元的铸币平价为 7.322 4/1.504 656 = 4.866 5，即 1 英镑 = 4.866 5 美元。这一铸币平价就构成了英镑与美元汇率的决定基础。

铸币平价虽然是汇率的决定基础，但它只是一个理论概念，不是外汇市场上实际买卖外汇时的汇率。在外汇市场上，由于受外汇供求因素的影响，汇率时而高于铸币平价，时而又低于铸币平价。然而，在金本位制下，汇率波动并非漫无边际，它是有一定界限的，这个界限就是黄金输送点，简称输金点。黄金输送点之所以能成为汇率上下波动的界限，是由于在金币本位制度下，各国间办理国际结算可以采用两种方法。一种方法是利用汇票等支付手段，进行非现金结算。但是，如果由于汇率变动导致使用汇票结算对付款方不利时，则可改用另一种方法，即直接运送黄金。因此，便使汇率的波动幅度受黄金输送点的限制。

例如，在第一次世界大战以前，英国和美国之间运送价值 1 英镑黄金的各项费用约为 0.03 美元。在这种情况下，假定美国对英国有国际收支逆差，对英镑的需求增加，英镑汇率必然上涨。如果 1 英镑的汇率上涨到 4.896 5 美元（币平价 4.896 65 美元加运送黄金的费用 0.03 美元）以上时，则美国负有英镑债务的企业就不会购买英镑外汇，而宁愿在美国购买黄金，并将其运送到英国偿还其债务。由于采用直接运送黄金的方法偿还 1 英镑的债务只需 4.896 5 美元，因此，这一引起美国黄金流出的汇率就是黄金输出点，英镑汇率的上升不可能超出黄金输出点。反之，假定美国对英国的国际收支为顺差，英镑的供应增加，英镑的汇率必然下跌。如果 1 英镑跌到 4.836 5 美元（铸币平价 4.866 5 美元减去运送黄金的费用 0.03 美元）以下时，则美国持有英镑债权的企业就不会出售英镑外汇，而宁愿在英国用英镑购买黄金运回美国。由于用运送黄金的方法收回 1 英镑债权可以得到 4.836 5 美元，因此，这一引起黄金输入的汇率就是黄金输入点。显然，英镑汇率的下跌不可能低于黄金输入点。

由此可见，在金币本位制度下，汇率波动的界限是黄金输送点，最高不超过黄金输出点，即铸币平价加运费；最低不低于黄金输入点，即铸币平价减运费。汇率的波动幅度是相当有限的，汇率一般比较稳定。

第一次世界大战爆发后，参战各国的金币本位制度陷于崩溃。由于战争期间黄金储备的大量流失，战后多数国家只能实行金块本位制或金汇兑本位制。结果，黄金很少直接充当流通手段和支付手段，其自由输出入也受到限制。在金块和金汇兑本位制度下，货币所代表的金量之比称为法定平价。法定平价也是金平价的一种表现形式，国际汇率因供求关系而围绕法定平价上下波动。但此时，汇率波动的幅度已不再受制于黄金输送点。黄金输送点存在的必要前提是黄金的自由输出入。在金块和金汇兑本位制度下，由于黄金的输出入受到限制，因此，黄金输送点实际上已不复存在。在这两种残缺的金本位制度下，虽然法定汇率的基础依然是金平价，但汇率波动的幅度由政府规定和维护。政府通过设立外汇平准基金来维护汇率的稳定，即在外汇汇率上升时抛售外汇，在外汇汇率下降时买入外汇，以此使汇率的波动限制在允许的幅度之内。很显然，与金币本位制度时的情况相比，金块和金汇兑本位制度下的汇率的稳定程度已大大降低。

纸币本位制度下汇率的决定

纸币是价值的符号。在金本位制度下，纸币因黄金不足而代表或代替金币流通。在与黄金脱钩了的纸币本位制度下，纸币不再代表黄金或代替金币流通，相应的，金平价（包括铸币平价和法定平价）也不再成为决定汇率的基础。因为此时货币（纸币）的价值基础已无法通过统一的价值实体得到体现。那么，在这种情况下，汇率是如何决定的？

按照马克思的货币理论，纸币是价值的一种代表，两国纸币之间的汇率便可用两国纸币各自所代表的价值量之比来确定。马克思的这一观点，至今依然正确。因此，在纸币本位制度下，纸币所代表的价值量是决定汇率的基础。

在实际经济生活中，由于各国劳动生产率的差异，国际经济往来的日益密切和金融市场的一体化，信息传递技术的现代化等因素，使纸币本位制下的货币汇率决定还受其他多种因素影响。在世界金本位制瓦解后，汇率动荡不已，西方经济学家纷纷著书立说，来探讨纸币与黄金脱钩后货币汇率的决定，形成了形形色色的汇率决定理论。

□ 汇率决定理论

汇率决定理论与国际收支理论是相互联系、不可分割的，共同构成西方国际金融理论的核心内容。西方汇率理论经历了一个漫长的演变和发展过程，由于汇率属于国际货币问题，直到国际货币产生后对汇率的研究才出现了较系统的理论。西方国家对于汇率研究的学说很多，它们从不同的角度论述汇率问题，有的是论证汇率的决定，有的是说明汇率的变动原因或是对经济的影响。这里选择其中主要观点进行简要介绍。

国际借贷论

国际借贷论以金本位制为前提，认为汇率的变动是由外汇供求引起的，而外汇供求则源于国际借贷，国际借贷则来自商品的输出入、股票和债券的买卖、利润和捐赠的收付、旅游支付及资本交易等。如果一国的流动借贷（即进入支付阶段的借贷）相等，外汇供求也相等，汇率处于均衡状态。若流动借贷中，流动债权大于流动债务，则外汇供大于求，外汇汇率会下降；反之则外汇汇率会上升。葛逊所说的流动债权和流动债务实际上就是国际收支，所以，该理论又被称为国际收支论或外汇供求论。

购买力平价论

购买力平价论是一种比较古老的学说，早在19世纪就已经出现，是西方汇率理论中最具影响力的一种。购买力平价理论的主要观点和基本思想是：人们之所以需要外国货币，是因为这些货币在外国市场上具有购买力，可以买到外国人生产的商品或劳务；外国人之所以需要本国货币，是因为这些货币在本国市场上具有购买力，可以买到本国人生产的商品或劳务。因此，两国货币的兑换比率，主要是由两国货币在其本国所具有的购买力决定的，两种货币购买力之比决定两国货币的交换比率。购买力的比率即是购买力平价，同时也是货币汇率决定的基础；汇率变动的原因在于购买力的变动，而购买力变动的原因又在于物价的变动。这样，汇率的变动最终取决于两国物价水平比率的变动。

汇兑心理论

汇兑心理论认为，人们之所以需要外国货币，是为了满足某种欲望，如用它来购买商品、支付债务、进行投资、炒卖外汇和抽逃资本等，欲望是使得外币具有价值的基础。因此，外币的价值取决于外汇供需双方对其所做的主观评价，外币价值的高低，又是以人们主观评价中边际效用的大小为转移的。对于每个人来说，其使用外币有着不同的边际效用，因此各自的主观评价也不同。不同的主观评价产生了不同的外汇供给与需求。供求双方通过市场达成均衡，其均衡点就是实际汇率，它是外汇供求双方心理活动的集中表现。当旧的均衡被打破时，汇率又将随人们对外汇主观评价的改变而达到新的均衡。

利率平价论

利率平价论的基本观点：远期差价是由两国利率差异决定的，并且高利率国货币在期汇市场上必定贴水，低利率国货币在期汇市场上必定升水。在两国利率存在差异的情况下，资金将从低利率国流向高利率国。但套利者在比较金融资产的收益率时，不仅考虑两种资产利率所提供的收益率，还要考虑两种资产由于汇率变动所产生的收益变动。套利者往往将套利与掉期业务结合进行，以避免汇率风险。大量掉期外汇交易的结果，使低利率货币的现汇汇率下浮，期汇汇率上浮；而高利率货币的现汇汇率上浮，期汇汇率下浮。随着抛补套利的不断进行，远期差价就会不断加大，直到两种资产所提供的收益率完全相等，这时抛补套利活动就会停止，远期差价正好等于两国利差，即利率平价成立。

资产选择论

资产选择论又称"有价证券选择论"、"资产市场论"等，随着各国的利率、通货膨胀率、投资利润率、国际收支和经济增长等各种因素的变化，以本币和外币所表示的各种金融资产的风险和收益也会随之变化，各经济主体必将对其资产组合作相应的调整，从而引起资本频繁地在国与国之间流动，进而引起外汇市场供求关系的变化和汇率的变动。

货币主义汇率论

货币主义汇率论又称"货币市场论"，认为在浮动汇率制度下，货币量是决定汇率的主要因素，它强调货币市场和证券市场在汇率决定进程中的作用，把汇率看做是两国货币的相对价格之比，是由货币市场上均衡条件决定的。因此它用货币相对供应量的变动作为解释汇率波动的重要因素，同时还用货币量变动预测汇率。

□ 影响汇率变动的主要因素

撇开上述汇率理论，从当今世界外汇市场的现实情况来看，市场汇率受多种因素的影响而经常变动、捉摸不定。而汇率的频繁波动，又对一国（或地区）国内（或地区内）经济和对外经济产生多方面的影响。尽管影响汇率变动的因素纷繁复杂，但其主要因素如下：

国际收支

国际收支是一国对外经济活动的综合反映，其收支差额直接影响外汇市场的供求关系，并在很大程度上决定了汇率的基本走势和实际水平。换言之，国际收支是影响汇率变动的最直接的因素，也是主要原因，尤其"贸易收支"对汇率变动起着决定性的作用。一般而言，当一国的国际收入大于支出，即出现国际收支顺差时，市场上就会出现外汇的供应大于需求的状况，进而引起外汇的汇率下降或顺差国货币的汇率上升；反之，当一国的国际收入小于支出，即出现国际收支逆差时，市场上就会出现外汇的供应小于需求的状况，进而引起外汇的汇率上升或逆差国货币的汇率下降。

通货膨胀差异

从一定意义上说，通货膨胀差异是汇率变动的根本因素或基本原因。通货膨胀意味着物价上涨，货币的购买力下降，进而表现货币对内贬值。在多数情况下，货币的对内贬值必然会引起对外贬值。然而，如果两国的通货膨胀率相同，则两国货币的名义汇率因通货膨胀的相互抵消，就可能继续保持不变。只有当两国的通货膨胀率存在差异，通货膨胀因素才会对两国货币的汇率产生影响。这种影响表现在，通货膨胀率较高国货币的汇率趋于下跌，而通货膨胀率较低国货币的汇率则趋于上升。

相对利率

相对利率即国际利差。通常情况下，一国的利率水平较高，在该国表现为债权的金融资产，如存款、贷款、存单、债券、商业票据等的收益率也相对较高，这就会吸引大量国外资金流入，以投资于这些金融资产。结果，在外汇市场上，外汇的供应就急剧增加，从而导致本币汇率上升。反之，一国若降低利率，就会使短期资本流往国外，该国对外国货币的需求增加，造成本币汇率下降。所以，各国利率的变化，尤其是国内外利差的变动，是影响汇率的一个十分重要的因素。

经济政策

经济政策主要有财政政策、货币政策、外贸政策和外资政策等。如财政政策，放松财政就可能会出现财政赤字，其补偿办法主要有：①增收节支。这种办法的结果必然是经济紧缩，物价下跌，出口增加和进口减少，进而出现本币汇率上升或外汇汇率下跌。②增发货币。此时，货币供应量增加会引发物价上涨，出口减少而进口增加，进而引起本币汇率下跌或外汇汇率上升。③举债。为了获得债务收入以弥补财政赤字，一国必然提高利率，而利率的调整特别是国内外实际利差的变化，又会影响到汇率的变化。此外，一国所采取的影响利率与货币供应量的货币政策，影响贸易收支的外贸政策以及影响资金流出入的外资政策等，也会通过影响外汇供求的变动进而引起一国货币对外汇率的变化。

经济增长差异

国内外经济增长率的差异对汇率变动的影响较为复杂，应视时间长短及经济发达（开放）程度等而有所不同。一方面，一国经济增长率高，则意味着收入上升，由此会造成进口支出的大幅度增长；另一方面，一国经济增长率高，又往往意味着生产率提高较快，由此通过生产成本的下降改善本国产品的竞争地位而有利于增加出口，抑制进口。同时，经济增长势头好，则意味着一国利润率也往往较高，由此吸引外资流入，从而改善资本和金融账户。一般来说，高经济增长率在短期内不利于本国货币在外汇市场的行市；但从长期来看，却有力地支持着本国货币的强势劲头。

政府干预因素

由于汇率变动对一国的进出口贸易和资本流动等有着直接的影响，并转而影响到国内的生产、投资和价格等，所以，各国中央银行为了避免汇率变动，尤其是短期内的剧烈起伏波动对国内经济造成不利影响，往往对汇率进行干预，即由中央银行在外汇市场上买卖外汇。当外汇汇率过高时卖出外汇，回笼货币，而在外汇汇率过低时则买进外汇，抛售本币，使汇率变动有利于本国经济。

预期及投机因素

心理预期有时能对汇率产生重大的影响。心理预期多种多样，包括经济的、政治的和社会的各个方面。就经济方面来说，心理预期包括对国际收支状况、相对物价水平（通货膨胀率）、相对利率或相对资产收益率、政府干预以及对汇率本身的预期等。心理预期的变化会引起外汇市场上的外汇投机及保值活动的变化，进而引起外汇供求及汇率的变动。

除上述因素外，政治因素（政局的稳定性及政策的连续性等）、突发因素（自然灾害、战争及军事冲突等）、外汇储备等因素也通过影响一国的外汇供求进而影响外汇汇率的变动。而且，这些因素的关系错综复杂，有时各种因素会一起同时发生作用，有时个别因素起作用，有时各因素的作用又相互抵消，有时某一因素的主要作用突然为另一因素所代替。从短期来看，在一定条件下，利率水平对一国货币汇率涨落起重要作用，而从长期来看，相对经济增长率和货币供给增长率决定着汇率的长期走势。

□　汇率变动对经济的影响

汇率受通货膨胀与国际收支等因素的影响而不断变化，但是反过来又会对一国经济的发展起重要作用。特别是在当今经济金融全球化的背景下，汇率变动对一国的国内经济、对外经济以及国际间经济联系都产生着重大的影响。

汇率变动对一国国际收支的影响

汇率变动对国际收支的影响，主要是通过对货物及服务进出口、资本流动产生作用而形成影响的，具体如下：

汇率变动对货物及服务贸易收支的影响。一国货币汇率变动，会使该国进出口货物及服务价格相应涨落，抑制或刺激国内外居民对进出口货物及服务的需求，从而影响货物及服务贸易收支。例如，一国货币对外汇率下跌（即对外贬值），则本国货物及服务价格相对外国货物及服务价格下降，诱发国外居民增加对本国货物及服务的需求，减少国内居民对外国货物及服务的需求，从而增加出口、减少进口，改善货物及服务贸易收支乃至整个国际收支；反之，如果一国货币对外汇率上升（即对外升值），则情况正好相反。

汇率变动对资本流出入的影响。资本从一国流向国外，其主要目的是追求利润或避免受损，因而汇率变动会影响资本的流出与流入，但汇率变动对资本流动产生的实际影响要与对汇率变动的预期相结合进行考察。当一国货币贬值，且人们预期该国货币还将进一步贬值，则资本将流出该国；而当一国货币贬值，但人们预期该国货币已达汇率均衡水平，甚至预期该国货币会有反弹升值的趋势，则资本将流入该国。

汇率变动对官方储备的影响。汇率变动直接影响一国储备项目中的外汇储备。主要表现在以下两方面：①本国货币汇率变动通过资本转移和进出口贸易额的增减，直接影响本国外汇储备的增加或减少。一般来说，一国货币汇率稳定，有利于该国吸收外资，从而促进该国外汇储备增加；反之，则会引发资本外流，使得黄金外汇储备减少。如果一国汇率变动使其出口额大于进口额时，则其外汇收入增加，储备状况也改善；反之，储备状况则恶化。②储备货币的汇率下跌，使保持储备货币国家的外汇储备的实际价值遭受损失；而储备货币国家则因该货币的贬值而减轻了债务负担，从中获利。

汇率变动对国内经济的影响

汇率变动对国内经济的影响，具体表现在对物价、产量与收入、资源配置等方面，具体如下：

汇率变动对国内物价的影响。汇率变动在不同的经济背景下，会对物价产生不同形式的影响。如国内经济处于充分就业状态，货币贬值会导致出口增加，贸易收支改善通过乘数的效应扩大总需求；然而，充分就业限制了产量的增加，结果是必然出现"需求拉动"型的物价上涨。与此同时，当货币贬值后，进口商品的本币标价会立即上升，如进口商品为消费品，则会直接影响总的消费品物价水平；如进口商品是资本品，则会加大国内生产的成本，进而形成"成本推进"型的物价上涨。

汇率变动对国内产量及收入的影响。如果一国存在着闲置的生产要素，则该国货币贬值将会引起出口增加，贸易收支得到改善。而贸易收支改善将通过乘数效应扩大总需求，进而导致国内产量的增加和国民收入的提高。

汇率变动对国内资源配置的影响。当一国货币贬值后，该国商品价格相对于外国商品价格下降，使得该国的出口商品和进口替代商品有较强的竞争力，进而出口商品和进口替代品的生产部门或者扩大产量，或者提高价格。总之，贸易品的生产部门由于货币贬值而产生了较强的发展优势。这就使得国内资源的配置更倾向于效益较高的贸易品生产部门，甚至形成产业结构的贸易部门导向化。

主要货币汇率变动对国际经济的影响

在国际经济关系中，小国与大国，发展中国家与发达国家，其汇率变动所产生的影响是大不相同的。一般来说，小国的汇率变动对其贸易伙伴国的经济影响是微不足道的，而主要工业化国家（发达的贸易大国）的汇率变动对国际经济关系的影响则要大得多，往往成为其他国家密切注视的焦点。其具体影响在于：一是主要工业化国家的货币贬值至少在短期内会不利于其他工业化国家和发展中国家的贸易收支；二是主要工业化国家的货币一般作为国际间计价手段、支付手段和储备手段，其汇率变动将引起国际金融业动荡，在国际贸易和资本流动活动中，将要收进贬值货币的经济主体，其利益受到损失，而将要付出贬值货币的经济主体则从中获利；三是主要货币的汇率不稳，会给国际储备体系和国际金融体系带来严重影响。

🏛 10.4 开放经济条件下的政策选择

随着经济、金融全球化的不断推进，一国的经济政策不但要受到国内经济的制约，而且还要受到国际货币体系、国际经济形势与其他国家经济活动的影响。因此，在开放经济条件下，政府当局如何制定和执行其经济政策（主要是货币及金融调控政策和财政政策），便成为一个十分重要的问题。我们这里主要研讨货币及金融调控政策。

☐ 汇率制度的选择

汇率制度概述

汇率制度是指一国货币当局对本国货币汇率变动的基本方式所做的一系列安排和规定。

国际货币基金组织在1976年组织召开了牙买加会议，会议达成了《牙买加协定》，会后以此为基础修改了《国际货币基金协定》，并于1978年4月11日生效，从而结束了布雷顿森林体系崩溃后的混乱状态，世界货币体系从此进入"牙买加体系"时代。牙买加体系最主要的特征是黄金的非货币化和各国实行浮动汇率制。黄金的非货币化意味着各国进入纸币本位时代。浮动汇率制的实行意味着汇率由外汇市场的供求关系决定，各国没有《国际货币基金协定》规定的义务干预汇市，影响汇率。但是由于汇率的波动会造成多方面的经济影响，所以各国很少有对汇率完全放任不管的情况。根据各国汇率政策的实践，浮动汇率制依据各国货币当局对外汇市场的干预程度划分出了三种主要的汇率制度——自由浮动汇率制度、管理浮动汇率制度、钉住汇率制度。

自由浮动汇率制度即汇率几乎完全由外汇市场的供求决定，货币当局只在很少的时候做轻微的干预。管理浮动汇率制度即汇率在货币当局的管理下，由市场供求力量作用而浮动，而政府干预的方式可以是预先宣布的定式的，也可以是随机的。钉住汇率制度即政府实行完全的干预以维持汇率在一固定水平及其上下的一个小范围内，其可以是钉住单一货币，也可以是钉住"一篮子"货币。目前各国对汇率制度的选择情况是，美、英等发达国家实行自由浮动，部分发达国家如欧盟各国实行联合浮动（管理浮动的一种运行方式），日本对外汇市场干预较多，应属管理浮动，广大发展中国家一般采用管理浮动汇率制度或钉住汇率制度。

汇率制度的选择权是一国重要的经济主权之一。2010 年初期这个观点被我国政府一再强调，我国领导人多次表示：即使我国汇率制度要完善，人民币要升值，那也不会在外国的压力下进行，外国压力越大，我们越要慢点进行。汇率制度的选择有国际金融学的理论依据，尤其还要考虑一国的国情。学术上这方面的争论主要分两派，也就是自由浮动汇率制度和钉住汇率制度。这两种制度基本上属于两种对立的汇率制度，处于两个极端，而中间宽泛的区域正是管理浮动汇率制度的领域。

自由浮动汇率制度的支持论点

自由浮动汇率制度的赞同者列举了汇率自由浮动的若干优点。

自动调整国际收支失衡。自由浮动汇率可以自动地使国际收支平衡得到及时、迅速的调整，以避免其长期失衡。当一国国际收支逆差时，外汇市场上对外汇的需求大于供给，外汇汇率上升，改变本国进出口品的价格，使进口减少，出口增加，国际收支平衡。

提高经济政策的独立性。由于自由浮动汇率可以确保国际收支平衡，使政府可以将所有政策工具集中处理国内经济问题，从而也保证了本国政府经济政策免受外部因素的干扰。

货币政策的有效性增强。当一国采取反通货膨胀政策时，由于货币供给下降，利率提高，将使进口支出下降，资本流出减少，流入增加，国际收支改善，本国货币汇率上浮，而汇率上浮又会刺激进口、阻碍出口、进一步减轻国内通货膨胀的压力。

有利于资源的有效配置。在自由浮动汇率制度下，汇率是由外汇市场上的供求决定的，基本反映了一个国家真实的经济状况。按照此种均衡的汇率来比较不同国家的商品价格，可以反映出一个国家在哪些商品生产上具有优势，哪些商品上处于劣势，这样一来，便有利于本国在市场机制的引导下，有效地配置本国的有限资源。

免除政府干预的义务。自由浮动汇率下，政府并无维持汇率稳定的义务。由于国际收支能够经常保持平衡，政府没有必要干预外汇市场，从而可以免除干预外汇市场的成本支出，如持有国际储备资产的机会成本，干预外汇市场的操作成本。

钉住汇率制度的支持论点

反对自由浮动汇率制度，支持钉住汇率的人也给出了很多理由：

避免汇率大幅波动，有利于世界经济发展。倡导钉住汇率制的学者认为，钉住汇率可以避免日常汇率的大幅度波动，它有利于国际范围的专业化分工，以及国际贸易和国际投资。一般来说，国际贸易和国际投资的最终依据是各国的实际比较利益，即根据生产效率差异确定的比较利益。由于实际比较利益需要通过汇率来计算和比较，这样，钉住汇率制就为国际贸易和国际投资提供了一个相对稳定的环境。当然，主张自由浮动汇率的学者并不承认这一点。

钉住汇率制下的投机相对稳定。从投机对市场的影响看，投机可以是稳定的，也可以是不稳定的。当外汇汇率上升时，投机者预测外汇汇率将下降，从而卖出外汇；当外汇汇率下降时，投机者预测上升，从而买入外汇。这种投机由于减少了汇率的波动幅度，称为稳定投机。当外汇汇率上升时，投机者预测汇率将进一步上升，从而买入外汇；而当外汇汇率下降时，投机者预测汇率将进一步下降，从而卖出外汇。这种投机由于加大了汇率波动幅度，称为反稳定投机。在钉住汇率制下，汇率波动有上下界限，投机者大多能预测汇率向相反方向变动，因此产生稳定投机。而在自由浮动汇率制下，投机者很可能预测同向变动，因此而产生反稳定投机。当然，主张自由浮动汇率制的学者不同意这一观点。

有利于稳定物价。在钉住汇率制度下，一国若采取膨胀性的货币政策，流通中增加的货币供给将会使国内物价水平上升，导致国际收支逆差和国际储备流失。由于国际储备量的限制，该国必须采取措施抑制通货膨胀。所以，钉住汇率制具有通货膨胀的"制动器"作用。而自由浮动汇率制度则具有明显的通货膨胀助推倾向。

同时，主张钉住汇率制的学者还指出自由浮动汇率制的其他缺点，如汇率变动引起的经济调整，调整成本较大；自由浮动汇率不能保证改善国际收支状况，因为汇率浮动改善国际收支的功能必须具备一系列前提条件，如进出口商品需求弹性、公众实际收入下降等。

□ 外汇管制的选择

外汇管制与否以及轻重如何是一国重要的经济主权之一。外汇管制是指一国为了平衡国际收支，减少本国黄金外汇储备的流失，而对外汇的买卖直接加以管制，以控制外汇的供给或需求，维持本币对外汇汇率的稳定，所施行的政策措施。包括对外汇的买卖、外汇汇率、国际结算、资本流动，以及银行的外汇存款账户等各方面外汇收支与交易所作的规定。

外汇管制的目的和手段

外汇管制是为一国政治经济政策服务的。由于各国的社会制度、经济发展水平各不相同，它们实行外汇管制的目的或原因也不尽相同；即便是同一个国家或地区，在不同时期其外汇管制所要达到的目的也可能不一样。一般来说，各国实行外汇管制主要出于以下几个方面的考虑：①改善国际收支状况，促进国际收支平衡；②维护本币对外价值的稳定，促进对外经济贸易的发展；③防止资本外逃或大量流入，保持本国金融市场的稳定；④保护本国幼稚工业，发展本国民族经济；⑤加强本国产品的国际竞争力，争取国外销售市场；⑥阻止国际通货膨胀的输入，稳定国内物价水平；⑦贯彻产业政策，改善经济结构，对某些部门实行外汇优先配给；⑧增加财政收入，缓解财政紧张状况。

此外，在其他国家实施外汇管制或贸易限制而对本国出口不利的情况下，该国可以利用外汇管制作为抵御国际贸易保护主义的手段，以迫使其他国家取消或减少保护措施，维护本国经济、政治利益。

外汇管制的手段或方法很多，但其基本特征都是政策垄断外汇的买卖。因此外汇管制的方法无非是对外汇交易的数量进行限制，或者对外汇交易的价格做出不同的规定，即外汇数量管制和外汇汇率管制。

在数量管制方面，主要手段是配给控制和外汇结汇控制。其具体方法有：①办理出口许可证；②由出口商向指定银行事先报告出口交易情况，请其发给出口证书，借以办理出口交货业务，并由银行负责收购其所得外汇；③强制居民申报国外资产，必要时强制收购；④在使用外汇时实行配给制，具体是通过进口许可证制和申请批汇制来实现。

在外汇汇率管制方面，主要手段是实行复汇率制度。所谓复汇率制度，指的是一国货币对另一国货币存在着两个或两个以上汇率的制度。此时，不同汇率适用于不同类别的交易项目。复汇率制度的使用原则是对需要鼓励的交易项目规定优惠的汇率，而对需要限制的交易项目规定不利的汇率。

外汇管制的利弊

外汇管制对于发展中国家往往是不可缺少的。它能够在短期内缓和国际收支困难，对于维护汇率稳定、抑制物价上涨、促进产业结构改善能起到一定作用。但外汇管制的弊端也是十分明显的，主要表现在：①阻碍国际贸易的发展，增加国际间的矛盾。②市场机制的作用不能充分发挥。③某些商品的成本增加，导致国内物价的上涨。④限制外资流入，对本国经济的发展并非完全有利。⑤管制成本较大，并容易形成社会腐败之风。

所以，总的来说，外汇管制利弊兼有，但是相对而言，弊还是大于利的，发展中国家的外汇管制就应该作为一种权宜之计，从长期看则应逐步取消外汇管制。

□ "三元悖论"

早在布雷顿森林会议确定的固定汇率制于20世纪60年代显现出难以为继的苗头时，一些经济学家就开始展开相应的论证，指出了国际货币体系实质上存在着一个根本的两难状况，更确切地说是"三难"状况。罗伯特·蒙代尔等（Robert A. Mundell）在研究了20世纪50年代国际经济情况以后，提出了支持固定汇率制度的观点。

蒙代尔等人利用蒙代尔—弗莱明模型[②]（Mundell-Fleming Model）分析认为，一国无法做到想要什么就能得到什么，因为任何货币体系都要求人们牺牲一些重要目标来实现另一些目标，这是经济逻辑的基本问题。指出，在没有资本流动的情况下，货币政策在固定汇率下在影响与改变一国的收入方面是有效的，在浮动汇率下则更为有效；在资本有限流动情况下，整个调整结构与政策效应与没有资本流动时基本一样；而在资本完全可流动情况下，货币政策在固定汇率时影响与改变一国的收入方面是完全无能为力的，但在浮动汇率下，则是有效的。由此得出了著名的"蒙代尔三角"理论，即货币政策独立性、资本自由流动与汇率稳定这三个政策目标不可能同时达到。

[②] 20世纪60年代，罗伯特·蒙代尔（Robert A. Mundell）和J.马库斯·弗莱明（J.Marcus Fleming）提出了开放经济条件下的蒙代尔—弗莱明模型（Mundell-Fleming Model，M-F模型），这是"IS-LM模型"在开放经济中的形式，是一种短期分析，即假定价格水平固定；又是一种需求分析，假定一个经济的总供给可以随总需求的变化迅速做出调整，以经济中的总产出完全由需求方面决定。该模型进一步扩展了米德对外开放经济条件下不同政策效应的分析，说明了资本是否自由流动以及不同的汇率制度对一国宏观经济的影响，目的是要证明固定汇率制度下的"米德冲突"可以得到解决。蒙代尔—弗莱明模型的基本结论是：货币政策在固定汇率下对刺激经济毫无效果，在浮动汇率下则效果显著；财政政策在固定汇率下对刺激经济效果显著，在浮动汇率下则效果甚微或毫无效果。

在此基础上，美国经济学家克鲁格曼提出了"三元悖论"（The Impossible Trinity）。所谓"三元悖论"，也就是克鲁格曼在早些时候所说的"永恒的三角形"（The Eternal Triangle）。他指的是三个目标，即本国货币政策的独立性、汇率的稳定性、资本的完全流动性不能同时实现，最多只能同时满足两个目标，而放弃另外一个目标。更确切地说，由于货币投机的威胁，要得到国际货币体系的三个令人垂涎的目标中的任何一个，都将迫使你放弃其他两个中的一个。结果，只有一个有限的菜单可供选择，菜单上每一个项目在一定程度上都难以令人满意。国际金融中一个铁的定律是：各国充其量只能实现这三个目标中的两个。

例如，在 1944 年—1973 年的"布雷顿森林体系"中，各国"货币政策的独立性"和"汇率的稳定性"得到实现，但"资本流动"受到严格限制。而 1973 年以后，"货币政策独立性"和"资本自由流动"得以实现，但"汇率稳定"不复存在。"永恒的三角形"的妙处，在于它提供了一个一目了然地划分国际经济体系各形态的方法。"三元悖论"的结构框架如图 10-1 所示。

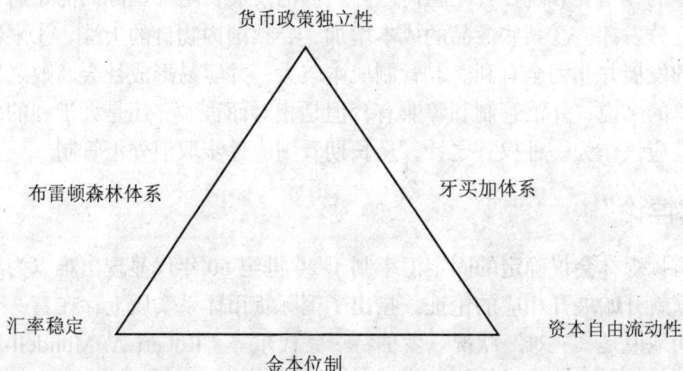

图 10-1 "三元悖论"的结构框架图

克鲁格曼认为，"三中择二"是国际经济体系内在的"三元悖论"的体现，而不顾其他两个目标，单追求一个目标（如发达国家近年来向发展中国家所推销的"资本完全自由流动"），在理论上是站不住脚的。所以，国际金融中的三难状况迫使各国必须做出选择：①允许完全自由的国际交易，使政府可以利用货币政策对付衰退，但要以汇率反复无常的波动为代价；②以牺牲货币独立来确保货币稳定的固定汇率；③能把相对稳定的汇率同某种程度的货币独立协调起来，但却会带来资本管制。

详细地来看，根据"三元悖论"，在资本流动、货币政策的有效性和汇率制度三者之间只能进行以下三种选择。

（1）保持本国货币政策的独立性和资本的完全流动性，必须牺牲汇率的稳定性，实行浮动汇率制。这是由于在资本完全流动条件下，频繁出入的国内外资金带来了国际收支状况的不稳定，如果本国的货币当局不进行干预，亦即保持货币政策的独立性，那么本币汇率必然会随着资金供求的变化而频繁地波动。利用汇率调节将汇率调整到真实反映经济现实的水平，可以改善进出口收支，影响国际资本流动。虽然汇率调节本身具有缺陷，但实行汇率浮动确实较好地解决了"三难选择"。但对于发生金融危机的国家来说，特别是发展中国家，信心危机的存在会大大削弱汇率调节的作用，甚至起到恶化危机的作用。当汇率调节不能奏效时，为了稳定局势，政府的最后选择是实行资本管制。

（2）保持本国货币政策的独立性和汇率稳定，必须牺牲资本的完全流动性，实行资本管制。在金融危机的严重冲击下，在汇率贬值无效的情况下，唯一的选择是实行资本管制，实际上是政府以牺牲资本的完全流动性来维护汇率的稳定性和货币政策的独立性。大多数经济不发达的国家，实行的就是这种政策组合。这一方面是由于这些国家需要相对稳定的汇率制度来维护对外经济的稳定，另一方面是由于他们的监管能力较弱，无法对自由流动的资本进行有效的管理。

（3）维持资本的完全流动性和汇率的稳定性，必须放弃本国货币政策的独立性。根据蒙代尔—弗莱明模型，资本完全流动时，在固定汇率制度下，本国货币政策的任何变动都将被所引致的资本流动的变化而抵消其效果，本国货币丧失自主性。在这种情况下，本国或者参加货币联盟，或者更为严格地实行货币局制度，基本上很难根据本国经济情况来实施独立的货币政策对经济进行调整，最多是在发生投机冲击时，短期内被动地调整本国利率以维护固定汇率。可见，为实现资本的完全流动与汇率的稳定，本国经济将会付出放弃货币政策的巨大代价。

专栏 10-2   继续推动人民币汇率制度改革

自 2005 年 7 月 21 日起，我国开始实行"以市场供求为基础、参考'一篮子'货币进行调节、有管理的浮动汇率制度"。几年来，随着我国资本市场的逐步开放和货币政策独立性的加强，人民币汇率形成机制改革有序推进，取得了预期的效果，该制度发挥了积极的作用，毫无疑问地成为目前我国人民币汇率制度的最佳选择。

即使在本次全球性金融海啸最严重的时候，许多国家货币对美元大幅贬值，而人民币汇率也保持了基本稳定，为抵御国际金融危机发挥了重要作用，为亚洲乃至全球经济的复苏作出了巨大贡献，也展示了我国促进全球经济平衡的努力。

当前我国进出口渐趋平衡，2009 年我国经常项目顺差与国内生产总值之比已经显著下降，2010 年以来这一比例进一步下降，国际收支均衡状态进一步趋近，当前人民币汇率不存在大幅度波动和变化的基础。人民银行将进一步发挥市场在资源配置中的基础性作用，促进国际收支基本平衡，保持人民币汇率在合理均衡水平上的基本稳定，维护宏观经济和金融市场的稳定。

当前全球经济逐步复苏，我国经济回升向好的基础进一步巩固，经济运行已趋于平稳，有必要进一步推进人民币汇率形成机制改革，增强人民币汇率弹性。而进一步推进人民币汇率形成机制改革，应重在坚持以市场供求为基础，参考"一篮子"货币进行调节。继续按照已公布的外汇市场汇率浮动区间，对人民币汇率浮动进行动态管理和调节。

当然，我国现在的金融市场还不成熟，资本市场特别是外汇市场还有种种缺陷，这些都是有待进一步改善的地方。现如今，我国的金融市场面临着新一轮冲击，实现人民币汇率完全以市场供给为基础的浮动汇率制度应是一个渐进的过程，需要一系列完善的配套措施作为保障。

至于为什么西方发达国家在 1973 年以后选择了"资本自由流动"和本国"货币政策独立性"这两个目标呢？克鲁格曼认为，这是因为它对"汇率不稳定"的承受力较大，而这又是由于国际资本市场对发达国家的信心较大，使发达国家货币贬值幅度可以恰到好处，不至于过度。相反，国际资本市场对发展中国家信心不足，结果造成发展中国家货币往往在资本外逃压力下过度贬值。因此，克鲁格曼认为，发展中国家的"三中择二"，应是选择本国"货币政策的独立性"和"汇率稳定"，而放弃"资本的完全自由流动"。他高度赞赏中国中央银行近年来为克服经济衰退连续降低利率的政策，认为中国货币政策的独立性是其他亚洲金融危机国家所不具备的，其原因正在于中国没有开放"资本账户"，没有实行人民币的完全可兑换。他说，中国的选择，对于防止世界重演 20 世纪 30 年代的"大萧条"意义重大。

在过去的漫长岁月里，我们已经尝试了所有的可能性。当前的欧洲货币联盟、中国香港的货币局制度和历史上的金本位制，均选择"汇率稳定"和"资本自由流动"，牺牲本国"货币政策的独立性"；而中国内地则是选择"汇率稳定"和"货币政策独立性"，放弃"资本的完全自由流动"，即只开放"经常账户"，不开放"资本账户"。

当然，我们也没必要始终坚持已实施的政策选择，克鲁格曼的"永恒的三角形"的核心启示在于，发展中国家应保持"资本流动控制"的权利；至于浮动汇率还是钉住汇率，则应具体情况具体分析。当前货币资本的流动方兴未艾，这种资本流动还经常隐藏在国际收支的经常项目里，很难管制住，使得中国的政策选择"汇率稳定"和"货币政策独立性"，放弃"资本的完全自由流动"，即只开放"经常账户"和不开放"资本账户"受到很大的挑战，很大程度上难以为继。我国"经常账户"的规模已达万亿美元级，从开放的"经常账户"潜入的货币资本很大程度上影响了货币供应量，从而使我国已选之二中的"货币政策独立性"被大打折扣。中国需要在相当程度上让汇率浮动起来，同时加强"资本控制"以提高"货币政策独立性"，我国可以选择"浮动汇率（汇率不稳定）+资本控制+货币政策独立性"的体制，当然都是在有限的、可接受的或可实现的水平上。

NEW
FUNDAMENTALS
OF FINANCE

第 11 章
金融稳定与发展：抉择与愿景

　　放眼全球，金融全球化已成为世界经济发展不可逆转的趋势，但随之而来的并不全都是和平鸽。1997年爆发的亚洲金融危机、2007年发端于美国的次贷危机所形成的金融海啸都对全球带来了巨大的破坏，这一切使金融稳定问题成为国际社会关注的重要议题。金融危机爆发的原因，到底是"资本主义制度的又一次失败"，还是"华尔街的贪婪"呢？我们该如何认识？如何避免呢？为了让读者能全面把握现实中金融稳定与发展面临的问题，本章从不同角度介绍了金融稳定，探讨了金融与经济发展、金融监管及趋势，最后介绍了中国金融改革的实践及展望。

比如，经济活动最初的复苏会逐步发展为全面的繁荣，繁荣会逐渐孕育危机，危机会发展为萧条，萧条可能会暂时变得更加严重，但是最终会引起经济活动的全面复苏，而这将是另一个周期的开端。因此，经济周期理论必须是对这种累积性变化的一种描述分析，通过这种累积性变化，一系列的经济条件本身会转化为另一系列的经济条件。

——威斯利·米切尔（Wesley C. Mitchell）

※章首引语

政府在这场危机中所起的关键作用是放任而非鼓励。政府数十年来对银行——以及更一般地说，信贷行业——疏于监管，放任私人行动者——银行家、抵押贷款经纪人、房地产销售商、房主等——做出理性自利的决策，引发了金融危机，政府却无力阻止其恶化成为经济萧条。政府的不作为催生了市场的一次深刻的失败。这种不作为在一定程度上是政治压力的结果（保持低利息率，保持繁荣的假象，赢得强大政治势力的好感，因为这势力——并非偶然地——是政治竞选的重要赞助者）。不过，它也是政府官员自满的结果，是天然地假定政府官员取得了预防经济萧条的有效工具的结果；在经济大萧条于1933年3月触底的75年之后，没有人预见到它还会重演——人们以为经济萧条已成为"历史"。政府的不作为还是自由市场意识形态的一个结果，该意识形态在相当大的程度上为克林顿政府，以及就此而言还可以追溯至20世纪70年代的若干克林顿前任政府所持有，20世纪70年代是金融产业反监管运动开始的年代。这种意识形态的承诺被布什政府推到了一个新高度，并在证券与交易委员会未能觉察麦道夫诈骗的事件上典型地表现出来。

政府在监管上出现了重大失败，但这一事实也不应掩盖市场的失败。更准确地说，是不能掩盖——实际上它凸显了——政府更好地监管市场之必要性，以保障金融市场稳定性这一公共善品。政府并非完全是消极被动的……银行必须经过决策才能提高资金杠杆比率，不能允许它们把决策的责任转嫁给政府（"是放松监管使我这样做的"），也不能允许它们把责任转嫁给金融工具，例如住房抵押贷款证券和信用违约掉期，这些工具看起来降低了资金杠杆比率的风险。那些金融工具是在私人部门发展起来的，受到私人部门的信赖，并对私人部门产生了影响。[1]

---

[1]资料来源：[美] 理查德·波斯纳. 资本主义的失败——08危机与经济萧条的降临[M]. 北京：北京大学出版社，2009。

2007年那场次贷危机引起的全球金融海啸，一直让我们心有余悸，世界经济至今尚没有彻底走出它所带来的经济阴影。那曾经铺天盖地的对华尔街的批评频频现于媒体，从美国政府层面的放松监管到华尔街的过度金融创新，都被作为了众矢之的。理查德·波斯纳先生用他那犀利的笔尖，指出这场灾难的根本原因在于自由市场的系统风险，经济摆动幅度过大，所以应该较为严密地监管美国金融市场。

放眼全球，金融全球化已成为世界经济发展不可逆转的趋势，但随之而来的并不全都是和平鸽。1997年爆发的亚洲金融危机，打破了亚洲经济繁荣发展的景象，给世界经济带来了巨大的冲击；2007年发端于美国的次贷危机迅速席卷全美、欧盟和日本等世界主要金融市场，并最终形成了一场影响全球的金融危机。这一切使金融稳定问题成为国际社会关注的重要议题。

金融危机爆发的原因，到底是如波斯纳先生所言"资本主义制度的又一次失败"，还是"华尔街的贪婪"呢？我们该如何认识？如何避免呢？为了让读者能全面把握现实中金融稳定与发展面临的问题，本章从不同角度介绍了金融稳定，探讨了金融与经济发展、金融监管及趋势，最后介绍了中国金融改革的实践及展望。

🏛 11.1　金融稳定

金融稳定是一种状态，即是一个国家的整个金融体系不出现大的波动，金融作为资金媒介的功能得以有效发挥，金融业本身也能保持稳定、有序、协调发展，但并不是说任何金融机构都不会倒闭。

"金融稳定"一词，目前在我国的理论、实务界尚无严格的定义。西方国家的学者对此也无统一、准确的理解和概括，较多的是从"金融不稳定"、"金融脆弱"等方面展开对金融稳定及其重要性的分析。

欧洲中央银行有关金融稳定的定义具有一定的代表性，其表述为：金融稳定是指金融机构、金融市场和市场基础设施运行良好，抵御各种冲击而不会降低储蓄向投资转化效率的一种状态。美国经济学家弗雷德里克·S·米什金认为，金融稳定源于建立在稳固的基础上、能有效提供储蓄向投资转化的机会而不会产生大的动荡的金融体系。

金融不稳定主要表现在三个方面：金融脆弱性、金融危机、金融腐败。

☐ 金融脆弱性

金融系统脆弱性的解析

金融脆弱性（Financial Fragility）有狭义和广义之分。狭义的金融脆弱性是指金融业高负债经营的行业特点决定的更易失败的本性，有时也称为"金融内在脆弱性"。广义的金融脆弱性简称为"金融脆弱"，是指一种趋于高风险的金融状态，泛指一切融资领域中的风险积聚，包括信贷融资和金融市场融资。现在通用的是广义金融脆弱性概念。

金融脆弱性的概念产生于20世纪80年代初期，随着金融自由化、国际化进程的不断深入，金融危机不断爆发并呈现出与以往不同的特征。海曼·P·明斯基（1986）在其代表作《稳定不稳定的经济》中提出了"金融脆弱性假说"这一著名观点。他认为，金融脆弱性是无法避免的，是经济持续稳定的内在性所导致的。海曼·P·明斯基从企业的角度对信贷市场的脆弱性做了系统阐述。他把借款人分成抵补性借款企业（Hedge-financed Firm）、投机性借款企业（Speculative-financed Firm）和庞氏企业（Ponzi Firm）三种类型，他认为随着经济的繁荣，在借款人中后两类的比重越来越大，而第一类越来越小，于是金融脆弱性也越来越严重。然而资本主义经济的长波上升段之后必然会迎来滑坡，借款人违约无力偿债和破产将导致银行破产，金融危机接踵而至。海曼·P·明斯基在解释这一循环往复的长波时，提出了"代际遗忘"和"竞争压力"的解释。他的金融脆弱性假说阐述了资本主义经济的金融风险生成机制，为以后人们进一步研究金融风险提供了理论依据。

金融系统脆弱性的生成

作为一个开放的系统，金融系统各个子系统（如银行业、证券业和保险业之间）的关系也日益复杂，各个相互独立的子系统之间的协调也变得越来越困难，一旦某个关键的子系统发生崩溃，就有可能使整个大的金融系统发生致命的坍塌。

在金融系统运行时，不可避免地要受到来自于系统外部（如一个国家的经济增长等）和内部（如金融结构问题）的干扰，这些干扰有大有小，有确定的，也有不确定的，有的是可以预测的，有的则是无法预测的。另外，金融系统在运作的开始并不一定是完美的，由于其自身的行业制约和经济环境存在固有的缺陷，一个极小的干扰就可能使子系统突然崩溃，进而产生多米诺骨牌效应，最后导致整个系统发生崩溃。同时，金融系统的运行机制一般具有突变的特征。突变在这里有两个方面的含义：一是指金融系统整体或者某一层次整体上的涌现属性。也就是说，对于金融系统而言，如果某一环节出现问题，其整个系统或者某个层次将立即出现问题，金融领域里面出现的挤兑现象就是银行层面同时涌现属性的例证。二是指金融系统内部，或某个层次内部各个可分解部分突发性变化。只要该干扰涉及不同层次之间的共同变化，突变特征即刻就显露出来，而在表现上，这些就是金融危机等突发情况。所以，金融系统的脆弱性本质上也就是其系统的突变性。

金融脆弱性的根源

金融脆弱性是与生俱来的，其根植于金融产品、交易机制、金融机构以及整个金融系统的特性之中。

（1）金融产品的虚拟性是金融脆弱性的重要根源。金融交易中设计的各种产品，包括银行信贷信用如期票和汇票，有价证券如股票和债券，产权、物权及各种金融衍生工具等，都是市场经济中信用制度和货币资本化的产物，也就是马克思所定义的"虚拟资本"。这些虚拟的金融产品是信息密集型的，所以，其供求不仅依赖于经济主体对相关信息的占有状况和处理能力，也严重依赖于投资者对相关资产未来价值的预期或者对金融合约中所承诺的未来现金流能否实现的预期。因此，一旦外部冲击只是不确定性增加或者是金融承诺的可信性成为问题，市场预期会发生逆转，导致资产价格的剧烈波动，变动的大小和方向往往无法通过基本经济要素的变动得到解释。

（2）现代金融交易方式及其管理手段加剧了金融市场的波动。在过去的 20 年中，由于网络通信和信息处理技术的日新月异，全球证券市场大多采用了无场地交易系统，导致了证券交易从场内手工交易向电脑自动撮合的转变。自动交易系统降低了金融交易的成本，提高了金融市场的运作效率，与此同时也鼓励了大规模投机的产生。以自动化和电脑化为基础的金融工具的买卖常常会使投机泡沫更为膨胀，在价格出现下滑时，只能加剧卖出的压力。此外，计算机驱动的现代金融管理手段（如投资组合保险和动态保值等）的广泛使用，可能引发许多同时买进卖出的指令，导致市场波动更加剧烈。1987 年美国股票市场的崩溃就是这样的例子。

（3）银行部门脆弱的资产负债结构是金融稳定的潜在危险。银行的资产负债结构相当特殊，在资产方，银行放贷给那些资金短缺、缺乏流动性的借款人；在负债方，银行要满足存款人提款的不时之需，银行之所以能够"借短贷长"，是因为通常情况下"大数定律"生效，银行只需保留很少一部分现金就可以满足存款人的提现要求，其余的就可以用来发放期限较长的贷款。然而，一旦存款人在外部冲击下纷纷到银行提款，"大数定律"就不再起作用，尽管银行本身没有问题，也会在"自我实现"的挤兑下崩溃。尽管近二三十年来，技术进步与制度变迁使得证券市场在世界范围内得到迅速发展，银行部门受到了非银行金融机构的巨大挑战，不过由于在货币制造、交易支付等方面无可替代的特殊角色，银行体系的稳定性对金融体系的脆弱性仍有着举足轻重的作用。

（4）金融体系的网络效应为危机的传播提供了便利条件。从整个金融系统来说，各种金融机构通过银行间货币市场、支付与交割系统相互联结，形成了一个巨大的网络，而且这个网络还不仅仅限于一国或者一地区之内，而是一个全球性的巨大的因各种业务关系而交织在一起的网络。这就使得金融脆弱性和危机可以通过任何一个网络结点迅速地传播。

□ 金融危机

关于金融危机，比较权威的定义是戈德史密斯（1982）给出的，他认为金融危机是指全部或大部分金融指标——短期利率、资产（金融资产、证券、房地产、土地）价格、商业破产数和金融机构倒闭数——的急剧、短暂和超周期的恶化，其特征是基于预期资产价格下降而大量抛出不动产或长期金融资产以换成货币。

根据国际货币基金组织在《世界经济展望1998》中的分类，金融危机大致可以分为以下四大类。

货币危机（Currency Crises）。当某种货币的汇率受到投机性袭击时，该货币出现持续性贬值，或迫使当局扩大外汇储备，大幅度地提高利率。

银行业危机（Banking Crises）。银行不能如期偿付债务，或迫使政府出面，提供大规模援助，以避免违约现象的发生，一家银行的危机发展到一定程度，可能波及其他银行，从而引起整个银行系统的危机。

外债危机（Foreign Debt Crises）。一国内的支付系统严重混乱，不能按期偿付所欠外债，不管是主权债还是私人债等。

系统性金融危机（Systematic Financial Crises）。可以称为"全面金融危机"，是指主要的金融领域都出现严重混乱，如货币危机、银行业危机、外债危机同时或相继发生。

近年来的金融危机越来越呈现出某种混合形式，而且对经济的冲击会涉及方方面面，社会总会为之付出高昂的代价。不论是发展中国家还是发达国家，都屡遭其害。

普遍发生的金融危机

资本主义发展早期的金融危机，影响特别大的有16世纪欧洲银行家对国王贷款狂潮的破灭（1557年）、17世纪荷兰的郁金香狂潮（1636年）、18世纪英国的南海泡沫和法国的密西西比泡沫（1720年）。典型的资本主义周期性经济危机始于1825年。周期性经济危机大约10年一次，而形形色色的金融危机或爆发于前，或爆发于后，或是发生在周期之间。20世纪30年代的大萧条，曾将金融危机推至极巅。美国自从1930年，银行倒闭突破四位数，达1 350家，占银行总数的5.29%；1931年，倒闭2 293家，占银行总数的9.87%；1933

年达到高峰，当年有 4 000 家银行倒闭，占银行总数的 20%。

第二次世界大战后，全球经济经历了将近 30 年的平稳发展时期。但是自 20 世纪 80 年代以来，随着经济和金融全球化的步伐加快，金融脆弱演化为金融危机的速度大大加快，金融危机变得日益经常化和全球化。1987 年，因为不断恶化的经济预期和中东局势的不断紧张，造就了华尔街的大崩溃。这便是"黑色星期一"。标准普尔指数下跌了 20%，无数的人陷入了痛苦。进入 90 年代，经济危机的全球化趋势更加显著。1994 年—1995 年，墨西哥发生了一场比索汇率狂跌、股票价格暴泻的金融危机。不仅导致拉美股市的暴跌，也让欧洲股市指数、远东指数及世界股市指数出现不同程度的下跌。1997 年 7 月，泰国宣布放弃固定汇率制，实行浮动汇率制，从而引发了一场遍及东南亚的金融风暴。中国香港恒生指数大跌，韩国也爆发金融风暴，日本一系列银行和证券公司相继破产。东南亚金融风暴演变为亚洲金融危机。2008 年 9 月，美国次贷风暴使得雷曼兄弟破产、美林银行贱卖、摩根斯坦利寻求合并，美国次贷风暴掀起的浪潮一波高过一波，美国金融体系摇摇欲坠，世界经济面临巨大压力。

20 世纪 90 年代之前，金融危机通常只表现为某种单一形式，如 20 世纪 60 年代的英镑危机为单纯的货币危机，80 年代美国储贷协会危机为典型的银行业危机。但是，在 90 年代，多数金融危机具有明显的综合性。较为典型的特征是，危机开始时是外汇市场的超常波动，以及由此引起的货币危机，进而发展到货币市场和证券市场的动荡，并最终影响到实体经济的正常运行。

专栏 11-1　　郁金香狂潮

郁金香，一种百合科多年生草本植物，原产于小亚细亚，在当地极为普通。郁金香根部长有鳞状球茎，每逢初春乍暖还寒时，就含苞待放，花呈杯状，非常漂亮。但就是这样漂亮的郁金香，却带来了世界经济发展史上第一起重大投机狂潮。

1593 年，来自维也纳的植物学教授把一批在土耳其栽培的郁金香带到荷兰的莱顿，一时成为莱顿上层社会谈论的焦点。因此拥有一朵郁金香便成为有钱人的荣誉，也是向人展示财富的象征。此后好多年的时间内，郁金香转而成为荷兰举国上下狂热追求的投资宝贝，这股热潮慢慢蔓延，最后出现全民买卖郁金香的狂潮。

到了 1636 年，郁金香在阿姆斯特丹及鹿特丹股市上市。1637 年，一种叫"Switser"的郁金香球茎价格在一个月里上涨了 485%！一年时间里，郁金香总涨幅高达 5900%！当疯狂达到最高点时，一些谨慎的投机者开始反思这种奇怪的现象，反思的结果无不例外地对郁金香球茎的价值产生了根本性的怀疑。极少数人觉得事情不妙，开始贱价卖出球茎，一些敏感的人立即开始仿效，随后越来越多的人卷入恐慌性抛售浪潮，暴风雨终于来临了。

一时间，郁金香成了烫手山芋，无人再敢接手。郁金香球茎的价格宛如断崖上滑落的枯枝，一泻千里，暴跌不止。荷兰政府发出声明，认为郁金香球茎价格无理由下跌，让市民停止抛售，并试图以合同价格的 10% 了结所有的合同，但这些努力毫无用处。一星期后，一根郁金香的价格几乎一文不值——其售价不过是一只普通洋葱的售价。许多股市的交割无法完成，所以荷兰政府不得不无可奈何地宣布这是一件赌博事件，豁免交割，结束了这一场疯狂的郁金香泡沫事件。

郁金香球茎大恐慌给荷兰造成了严重的影响，使之陷入了长期的经济大萧条。17 世纪后半期，荷兰在欧洲的地位受到英国有力的挑战，欧洲繁荣的中心随即移向英吉利海峡彼岸。

现代经济学的金融危机理论

在物物交换时代来看，不存在经济危机和生产过剩的问题，但是自从引入货币作为流通中介以后，就存在生产过剩和金融危机的可能性了。这方面比较有代表性的是马尔萨斯和马克思关于需求不足导致生产过剩，就会导致经济危机和金融危机的发生，这也是经典经济学的金融危机理论。在这里，我们着重介绍现代经济学观点的金融危机理论。

（1）第一代金融危机理论。现代经济学的比较成熟的第一代金融危机理论来自于萨兰特和亨德森（Salant and Henderson，1978）对国际商品价格的稳定计划的研究。该理论由克鲁格曼在 1979 年提出。他认为，政府过度扩张的财政货币政策是导致经济基础恶化、引发对固定汇率投机攻击并最终引爆危机的基本原因。货币危机的根源在于政府的宏观经济政策与稳定汇率制度之间的不协调。当政府追求的宏观经济政策与稳定的汇率制度之间不协调时，理性的投机攻击就会发生。大量的政府财政赤字迫使中央银行增发货币以为其融资，货币供应量的超额发行会导致本币贬值，公众会增加对外币的购买。随着政府持续地为财政赤字融资，在理性的投机攻击之下，不管初始的外汇储备规模有多大，总有一天外汇储备会耗竭，固定汇率迟早会崩溃。这个理论的背景是布雷顿森林体系的崩溃。该理论的缺点是：它所假定的政府政策过于机械，只是一味地扩大货币发行，实际上政府可选择的政策是多方面的，而中央银行除了用买卖外汇来干预市场外还有其他手段。

（2）第二代金融危机理论。第二代金融危机理论对危机原因的判断是多重均衡和危机的自促成性质，认为投机者的信念和预期最终导致政府捍卫或放弃固定汇率。这个理论认为政府维护汇率是一个复杂的政策选择过程，维护汇率稳定是一个政府决策目标的权衡过程。这个模型的结论是在经济中代理人是理性的前提下，政府货币政策选择由维护汇率的成本收益决定。所以，当政府内外政策不协调时，投资者预期汇率贬值抢购外汇，使国内经济状况提前恶化，政府维护汇率的成本上升，货币危机提前到来，具有自促成性质。这个模型主要针对 1992 年欧洲货币危机。当时英镑和里拉遭受投机性的攻击，但是在被迫贬值以后，英国和意大利的出口都明显增长，从而带动了经济的发展。

（3）第三代金融危机理论。由于前两代货币危机理论未能很好地解释 1998 年的亚洲金融危机，所以以麦金农和克鲁格曼为首的学术界，提出了第三代金融危机理论。其代表是银行挤兑模型和道德风险模型。

① 银行挤兑模型。由于银行经营的特点——吸收短期资金发放长期贷款，所以存在流动性的错配。在经济成长时期，这方面的问题可以通过流动性管理来解决。然而，当许多存款人从银行提取存款时，银行为了应付存款人的提款要求，被迫将其贷款的项目中途停止，而这时银行所获得的利息收入不足以偿还所有人的存款利息和本金，这样，先提款的存款人损失最小，而后提款的存款人损失最大。这样，如果某种原因使得存款人相信其他存款人会提前提取存款，那么每一个存款人的理性选择就是立即去银行提款，这就是挤兑。结果是银行倒闭，所有存款人也遭受损失，这是一个坏的均衡。因此，银

行挤兑是理性的，并且具有自促成性质。如果所有人都不提取存款，那么所有存款者的福利都将增加。然而，每个存款人都有提前取款的激励，而同时会损害其他存款者的利益。因此，当所有存款者选择逃离时，银行挤兑和金融危机就会爆发。这就是说金融危机是内生于银行体制安排的。

② 道德风险模型。该模型强调了第一代、第二代模型所忽视的一个重要现象：在发展中国家，普遍存在着道德风险问题。普遍的道德风险归因于政府对企业和金融机构的隐性担保，以及政府同这些企业和机构的裙带关系。从而导致了在经济发展过程中的投资膨胀和不谨慎，大量资金流向股票和房地产市场，形成了金融过度（Financial Excess），导致了经济泡沫。当泡沫破裂或行将破裂所致的资金外逃，将引发货币危机。归结起来，该模型的思路是：对国内银行的隐性担保→借贷政策中的道德风险→不良贷款增加→金融危机。所以对于金融危机的对策，认为应该提高信息透明度，惩罚提前取款者，并且从制度设计上对银行的经营者提供适当的激励和约束机制。

（4）第四代货币危机理论。第四代货币危机模型是在已有的三代成熟的货币危机模型上建立起来的。该理论认为，如果本国企业部门的外债水平越高，"资产负债表效应"越大，经济出现危机的可能性就越大。其理论逻辑是：企业持有大量外债导致国外的债权人会悲观地看待这个国家的经济，减少对该国企业的贷款，使其本币贬值，企业的财富下降，从而能申请到的贷款下降，全社会投资规模下降，经济陷入萧条。第四代危机模型目前尚不成熟，有待进一步完善。

金融危机的形成机理

引发金融危机的一些普遍因素主要有：本币的高估、脆弱的银行和非银行监管、过高的短期资本流入。除此之外还有一些特殊因素也足以引起金融危机。由此可以看出，导致金融危机的原因复杂多样，且随着金融不断发展，危机的原因也呈现出多变性，但学术界一般认为，导致金融危机的根源主要有以下三点。

金融交易交割的分离。 金融的首要功能是通过转化闲散资金的用途以实现资源的优化配置，在优化资源分配的同时，金融交易与交割的分离（如期货、期权市场）为金融危机的产生提供了可能性。金融的这种过度发展导致虚拟经济与实体经济严重脱钩，金融交易与交割的分离（如期货、期权市场）为金融危机的产生提供了可能性。金融创新尤其是金融衍生工具的增多，更为危机爆发埋下了隐患。金融各个环节在时间空间上的分离增加了市场上的不确定性与风险因素，当风险因素不断累积，偶尔出现的突发事件就很可能导致金融危机的爆发。虽然金融创新有分散风险的作用，但本身并未将风险消除，而当金融创新过度膨胀之后，所带来的潜在风险的集中爆发，将使金融风险呈几何级数的放大，金融创新的负面作用已不容忽视。2007 年突然爆发的美国次贷危机，现在已经被公认为是美国过度金融创新"惹的祸"。

经济周期的波动。 金融是现代经济的核心，经济周期性的扩张与收缩，必然伴随着金融周期性扩张与收缩，从历史经验上看，积累金融风险，经济收缩往往带动金融收缩，暴露金融风险。经济周期的存在为金融危机的爆发提供了外部环境。马克思更把金融危机看做是经济危机的表面形式。以 1992 年英镑危机为例。当时英国正处在经济周期的顶点，通货膨胀高企，英国政府选择紧缩政策力图使经济"软着陆"，然而德国统一后的经济扩张使得英镑难以承受降息带来的副作用，最终导致英镑脱离欧洲货币体系。1997 年的亚洲金融危机，虽然是由国际投机资本冲击引发，但现在看来，亚洲各国在楼市和顺差大规模扩张后，经济已面临周期性回调的需要。各国政府没有提前做好应对之策，最终招来国际金融大鳄的袭击自然是不可避免的，也就是说，亚洲金融危机有着本身的必然性，尽管它是我们不愿看到的。

经济环境的不确定性。经济环境的不确定性是金融活动中十分现实的问题，它是造成金融风险的外部条件。金融领域中理性人之间的博弈行为尤为突出，心理预期的多变、契约的不完备性、信息的不对称都使经济环境充满了不确定性；全球化、金融自由化以及国际政治局势的不安，更加增添了这种不确定性。一旦金融危机出现苗头，"羊群效应"将使金融危机进一步恶化。而国际评级机构（如标普、穆迪、惠誉）调降危机国度评级和国际金融大鳄（如英镑危机和亚洲金融危机时的量子基金）的"煽风点火"，将使危机进一步迈向失控境地。

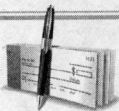

专栏 11-2　　　　　　　　美国次贷危机

美国次贷危机（Subprime Crisis）又称次级房贷危机，也译为次债危机。它是指一场发生在美国，因次级抵押贷款机构破产、投资基金被迫关闭、股市剧烈震荡引起的金融风暴。它致使全球主要金融市场出现流动性不足危机。美国"次贷危机"是从 2006 年春季开始逐步显现的。2007 年 8 月开始席卷美国、欧盟和日本等世界主要金融市场。

次贷即"次级按揭贷款"（Subprime Mortgage Loan），"次"的意思是指：与"高"、"优"相对应的，形容较差的一方，在"次贷危机"一词中指的是信用低，还债能力低。

在美国，贷款是非常普遍的现象。当地人很少全款买房，通常都是长时间贷款。可是在这里失业和再就业是很常见的现象。这些收入并不稳定甚至根本没有收入的人，买房因为信用等级达不到标准，就被定义为次级信用贷款者，简称次级贷款者。

次级抵押贷款是一个高风险、高收益的行业，指一些贷款机构向信用程度较差和收入不高的借款人提供的贷款。与传统意义上的标准抵押贷款的区别在于，次级抵押贷款对贷款者信用记录和还款能力要求不高，贷款利率相应地比一般抵押贷款高很多。那些因信用记录不好或偿还能力较弱而被银行拒绝提供优质抵押贷款的人，会申请次级抵押贷款购买住房。

引起美国次级抵押贷款市场风暴的直接原因是美国的利率上升和住房市场持续降温。在房价不断走高时，次级抵押贷款生意兴隆。即使贷款人现金流并不足以偿还贷款，他们也可以通过房产增值获得再贷款来填补缺口。但当房价持平或下跌时，就会出现资金缺口而形成坏账。

随着美国住房市场的降温尤其是短期利率的提高，次贷还款利率也大幅上升，购房者的还贷负担大为加重。同时，住房市场的持续降温也使购房者出售住房或者通过抵押住房再融资变得困难。这种局面直接导致大批次贷的借款人不能按期偿还贷款，进而引发"次贷危机"。

美国次贷危机的放大路线图如下所示。

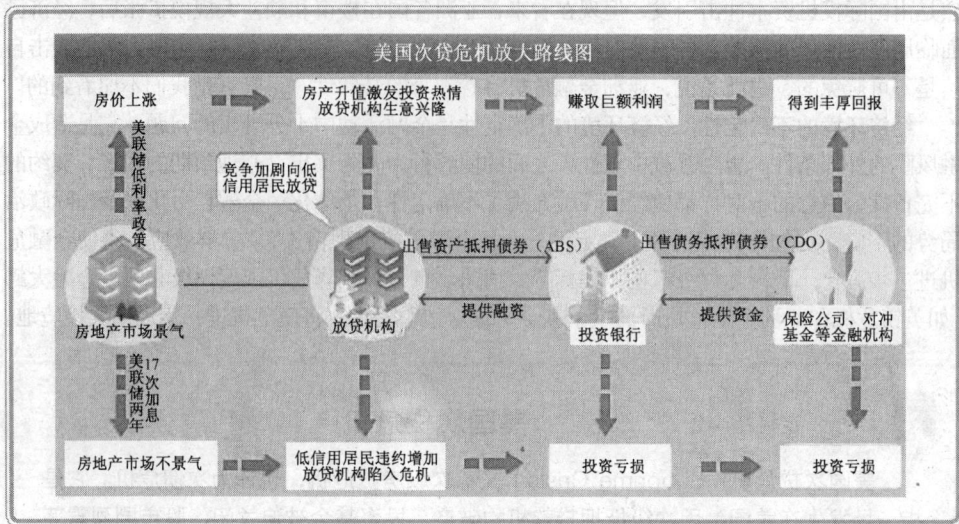

美国次贷危机放大路线图

金融危机的防范

由于金融危机的成因各不相同，治理方式自然也各异，而且也没有一个固定的模式，但是我们可以针对金融危机的形成，对金融危机的发生做一些有效的防范：①建立强有力的国内金融系统。强有力的国内金融系统通常具备下列要素：满足资本充足率要求、有效的银行监管、有效的银行合作管理、有效的破产法规以及可靠的合同履行手段等。当金融系统具备上述要素时，即便保有大量的债务，金融危机爆发的可能性也极低。而在缺乏上述要素的时候，即使金融系统保有数量非常小的债务都有可能使金融系统产生问题。②选择合适的汇率体制。资本自由流动的国家，倾向于在弹性汇率、货币局制定的固定汇率体制、美元化和货币区形式的固定汇率体制之间做出选择，而不是选择爬行钉住或管理浮动的中间汇率体制。③保持合理且稳定的宏观经济政策环境。这种环境会使财政政策和货币政策的脆弱性降至最低，特别是它能够避免超过一个国家国内金融能力的巨额财政赤字的出现。④推动有效率的资本市场的发展，并确定合理的短期负债水平，以降低流动性风险和资产负债表风险。

而且我们需要注意的是，新一轮金融危机的风险随时可能来临，全速前进的中国巨轮必须考虑到金融风暴可能带来的冲击，把握机遇，化解风险，我们的经济发展航程将会前途光明。

□ 金融腐败

当前，我国经济金融领域的腐败形势非常严峻，腐败窝案、串案的不断出现，已使腐败逐渐成为一种社会病。多项社会调查表明，腐败已经成为民众最为关心也是最为诟病的议题之一。在产生腐败的行业中，金融部门一直是一个重灾区，公众对金融领域的腐败行为反响非常强烈。金融腐败成为影响金融稳定的一个重要因素。

金融腐败的含义

腐败作为一种政治行为，当今比较普遍的看法是基本一致的。但是对腐败问题研究的一个基本难点还是缺乏一个为理论界普遍接受的一般性定义。百度百科对腐败的解释是：

国家公务人员借职务之便获取个人利益，从而使国家政治生活发生病态变化的过程。从《辞海》、《现代汉语词典》等辞书的解释来看，腐败的最初含义是"腐烂"，主要指动物蛋白质因化学或生物反应而分解。后来，这个词被用在了政治上，用来描述贪腐（政治腐败），指利用公共权力或职务之便，谋取职权以外的利益，或做出某些违反社会道德的行为。

表 11-1 　　　　　　　　　中国金融腐败指数计算表[②]

腐 败 指 数	全 国	华 北	华 中	东 北	华 东	华 南	西 部
腐败认识与反腐败信心指数	4.840 57	4.913 54	4.802 81	4.118 91	4.476 2	5.137 47	5.294 1
银行业腐败指数	4.173 59	4.973 83	4.394 35	3.704 66	3.074 87	4.048 05	4.716
证券业腐败指数	7.268 66	7.324 69	6.754 81	5.511 75	7.441 97	8.197 68	7.548 57
中国金融腐败指数	5.426 1	5.743 36	5.317 32	4.445 11	4.997 68	5.794 4	5.852 92

Jain（1998）把腐败定义为"政府官员为了个人利益滥用政府权力或出卖政府资产的行为"。显然，这一定义是狭义的，因为它局限于公共权力领域，且许多非政府部门人员同样可以通过所掌控的资源配置权进行腐败操作。本教程认为，要形成腐败行为，应该具备三个条件：腐败的机会、腐败的动机和腐败行为受到惩罚的危险性，那么为此对于腐败的定义还可以进一步泛化。本书追随着"腐败还可以是一种在游戏规则之外的寻租行为"（Banfield）和"腐败是一种行为，在该行为中，公职行为被以违反博弈规则的方式来使用以获取个人收益结合"的思想，在一个更为宽泛的框架下，将腐败界定为：当事人用一种不被其他人所预期的方式违反游戏规则并能从中获取不合理收益的行为。这样一个简洁的定义，至少包含了以下几个方面的内容：制度规范、理性预期、行为选择、行为收益。因而这是一个更为宽泛且更为现实的概念。

从造成金融腐败大案的角度出发，金融腐败是指金融业的从业人员滥用金融业所特有的货币支配权，获取个人利益的行为。在我国的金融腐败案例中，这种货币支配来自于两个方面：一个是经济体制转轨过程中，政府对金融业的保护导致的金融资源的垄断性所带来的权利；二是金融业本身所拥有资金的便利性。换句话说，金融腐败就是一切不按照金融业的交易规则或权力规则办事，为自身谋取私利的行为。

金融腐败的特点

复杂性。近年来，各级金融机构在规范权力使用、完善权力制约等方面出台了大量的规章制度，在干部任用，集体采购、贷款审批等方面均规定了详尽的操作程序。但仍有个别权力所有者，借助一定的组织形式，以群体意志的方式掩盖个体谋利的动机，使个体腐败者的腐败行为具有复杂性。如有的以表面合规的形式违规发放贷款、处置国有资产、私设小金库、私分国有资产等。

隐蔽性。由于金融特有的集权制，各级高管人员权力相对集中，党政一身兼，极易出现决策层以行长意志为转移，为行长决策中的"权力寻租"或"期权腐败"创造了条件，如有的待调离或不任职、甚至退居二线或"平安着陆"后再兑现利益承诺等。

[②]资料来源：谢平，陆磊. 中国金融腐败的经济学分析[J]. 北京：中信出版社，2005。

专业性。因为在现行经济体制下，国有银行的权力所有者掌握了一定的金融资源，加上长效制约机制建设的滞后，权力者的腐败行为通常发生在以货币周转为主的业务经营过程中，不仅要具有相当高的专业性知识，而且还要有专业的岗位，如信贷、会计等部门。

伪合理性。专业技能熟练的银行从业人员，在业务处理中的故意"合理规避"，打规章制度的"擦边球"，是腐败行为游离于是与非的临界状态。而业务经营考核的刚性和相对违规问题的"合理性"，使银行违规、腐败问题侥幸过关。

软弱性。内控机制的不完善或执行不到位，监督管理中的有章不循、人情大于制度和监督网络在别有用心的重要岗位人员面前也形同虚设，使其腐败行为屡屡得逞。

金融腐败的成因

（1）法人治理结构中缺乏完善的权力管理制度。权力行使呈现重业务绩效考评，轻道德风险防范的现象。在银行经营单位，一旦权力被独断专行、为所欲为的人掌握，就会使经营单位变成其谋取私利的场所。授予权力使用者的经营管理职能，就会变为阻碍金融业务发展、危害员工利益的特权。特权形势下的业务运作，就会变违规为合规，变非正义为正义，变规章制度之下的暗箱操为阳光阴影下的潜规则。有的甚至完全不是按市场规则运行，而是欺上瞒下搞虚假经营，骗取业务经营奖励。

（2）人、财、物等重大决策监督过程监而不督，督而乏力。有的单位在业务运作中的过程及结果被权力者掌握，致使决策信息不对称，为腐败提供了便利条件。有的对权力行使缺少强有力的制约和监督，让以权谋私、以贷谋私者从一般的徇私舞弊、贪图小便宜到贪污受贿、贪赃枉法，积小疾为大患。这种软弱无力的监督实际上为权力寻租者撑起了保护伞，监督不力必将导致腐败的发生。

（3）多个层面、立体交叉、纵横交错。金融腐败滋生于业务经营体系的各个层面。如会计人员伪造涂改凭证，财会人员虚列费用，科技人员篡改操作程序，信贷人员违规冒用贷款或为关系人发放贷款，收贷收息不入账，高管人员越权审批等均有构成贪污挪用、收受贿赂等腐败行为的机会。如果个别腐败者首次犯罪未被发现，一方面会处心积虑设防，进一步侵吞集体利益；另一方面会拉拢意志薄弱者共同犯罪，逐渐形成腐败链。

（4）干部任用考核的弊端。当前的干部任用考核，过分重视业务经营业绩，忽视思想政治素质，致使某些思想品行不端，投机取巧的人走上重要岗位后，要么打着业务发展的幌子，经营行为游离于制度规范之外，违规违纪不断，使经营单位呈"亚健康"经营方式；要么工作生活中交友不慎，公务私事用权不分，为自己和亲朋好友谋私利；要么在其位不谋其政，明哲保身但求无过等。用人制度的弊端放大了利欲熏心权力人腐败产生的机会。

金融腐败的防治对策

既然腐败是公共权力被滥用以谋取私人利益，即我们通常所说的"以权谋私"，那么就可以把腐败行为的产生归纳为三个必要条件，即公共权力、腐败动机和腐败的机会。权力是指当事人能够掌握或支配的资源；动机是指其有滥用权力谋私的主观动机；机会是指其拥有确保自己在不被发现时以权谋私的机会。因此，预防犯罪行为应努力消除上述三个必要条件。对于反金融监管腐败而言，就要全面压缩权力、减少机会并抑制动机，有效防范腐败发生。同时建立健全社会回应机制和第三方监督机制，有效地保证权力的制衡和舆论的导向与监督。具体如图11-1所示。

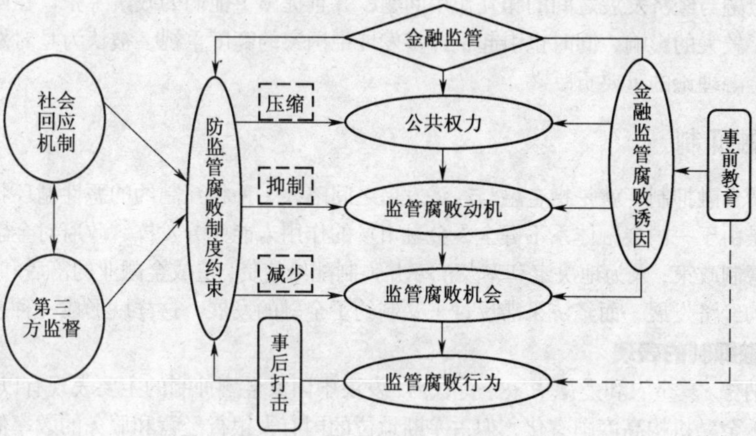

图 11-1　金融腐败的制度约束框架

（1）建立强硬的内控制度。金融机构应按决策系统、执行系统、监督反馈系统相互制衡的原则进行内部控制的组织结构的设置，以完善内部治理。各系统要进行全力分解，各司其职。决策者不能违反或超越决策程度；执行者应在其职责和权限内行使职权；内部监督系统应建立评价和处罚制度，保证监督系统的权威性和独立性。①建立有效激励和约束经营者行为的制度。一方面，从市场中选拔人才，并通过高薪养廉削弱内部员工从事腐败谋利的动机；另一方面，建立经营者、员工持股及股票期权等产权制度，使其收入与金融企业经营绩效挂钩，并承担起一定的金融风险。②加强决策及高层管理人员的控制。建立高层人员信息档案，并进行动态监控。加强通过考核业绩状况，判定其业务创造和控制能力。根据考察结果，决定其去留及岗位的调整。③内控制度建设应与金融文化建设结合起来，加强金融机构从业人员素质以及职业道德的培养和控制，维护金融业高度纯洁性。

（2）建立高效的外部监管制度。在建立高效的外部监管制度这个问题上，要做到：①加强金融监管，对存在的问题，按情节轻重给予相应处置。②健全整体的市场秩序和环境，抑制金融腐败的滋生。③完善金融审计制度。④建立公共监督机制，实行政务公开，建立健全科学合理的金融业务程序，并把办事的程序公布于众，接受社会监督。建立独立的第三方监督机构，既可以防止可能的利益合谋，又可以促进社会多元主体的参与，加大金融反腐的力度和维度。

（3）建立良好的社会回应机制。金融监管、金融反腐败的目的是为了维护社会的稳定和社会经济主体的利益，那么监管当局或者政府就是社会公众的合作者和服务者，必然要求健全的社会回应机制来实现监管当局或者政府与社会公众之间的互动。良好的社会回应机制是金融法制的基石，也是金融反腐败的有效手段。最深入的反腐败活动需要最广泛的群众参与，这样才会从根本上消除腐败的利益租金和信息租金。

🏛 11.2　金融与经济发展

20 世纪 70 年代，美国经济学家罗纳德·麦金农（Ronalde Mckinnon）和爱德华·S·肖（Edward Shaw）提出了金融抑制论（又译为"金融压制论"）和金融深化论，用以说明发展中国家金融与经济发展之间的相互作用问题，并且提出了他们的政策主张，在西方经济学界产生了较大的影响，同时也引起了许多发展中国家的高度重视，被认为是对发展经济学和货币金融理论的重要贡献。

□ 金融抑制

所谓金融抑制，就是指金融与经济发展之间陷入一种相互制约的恶性循环状态。具体讲，就是由于一国金融体系不健全，金融市场的作用未能充分发挥，政府对金融实行过分干预和管制政策，人为地决定利率及汇率并强制配给信贷，造成金融业的落后和缺乏效率，从而制约经济发展，而经济呆滞反过来又制约了金融的发展，这样就形成一种恶性循环。

金融抑制的表现

罗纳德·麦金农和爱德华·S·肖认为，发展中国家金融抑制的主要表现有以下几方面。

（1）金融机构高度国有化，但占垄断地位的国有大银行经营和服务的效率低下。

（2）金融市场尤其是资本市场不发达，金融资产存量和品种少，储蓄者和投资者相互隔绝，企业通过市场融资困难，大量的中小企业普遍使用内源性融资方式。

（3）在政府规定的低利率水平下，由于资金供不应求，金融体系只能在政府控制下，以"配给"方式提供贷款，能获得贷款的多数是享有特权的国有企业或与官方金融机构有特殊关系的其他企业，贷款不讲经济效益。这种资金积聚困难和使用浪费的状况严重阻碍了经济的发展，极易引发通货膨胀。

（4）在经济方面，因资金不能进行最优配置，加上"分割经济"中资产报酬率存在着不合理的差异，生产要素难以实行最优组合，资源得不到充分利用，导致经济发展的迟缓和经济效益的低下。呆滞的经济反过来又限制了资金的积聚和对金融服务的需求，制约着金融业的发展。

金融抑制产生的原因

罗纳德·麦金农和爱德华·S·肖不仅分析了金融抑制的表现，并且指出了金融抑制产生的主要原因。

（1）金融发展的不平衡。由于金融的二元结构，发展中国家金融业也是现代部门与传统部门并存。在现代部门中，国有银行占垄断地位，非国有的其他金融机构处于附属地位，金融业无法通过合理竞争提高业务能力，金融系统的分支机构分布不均衡，主要集中在大城市，广大农村和小城镇分布稀少，现代金融的覆盖面狭小。金融市场发展滞后，特别是长期资金市场发育不全，这样就无法通过多种渠道和多种方式，大规模地吸收资金而满足经济发展的需要。

（2）政府对金融业干预过多。具体表现：一是国有金融机构的经营活动受到政府的严密控制和强有力的干预，不能按照市场原则开展金融业务，金融活动的效率低下；二是政府往往对市场发育采取种种抑制性措施，尤其是对金融市场的发展进行严格的行政性管制，使市场无法发挥对于经济的调节和疏导作用；三是政府对利率和汇率实行硬性行政性管制，使其失去杠杆作用。从利率看，政府硬性规定各种存贷款的利率档次，并且不允许自由浮动，当政府不能有效地控制通货膨胀时，实际利率经常为负数，负利率打击储蓄，但却刺激贷款需求，这种现象将加剧资金供求矛盾，政府只能要求国有银行实行资金配给，优先向国有企业提供信贷。汇率的管制也存在类似的情况。

（3）市场发育不全。发展中国家市场缺乏统一体系，容纳量小，范围狭窄，尤其缺乏一种能够"拉平"分割经济中各经济单位之间不合理的资产报酬率差异的市场机制。资本存量得不到有效的调整，致使投资效益低下，资本的社会平均报酬率降低。在金融市场上，储蓄者可供选择的金融资产种类少、质量差，难以有效地动员和利用国内资金；借款人正常的市场融资困难，非法的地下交易成本又太高，大量的中小企业被排斥在有组织的金融市场之外，只能靠内部融资或自我积累来进行投资，而这样做又需要较长的时间，因此严重地影响了储蓄向投资转化的进程和效率，也极大地影响了技术进步和资本有机构成的提高，阻碍了生产力的发展。

此外，导致金融抑制还有理论认识上的原因，主要是怀疑市场机制对于金融的作用和力量，迷信少数机构或人为操纵的行政控制，结果是人为干预过多造成资源配置的不合理和低效率。同时对收益率也存在错误认识，特别是认为高利率与高贷款率一样具有剥削性质，而且会造成成本上升甚至引发通货膨胀，因此硬性压低利率，而低利率产生的是市场资金供求关系的错误信号，阻碍了储蓄并助长了储蓄的不合理配置，进而影响了经济货币化的进程。

罗纳德·麦金农和爱德华·S·肖还认为，由于上述原因造成的金融抑制，加剧了金融发展的不平衡，极大地限制了金融机构的业务活动，束缚了金融市场的形成和发展，降低了社会储蓄并阻滞其向社会投资的顺利转化，资金利用效率和投资效益低下，最终制约了国民经济的发展，并通过消极的反馈作用加剧了金融业的落后状态。所以，解除金融抑制，推进金融深化，是发展中国家繁荣金融和发展经济的必要条件。他们分析，金融抑制现象虽然与发展中国家经济落后的客观现实有关，但发展中国家政府所实行的金融抑制政策更是起直接作用。发展中国家的政府都想积极推动经济发展，但面对的现实是经济发展水平低，政府财力薄弱，外汇资金短缺。未获得资金实现发展战略，政府常常采取"抑制"性的金融政策。

（1）发展中国家通常以设定存贷款利率上限的方式来压低利率水平；同时由于依靠通货膨胀政策来弥补巨大的财政赤字，通货膨胀率居高不下，实际利率通常很低，有时甚至是负数。这就严重脱离了发展中国家资金稀缺从而必然要求利率偏高的现实。过低的实际利率使得持有货币（这里指广义货币 M_2）的实际收益十分低下，从而降低了人们对货币的需求，金融资产的实际规模也就无从得到发展。

（2）发展中国家通常面临着巨大的资金短缺。面对这种情形，往往实行选择性的信贷政策，引导资金流向政府偏好的部门和产业。而这些为政府所偏好的企业和项目大多是享有特权的国有企业和具有官方背景的私有企业，由此导致的直接后果是资金分配效率十分低下。

（3）对金融机构实施严格的控制，直接后果是金融机构成本高昂，效率低下，金融机构种类单一。

（4）为了降低进口机器设备的成本，发展中国家常常人为地高估本币的汇率，使其严重偏离均衡的汇率水平。发展中国家产品的国际竞争力本来就处于弱势，过高的本币汇率使其更弱；经济的落后本来需要进口，过高的本币汇率使进口需求更高。其结果是汇率政策使自己陷入了更为严重的外汇短缺境地。于是不得不实行全面的外汇管制，对稀缺的外汇资源进行行政性分配。

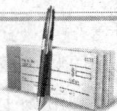

专栏 11-3　　　　　金融抑制的理论模型

如下图所示，纵轴代表实质现金余额 M/P，横轴代表时间。假定两企业在一定时间内按同样水平持续获得收入，但支出是一次性的（由向下的垂线表示）。图中实线表示"低投资高消费"的货币资金积累行为，生产者从收入中积存现金，至 B 点因为从事"不可分割"投资而用尽，周而复始；虚线表示"高投资低消费"的货币资金积累行为，生产者的投资意愿较高，现金积累也较大，A 点代表实线的平均现金余额，B 点代表虚线的平均现金余额，它表明：平均现金持有量同投资（储蓄倾向）正相关，从而发展中国家的货币需求函数为

$$(M/P)^D = L\,(\,y, I/y, d-p*\,)$$

其中，$(M/P)^D$ 表示实际货币需求，y 表示实际总收入，I 表示实际投资额，d 为各类存款名义利率的加权平均数，$p*$ 为预期通货膨胀率，$d-p*$ 为货币的实际收益率。

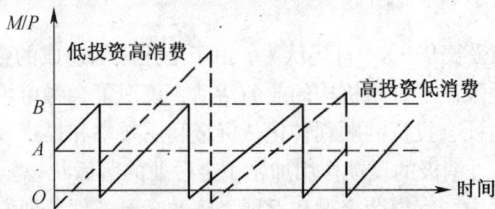

麦金农由此进一步指出，平均资本收益率的提高同实质现金余额持有量的增加成正比，说明了货币与实质资本的互补关系。假如货币的实质收益率超过某一限度，许多人就会以现金的形式保有货币，而不愿将其转化为投资或实质资本，外源投资便出现下降趋势，从而造成金融压制现象。

□ 金融深化

金融深化的含义

金融深化是指那些处于金融抑制的国家，想实现经济迅速增长，必须实行一系列金融自由化政策。金融深化的内容包括取消不恰当的利率限制，确定一个合适的实际利率水平、放松汇率限制、财政政策的配合、放松对金融业务的过多限制、引进竞争机制，发展金融市场和丰富金融工具等。

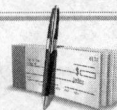

专栏 11-4　　　　　金融深化的理论模型

罗纳德·麦金农从对哈罗德模型的批评中来阐述金融深化理论。哈罗德模型中未曾考虑金融因素，假定储蓄会自动转移到相同收益率的投资中去，若以常数 σ 代表产出资本比率或投资效率，Y 代表实际产出（收入），K 代表实质资本存量，则简明生产函数为

$$Y = \sigma K$$

> 该模型认为，如果储蓄 S 或投资 I 仅仅是收入的一个固定比率，并用 s 表示倾向，则：
>
> $$I = dK/dt = sY$$
>
> 将上式代入产出函数，则得到收入增长的增长率，即：$Y'' = Y/Y = \sigma s$。
> 该收入增长率是边际产出资本比率同边际储蓄倾向的乘积。

爱德华·S·肖认为货币当局采取放松管制等促进金融深化的政策，会产生如下正效应：①收入效应。经济单位所持有的实质货币余额的增加，货币作为债务中介可以减少交易成本，提高生产效率，引起收入的增长，同时，货币体系提供服务时要投入资金，这是负收入效应，爱德华·S·肖认为正收入效应足以抵消之。②储蓄效应。收入效应促使收入水平绝对增加，在私人储蓄和税率一定时，较多的收入水平意味着较高的私人与公共的储蓄和投资，正的实际存款利率进一步鼓励储蓄，使储蓄投资逐步代替财政、通货膨胀和国外资本等融资方式。③投资效应。金融深化、贷款利率的提高，有助于在扩展的多样化的金融市场上促使储蓄者和投资者展开竞争，优化资金的使用，提高投资的平均收益率。④就业效应。金融深化意味着资本相对昂贵而劳动力相对便宜，这会使人们转向劳动密集型企业，增加就业机会而产生就业效应。

金融深化策略的政策选择

发展中国家的金融抑制基本上可概括为价格扭曲、结构单一和市场分割。金融深化的核心是解除金融抑制，促进金融与经济的良性循环。具体政策包括：

放松利率。资金的价格是利率，价格扭曲的最基本形式就是利率扭曲，利率问题也就成了金融深化的首要问题之一，利率自由化也被当做金融自由化的核心内容。罗纳德·麦金农—爱德华·S·肖学派认为，要使人们持有的实际货币有较大的增长，必须取消对利率的限制，让利率真实地反映资金的供求情况。提高实际利率对经济发展可产生双重效应：一是能够有效地动员储蓄，以增加金融机构可贷资金的数量，从而扩大实际投资规模；二是能够减少或避免资本的不合理配置，提高投资的平均效率。理论上，实现利率的市场化是使利率能够灵敏地反映资金供求状况。其衡量的主要标志是金融机构是否具有确定的利率的自由权，还包括利率调整的频度和幅度。

改革国内金融体系。罗纳德·麦金农—爱德华·S·肖学派倾向于采取国有银行私有化、放宽准入限制和减少政府干预的政策，以鼓励国内金融体系开展竞争。弗赖（Fry M.J., 1988）也特别强调银行体系竞争性的积极性作用。他认为，竞争压力将降低存贷款利差，提高中介机构的功能效率；国有银行私有化导致金融体系竞争程度上升，还能消除选择性信贷计划和利率限制，提高配置效率。此外，金融体系的自由进入还能使政府的管制不被缺乏价格竞争的寡头市场结构所取代。在国内金融体系的改革上，发展中国家基本上有三种思路：一是准入方式，即准许新的银行和非银行金融机构自由成立，并对外资金融机构开放国内市场；二是复兴方式，指对现存的银行进行改革，使其恢复活力；三是准入和复兴并重，其目的是通过竞争提高银行业的效率。

发展资本市场。发展资本市场的重要原因之一是资本市场的筹资与产权重组功能。发展中国家在改革初期，大量国有企业面临着转轨、改革的选择，培育资本市场尤为重要。

世界银行和新凯恩斯主义者都强调发展资本市场的重要性，理由有三：①资本市场有助于企业改组和企业改善经营绩效（通过股东、股票价格变化对管理者进行约束），有助于政府和企业获得外部资金，并且能够对长期住房融资和养老金改革提供支持等，特别是股票市场和敌意性的兼并机制有助于提高资金配置效率；②发展资本市场可以打破国内金融市场结构单一的状态，促进金融和经济发展；③由于信贷市场信息不完善会影响银行分配信贷资金的效率，发展资本市场还有助于摆脱信息约束，避免收益高的投资由于有风险而被排斥于信贷市场之外的情况。

逐步实现金融业的对外开放。发展中国家金融业的对外开放涉及三个内容：①向外资开放银行。为提升本国银行业的竞争能力，增强对外金融风险的免疫力，新兴市场国家先后放松了对外资银行准入的限制。拉美和亚洲对外资银行的进入采取了不同的态度。而东欧国家在经济转轨过程中，也都经历了程度不同的银行危机，政府希望利用外资银行稳定金融，因此对银行业对外开放态度较为积极。②放松资本管制。首先是开放经常项目，允许贸易及与贸易有关的收支实行自由兑换；而后开放资本项目，包括允许国内企业直接对外借款，或通过金融机构对外借款，允许外国资本进入本国证券市场，进行跨国股权投资。③调整汇率政策。资本管制的放松与汇率政策的调整密切相关。金融深化在汇率政策方面的核心内容是让汇率自由浮动，实行外币自由兑换，同时再配以外贸体制的改革，实现外贸的自由化。调整汇率政策的重要性在于理顺外贸关系，促进外贸的发展，同时，也有助于在利率上升的条件下保持物价稳定。

□ 金融自由化

源自于麦金农和肖提出的金融深化理论，金融自由化也就产生了，某种意义上，金融自由化也可以看成是金融深化。它是指 20 世纪七八十年代以来西方国家普遍放松关税之后出现的金融体系和金融市场充分经营、公平竞争的趋势，金融自由化主要包括利率自由化、合业经营、业务范围自由化、金融机构准入自由、资本自由流动。20 世纪 60 年代以来，尤其是七八十年代以来，西方主要的发达国家兴起了一股金融自由化浪潮，并且很快席卷全球，大部分发展中国家和地区也陆续进入了金融自由化的进程，这一进程一直持续到现在，仍然方兴未艾，但已经对整个世界的金融发展产生了深远影响。

发展中国家金融自由化改革的进展状况相当不平衡。在已经进行的改革中，既有成功的经验，也有失败的教训。世界银行《1989 年世界报告》的主题是金融自由化改革，总结的主要教训有以下几点。

①以金融自由化为基本内容的改革一定要有稳定的宏观经济背景，否则，利率和汇率浮动，从而资金不规则的流动，会引起企业和银行的破产，造成种种经济不安全状况。②金融自由化的改革必须与价格改革或自由定价机制相配合。假如一国的价格仍然是保护价格或管制价格，在这种价格信号扭曲的条件下实行金融自由化，资金流动就会被错误的价格信号所误导，结果出现新的资源配置结构失调。③金融自由化改革并不是要完全取消政府的直接干预，而是改变直接干预的方式。在放松管制的过程中若不注意建立一套适合本国国情的谨慎的监管制度，就会在信贷的分配方面出现失控或营私舞弊等现象，情况严重时会使许多银行丧失清偿能力并面临破产威胁。④政府当局在推行金融自由化改革和价格改革政策时，必须预先判断出相对价格变动对不同集团利益的影响，并出于公平原则和政治均衡

要求的考虑，适当采用经济补偿手段。

🏛 11.3　金融监管及趋势

金融监管是金融监督和金融管理的复合词。金融监管有狭义和广义之分。狭义的金融监管是指金融主管当局依据国家法律法规的授权对金融业（包括金融机构以及它们在金融市场上的业务活动）实施监督、约束、管制，使它们依法运行的行为总称。广义的金融监管除主管当局的监管之外，还包括金融机构的内部控制与稽核、行业自律性组织的监督以及社会中介组织的监督等。

□ 金融监管的目标、原则和内容

金融监管的主要目标

金融监管目标是实现金融有效监管的前提和监管当局采取监管行动的依据。金融监管的目标可分为一般目标和具体目标。

世界各国都认为，一般目标应该是促成建立和维护一个稳定、健全和高效的金融体系，保证金融机构和金融市场健康的发展，从而保护金融活动各方特别是存款人的利益，推动经济和金融发展。世界大多数国家的具体监管目标体现在各国的银行法或证券法等金融法规上。目前各国无论采用哪一种监管组织体制，监管的目标基本是一致的，通常称作三大目标体系：第一，维护金融业的安全与稳定；第二，保护公众的利益；第三，维持金融业的运作秩序和公平竞争。

我国现阶段的金融监管目标可概括为一般目标和具体目标两个方面。其中，一般目标主要是：防范和化解金融风险，维护金融体系的稳定与安全；保护公平竞争和金融效率的提高，保证中国金融业的稳健运行和货币政策的有效实施。具体目标是金融机构经营的安全性、竞争的公平性和政策的一致性。

金融监管的基本原则

由于经济、法律、历史、传统乃至体制的不同，各国在金融监管的诸多具体方面存在着不少差异。但有些一般性的基本原则却贯穿于各国金融监管的各个环节与整个过程。整体来看，金融监管的原则为了实现上述金融监管目标，中央银行在金融监管中坚持分类管理、公平对待、公开监管三条基本原则。所谓分类管理原则就是将银行等金融机构分门别类，突出重点，分别管理。所谓公平对待原则是指在进行金融监管过程中，不分监管对象，一视同仁适用统一监管标准。公开监管原则就是指加强金融监管的透明度，同时也便于社会公众的监督。

与此对应，金融监管还应具备一些可操作性的原则，具体如下：

依法管理原则。这有几重含义：一是对金融机构进行监督管理，必须有法律、法规为据；二是金融机构对法律、法规所规定的监管要求必须接受，不能有例外；三是金融管理当局实施监管必须依法行事。只有依法，才能保持监管的权威性、严肃性、强制性和一贯性，才能保证监管的有效性。

合理、适度竞争原则。竞争是市场经济条件下的一条基本规律。金融监管当局的监管重心应放在保护、维持、培育、创造一个公平、高效、适度、有序的竞争环境上，既要避免造成金融高度垄断，排斥竞争，从而丧失效率与活力，又要防止出现过度竞争、破坏性竞争，从而波及金融业的安全和稳定。

自我约束和外部强制相结合的原则。外部强制管理再缜密严格，其作用也是有限的。如果管理对象不配合、不愿自我约束，而是千方百计设法逃避、应付、对抗，那么外部强制监管也难以收到预期效果。如果将全部希望寄托在金融机构本身自觉自愿的自我约束上，则不可能有效地避免种种不负责任的冒险经营行为与道德风险的发生。

安全稳定与经济效率相结合的原则。要求金融机构安全稳健地经营业务，这历来都是金融监管的中心目的。为此所设置的金融法规和一系列指标体系都是着眼于金融业的安全稳健及风险防范。但社会经济发展要求金融业必须有相应的发展，而追求发展就必须讲求效率。因此，金融监管不应是消极地单纯防范风险，而应是积极地把防范风险同提高金融效率这个最基本的要求协调起来。

金融监管的对象与内容

金融监管的主要对象。金融监管的传统对象是国内银行业和非银行金融机构，但随着金融工具的不断创新，金融监管的对象逐步扩大到那些业务性质与银行类似的准金融机构，如集体投资机构、贷款协会、银行附属公司或银行持股公司所开展的准银行业务等，甚至包括对金边债券市场业务有关的出票人、经纪人的监管等。目前，一国的整个金融体系都可视为金融监管的对象。

金融监管的主要内容。主要涉及对市场准入监管、市场运作过程的监管和市场退出的监管。具体来看包括：对金融机构设立的监管；对金融机构资产负债业务的监管；对金融市场的监管，如市场准入、市场融资、市场利率、市场规则等；对会计结算的监管；对外汇外债的监管；对黄金生产、进口、加工、销售活动的监管；对证券业的监管；对保险业的监管；对信托业的监管；对投资黄金、典当、融资租赁等活动的监管。其中，对商业银行的监管是监管的重点。主要内容包括市场准入与机构合并、银行业务范围、风险控制、流动性管理、资本充足率、存款保护以及危机处理等方面。

□ 中国金融监管体制

中国当前的监管基本格局是由"一行三会"即人民银行和证监会、银监会、保监会对这几大金融子市场进行分别监管。这是我国在经济发展过程中逐步演化改革的结果，大致分为两个阶段：第一阶段是 1998 年以前由中国人民银行统一实施金融监管；第二阶段是从 1998 年开始，对证券业和保险业的监管从中国人民银行统一监管中分离出来，分别由中国证券监督管理委员会和中国保险监督管理委员会负责，形成了由中国人民银行、证监会和保监会三家分业监管的格局。2003 年中国银行监督管理委员会正式组建，接管了中国人民银行的银行监管职能，由此中国正式确立了分业经营、分业监管、三会分工的金融监管体制。

中国现行金融监管体制，从其实际运行以来所取得的成效来看，在总体上是值得肯定的，不仅统一了监管框架，加强了监管专业化，提高了监管效率，而且还有利于中央银行更加有效地制定与执行货币政策。但是，近几年随着金融全球化、自由化和金融创新的迅猛发展，金融业开放加快，金融监管环境发生了重大变化，分业监管体制已显现出明显的不适应，其本身所固有的问题也逐渐显露出来，主要有：缺乏有效的监管协调机制；监管内容和范围过于狭窄；监管的方式和手段较为单一；缺乏统一的监管制度安排和工作规范，监管成本较高；金融机构内部控制制度和行业自律制度不健全；货币政策与金融监督管理理存在利益冲突。

鉴于金融机构开展混业经营是一种不可逆转的趋势，金融监管体制也应该是混业协同监管模式。加之，中国现行分业监管体制存在诸多矛盾和缺陷，金融监管体制改革势在必行。

□ 金融监管的国际协调

金融监管的国际协调是目前解决国际范围内监管失控和监管空白最有力、最现实的方法。有效的国际金融监管协调可以推进金融的国际化和一体化进程，为金融机构的国际化努力创造良好的金融环境，也可以提高全球金融市场监管的有效性，保持金融稳定。

金融国际化对金融监管的协调提出了迫切的需要，而国际社会对金融监管的国际协调也已经取得了广泛的认同。无论是在国内还是在国际上，监管者之间的合作和信息交流不应该存在任何障碍。要保证监管主体之间共享信息的保密性，监管者对合作必须有一个前瞻性的态度。基于此，目前金融监管的国际协调主要的几种形式有：①双边的谅解备忘录。两国就金融监管某一领域的问题进行探讨，并取得共识，通过签订协议来明确双方在这一领域的责任和义务。目前，两国之间的监管协调绝大部分是通过这种形式实现的。中国证券监督管理委员会目前和 17 个国家签订了监督合作的谅解备忘录。②多边论坛。一般就某一监管问题进行会谈，并签署监管声明或文件。这些文件一般都不具备法律效力。③统一监管。也就是说由一个统一的监管机构来负责跨国的金融监管。目前，严格意义上的统一监管还没有出现，不过欧盟的金融监管在某些方面可以说具备了统一监管的雏形。④以统一的监管标准为基础的协调。各国或国际监管组织通过彼此的协调和交流，制定统一的监管标准，这些监管标准为各成员国监管当局所接受，并为各国监管当局所必须遵守，如巴塞尔委员会所颁布的资本充足率的标准。

但是，金融监管国际协调面临着不少现实的障碍：①在国际关系的处理上，国家行动遵循国家利益至上的原则。在金融监管的国际协调中，如果协调可能引起收益，则各国采取积极合作的态度；如果不合作甚至违背合作的承诺能带来更大的收益，则国家也有足够的动机不合作或违约。②金融监管的国际协调意味着各国在监管政策方面失去了选择自由，而统一的监管标准和统一监管将使各国在不同程度上让渡本国的监管权力。主权的让渡对任何国家都是一个十分艰难的问题。③各国金融业的发展水平不同，发展的目标不一样，发展的理念也各有差异，这不能不使各国在金融监管的国际协调上面临困难。尤其是发达国家和发展中国家之间在金融发展上的差异和金融监管上的不同要求更使得国际协调困难重重。目前各国金融监管制度各不相同，即使采取同样的监管制度，具体的法律安排上也还存在差异。这种差异提出了协调的需要，但同时又成为协调的障碍。

随着金融国际化程度的不断推进，加强金融监管国际协调的需求会越来越强烈，现代金融监管国际协调和统一化发展趋势将不断加强，监管的标准规则、信息技术以及机构体系的统一化也将得到提升，局部的统一监管局面将继续推进、扩展，全球金融监管则将进入全面协调和统一监管并存的格局。但是，金融监管国际协调的推进不可能脱离国际政治、经济总体的约束。不同的经济发展水平、国家的主权、民族的传统等，均不可能使金融监管成为全然超国界的制度安排，由此产生的矛盾也将会长期存在。

🏛 11.4　中国金融改革的实践及展望

中国的经济改革自 1978 年开始，现代金融体系也是从那时开始逐渐发展起来的。本节首先按照时间顺序，以列示若干重大事件的方式，回顾中国金融改革的主要历程和取得的主要成就。

☐ 中国金融改革的实践历程及主要成就

1978 年—1984 年：恢复金融体系

1978 年之前，中国只有中国人民银行一家银行。"文化大革命"中，中国人民银行甚至被短暂并入财政部，成为后者主管货币发行和存款贷款事务的若干司局。显然，那时的中国基本上不存在有实际意义的金融体系。1978 年，五届人大一次会议决定中国人民银行总行从财政部中独立划出。这标志着中国金融体系开始恢复。

1979 年 2 月中国农业银行恢复，1979 年 3 月专营外汇业务的中国银行从中国人民银行分离出来，1983 年中国人民建设银行重建。这些举措基本搭建了我国国有商业银行的架构。在此时期，1980 年第一家城市信用社在河北省挂牌营业，并很快在全国引发了组建城市信用社的高潮。随着城市非国有经济的发展，城市信用社在中国的城市中迅速普及，在最热的年份中，其总数曾高达 5 000 余家。

1984 年—1991 年：形成现代金融体系雏形

随着经济改革和经济建设的深入发展，为了进一步完善中国金融体系，使之能更有效地支持大规模经济建设和社会发展，1983 年 9 月 11 日国务院决定中国人民银行将专门行使国家的中央银行职能，与此同时，中国工商银行从中国人民银行分离出来，独立成为一家国有专业银行，专门承担一般的工商信贷业务。这项改革措施的推出标志着中国开始形成现代金融体系的雏形。

在这一时期，银行业的多样化发展令人瞩目：农村信用社的数目迅速增长，在最多的年份其总数曾超过 5 万家；1986 年中国第一家以股份制形式组织起来的商业银行——交通银行重新营业；1987 年第一家由企业集团发起设立的银行——中信实业银行宣告成立；同年第一家以地方金融机构和企业共同出资的区域性商业银行——深圳发展银行开始营业。这些规模中等、产权多样的商业银行的相继开业，与业已存在的"四大"国有商业银行、数以千计的城市信用社和数以万计的农村信用社一起，构成我国银行业的多层次格局。

与银行类金融机构飞速发展相适应，诸如信托投资公司、财务公司和投资基金等我们过去十分陌生的非银行金融机构，也开始出现在中国的土地上。在此期间，以票据发行、承兑、流通、贴现和再贴现为内容的多层次票据市场也开始启动，它表明以媒介银行短期头寸为主要功能的市场化资金配置机制正式进入中国的金融体系之中。

1991 年—1993 年：引入资本市场

在此期间，中国全面加快了各个领域的改革步伐，最具革命性的改革就是正式引入作为市场经济运行核心的资本市场，于 1990 年底设立上海证券交易所、于 1991 年初挂牌深圳证券交易所，同年启动全国证券交易自动报价系统（STAQ 系统）。与场内交易体系的建立相配合，跨地区的柜台证券交易也开始启动。1991 年跨地区、有组织的规范化国债交易起步。同年，财政部和人民银行启动了国债回购业务试点。

与资本市场交易机制的建设互为表里，作为资本市场主要中介机构的证券公司和证券投资基金也相继设立。1991 年 10 月"武汉证券投资基金"和"南山风险投资基金"分别成立。同年，中国农村发展信托投资公司也在山东省私募 5 000 万元，设立了淄博基金，并首先获得中国人民银行批准。它们成为中国资本市场中最早的机构投资者。

资本市场的建设和新型金融中介机构的引入，也产生了完善金融监管体系的要求。顺应这一要求，1992 年我国成立了国务院证券委员会和中国证监会，开始对证券业实行专业化监管。资本市场被引入社会主义市场经济体系，标志着中国金融体系在其现代化发展的道路上迈出了至关重要的一大步。

1994 年—2001 年：治理整顿和全面配套改革

经过 15 年左右的飞速发展，中国金融体系完成了从无到有的历史跳跃。然而令人目不暇接的飞速发展，自然也是"泥沙俱下、鱼龙混杂"，于是就有了金融业的治理整顿和与之相随的全面配套改革。

1994 年，国务院集中推出了一系列金融改革措施，对中央银行体系、金融宏观调控体系、金融组织体系、金融市场体系以及外汇管理体系进行了全面改革。此后，在建立法制社会的总体目标下，开始规范中国金融机构行为和金融活动的基本法规——《中国人民银行法》、《商业银行法》、《票据法》、《保险法》等相继颁行。这标志着中国的金融发展开始进入法治轨道。同年，中国对行之多年的多重汇率制度进行了重大改革，原先的官方汇率、调剂汇率和黑市汇率并轨，同时正式实行有管理的浮动汇率制度。这些改革无疑为中国经济和金融业进一步融入全球经济和金融体系，创造了更为有效的条件。

在这一轮改革中，中央银行体制进行了进一步的调整，在 1984 年改革中残留下的一般工商信贷业务被彻底从央行分离。与此对应，我国商业银行体系改革也有了进一步发展。1994 年，国务院确立了政策性业务和商业性业务相分离，以及银行业、信托业和证券业分业经营和分业监管的改革原则。从此，长期被包含在国有专业银行之中的政策性贷款业务被分离出来，交给了新成立的国家开发银行、国家进出口银行和国家农业发展银行三家政策性银行，同时国有专业银行也明确了按照商业银行的规范进行改革的要求。在总体的商业化、规范化的改革精神下，一直处于市场边缘上的城市信用社被逐渐改造成为城市合作银行（后更名为城市商业银行）。根据这一精神，在经济比较发达的北京、深圳和上海，先后出现了以城市命名的现代商业银行。自那时开始，中国各主要城市掀起了新一轮建设地方商业银行的浪潮。

2001 年以来：历史性转变

经过 20 余年的改革开放，中国的综合国力大大增强。在世纪之交，新的发展任务摆在面前。站在中国的立场上，我们显然需要进一步融入全球经济和金融体系，从而更好地"开辟两个市场，利用两种资源"；就世界而言，面对实力日益增强的东方大国，他们不仅急需与之加强交往，而且希望中国成为一个遵守全球经济运行基本规则的负责任大国。产生自国内外的需要具有一致性，于是成就了中国于 2001 年底加入世界贸易组织（WTO）这一重大事件。从这一年开始，中国加速了全面融入全球经济和金融体系的进程。

（1）分业监管格局最终形成。2003 年成立了中国银行业监督管理委员会，将原来由中国人民银行行使的对银行机构的监管职能分离出来。至此，中国分业经营、分业监管的制度框架最终确立。就银行监管来说，我国基本上接受了国际清算银行（BIS）的制度框架，使得《关于统一国际资本衡量和资本标准的协议》（习惯称为"巴塞尔协议 I"）和《有效银行监管核心原则》（所谓"新资本协议"，习惯称为"巴塞尔协议 II"）成为中国银行业运行和监管的主要标准。在这个框架中，资本监管和风险监管成为核心。为了满足新的监管要求，中国的银行业再次进行了重大调整，循着贷款分类、充足拨备、做实利润、资本充足率达标等重整的"四环节"，中国的银行业用比较短的时间使自己的资本监管和风险管理接近了国际标准。证券业监管也逐渐脱离了那种"为国企改革服务"的发展立场和以调控股指、调控市场（甚至是操纵市场）为主要特色的监管路径，逐步建立了以保护投资者利益，提高透明度和完善上市公司治理结构为核心的监管框架。在保险监管方面，我国也逐步建立了以偿付能力、公司治理结构和市场行为监管为核心的监管框架。

（2）金融机构的改革迈出关键步伐。国有金融机构的改革始终是中国金融改革最重要的内容。但是，由于受到来自各方面因素的掣肘，这个领域的改革虽然总在进行，但长期没有重大变化。这种重大变化在 2004 年开始发生。2004 年 12 月 31 日，我国政府动用了450 亿美元的外汇储备，分别向中国建设银行和中国银行注资 225 亿美元，完成了它们的"再资本化"。2005 年 6 月，政府再次用 300 亿美元的外汇储备和 30 亿美元等值人民币向中国工商银行注资。此后政府又陆续动用外汇储备向若干金融机构注资，机构范围也超出了银行业，覆盖了银行（含政策性银行）、保险、证券等几乎全部金融领域。在财务重组、引进战略投资者和机构重组的基础上，2005 年中国建设银行成功在香港特别行政区上市；2006 年 7 月，中国银行同时在香港和上海证券交易所上市；2006 年 10 月，中国工商银行又在香港特别行政区和上海两地成功上市。随之保险、证券等机构也踏上了上市之旅。在对中国建设银行和中国银行注资的同时，国家成立了中央汇金公司，专门代表政府行使对获得注资的国家控股银行的所有权职能。2007 年，中央汇金公司又成为新组建的国家投资公司（CIC）的组成部分。这样，在中国日益庞大的金融机构家族中，又增加了一个被称为国家"主权财富基金"的新成员。通过这些途径，我国的金融机构开始积极介入资本市场交易。同时基于推进中国金融机构综合经营的发展方向，银行系、保险系、证券系基金管理公司以及大型企业支撑的基金管理公司逐步成立。

（3）资本市场开始新的改革。2005 年 5 月，我国股票市场推出了"股权分置"改革，由非流通股股东提案，流通股股东表决的方式来确定非流通股股东对流通股股东的对价。经过艰苦努力，股权分置改革取得了决定性进展。但是由于这一改革留下了"大非"和"小非"等问题，致使"股权分置"这一阻碍中国资本市场发展的重大制度障碍仍然存在。与此同时，我国的证券经营机构经历了再一次重整，经过注资、重组、上市等多种渠道，我国证券经营机构的整体实力大大加强。资本市场的投资者结构也得到较大改善。随着保险资金、社会保障基金、证券投资基金、私募基金渐次进入，随着合格境外投资机构（QFII）的引入，机构投资者逐渐成为中国资本市场中最活跃的中坚力量。

（4）利率市场化稳步推进。自 20 世纪 90 年代初期以来，中国的利率市场化进程一直在进行。经过几年的努力，中国已经进入利率市场化的最后攻坚阶段，今后改革的主要任务，就是推动银行存、贷款利率市场化。推进这一改革，同样也遵循着中国改革一向坚持并被证明行之有效的"渐进"路径。2002 年，货币当局开始在 8 家农村信用社进行存贷款利率市场化的试点，赋予它们更大幅度调整利率的权力。2004 年 10 月 28 日，中央银行在调整法定存贷款利率的同时，放开了贷款利率的上限和存款利率的下限，但仍对城乡信用社人民币贷款利率实行上限管理，其贷款利率浮动上限扩大为基准利率的 2.3 倍。目前中国金融机构人民币贷款利率已经基本过渡到上限放开，实行下限管理的阶段。今后存贷款利率市场化的重点是，在逐步提高金融机构利率定价和风险管理能力的基础上，一方面通过推动大额可交易存单的发展，推动银行负债及其利率的市场化；另一方面通过推动抵押贷款证券化和资产证券化，推动银行资产及其利率的市场化；以此为基础，通过大力发展理财产品等表外业务，逐渐降低银行对存贷款息差的依赖，逐步深化利率市场化改革。与此同时，中央银行将逐步健全中央银行利率调控体系，在更大程度上发挥市场在资源配置中的作用。

（5）金融业全面对外开放。加入世界贸易组织当然意味着中国金融业的对外开放步伐进一步加快。在这一框架下，中国允许更多的外资金融机构进入中国经营。2007 年底，在我国的外资银行营业性机构已经增加到 254 家，其中已有 7 家外资金融机构获准经营人民币零售业务。2003 年，国内成立了首家合资基金管理公司，即招商基金管理有限公司。截至 2008 年 2 月底，我国全部 60 家基金管理公司中，共有 3 家（含筹）合资基金管理公司。2002 年，配合资本项目管制放松的步伐，我国政府以批准境外合格投资者的方式，开放了外国投资者直接投资于中国证券市场的路径，目前批准的额度为 300 亿美元。截至 2008 年 3 月底，已有 52 家海外机构获准进入中国证券市场，总投资额度达 102.95 亿美元。2007 年境内合格投资者（QDII）正式启动，开放了我国投资者直接投资于境外证券市场的新渠道。

（6）人民币汇率制度进一步完善。早在 1994 年，我国就已建立了有管理的浮动汇率制度，后因亚洲金融危机爆发而中止。为稳定国内外局势，我们事实上恢复了钉住美元的固定汇率制度。这种状况显然不适应中国金融进一步对外开放的局势，也遭受到越来越多的来自国外政府的诟病。2005 年 7 月 22 日，根据"自主性、可控性和稳定性"三原则，我国推出了汇率形成机制的进一步改革，恢复实行以市场供求为基础、参考"一篮子"货币计算人民币多边汇率指数的变化、有管理的人民币汇率制度，承诺了保持人民币汇率在合理、均衡水平上基本稳定的责任。与汇率管理体制改革相配套，我国同时启动了外汇市场改革，对外汇市场的产品、市场参与者、交易机制等方面进行了一揽子调整。在外汇管理体制改革的基础上，我国资本项目的市场化改革步伐也大大加快。

（7）中国内地与香港特别行政区金融业互动。在中国金融业进一步改革开放的过程中，中国内地与香港特别行政区的金融合作具有特殊意义。因为，这不仅关系到内地、香港自身的金融发展，关系到内地走向世界的路径、通道和方式，更关系到整个中华民族在未来国际经济和金融体系中的地位和作用。2003 年 6 月，中央人民政府与香港特别行政区政府签署了《内地与香港关于建立更紧密经贸关系的安排》（CEPA）。同年 11 月 19 日，中国人民银行同香港金融管理局签订"合作备忘录"。根据"备忘录"，香港的银行将获准办理个人人民币存款、兑换、银行卡、汇款等业务，而中国人民银行将为其提供有关的人民币清算安排。2006 年末，实行对美元联系汇率制的港币对美元贬值，显示出人民币对香港金融和经济的影响力进一步提高，港币和人民币之间的关系更加密切。2006 年末，我国又开放了内地企业赴香港发行人民币债券的通道，截至 2008 年 9 月，共有 8 笔发行。这使得香港在建设人民币金融中心的发展路程上向前迈进了一大步。所有这些，都进一步巩固了香港的国际金融中心地位。香港一直是中国对外开放的最重要渠道，过去它的功能主要是引进外资和对外贸易的通道。新世纪以来，香港作为中国企业和金融业"走出去"的重要通道的作用日益显著。

□ 中国金融改革的展望

在我国金融改革的过程中，逐步探索出一些有利于金融业发展的基本经验和原则，深化了全社会对金融业重要性的认识；实现了金融业与中国经济和社会的协调发展；调动了各参与主体的积极性；提高了金融行业的规范化程度和国际竞争力。但是美国次贷危机过后，全球更是史无前例地大量投放货币，使原本相对脆弱的金融体系存在的问题更加严重。尽管目前在大量流动性注入后全球经济金融趋于稳定，但前面所述各种问题并没有得到根本性解决，国际金融不确定性因素很多，甚至可以说危机四伏，债务危机乃至金融危机随时可能更猛烈地爆发。

面对当前世界经济形势，我国金融业需从以下几方面予以改善。

（1）完善金融企业内部法人治理结构。完善的法人治理结构是现代金融企业规范基础的根本。一方面，完善的企业法人治理结构，指的是企业所有权的最优安排，换句话说，即企业价值最大化的所有权安排。另一方面，随着现代化的推进，核心竞争力的概念应运而生，这种竞争力极强的重要标志就是它的创新能力，包括业务创新、管理创新及制度创新。进一步改革商业银行、证券公司、保险公司等金融机构，使其成为资本充足、内控严密、运营安全、服务和效益良好的现代金融企业。建立现代金融企业制度，完善企业内部法人治理结构。依照《公司法》、《商业银行法》的要求，加快国有商业银行在组织结构、管理体制、运作机制、经营模式、产权制度等方面的改革。

（2）实现分业经营向混业经营的转变。在新的历史发展阶段，分业经营还是混业经营是银行、证券、保险等业务相连通的问题。我国金融体系发展不平衡，银行业、证券业、保险业之间发展速度不协调，影响了金融资源配置效率，不利于金融风险的分散和化解，因此，转变分业经营的隔离现状显得尤为重要。从国际因素考虑，混业经营是世界经济的发展趋势，是各个国家在金融全球化竞争博弈中的动态最优选择。混业经营模式增强了金融机构对金融市场变化的适应性，多元化经营为金融机构的金融产品创造了巨大的发展空间。金融机构通过拓展业务领域，增强了资金运营效率和盈利能力；通过提高服务效率，降低了服务成本。在我国，商业银行通过组建金融集团、设立基金公司和保险公司，开始了混业经营的探索。例如，2005年，中国工商银行、中国建设银行、交通银行通过直接投资方式设立基金管理公司，共管理8只证券投资基金；2007年9月11日，浦发银行成功发行了首期43.8亿元优先级资产支持证券，正式拉开了信贷资产支持证券第二批试点的序幕，证券化的资产已由简单的信贷资产和住房抵押贷款扩大到不良贷款和其他资产。

（3）大力推进金融市场创新与发展。大力发展以市场为导向的地方性中小商业银行。采取积极措施，促进中小金融机构健康发展。改善中小金融机构的生存环境，为中小金融机构提供资金运用和自我发展的空间；大胆引入外部投资者，实现中小金融机构产权多元化，增加资本金比例，提高抗风险能力；通过清收不良贷款，增资扩股等方式，化解中小金融机构的潜在风险。

大力推进多层次证券市场体系建设，满足多元化的融资和投资需求。继续鼓励和支持主板上市公司做优做强；完善中小企业板的各项制度，不断扩大规模；积极推进创业板市场建设，为创业资本提供退出通道；推动债券发行机制市场化改革，加快债券市场的发展；积极稳妥地发展期货及衍生品市场，逐步丰富金融市场的交易品种。

（4）稳步推进人民币国际化。人民币国际化是指人民币能够跨越国界，在境外流通，成为国际上普遍认可的计价、结算及储备货币的过程。人民币国际化指人民币在境外享有一定的流通度，成为被普遍使用的流通货币。人民币境外的流通并不等于人民币已经国际化了，但人民币境外流通的扩大最终必然导致人民币的国际化，使其成为世界货币。

推动人民币发展成为重要的国际结算和储备货币，必须有国际思维和战略安排，不能盲目乐观，不能只看到好处而看不到挑战，片面追求国际储备货币可能产生的铸币税等对自己的好处。而应该强化全球意识和国际思维，注重建立促进全球经济和国际金融健康发展的国际货币体系和国际金融秩序，按平等互利原则处理好国际关系，深化国内改革，维持中国经济平稳较快发展，不断增强综合国力。人民币要增强货币总量调控能力，保持人民币币值相对稳定等，还有大量复杂的工作要做，必须有战略安排，稳步推进。

除此之外，还需加速人民币利率和汇率市场化，采取有力措施整合地方金融机构的发展，有效规制各类准货币规模不断扩大，严密监管房地产金融市场的发展，以及在农村金融服务体系的建立等方面进行深入的改革。

参 考 文 献

［1］中国人民银行. 金融知识国民读本［M］. 北京：中国金融出版社，2007.

［2］［美］弗雷德里克·S·米什金. 货币金融学（第七版）［M］. 北京：中国人民大学出版社，2006.

［3］殷孟波. 货币金融学［M］. 北京：中国金融出版社，2006.

［4］李健. 金融学（第二版）［M］. 北京：中央广播电视大学出版社，2007.

［5］易纲，吴有昌. 货币银行学［M］. 上海：上海人民出版社，2004.

［6］胡庆康. 现代货币银行学教程（第三版）［M］. 上海：复旦大学出版社，2007.

［7］黄达. 金融学（第二版）［M］. 北京：中国人民大学出版社，2009.

［8］陈伟忠. 金融经济学［M］. 北京：中国金融出版社，2008.

［9］［加］约翰·C·赫尔. 风险管理与金融机构（第二版）［M］. 北京：机械工业出版社，2010.

［10］张元萍. 投资学［M］. 北京：中国金融出版社，2007.

［11］朴明根，邹立明，王春红. 证券投资学［M］. 北京：清华大学出版社，2009.

［12］张金清. 金融风险管理［M］. 上海：复旦大学出版社，2009.

［13］蔡明超，杨朝军. 资产组合管理［M］. 上海：上海交通大学出版社，2009.

［14］王广谦. 中央银行学［M］. 北京：高等教育出版社，2006.

［15］姜波克，杨长江. 国际金融学（第二版）［M］. 北京：高等教育出版社，2004.

［16］陈湛匀. 商业银行经营管理学［M］. 上海：立信会计出版社，2008.

［17］［美］彼得·S·罗斯. 商业银行管理（第七版）［M］. 北京：机械工业出版社，2007.

［18］徐晋. 虚拟货币与虚拟银行学——虚拟金融帝国的理论与实践［M］. 上海：上海交通大学出版社，2008.

［19］钟明. 保险学［M］. 上海：上海财经大学出版社，2006.

［20］田素华. 货币经济学（理论与实践）［M］. 上海：上海人民出版社，2010.

［21］［美］保罗·R·克鲁格曼，［美］毛瑞斯·奥伯斯法尔德. 国际经济学：理论与政策（第六版）［M］. 北京：中国人民大学出版社，2006.

［22］童适平. 中央银行学教程［M］. 上海：复旦大学出版社，2007.

［23］李若谷. 国际货币体系改革与人民币国际化［M］. 北京：中国金融出版社，2009.

［24］李海燕. 经济全球化下的国际货币协调［M］. 北京：冶金工业出版社，2008.

［25］王兆星，等. 金融市场学（第四版）［M］. 北京：中国金融出版社，2006.

［26］张亦春. 现代金融市场学（第二版）［M］. 北京：中国金融出版社，2007.

［27］南旭光. 银行信贷中的不规范行为及其治理方式研究［M］. 北京：人民邮电出版社，2010.

［28］［美］查尔斯·P·金德尔伯格. 疯狂、惊恐和崩溃：金融危机史［M］. 北京：中国金融出版社，2007.

［29］刘莉亚. 新兴市场国家（地区）金融危机理论研究［M］. 上海：上海财经大学出版社，2004.

［30］葛兆强. 危机后的全球金融变革［M］. 北京：中国金融出版社，2010.

［31］邹艺湘. 中国崛起的金融战略［M］. 北京：中国经济出版社，2009.

［32］教育部高等学校社会科学发展研究中心［M］. 国际金融危机与我国经济安全. 北京：光明日报出版社，2010.